Brigitte Reimann
Jede Sorte von Glück

Brigitte Reimann

Jede Sorte von Glück

Briefe an die Eltern

aufbau

AUFBAU VERLAGSGRUPPE

Herausgegeben
von Heide Hampel und Angela Drescher

ISBN 978-3-351-03247-0

Aufbau ist eine Marke
der Aufbau Verlagsgruppe GmbH

1. Auflage 2008
© Aufbau Verlagsgruppe GmbH, Berlin 2008
Einbandgestaltung
Andreas Heilmann und Gundula Hißmann, Hamburg
Druck und Binden GGP Media GmbH, Pößneck
Printed in Germany

www.aufbau-verlag.de

1960

Liebe Mu, lieber Vati, liebe Krümel-Mama
und liebes, kleines halskrankes Anhängsel,
(hoffentlich habe ich nicht doch ein Stückchen Familie vergessen!), nachdem wir uns schon ganz hübsch durch den
Dreck geschaufelt haben, kann ich euch endlich einen Brief
schreiben – und vielleicht ist es sogar ganz gut, daß ich jetzt
erst zum Schreiben komme, denn vor ein paar Tagen wäre es
ein schrecklicher Jammerbrief geworden. Zuerst wäre ich fast
gestorben vor Heimweh (ihr wißt ja, daß der schönste Ort auf
der Welt für mich die Neuendorfer Straße ist), und ich habe
immerzu geheult. [...]
    Natürlich war an unserer Niedergeschlagenheit auch der Zu-
stand der Wohnung schuld; sie war schrecklich verdreckt und
verstaubt, und man konnte nicht treten vor lauter Kisten und
Kartons und Möbelstücken. In den ersten Tagen hätte man
hundert Hände haben mögen, und wir wußten nicht, wo wir
anfangen sollten. Schließlich haben wir mit der Küche begonnen, dann den Korridor und vorgestern mein Zimmer in Angriff genommen, und wir sind, glaube ich, sehr fleißig gewesen,
denn heute sieht es schon recht sauber und gemütlich bei uns
aus. Wir mußten uns auch über allerhand Pfuschereien und
Fehler ärgern: die Badewanne lief, in Daniels Zimmer war Putz
von der Decke gefallen, Lampenfassungen und Steckdosen
funktionierten nicht und dergleichen. Zum Glück hat Daniel
schon Beziehungen zu einem Meister von der Bau-Union, der
uns bevorzugt und sofort Reparaturleute geschickt hat (auf
dem Weg über die Wohnungsverwaltung hätte es noch Wochen
gedauert).
    Jetzt fühlen wir uns schon ein bißchen besser hier; man

gewöhnt sich ja so rasch an eine neue Umgebung, und unsere Wohnung ist wirklich sehr hübsch […], und am angenehmsten ist die Fernheizung – man kommt jederzeit in eine wunderbar durchgewärmte Wohnung, ohne einen Handschlag für die Feuerung tun zu müssen. […]

Mit dem Einkaufen haben wir es auch ganz bequem. Fünf Minuten von unserem Block entfernt gibt es einen großen und modernen Selbstbedienungsladen, in dem man so ziemlich alles Lebensnotwendige bekommt. Wegen Haushaltsartikeln usw. muß man freilich noch nach Hoyerswerda fahren, und die Busverbindung klappt nicht gerade glänzend. Aber es werden eine Menge neuer Läden hier draußen gebaut, auch Frisiersalons und Gaststätten, und wahrscheinlich ist das meiste im Sommer schon fertig, denn es geht mit Riesentempo voran. Von unserem Küchenfenster aus können wir eine Straße entlangblicken und zusehen, wie das Haus am Ende der Straße buchstäblich von einem Tag zum anderen um ein Stockwerk wächst (natürlich wird nur mit Großplatten und Kränen gearbeitet). Es ist schon eine tolle Stadt – wenn sie bloß nicht soweit weg wäre von Burg!

Ich kann mich wirklich für Hoyerswerda begeistern – aber zu Hause werde ich mich hier nie fühlen, glaube ich. Eigentlich betrachte ich H. nur als eine Art Durchgangsstation, selbst wenn wir mehrere Jahre hierbleiben sollten. Richtig gernhaben werde ich H. wahrscheinlich erst viel später, wenn ich mal darüber schreibe und längst woanders wohne […].

Es ist schon Abend; wenn es dunkel wird, ist H. am romantischsten mit den vielen erleuchteten Fenstern und den Lampen in den breiten Straßen. (Gepflasterte Straßen gibt es kaum; unsere liegt noch voller Baugerümpel und Sandhaufen – aber in gewisser Weise ist auch dieses Unaufgeräumte romantisch.) […]

Daniel ist ein fabelhafter Hausvater; […] er bekämpft mit Bienenfleiß jedes Stäubchen und jede kleine Schramme. Ohne ihn wäre ich niemals mit der Wohnung zurechtgekommen und sicherlich am zweiten Tag schon ausgerückt. Wenn es überhaupt Idealmänner gibt, dann ist Daniel einer. Sogar heute, an seinem Geburtstag, bastelt er an den Gardinen für mein Zimmer herum [...]. Vor acht Uhr werde ich die Bescherung gar nicht starten können, und dabei freue ich mich den ganzen Tag schon darauf, ihm seinen Geburtstagstisch aufbauen zu können [...], ihr könnt euch gar nicht vorstellen, wie sehr wir euch alle vermissen: daß man nicht einfach mehr ein Stockwerk höher steigen und mit euch schwatzen kann, und daß Du, liebe Mu, nicht mehr mittags bei uns reinschaust. Es ist scheußlich, so allein in einer fremden Stadt und in einem Riesenhaus zu sein ... Aber ihr dürft euch keine Sorge machen, wir werden uns schon durchboxen, und sicherlich ist es gut, daß wir hier auf eigenen Füßen stehen und mit allem allein fertigwerden müssen. Morgen fahren wir ins Kombinat und melden uns an, und vielleicht wird es auch im Labor nicht so schlimm werden; wir merken schon hier im Haus, daß wir als Schriftsteller freundlich und höflich behandelt werden. Solange wir uns nicht affig benehmen – und das werden wir bestimmt nicht – wird man uns das Leben nicht schwermachen.

Jetzt muß ich mich erstmal unterbrechen und nachsehen, wieweit das arme, geplagte Geburtstagskind mit seinen Vorhängen ist [...]

Hoywoy, am 13. 1. [60]

Guten Morgen, meine Lieben!

Daniel schläft noch; er hat bis heute früh um vier an den Gardinen gearbeitet (ihr kennt ja seine Gründlichkeit) [...].

Jetzt kommen ein paar Nachrichten in Schlagzeilen: Daniels Geld von der Wochenpost – 140 DM – ist endlich eingetroffen. (Lest ihr übrigens meine Erzählung mit? Hier im Haus wird sie auch gelesen, und bei der Familie unseres Hausvertrauensmanns bin ich schon »unsere Brigitte Reimann«.) [...]

Unseren Schriftsteller-Kollegen Siegrist, der nur ein paar Blöcke entfernt wohnt, haben wir am Sonntag besucht. Er war eine Zeitlang krank und hatte wohl auch einige Mißerfolge (worüber er aus Eitelkeit nicht deutlicher spricht) und hat infolgedessen etwas von der Größe seiner leninschen Gesten eingebüßt, was ihn viel netter macht. Vielleicht können wir doch ein bißchen geselligen Verkehr mit den Siegrists pflegen.

Einen schreibenden Arbeiter haben wir schon kennengelernt. Er gab ziemlich an, und hinterher hörten wir, daß er ein fauler Kunde ist. Der Zirkel hier ist überhaupt sehr blöd; es gibt, heißt es, keine echten Talente darin. Trotzdem werden wir ihn am nächsten Dienstag mal besuchen; wir wollten ja gern einen Zirkel leiten, und wenn man unter zwanzig Nieten eine Begabung findet, lohnt die Sache schon.

Nächstens fotografieren wir unsere Wohnung. Daniel ist so stolz auf sie und möchte die Bilder an seine Eltern und Geschwister schicken, damit sie sich überzeugen können, […] daß auch das »arme Reich des Ostens« – wie sein Bruder es nennt – was zu bieten hat.

Heute kommt hoffentlich der Mann mit dem Nagel-Colt, um uns die Bilder und Spiegel an die Wände zu schießen. Bis jetzt haben wir noch nichts aufhängen können; kleinere Nägel will Daniel selbst eindübeln […]. Er hat sich in der letzten Zeit als ein so tüchtiger und praktischer und geschickter Handwerker entpuppt, daß ich ihm bei der schwierigsten Arbeit Erfolg zutraue.

Die Bescherung war gestern abend erst um neun. […] Die elf Bände »Dichtung der Antike«, die ich ihm schenken wollte, sind leider vergriffen (… aber dadurch habe ich 75 DM gespart, und das ist in unserer Situation nicht zu verachten).

Daniel hat sich durch die Arbeit wieder die Handgelenke ruiniert. Wir beschimpfen uns jeden Tag wegen der blödsinnigen Idee, als armselige kleine Wracks in einen industriellen Schwerpunkt zu marschieren. Ihr müßtet mal die Tiefbau-Athletinnen sehen, die in unserer Straße schippen! Die pusten uns glatt um …

Das Hänschen hat seit Tagen nicht mehr gejodelt. Wahrscheinlich ist er beleidigt, weil wir ihn im Zuge der Reinemachaktion ständig von einem Platz auf den anderen verfrachten und weil er in unserer hübschen kleinen Puppenküche nicht herumfliegen und die Bar verunreinigen darf.

Die BZ haben wir bestellt, aber noch nicht erhalten; Radio können wir nicht hören, solange wir nicht irgendwelche komplizierten Manipulationen mit den Steckern und Strippen vorgenommen haben, und so wissen wir nicht mehr, was in der Welt passiert.

Frau Jäger vom Rundfunk hat geschrieben, sie habe unser Hörspiel, das wir zum Wettbewerb eingesandt hatten, gelesen und fände es sehr gut. Näheres darf sie noch nicht verraten, weil der Auswertungstermin um einen oder zwei Monate verschoben worden ist, und so dürfen wir nun wochenlang zappeln [...], ehe wir erfahren, daß der Rundfunk unsere Arbeit wieder mal nicht haben will. Trotzdem müßt ihr die Daumen für uns drücken; ich unke nur aus Gewohnheit [...].

Wir haben beide Sehnsucht nach unseren Romanen, aber die müssen wir wohl noch eine Weile ruhen lassen. [...] Daniel ist ganz unglücklich, weil er nun schon dreißig Jahre alt geworden ist und sein Buch immer noch nicht veröffentlicht hat, und ich müßte auch an meinem Roman weiterschreiben, weil Caspar voraussichtlich Anfang Februar kommt und natürlich die neuen Kapitel sehen will. Wir müssen unbedingt versuchen, den Kaderleiter zu beschwatzen, daß wir erst am 1. März anfangen; schließlich ist das Kombinat auf unsere bescheidenen Kräfte nicht angewiesen, und für uns wäre dieser Zeitgewinn außerordentlich wichtig und nützlich. Am besten ist es, wenn wir uns die Hilfe der Partei sichern; der Gen. Lehmann [...] begreift anscheinend besser als mancher andere, daß unsere Arbeit vor allem dem Studium und dem Materialsammeln gilt. Nächste Woche werden wir ihn hoffentlich in Cottbus treffen, wo Schriftsteller-Tagung ist. Ich bin gespannt auf die neuen Kollegen und stur genug, von vornherein anzunehmen, daß sie natürlich nicht so gute Kameraden wie unsere Magdeburger sind.

[...] Bleibt gesund und macht keine Dummheiten, denkt oft an eure großen Abenteurer und seid ganz lieb gegrüßt und geküßt

von eurer Brigitte [...]

Liebe Mu, lieber Vati,

[...] Mein Zimmer haben wir endlich bewältigt; jeder Nagel war eine Strapaze. Jetzt sieht es ganz reizend aus, wir haben eine wundervolle Blumenwand (ein Hausbewohner [...] hat uns einen Affenbrotbaum geschenkt; er ist leidenschaftlicher Kakteenzüchter), und eigentlich müßten wir glücklich und zufrieden mit uns sein. Aber glaubt bloß nicht, wir dächten bald – wie Mutti schrieb – mit einem Lächeln an unsere Neuendorfer Behausung zurück; [...] Daniel [...] hat unsere Stimmung am treffendsten ausgedrückt, als er sagte: Nun, da wir mit der Wohnung fertig seien, könnten wir uns also hinsetzten und auf die Leute warten, die hier einziehen sollen. Wir haben eben noch kein Zuhause-Gefühl, das ist es, und ich weiß nicht, ob das an dem großen Haus mit all den fremden Leuten liegt oder an dieser allzu neuen Stadt oder an was sonst.

Gestern abend hatten wir zum erstenmal Gäste. Die Siegrists waren da, sie brachten eine Flasche Wein mit und wünschten uns sehr herzlich Glück und Erfolg in der neuen Umgebung. Es war wirklich ein netter Abend [...], obgleich wir altersmäßig soweit auseinander sind, und wir wollen uns so oft wie möglich mit ihnen treffen. Wenn Besuch da ist und getrunken und laut gesprochen und gelacht oder über Literatur gestritten wird, fühlt man sich wenigstens nicht so einsam und verlassen. Siegrist hat es auch nicht leicht (obgleich er durch seinen Vertrag mit dem Kombinat gut verdient), und gemeinsame Ärgernisse und Enttäuschungen verbinden ja immer. [...] Du schreibst, Mutti, wir könnten ja jederzeit nach Burg fahren – aber das ist nicht so einfach [...], unser Geld ist kläglich zusammengeschnurrt, weil wir noch eine Menge unbedingt nötiger Ausgaben hier hatten, und die Rechnung von der Spedition steht noch aus. Daniels Honorar von der Wochenpost brauchen wir zum Leben (für meine Erzählung ist mir noch kein Pfennig gezahlt worden), und Anfang des nächsten Monats muß eine bestimmt Summe bereitstehen, um die wir nicht herumkommen: 35 DM für Unterhalt, 55 DM für die Miete und dazu der ganze Läpperkram wie Gas, Licht, Zeitungen usw. Kurzum, wir lernen endlich den Ernst des Lebens kennen [...], und ich habe ein bißchen Existenzangst. Eigentlich dürfte ich das nicht schreiben; wenn Daniel nachher den Brief liest, wird er sich ärgern oder bekümmert sein, und er wird behaupten, ich machte wieder in Panik [...]. Lieber Vati, bitte, sei nicht böse, wenn wir diesen Monat nicht die 100 Emmchen laut Abmachung zahlen können; daß es keine Böswilligkeit ist, weißt Du ja, und wir werden uns bestimmt alle Mühe geben, in Zukunft die Abmachung einzuhalten.

Eine kleine Verdienstquelle haben wir schon erschlossen: Am Freitag waren wir im Kombinat bei dem Kulturmann, und er hat seinen Vorschlag erneuert, mit uns eine Art Freundschaftsvertrag zu schließen. Wir bekommen zusammen 200 DM im Monat und leisten dafür Kulturarbeit. Wahrscheinlich werden wir einen Zirkel schreibender Arbeiter leiten und gelegentlich Buchbesprechungen und Lesungen durchführen. [...] man setzt allerlei Erwartungen in uns, und obgleich uns das ehrt und freut, werden wir manchmal einige Energie aufwenden und nein sagen müssen, weil wir schließlich nicht auf jeder Hochzeit tanzen können. Wir haben das auch schon angedeutet, und es scheint, als ob Krupper und die wirklich liebenswürdige und gescheite Bibliothekarin für unseren Wunsch, möglichst viel Zeit zum Schreiben zu behalten, Verständnis haben. [...]

An die Möbel für Daniels Zimmer ist vorläufig nicht zu denken. Allenfalls kaufen wir einen Schreibtisch und einen Kleiderschrank (wir wissen nicht, wohin mit unseren Sachen und müssen einen Teil noch im Koffer lassen), und vor allem wollen wir – wenn das Wochenpost-Honorar eintrifft, eine gewisse Summe auf die Bank bringen, um für den Notfall einen kleinen Rückhalt zu haben. [...] Eines Tages werden wir in Glanz und Glorie zurückkommen; jeder, hoffen wir, mit einem ehrenvollen Preis und einem ansehnlichen Konto. Aber das sind schon wieder Spinnereien; wahrscheinlich werden wir unserem Ehrgeiz, gute und anständige Bücher schreiben zu wollen, alle materiellen Vorteile opfern und weiterhin als biedere Schafe durch die Gegend wandeln. [...]

Es ist ärgerlich, daß wir hier nicht Radio hören können. Es gibt noch keine Antenne, und auf UKW kommt kein einziger Sender rein. [...] Aus der Wohnung unter uns hören wir abscheuliche Unterhaltungsmusik und können sie nicht mit Louis Armstrong übertönen. Ein bitteres Schicksal für Jazzfans und Hörspiel-Liebhaber ... Eben holte mich Daniel in den Korridor. Er ist geradezu ein Künstler, und ihr werdet staunen, wenn ihr das Schmuckkästchen besichtigt. Es ist, mit einem Wort, die große Welt, und ich kann Daniel nicht genug bewundern.

Eben fällt mir noch eine Bitte an Dich ein, Mutti. Die Wäscherei hier nimmt nur Wäsche mit Monogrammen an, und da ich auch Daniels Oberhemden waschen lassen will, brauche ich so kleine gedruckte Monogrammbändchen, die ich überall annähen kann. Könntest Du ungefähr zwei Dutzend davon bestellen? [...] Du hast bestimmt eine Quelle. [...] Übrigens, habt ihr schon meine Bilder abgeholt? [...] Vor ein paar Tagen bekam ich einen Brief aus der Ukraine, in dem ich von einem russischen Leser um ein Bild gebeten wurde. Ulkig, was? Natürlich bin ich auch stolz, daß mein Buch in der SU gefallen hat, und vielleicht ergibt sich später mal eine Gelegenheit, nach Kiew zu reisen.

Für heute gute Nacht! Ich grüße und küsse euch alle ganz lieb. Schreibt bald!

Herzlichst Eure Brigitte

Heute habe ich zum erstenmal richtig gekocht – serbisches Reisfleisch und hinterher Schokoladenpudding. [...] Daniel wurde fast neidisch auf meine unerwarteten Kochkünste. Wir wollen von jetzt ab möglichst jeden Mittag was Warmes essen. Bist Du beruhigt, Mutti?

Liebe Eltern,
ich muß doch noch schnell ein Schwänzchen anhängen. Daniel sagte nämlich, mein Brief wirkte so niederdrückend [...].

Mir ist das beim Schreiben gar nicht zum Bewußtsein gekommen, und daß ich nicht die Absicht habe, euch das Herz schwer zu machen, ist klar. Also, nehmt es nicht zu tragisch, wenn manches grau und trübe klingt – mit der Zeit werden wir uns hier schon zurechtfinden und fröhlicher sein. Im Vergleich zu Lutz und Gretchen sind wir ja sehr gut dran, weil wir wenigstens eine eigene Wohnung mit allem Komfort haben. […]

Ehe ich es wieder vergesse: Wir haben auf dem Tisch im Wohnzimmer unsere schwarze Schere liegenlassen und wollten euch bitten, sie uns bald nachzuschicken. Hier gibt es nämlich keine Scheren zu kaufen […].

Eure Brigitte

Hoyerswerda, am 25. 1. 60

Liebe, beste Mu,

dieser Brief ist speziell für Dich bestimmt […], und ich bemühe mich um meine bravste Sonntagsnachmittagsausgeh-Handschrift, weil Du in zwei Tagen Geburtstag hast. Wir gratulieren Dir herzlich und schicken hunderttausend gute Geburtstagswünsche (und dabei weiß ich nicht mal genau, wie jung Du eigentlich am 27. wirst – so ungefähr 35 Jahre, stimmt's?); vor allem anderen wünschen wir Dir gute Gesundheit und ein langes Leben, damit Du noch einen oder zwei kleine Pitschmänner unter Deine Fittiche nehmen kannst.

Eigentlich hatten wir für Mittwoch die Absicht, unsere Gratulation höchstpersönlich darzubringen. Ich wollte Mittwoch früh […] hier abreisen und wäre nachmittags, pünktlich zur Kaffeetafel, in Burg gewesen […]; aber nun hat sich unser schöner Plan zerschlagen, und ich brauche Dir nicht zu versichern, wie traurig ich darüber bin. Wir haben bloß noch ein paar Mark zum Leben, und die 50 DM Rücklage müssen wir am 1. Februar für die Miete bezahlen. […]

Endlich arbeiten wir wieder – zwar noch immer, wie in Burg, zusammen in einem Zimmer, aber da es groß genug ist und jeder seinen Schreibtisch hat, stören wir uns nicht. […] Übrigens ist neulich unter der Last der Kleider die Stange im Schrank runtergebrochen, und ein Mann hier aus dem Haus hat sie uns wieder mit Blechbeschlägen zusammengeflickt. [...]

Gestern habe ich die Fahnen für meine Erzählung »Das Geständnis« gelesen (ich finde sie jetzt ziemlich schlecht und möchte streichen oder alles wegschmeißen); wahrscheinlich wird sie schon im nächsten Monat erscheinen. [...]

Ich muß schließen, Daniel will den Brief noch schnell zur Post bringen (wir haben schon ein eigenes winziges Postamt in der Neustadt). Feiert schön, denkt ein bißchen an Eure verlorenen Schafe, und Du, liebste Mu, futtere nur ordentlich und ungeniert Kuchen – für Deine Kinder bleibst Du doch immer schlank und hübsch!

Es küßt Dich zärtlich

Deine Brigitte

Lieber Vati,

ich will Dir ganz rasch noch ein paar Zeilen schreiben – über Geldsorgen, wie Du Dir denken kannst. [...] Im Februar werden wir hoffentlich endlich eine Rate abzahlen können. Es liegt wirklich mal wieder an den verdammten Redaktionen, die einen solange auf ein längst fälliges Honorar warten lassen, und wir sind einigermaßen ängstlich vor dem kommenden Monat. Falls es ganz schlimm kommt und wir uns nicht mal mehr Brot kaufen können – dürfen wir dann ein SOS-Telegramm schikken? Hier gibt es ja keinen, den man mal eben anpumpen könnte. Das Kombinat hat uns zwar Hilfe für den Ernstfall angeboten, aber davon wollen wir unter keinen Umständen Gebrauch machen, damit wir nicht in den üblen Geruch kommen, wir seien nur des Geldverdienens wegen hierher gezogen. Du verstehst das doch, nicht wahr? Es würde uns beim Verband und schließlich auch hier im Kombinat schaden. [...]

Und noch eine Bitte: Hier gibt es kein Summavit. Könntest Du nicht bei Dr. Krause ein paar Fläschchen organisieren und sie uns sobald wie möglich schicken? Wir haben uns sehr an das Zeug gewöhnt und fühlen uns viel besser als früher. Vergiß nicht, eine Rechnung aufzumachen […]. Wir rauchen nur noch ganz wenig; Daniel geht dazu über, pro Tag zwei Zigarillos zu rauchen; ich glaube, sie sind bekömmlicher als Zigaretten […].

Weißt Du was? Wir vermissen Dich ganz gewaltig (aber nicht wegen der Finanzberatung, das mußt Du uns glauben!)

Viele liebe Grüße und ein Küßchen

von Deiner Brigitte

Hoy., am 3. 2. 60

Liebe Mutti, lieber Vati, liebe Familie,

heute mittag wollen wir ins Kombinat fahren und unseren Vertrag mit den Kulturleuten abschließen. Ich habe deshalb keine rechte Ruhe und Sammlung mehr für mein Buch (inzwischen habe ich ein Mädchenbuch angefangen, für das sich das Neue Leben schon interessiert) […] Heute wird also […] der Vertrag gemacht, dann bekommen wir sicher bald unsere 200 Emmchen – eine klägliche Summe für die uns zugedachte Arbeit. Zum Glück hat unser Kollege – ich darf schon fast sagen: unser Freund – Siegrist für uns sich verwendet und wenigstens erreicht, daß die literarischen Vorlesungen aus eigenen Arbeiten extra bezahlt werden (die Honorar-Sätze sind hier allerdings niedriger als in Magdeburg, wo unser geschäftstüchtiger Brennecke seine scharfen Vorstands-Augen überall hatte). Auch die Szenen, die wir – eventuell – für das Arbeiter-Theater schreiben werden, sollen gesondert honoriert werden. Ich glaube, die Kulturleute waren zuerst ein bißchen sauer; es paßte ihnen wohl nicht recht, daß der Schriftsteller-Verband in ihrem schönen Vertrag herumfuhrwerkte. Aber wozu haben wir schließlich unsere Dichter-Gewerkschaft? […]

Einen schönen Gruß an Gretchen! Sie muß froh und glücklich sein, daß sie ein Baby haben darf, und wir beneiden sie sehr. Hoffentlich ist Lutz rechtzeitig aus Rostock zurück. Er wird sich schwerlich noch auf seine Prüfungen konzentrieren

15

können – eine scheußliche Situation, wenn man bedenkt, was von diesen letzten Prüfungen abhängt. Wir haben auch mächtigen Appetit auf ein Baby; unser Hausbuchmann (der Kakteenzüchter, von dem wir inzwischen sogar eine »Königin der Nacht« bekommen haben, die er sich unter Qualen vom Herzen gerissen hat) hat vier Jungen, und der Jüngste ist öfter mal bei uns oben. Eine furchtbar komische Nudel, kugelrund, drei Jahre alt und mit riesigen braunen Augen und krummen Beinen; er kann noch kaum sprechen und nuschelt bloß so ulkiges Zeug. Neulich hat ihn Daniel mit zum Einkaufen genommen […]; es war zum Totlachen, wie sie zusammen über die Straße tappelten – der Kleine rollt mehr als er geht.

Wir sind ziemlich oft bei den Kakteenleuten unten (Daniel behauptet, Schömann sei ein bißchen in mich verliebt – aber Daniel ist ja gar nicht eifersüchtig!), und sie erzählen uns eine Menge interessanter Geschichten vom Kombinat, die man aus offiziellen Quellen nicht erfährt. – Wir haben hier – im Gegensatz zu Burg – sehr häufig das Bedürfnis nach Gesellschaft, weil wir uns eben doch immer noch fremd und einsam fühlen. […] Hin und wieder hüpfen wir auf ein Stündchen zu Siegrists rüber […]. Neulich haben wir uns Kartoffeln bei ihnen holen müssen; unsere Hoyerswerdaer Kartoffel-Zuteilung haben wir noch nicht bekommen. Natürlich sind sie nicht so gut wie die Burger Kartoffeln – aber das […] versteht sich von selbst.

Liebe Mu, Du fragst, ob wir auch regelmäßig kochen. Jawohl! Das Küchen-Regiment ist auf mich übergegangen, ich koche jeden Tag, und sogar gut. […] In den beiden letzten Wochen war es gar nicht einfach, mit den überaus bescheidenen Zutaten noch was Anständiges auf den Tisch zu bringen […]. Ich habe Deinen Rat befolgt und richte es immer so ein, daß ich aus dem Essen vom vorigen Tag – mit ein paar neuen delikaten Zutaten – am nächsten noch mal was Originelles basteln kann. Trotzdem frißt die Küchenarbeit eine Menge Zeit […]. Übrigens solltest Du Dich auch mal mit der »Gesunden Küche« von Dr. Krauß beschäftigen, er gibt vorzügliche Ratschläge, wie man die Vitamine trotz des auslaugenden Kochprozesses erhalten kann. Wir haben jetzt ganz auf Vitamin umgeschaltet (obgleich es hier so gut wie gar kein Gemüse gibt) und essen auch nur noch Vollkornbrot. [...]

Eben war die kleine Antje von Siegrists da und hat uns einen Brief von ihrem Vater gebracht, in dem ein Fünfzigmarkschein lag. Wir hatten gestern in seiner Gegenwart über die Bummelei unseres Verlages geschimpft und so hat er, ohne zu fragen, ausgeholfen. Wir waren beide ganz gerührt. Es ist wirklich ein schönes und beruhigendes Gefühl, wenn man auf einmal sieht, daß man doch nicht verlassen ist. [...]

Von Rundfunks haben wir noch nichts wieder gehört. Dabei haben wir noch ein anderes Hörspiel auf Lager und wollen es, wenn es unsere Zeit erlaubt, bald zuende schreiben. (Wir haben nämlich, auch wenn es unmoralisch ist, die feste Absicht, hier eine Masse Geld zu verdienen, damit wir endlich, endlich mal in Ruhe die Romane schreiben können, auf die wir Appetit haben.) Aus dem Labor werden wir flüchten, sobald es geht – es ist wirklich Quatsch, unsere kostbare Zeit dort zu vertrödeln, wo unsere Arbeit ohne wirklichen Nutzen für das Kombinat und für uns ist. Lieber arbeite ich gelegentlich in einer Brigade mit, über die ich nachher schreiben kann. Für mein Mädchenbuch brauche ich sowieso die Verbindung zu einer Jugendbrigade [...].

Wenn hier bloß nicht immer so weite Wege zurückzulegen wären. Die Entfernungen vom Kombinat zur Neustadt und gar erst zur Altstadt, das ewige Warten auf einen Bus (manchmal fahren sie einfach vorbei, und man kann eine Stunde lang stehen) – das ist alles verlorene Zeit. Ohne fahrbaren Untersatz ist man hier verraten und verkauft. Einen Pitty würden wir uns dieses Jahr wohl schon leisten können, aber davon hält Daniel nichts. Bei dem scharfen Wind, der hier um alle Ecken pfeift, ist es auch nicht angenehm, auf einem Pitty zu sitzen; ich habe sowieso schon immer Kopfschmerzen und Rheuma (in meinem Alter!).

[...] mit dem Radio sieht es immer noch düster aus. [...] Den ganzen Nachmittag lassen wir uns von den Schlagern von Radio Luxemburg berieseln, der hier von jedem gehört wird, weil er überall am klarsten reinkommt. Aber wir vermissen Hörspiele und dergleichen Sprechsendungen. [...]

Liebe Familie samt allem, was dazu gehört – seid herzlich gegrüßt; einen Extra-Kuß für Mu und Vati!

Eure Brigitte [...]

Hoywoy, am 4. 2. 60

Lieber Vati,

obgleich es spät am Abend ist und ich schrecklich müde bin (ich habe den ganzen Tag an meinem Mädchenbuch geschrieben und eben noch gewaschen), will ich Dir noch rasch ein paar Zeilen schreiben und herzlich danken für die Geldsendung. [...] Wir hatten gar nicht erwartet, daß der Arm unseres Finanzministers bis nach Hoyerswerda reichen würde. Daniel ist sofort in die Stadt gefahren und hat unsere Miete bezahlt, und Siegrists freundliches Darlehen werden wir morgen zurückgeben [...].

Gestern nachmittag haben wir unseren Vertrag mit dem Kombinat abgeschlossen. Sie haben es ganz feierlich gemacht – mit zwei Flaschen Wein und guten Zigaretten und einem Haufen belegter Brötchen (sie scheinen zu glauben, daß Schriftsteller immer hungrige Leute sind). Ich schrieb ja schon, daß sie zuerst etwas sauer waren, weil Siegrist [...] darauf bestand, unsere Lesungen aus eigenen Arbeiten müßten gesondert honoriert werden. Tatsächlich gab es dann auch beinahe noch einen kleinen Streit, denn sie vertraten den Standpunkt, wir seien Privatpersonen und der Vertrag ginge nur uns beide und das Kombinat was an. Darauf habe ich ihnen sehr deutlich und energisch klargemacht, daß hinter uns eine genau so starke Gewerkschaft stehe wie hinter ihnen, und daß unser Verband eben dazu da sei, unsere Interessen zu vertreten. So haben wir uns schließlich gütlich geeinigt und in tiefstem Frieden den Vertrag unterzeichnet.

Nach einer langen Diskussion haben wir auch beschlossen,

die dumme Labor-Sache fallen zu lassen. […] Wir werden also in eine sozialistische Brigade gehen (Daniel vermutlich in der Brikettfabrik, ich in der Mechanischen Werkstatt) und dort einen Tag in der Woche mitarbeiten und auch sonst eine Art Patenschaft übernehmen. Ich bin sehr froh über diese Lösung, denn ich brauche diesen Kontakt unbedingt für mein neues Buch, und wenn ich in der Werkstatt die nötigen Kenntnisse gesammelt habe und so rasch weiterarbeite wie jetzt, kann ich das Buch schon im Sommer abschließen (Lewerenz leckt sich schon alle Finger danach).

[…] Was mir eben noch einfällt: Hier gibt es keine Staubsauger zu kaufen, und wir brauchten dringend einen, denn unsere Wohnung ist wegen des nahen Heizwerkes ziemlich staubig. Könntest Du vielleicht Deine sagenhaften Verbindungen mal spielen lassen und einen Staubsauger in Genthin oder Burg besorgen? […]

Grüß Mu und die ganze Familie von mir und sei selbst ganz lieb gegrüßt

von Deiner Brigitte

Bei mir scheint es bis auf weiteres nur immer zu kleinen Randkritzeleien zu reichen, aber sie sind eben so herzlich wie ehrlich dankbar […]. Ich sitze ebenso fleißig wie die tüchtige Eichhörnin an meiner neuen Arbeit (es werden etwa 80 Seiten), für den Aufbau-Verlag, und danach soll es dann endlich wieder an meinen »Helden« gehen. – Tausend Dank und viele liebe Grüße! Daniel

Hoy., am 11. 2. 60

Liebe Familie,

(speziell für jeden einzelnen eine originelle Anrede auszudenken, fällt mir heute etwas schwer – wir haben bis um zwei unseren ersten Hochzeitsjahrestag gefeiert), zunächst recht herzlichen Dank für Mus Briefe. Mit dem ersten hast Du uns einen heillosen Schrecken eingejagt […]. Natürlich haben wir uns, als wir von den Krümel-Komplikationen lasen, gleich die

19

schrecklichsten Möglichkeiten ausgemalt und konnten uns beim besten Willen nicht mehr auf unsere Arbeit konzentrieren – bis dann Lutz' Telegramm mit der großen Freudenbotschaft kam. [...] Ich war begeistert, daß der Krümel schwarze Augen hat – aber das scheint ja, wie ich dem zweiten Brief entnahm, ein haltloses Gerücht gewesen zu sein, das der stolze Vater in die Welt gesetzt hat. [...] Die große schiefe Nase verwächst sich – kein Unglück. (Außerdem hat Lutz auch eine große schiefe Nase, und sie steht ihm ausgezeichnet.)

Daß der Krümel Lutz schon angesehen hat (nicht auch angelächelt?), wundert uns gar nicht. Wenn Lutz nächstens aus dem Krankenhaus die Nachricht mitbringt, daß der jüngste Reimann-Ableger schon »Papa« gemurmelt hat, glauben wir es auch. – Für Dich, lieber Lutz-Bruder, bei dieser Gelegenheit viele ehrfürchtige Glückwünsche zur Eins im Staatsexamen. Ich habe übrigens keinen Augenblick daran gezweifelt, daß Du es schaffen würdest – obgleich es natürlich nur, wie ich Dich kenne, ein erstaunlicher Zufall und ganz unverdiente Glückssache war. [...]

Mit unseren Finanzen steht es leider nicht zum besten. Wir haben zwar das Geld von der »Wochenpost« bekommen, waren aber tief enttäuscht: nach Abzug der Steuern und des Verlags-Anteils sind ganze 720.– DM übriggeblieben – eine lächerliche Summe für einen so langen Vorabdruck. Ich habe fast geheult, als die Briefträgerin das Geld brachte [...]. Ich hatte mit ungefähr 2000 DM gerechnet und wollte davon Daniels Zimmer einrichten. [...]

Seit einer Woche führe ich ein Haushaltsbuch, um mal zu testen, wieviel wir durchschnittlich im Monat brauchen. Obgleich wir selbst bescheiden leben, kommt immer eine ganz hübsche Summe zusammen [...]; allein das Fahrgeld frißt einen großen Teil der bescheidenen Zuwendung vom Kombinat (eine Fahrt zum Kombinat kostet für uns beide 3,20 Mark). [...]

Vorhin habe ich mich unterbrechen müssen und kann jetzt den zweiten Teil mit einer guten Nachricht beginnen. Daniel hatte eine Erzählung von 12 Seiten an die »Wochenpost« geschickt, und heute nachmittag kam die Redakteurin aus Berlin zu uns, um noch einige winzige Änderungen mit ihm zu besprechen. Vor allem wollte sie wohl sehen, wie wir leben und was dieser Pitschmann eigentlich für ein Bursche ist – sie war begeistert von seiner Arbeit und sagte mir, Daniel sei ein unerhört begabter Junge und könnte noch sehr viel erreichen. Ich war blödsinnig stolz (und ein bißchen neidisch – das läßt sich nicht vermeiden unter Kollegen); ihr Besuch bei uns war ja auch ein Beweis, wieviel der Redaktion an Daniel – und auch ein wenig an mir – gelegen ist. […] Die Geschichte erscheint nächste Woche schon; ihr müßt Euch unbedingt die Ausgabe besorgen, ja?

[…] Es wäre natürlich großartig, wenn man dort so eine Art Hausautor werden könnte; man verdient auf diese Weise viel mehr als mit Büchern. Ich freue mich so für Daniel – endlich zeichnet sich ein Erfolg für ihn ab. Frau Amme hat uns noch den Tip gegeben, wir sollten, wenn wir ihnen wieder eine längere Erzählung anbieten, vorher keinen Vertrag mit dem Verlag machen; Originalmanuskripte bezahlen sie viel höher. Mit Daniels neuer Erzählung, die in der »Reihe« bei Caspar erscheinen soll, werden wir es jedenfalls so halten […], und wenn sich der Verlag noch so sehr darüber giften sollte.

[…] Für »Oma« und »Opa« (du lieber Himmel – und das bei Eurer Jugend! Wenn Ihr mit dem Krümel ankommt, halten sie ihn für Euren jüngsten Sohn) und für Gretchen und Lutz und Puppa und den Oliver-Krümel die allerherzlichsten Grüße und – hoffentlich bald – auf Wiedersehen!

Eure Brigitte […]

Hoy., am 7. 3. 60

Liebe Mu, lieber Vati,
[…] Ich bin heil nach Haus gekommen. Der ganze Zug war besoffen und hat Rosenmontag gefeiert. Daniel hat mich natürlich von der Bahn abgeholt, und ich habe ihm die halbe

Nacht von zu Haus erzählt – vor allem vom Steckernasen-krümel [...]. Bestellt ihm tausend schöne Grüße von mir; er ist ja ein so kluges Bürschchen und wird schon Bescheid wissen, wenn Ihr ihm sagt, daß Tante Brigitte einen Kuß für sein Faltenhälschen mitschickt.

[...] Auf mein erstes Kapitel vom Jugendbuch ist der Verlag anscheinend angesprungen; eine richtige Nachricht habe ich zwar noch nicht, dafür aber eine dringliche Einladung zur Jugendbuch-Konferenz, die ich leider absagen mußte, denn ich würde – da sie in Prieros stattfindet – allein für Hin- und Rückfahrt zwei Tage brauchen, und außerdem fällt sie zusammen mit der Kulturkonferenz im Kombinat, an der ich unbedingt teilnehmen muß. Wenn ich meinen Terminkalender ansehe, wird mir schlecht; ich hasse dieses Herumsitzen auf Konferenzen, bei denen ja doch nichts sensationell Neues herauskommt.

Am Mittwoch war der Cheflektor vom »Morgen-Verlag« bei uns; er möchte gern Arbeiten von uns haben. Vorerst müssen wir bedauern, obgleich der Chef einen guten Eindruck macht und sehr gescheite Ansichten über Literatur hat. Falls Caspar, der sich zu meinem Roman immer noch nicht geäußert hat, das Buch nicht haben will, gehe ich damit versuchsweise zum »Morgen«; sie suchen Bücher für den Mittelstand (es ist der Verlag der LDP), und mein Roman spielt ja in bürgerlichen Kreisen, und dieser Umstand, der beim »Aufbau« geradezu belastend wirkt, wäre also ein Vorteil beim »Morgen«. [...]

Der Staubsauger funktioniert wunderbar und ist mir eine große Hilfe. Noch mal ein Extra-Dankeschön an Vati!

Was macht der affige kleine Teenager? Hat er sich inzwischen mal wieder besoffen?

Grüßt Gretchen und den Oliver-Krümel und seid selbst ganz lieb gegrüßt von

Eurer Brigitte [...]

Liebe Eltern,

[...] gestern habe ich mein zweites Kapitel abgetippt, und Daniel hat es abends noch nach Hoy. zur Post gebracht und per Eilbrief abgeschickt. [...]

Ihr könnt Euch vorstellen, wie ich geschuftet habe, und jetzt bin ich ganz schön nervös – zum Glück äußert sich diese Nervosität nur in schrecklicher Albernheit, und da es Daniel auch nicht viel besser geht (gestern hat er bis morgens um acht Uhr gearbeitet und eine Menge geschafft), treiben wir lauter Unsinn, balgen uns und spielen das große »Kater- und Schellfisch-Spiel«. Eigentlich zanken wir uns hier so gut wie gar nicht, vielleicht deshalb, weil wir zum erstenmal ganz allein auf uns gestellt sind.

Herzlichen Dank für das Päckchen, liebe Mu! [...] Wir haben uns vor allem über die Forsythien aus der Neuendorfer Straße gefreut. Sie [...] haben sich im Wasser sofort erholt und stehen jetzt in voller Blüte. Das war wirklich eine wunderbare Idee!

[...] Du sahst letztes Mal so schlecht aus, lieber Vati, daß ich geradezu einen Schreck bekommen habe, und ich hoffe sehr, daß Du Dich in der einen Woche ein bißchen erholst. Du müßtest wirklich versuchen, egoistischer zu werden und Dir das Übermaß an Arbeiten möglichst vom Hals zu halten. Wenn Du diese ganze Anstrengung in Genthin mit einem Zusammenbruch bezahlst, nützt Du weder Dir noch der Bank, das müßtest Du den Leuten mal klarmachen.

[...] Geld, Geld ... Ich glaube, diese Sorge werden wir niemals los. Dabei brauchen wir [...] jede Woche ungefähr hundert Mark, meistens noch ein wenig mehr als hundert. [...] Wir leben wirklich nicht üppig oder gar verschwenderisch, aber jede Woche kommen irgendwelche Sonderausgaben dazu – Miete, Fahrgelder, ein paar teure Südfrüchte, ein Paket Kaffee, eine Flasche Wodka, wenn wir Gäste erwarten, Ferngespräche, irgendwelche Haushaltsgegenstände – kurzum, es summiert sich erschreckend. Für größere Anschaffungen ist nichts da. Dabei brauchten wir zum Sommer dringend einen Kühlschrank, denn den ganzen Morgen und Mittag knallt die Sonne ins Küchenfenster, und wenn es erst richtig heiß wird, läuft uns die Butter und Sahna im Schrank weg. Freilich gibt es momentan gar keine Kühlschränke zu kaufen, nur Bestellungen werden angenommen. Lieferzeit: ein dreiviertel Jahr. [...]

Einen Lichtblick haben wir allerdings: Lewerenz hat das 1. Kapitel meines Jugendbuches gelesen und mit einer Lobeshymne geantwortet. Wenn er am Sonnabend kommt, wollen wir über das Buch sprechen. Er schrieb, wenn der Verlag die weitere Handlung akzeptieren könne, werde ich einen Vertrag bekommen. Falls die Auflage gleich mit 20000 angesetzt wird – und das ist bei diesem wichtigen Thema schon möglich –, wird natürlich mit der ersten Rate allerlei für mich rausspringen. Hoffentlich schaffe ich das Buch und bleibe nicht wieder auf halbem Wege stecken! Mit meinem Roman sieht es düster aus. Caspar hat ihn gelesen und einen ausführlichen Brief dazu geschrieben. Ich werde den Roman stark kürzen und umarbeiten müssen. Eigentlich macht mich das nicht wütend oder bekümmert, ich bin gern bereit, noch zwei Jahre an das Buch zu hängen, wenn dann am Ende ein ansehnliches Stück Literatur rauskommt – nur, wovon sollen wir solange leben? [...]

Mit tausend lieben Grüßen an Euch alle

Eure Brigitte

Hoy., am 8. 4. 60

Liebe Mutti, lieber Vati,

[...] Mein Brief wird wohl ein bißchen knapp ausfallen müssen; nachdem mein Kopf einige Zeit ganz gut in Ordnung war, kann ich heute kaum aus den Augen sehen vor Schmerzen. Wahrscheinlich habe ich mir gestern was ausgewischt; ich habe bei meiner Brigade gearbeitet und die Halle war wieder einmal scheußlich kalt und zugig.

Vorige Woche war ich zum erstenmal bei der Brigade und habe Ventile geschliffen. Es ging recht gut, ich stellte mich weniger ungeschickt an, als ich selbst erwartet hatte. Die Kollegen waren sehr nett und hilfsbereit, und sie freuten sich, ihre Schriftstellerin auch mal in Schlosserjacke und mit dreckigen Händen zu sehen. Ich bin begeistert von meiner Brigade und vor allem von meinem geliebten, bewunderten Meister Hanke, von dem ich Euch bei Gelegenheit noch erzählen werde – er ist, glaube ich, einer der besten Menschen, dem ich je begegnet bin. Er kümmert sich in der freundlichsten Weise um mich; neulich hat er mich im Geländewagen durch das ganze Kombinat gefahren und alles erklärt, und gestern sind wir eine Stunde lang in der Brikettfabrik herumgestiefelt; die Gewerkschaft hat es trotz ihrer Versprechungen bis heute nicht fertig gebracht, uns einmal den Betrieb zu zeigen. Wir haben überhaupt oft Ärger mit Funktionären und ihrer albernen Bürokratie […].

Ich habe gestern doch aufhören müssen zu schreiben, weil mein Gehirn völlig zerdemmelt war. […] Meinen Klagegesang über die lieben Funktionäre breche ich besser ab, damit mir nicht wieder die Galle hochsteigt. Mit Siegrist verstehen wir uns auch nicht mehr so recht, wir ärgern uns maßlos über seine Schluderei und seinen Mangel an künstlerischem Verantwortungsgefühl – sein Pumpenbuch ist die letzte Scheiße, und trotz allen Zuredens ist er nicht zu bewegen, etwas zu überarbeiten. Hoffentlich haut ihn nachher die Kritik ordentlich zusammen! Das ist kein frommer Wunsch, sicher, aber ich kann diese Nur-Geldverdiener nicht ausstehen. Mich nennt er überheblich, weil ich mir gelegentlich eine – viel zu zahme – Kritik erlaube. Na schön, lassen wir das! Es ist kein erfreuliches Thema. […]

Wir haben furchtbar viel Arbeit – aber das ist ja keine Neuigkeit. Schlimm ist nur, daß man kaum noch zum Schreiben kommt; während der letzten zwei Wochen haben wir fast jeden Tag auf Konferenzen, Sitzungen und Aussprachen herumgehockt, und niemand denkt daran, daß wir fürs Rumsitzen kein Gehalt bekommen wie die anderen. Und ich […] möchte und muß schreiben: bis spätestens September muß das Manuskript abgeliefert sein, damit es im zweiten Quartal nächsten Jahres (!) erscheinen kann. [...] wir sind entschlossen, in Zukunft härter zu werden und mehr Absagen zu geben. Seit Anfang Februar arbeiten wir nun für das Kombinat und haben noch keinen Pfennig von unserem großen Gehalt zu sehen bekommen. Wir mahnen nicht – mal sehen, wie lange die Gewerkschaft uns noch vergißt.

[...] Grüßt alle von uns [...], und seid selbst ganz lieb gegrüßt und geküßt

von Eurer Brigitte (und natürlich auch von Daniel) [...]

Hoywoy, 14. 5. 60

Liebe Mu, lieber Vati, verehrte Miß!

Herzlichen Dank für Mus langen Brief; entschuldigt, bitte, daß ich noch nicht eher geantwortet habe – es ist immerzu etwas dazwischengekommen: einen Tag habe ich beim Friseur vertrödelt (ich habe mir wieder Kaltwelle legen lassen und sehe fürchterlich aus), einen Tag hatte ich einen Kater, weil wir am Abend vorher mit meinem lieben Meister Hanke in der »Kastanienhof«-Bar gewesen waren; dann waren wir in Dresden, um Möbel zu kaufen; zwei Tage sind für Berlin draufgegangen – na, und gearbeitet habe ich auch mal wieder ein bißchen, denn am nächsten Dienstag kommt der halbe Verlag Neues Leben, um die Pumpe zu besichtigen, und da sie gleich den Vertrag mitbringen, muß ich anstandshalber auch ein paar neue Zeilen auf den Tisch des Hauses legen.

Zu Lutz möchte ich lieber nichts sagen – schließlich ist er mein Bruder. Wenn Ihr wieder irgendetwas von ihm hört, schreibt es uns gleich, ja? [...] Sei nicht so traurig wegen Krümel, Mu – eines Tages legen wir einen kleinen Pitschmann in das Kinderbettchen; der läuft Dir bestimmt nicht in den Westen davon, sondern wird ein kühner Pumpenschwengel.

Dresden war übrigens eine Pleite, und wir sind ziemlich niedergeschlagen wieder nach Haus gefahren. D. h. natürlich war nur ich wütend; der Pessimist Daniel hatte von vornherein nichts Besseres erwartet [...]. Wir waren im Hellerau-Haus, das sehr elegant und geschmackvoll eingerichtet ist und eine ganze Anzahl schöner Möbel zeigt – aber leider eben nur zum Angucken. [...] Wir haben uns Möbel für ein Arbeitszimmer ausgesucht, können die Bestellung aber erst am 1. Juli aufgeben [...]. Geliefert wird dann bestenfalls im August oder September [...].

Der Empfang bei Rundfunks war ganz interessant. Neue Linie: kein Alkohol. Es gab nur Kaffee und Konfekt. Dafür verschönte die Anwesenheit Professors Leys die kleine Feier; er ist der Vorsitzende des Staatlichen Rundfunkkomitees. Er war sehr leutselig und ganz undogmatisch und hatte eine Menge guter Ideen für die Verbesserung unserer Rundfunkerei, denn inzwischen hat es sich anscheinend bis in die Nalepastraße rumgesprochen, daß der Westfunk uns technisch überlegen ist und seine Möglichkeiten besser nützt als wir. »Ans Weltniveau, ans teure, schließ dich an!« Leider war ich gar nicht in Form, hatte andauernd Herzbeschwerden, so daß ich außerstande war, meinen ganzen Charme spielen zu lassen [...], und so hockten wir wie zwei schüchterne Hühnchen herum. Na, vielleicht hat gerade das einen guten Eindruck gemacht – denn immerhin haben wir ja nicht nur den 2. Preis gewonnen, sondern das beste Hörspiel geschrieben. Edle Einfalt, stille Größe ... [...].

Mit unserer Meisterschüler-Sache ist es noch nicht vorangegangen; unser eventueller Meister Uhse steckt in einer schlimmen Krise (unter normalen Menschen nennt man das eine Liebesaffäre – aber Schriftsteller tun es nicht unter »Krise«); seine Frau ist nach Mexiko zurückgegangen, und Bodo treibt sich seufzend irgendwo an der Ostsee herum.

Am Dienstag kommt also das Neue Leben in die Pumpe gerauscht: der Verlagsleiter, die Cheflektorin und mein kleiner Lewerenz. Ich habe mit Erwin Hanke schon ein Programm gemacht; er spielt den Bärenführer und wird unsere lieben Gäste recht ausführlich durch die dreckigsten Objekte

– Brikettfabrik u. dergl. – schleppen; hoffentlich hat die Chefdame nicht gerade ein weißes Kostüm an. Anschließend gehen wir ins Gasthaus Schwarze Pumpe, damit die Lektoren das frohe Jugendleben bei uns kennen lernen. Erwin hat mir die ganze Organisation abgenommen – und was er in die Hände nimmt, das klappt. […] Vielleicht bekommt er dieses Jahr noch – als erster im Kombinat – den Orden »Banner der Arbeit«. Na, dann ist ja der Affe los! Ich […] bin sehr froh, daß ich gerade an ihn geraten bin […]. Wenn man mit ihm spricht oder ihn bei der Arbeit beobachtet, dann vergißt man einfach, daß er dick und glatzköpfig ist, und man kann sich Hals über Kopf in ihn verlieben. […] Neulich war ich bei ihm im Wohnlager; er hatte einen ganzen Tag und eine Nacht gearbeitet und war so frisch und lustig, als hätte er gerade 14 Tage Urlaub hinter sich. Er sagt keinem ein böses oder nur lautes Wort – und trotzdem gehorcht ihm jeder […]. Er ist eben rundherum ein positiver Held … […]

Ich werde jetzt Schluß machen, um noch an meinem verdammten Kapitel zu arbeiten, mit dem ich jeden Tag um ganze fünf Zeilen vorwärtskomme. Ist das eine Schinderei! Wir verdienen unser Brot wirklich schwer genug – aber wenigstens sind wir jetzt schon soweit, daß wir uns auch die Butter auf dem Brot verdienen. Wenn wir Zeit haben, essen wir ganz ordentlich. Wieso wir trotzdem immer magerer werden, verstehe ich auch nicht. […]

Tausend liebe Grüße und Küsse
von Eurer Brigitte

Hoy, am 29. 5. 60

Liebste Mu,
[…] ich bin noch hundemüde von unserem Brigadeausflug gestern. Wir waren in Oybin und sind auf den Töpferberg und auf den Oybin gestiefelt, und hinterher habe ich die halbe Nacht durchtanzt mit meinem lieben Meister Hanke, der mir zuliebe nun sogar das Tanzen gelernt hat und dabei

einige Kilo von seinen zwei Zentnern Lebendgewicht zu verlieren hofft. Du kannst Dir vorstellen, was für einen greulichen Muskelkater ich heute habe […].

Von Euch zuhaus hört man gar nichts mehr. […] Ich werde selbst einmal nach dem Rechten sehen müssen. Am Donnerstag komme ich auf ein paar Stunden nach Hause. Hanke fährt mit dem Wagen nach Magdeburg, um Ersatzteile für das Kombinat einzukaufen […]. Er wird mich in der Neuendorfer Straße absetzen […] und abends wieder abholen. […] vielleicht kannst Du mal ein bißchen pünktlich von der Schule abmarschieren, damit wir ein paar Stunden für uns haben. Gleich nach der Ankunft werde ich kurz in die Stadt gehen und einige Einkäufe machen, so daß ich mittags wieder zurückbin. Ich muß unbedingt […] im Konsum eine Reisedecke für Daniel kaufen. […]

Bis dahin tausend liebe Grüße und einen süßen Kuß
von Deiner Brigitte […]

Hoy, am 15. 6. 60

Liebe Mu, lieber Vati,

[…] Ich würde Euch so gern einen lieben und netten Brief schreiben und erfreuliche Dinge berichten (beispielsweise, daß am Montag unser Hörspiel in Produktion gegangen ist), aber ich bin in furchtbarer Stimmung. Wir hatten heute früh eine Aussprache mit Siegrist, in Gegenwart der Klubleitung, und wir sind fix und fertig. Die Sache mit ihm hat sich so zugespitzt, daß wir uns an die Leitung des Schriftsteller-Verbandes wenden müssen, um eine Klärung zu erreichen. Der Lump hat die übelsten Gerüchte über mich ausgestreut, Verleumdungen, die ich vor den keuschen Ohren meiner braven Eltern gar nicht wiederholen kann. Daß ich mir meine »Verträge erschlafen« habe, war noch nicht einmal das Schlimmste. […] natürlich versuchte er zu leugnen, was ihm aber nicht viel half, denn wir hatten Zeugen. Das letzte Mittel war dann, uns politisch zu diffamieren – und das alles im Namen der Partei und »ich als alter Genosse …« Daniel, der Sanfte, ist ganz schön aus der Rolle gefallen und hat S. angebrüllt, daß die Wände wackelten. Immerhin hatten wir ihn dann soweit, daß er nicht mal muckste, als ich ihn in Gegenwart der anderen ein Schwein und ein Miststück nannte – was freilich von mir auch nicht ganz sachlich, auf jeden Fall aber zutreffend war. […] Seit Wochen geht jetzt dieser zähe Kleinkrieg mit Klatsch und Intrigenspinnerei – und er hat mit dem Tag angefangen, als ich den großen Schriftsteller zu kritisieren wagte. […] Anfangs dachten wir sogar daran, das Kombinat ganz zu verlassen, aber dazu können wir uns doch nicht entschließen; wir haben uns schon zu sehr an das Leben und an unsere Brigaden gewöhnt. Auch unsere Freunde (denn wir haben ein paar wirklich gute und anständige Freunde hier) raten uns dringend ab, die Flinte ins Korn zu werfen […].

Gestern hatten wir hohen Besuch: Der Verlagsleiter vom Komsomol-Verlag in Moskau war da und ein Korrespondent der Komsomolskaja Prawda, zwei sehr sympathische und überaus höfliche Leute. […] Der Komsomol-Verlag interessiert sich jetzt schon für mein Buch, […] und sobald das Manuskript abgeschlossen ist, soll es nach Moskau geschickt werden. Wenn alles klappt und es gibt eine Übersetzung, können wir für ein paar Wochen in die SU reisen und dort unser Honorar verbraten. Es waren wirklich ein paar sehr erfreuliche Stunden, die wir mit den russischen Gästen verbracht haben […]. Beim Abschied bedankten sie sich hundertmal – ich habe tatsächlich selten eine solche Höflichkeit gesehen wie bei den beiden.

Ihr seht also, was wir alles im Skat haben und wie wichtig das Kombinat für uns ist. Aus diesem Grund müssen wir uns irgendwie durch den ganzen Schmutz durchboxen – und mit Daniel zusammen habe ich auch keine Angst. Wir haben überhaupt festgestellt, daß wir uns umso besser verstehen, je mehr Pech wir haben, und wie Ihr wißt, haben wir uns während unserer zweijährigen Ehe (ich rechne die »wilde« Ehezeit mit) schon mit einer ganzen Menge Schwierigkeiten herumschlagen müssen. Wann wird man nur endlich mal zur

Ruhe kommen und so friedlich arbeiten können, wie man sich das wünscht? [...]

Wenn's geht, macht Euch keine Sorgen; jeder Mensch hat im Leben solche üblen Situationen zu überstehen, sei es im Beruf oder im Privatleben, und auf jeden Fall dient es dazu, die Widerstandskraft zu stärken und ein Stückchen klüger zu werden. Man sollte kein Vertrauen zu anderen Menschen haben, bevor man nicht einen Scheffel Salz mit ihnen gegessen hat. Soweit allerdings bin ich noch nicht, daß ich mir sage, ich muß ein Reptil werden, um mich von den anderen Reptilien nicht kaputtmachen zu lassen – soweit bin ich noch nicht. [...]

Für heute [...] tausend liebe Grüße und für jeden einen Kuß von Eurer mehr wütenden als bekümmerten, aber trotz allem optimistischen Brigitte

Hoy, 25. 6. 60

Liebe Mu, lieber Vati,

[...] Die Geschichte mit Siegrist hatte uns mächtig in der Arbeit gehemmt und hemmt uns heute noch [...]. Am Donnerstag ist Aussprache in Berlin, bei Strittmatter, und ich muß gestehen, es graut mir davor. Das ewige Getratsch und schmutzige-Wäsche-waschen hängt mir allmählich zum Halse raus. [...] Es wird eine Nervenprobe, fürchte ich, und mit unseren Nerven steht es nicht zum besten. [...]

Von uns selbst kann ich eigentlich gar nichts berichten, wir haben kein Privatleben mehr. Alles dreht sich um das Kombinat und um die Arbeit. Zu allem Unglück haben wir von Rundfunks eine neue Aufgabe bekommen – und wir waren verrückt genug, anzubeißen. Zur Woche des Gegenwartshörspiels sollen wir noch ein Stück schreiben, das bedeutet also, wir müssen im September spätestens abliefern. Die Fabel steht noch nicht fest, vorläufig hat der Rundfunk (der Chefdramaturg selbst war bei uns – ein reizender Bursche!) nur verschwommene Ideen von einem jungen Meister, der sich in seiner Brigade durchsetzen muß. [...]

31

Ich vergesse von einer Minute zur anderen, was ich schreiben will – wahrscheinlich vor Hunger. Mein lieber Mann saust immer noch in Hoywoy rum und kauft ein, und es ist schon halb drei, und seit dem Morgen habe ich nichts gegessen, weil ich immerzu denke, es lohnt nicht mehr, bevor Daniel wieder hier ist. […]

Zu dem Stoff: Wir haben keine Schneiderin gefunden. Alle sind bis zum September besetzt, und dann ist es natürlich witzlos. An Dich, Mu, wollte ich den Stoff aber auch nicht zurückschicken – wie hätten wir das mit dem Anprobieren machen sollen? Nun hat sich Frau Schömann aufgeopfert. Wir haben einen ganz einfachen Schnitt gewählt (wie mein Sonnenkleid damals, aber ohne Bolero), der Stoff wirkt schon von sich aus genug. Da hast Du wirklich einen herrlichen Einkauf gemacht, Mu! Übrigens: das blau-weiß gestreifte Taftkleid, das mir Fräulein Wilhelm voriges Jahr gemacht hat, ist beim Waschen derartig eingegangen, daß ich es nicht mehr anziehen kann. Vielleicht kann sich Frau Schömann mal aufraffen, wenigstens den Saum rauszulassen, dann mag es noch so halbwegs gehen. Ich habe mich blödsinnig geärgert, als ich ahnungslos das enge Läppchen anzog und plötzlich ein Kinderkleid anhatte – und das eine halbe Stunde, bevor der Rundfunk-Onkel eintrudelte! […]

Daniels Arbeitszimmer wird nun doch bald eingerichtet sein – früher, als wir erwartet hatten. […] er hat einen Herrenschrank (als Kleiderschrank aufgemacht, wißt Ihr) und eine Kommode mit Bücheraufsatz gekauft. Nun fehlt nur noch der Schreibtisch, aber das ist nicht so schlimm; vorläufig arbeitet Daniel an dem Palettentischchen. Einen Wannensessel hat er in Bautzen erjagt, wo es überhaupt alles zu kaufen gibt – die schönsten Garnituren, Teppiche, Möbel u. dergl. Wir haben nur noch Transportsorgen, denn wir müssen die Möbel von Hellerau selbst abholen. Hanke versucht seit drei Tagen, den Framo aus unserer Werkstatt für ein paar Stunden zu entführen […]

Neulich hat Sonja Marchlewska wieder geschrieben […].

Sie hat uns verzweifelt gesucht, aber die Briefe, die sie nach Burg schickte, kamen zurück, weil wir verzogen sind. Albern! [...] Hoffentlich kommt sie bald wieder mal nach Deutschland – diese Frau mit ihren klaren, vernünftigen, toleranten Ansichten ist eine Erholung, wenn man tagaus, tagein soviel Affenscheiße über sich ergehen lassen muß. [...] Dabei fällt mir ein, daß es hier ein nettes Sprichwort gibt: »Wer in Pumpe nicht verrückt wird, der hat selber schuld, denn alle Möglichkeiten sind gegeben.« Sehr wahr!

Mein Daniel-Knilch ist immer noch nicht da [...]. Der arme Junge verbringt fast jeden Tag damit, die Läden im Umkreis von fünfzig Kilometern unsicher zu machen, damit unser Haushalt endlich mal komplett ist.

Mit tausend lieben Grüßen und einem Kuß für jeden
Eure Brigitte [...]

Hoy, am 10. 7. 60

Liebe Mu, lieber Vati,
heute ist Sonntag und also Briefschreibetag, und Daniel hat mir gnädig sein Zimmer zur Verfügung gestellt, während er am Mittagessen bastelt. Ich [...] habe eben in den Novellen von Thomas Mann gelesen und bin noch einigermaßen verwirrt und erschüttert von der Erkenntnis, daß das, was wir so als Literatur ausgeben, in Wahrheit nichts damit zu tun hat. Unsere nur aufs Prinzip der unmittelbaren Nützlichkeit gestellte Schreiberei ... es ist ein Jammer!

Da wir gerade bei der Nicht-Literatur sind: [...] Habe ich Euch eigentlich schon von der Aussprache in Berlin erzählt? [...] Es ist so ausgelaufen, wie wir erwartet hatten: Zuerst machte der Arsch den starken Mann [...] – unser Zirkel sei eine bürgerliche Plattform und dergleichen; dann kamen die Schweinereien zur Sprache, die er über mich verbreitet hatte, und auf beides reagierte der Verband sehr sauer. Strittmatter und Klein [...] nannten ihn einen Sektierer und sagten, er habe als Genosse und als Vorsitzender des Cottbuser Verbandes versagt und benutze sein Parteiabzeichen als Schild für seine Machenschaften. Dabei kam übrigens heraus, daß der Arsch »Meldung an die Kreisleitung« gemacht hat wegen unserer Umtriebe (er hat uns, wie es scheint, als eine Art Staatsfeinde verdächtigt, ohne den geringsten Beweis zu haben). Strittmatter war außer sich vor Wut, er brüllte […], daß es eine Lust und Wonne war […]. [Siegrist] mußte sich bei uns entschuldigen und wurde verpflichtet, sich auch im Kombinat öffentlich zu entschuldigen und in unserer Gegenwart der Kreisleitung Bericht zu erstatten über die Aussprache im Verband. Natürlich hat er weder das eine noch das andere getan – er spielt den Pascha wie eh und je […].

Ihr werdet verstehen, daß wir noch keine Ruhe geben, sondern die Geschichte vorerst an die Bezirksleitung weitergegeben haben […] – sonst kann man in eine ganze eklige Sache reinrutschen und weiß nicht wie. Ihr kennt ja wahrscheinlich auch diesen Typ von Leuten, die andere politisch diffamieren, weil sie ihnen fachlich nichts anhaben können.

Aber lassen wir jetzt dieses Thema! Es gibt genug wichtigere und nettere Dinge.

Daniels Zimmer ist nun fast ganz eingerichtet; vor zwei Wochen hat Erwin uns einen Lastwagen beschafft, der die Möbel […] aus Dresden holte, und nach vielem Herumrücken (das Zimmer ist eben doch zu klein) haben wir eine halbwegs gute Lösung gefunden. […] den alten Teppich haben wir Schömanns gegeben, die sich mächtig gefreut haben. Die Kinder wollten am ersten Tag gar nicht aus dem Zimmer raus – sie besitzen ja zum erstenmal einen richtigen »Teppsch«. […]

Hat Vati schon mal seine Nase nach einem Kühlschrank rausgestreckt? Die Butter läuft uns weg, und die Wasserkühlungsanlage, die wir im Abwaschbecken gebaut haben, ist auch nicht der letzte technische Schrei. – Für heute genug! […]

Mit tausend lieben Grüßen
Eure Brigitte

Liebe Mu, lieber Vati,

heute will ich Euch nur ganz rasch von unserer glanzvollen Uraufführung erzählen, die am Mittwoch, also vor zwei Tagen, hier im Kombinat stattgefunden hat.

Am Vormittag hatten wir noch mit dem Chefdramaturgen, Rentzsch, [...] gearbeitet [...]. Ich glaube, der R. mag uns gut leiden – wir sind die einzigen Autoren, mit denen er persönlich arbeitet, statt sie von einem seiner Dramaturgen betreuen zu lassen. Er hat uns auch versprochen, er werde jederzeit auf ein paar Stunden hier aufkreuzen, wenn wir ein Telegramm schicken, daß wir nicht recht weiterkommen oder so. Wir haben uns mit dem Hörspiel schon eine ganz schöne Basis bei Rundfunks geschaffen ... [...]

Die Premiere fand im Funkstudio statt. Fast alle Leute, die wir eingeladen hatten, waren erschienen [...], und der Raum war voll. Von Daniels Brigade waren einige gekommen, und nur meine Brigade konnte nicht teilnehmen, weil sie im Endspurt bei der Reparatur im Pressenkeller steht; sie arbeiten momentan 12 Stunden täglich. [...] Wir machen dafür aber eine Extraaufführung für meine Brigade, denn die schlauen Funk-Piraten vom Kombinat haben beim Abspielen gleich mitgeschnitten und besitzen nun ein eignes Band. [...]

Wir hatten natürlich schreckliches Lampenfieber, und als die ersten Worte aus dem Lautsprecher kamen, konnte ich sie vor Herzklopfen kaum hören. Es ist wirklich sehr eigenartig, selbstgeschriebene Worte aus dem Mund anderer zu hören ... Bei einigen Szenen war ich etwas schockiert, weil ich sie mir ganz anders vorgestellt hatte (aber die Auslegungen vom Autor und vom Regisseur stimmen eben nicht immer überein), aber bei anderen Szenen war ich begeistert und beinahe gerührt – so, als stammte das Stück von jemandem anders. Nach der ersten Viertelstunde konnte ich schon ziemlich objektiv und kritisch zuhören [...]. Wir haben gemerkt – und das ist das Wichtigste für uns – was man aus einem Hörspiel rausholen kann, wie man es bauen muß, um es auch funktechnisch

35

wirksam zu machen, und ich hoffe, unser nächstes Stück wird noch besser. Ihr versprecht uns doch ganz fest, daß Ihr Euch das Spiel auch anhört, ja? [...]

Aber zurück zu unserer Premiere! Am Ende schluchzten die Frauen vor Rührung (aber Du brauchst keine Angst zu haben, Mu, es geht nicht traurig aus!), [...] und wir wurden mit Lobeshymnen überschüttet. [...] am meisten freute mich bei dem ganzen Rummel, daß unsere Freunde von der Partei dabei saßen, die damals – bei der Arsch-Diskussion – solchen Unsinn geschwätzt hatten. Alle rühmten nämlich die schöne Sprache in dem Stück, und daß der politische Inhalt so dezent verpackt ist – also genau das, was wir bei der Buchdiskussion von einem Schriftsteller forderten. Der Kultursekretär, mit dem ich mich damals so in der Wolle gehabt habe, gratulierte uns – und ich glaube, er meinte es ehrlich. Vielleicht hat er jetzt begriffen, was ich meinte, wenn ich ihm sagte, Form und Inhalt müßten übereinstimmen, und die beste politische Aussage bleibt wirkungslos, wenn sie in einer schlechten und unliterarischen Form vorgetragen wird. Kurzum, es war ein großer Erfolg, und unser Prestige im Kombinat ist sichtbar gestiegen. Hinterher machten wir noch eine kleine Premierenfeier mit Rundfunks und der Partei, und wir sind uns, wie es scheint, dadurch auch menschlich näher gekommen [...].

Der Rundfunk legte den Funktionären nahe, sie sollten unser Stück für den FDGB-Literaturpreis vorschlagen [...]. Vielleicht ist sogar bei der Internationalen Runde noch was für uns drin. R. jedenfalls machte uns Hoffnungen; er sitzt selbst in der Jury und kennt die meisten anderen Stücke und hält sie für schlechter als unseres. [...] Wenn wirklich nochmal ein Preis rausspringt, kaufen wir uns sofort ein Auto und kommen bei Euch angegondelt. [...]

Gestern nachmittag war Daniel zum Pilzesuchen, und er brachte tatsächlich einen Beutel Pfifferlinge, die wir uns abends gebraten haben. Ein herrliches Gericht! Ich hätte noch ein Pfund mehr davon verputzen können. Daniel möchte jetzt öfter mal in den Wald schwirren [...] – es tut ihm gut, er hat Spaß daran und kann auf diese bescheidene Weise mal ein wenig ausspannen. Wir sind ja beide keine Stiernaturen, und vielleicht sind wir auf die Dauer dem Trubel hier nicht gewachsen, wenn wir uns in Zukunft nicht mal ein paar freie Sonntage leisten.

[...] Schreibt bald, denkt an uns und seid ganz lieb gegrüßt und geküßt von

Eurer Brigitte [...]

Hoy, 24. 7. 60

Liebe Mu, lieber Vati,

habt schönsten Dank für die Briefe und für den wunderbaren Neuendorfer-Kuchen, der leider einen Tag zu spät gekommen ist. Ich hatte an meinem Geburtstag verzweifelt auf das Postauto gewartet [...].

Lutz' Brief schicke ich wieder mit. Er hat mich ziemlich mitgenommen ... Manche Stellen darin – z. B. über die Freiheit – gleichen fast wörtlich denen, die mein Lutz im Hörspiel sagt, nachdem er sich eine Zeitlang im Westen herumgetrieben und die goldenen Berge nicht gefunden hat.

[...] unser Geld ist jämmerlich zusammengeschmolzen (wir haben noch ganze 600 Mark auf dem Konto), die Anschaffungen haben eben doch eine Menge gekostet. Aber sie waren notwendig, und Ihr könnt sicher sein, daß wir nicht unnötig Geld verjuxen.

Ich hätte ja trotzdem große Lust, jetzt schon den Wagen zu bestellen; ehe er geliefert wird, vergeht doch viel Zeit. Erwin redet mir auch zu; er sagt, er würde uns 2 000 Mark vorschießen. [...] Eine Frage an Vati: Könntest Du, wenn wirklich Not am Mann ist (d. h. wenn der Wagen eintrudelt und unser Geld nicht ganz reicht), für ein paar Wochen 1 000 Mark flüssig machen? [...] Wir sind ganz verrückt nach einem Auto, wir wollen endlich mal aus dem Bau kommen und, wenn wir ins Kombinat müssen, nicht ewig Zeit vertrödeln (neulich habe ich wieder fast eine Stunde an der Haltestelle gestanden und mich halbtot geärgert, weil zuhause ein Haufen Arbeit lag); im Winter wird es noch schlimmer mit dem Busverkehr. Und vor allem wollen wir öfter mal nach Burg gondeln ...

[...] Jetzt will ich Euch noch rasch ein bißchen von meinem Geburtstag erzählen. Daniel weckte mich nachts – große Bescherung: 27 Nelken und 27 Rosen – ein Farbenrausch; ein winziges Kofferradio, 3 Perlongarnituren (manchmal ist er eben doch ein kleiner Verschwender), eine silberne Halskette, Emailleschmuck, den »Stillen Don«, ein Buch von Lukian, ein riesiger Kasten Pralinen, ein modernes buntes Likörservice aus Steingut und Taschentücher, mit und ohne Spitzen ... Er hat sich mal wieder selbst übertroffen. Morgens kam der kleine Pummel von Schömanns mit Tierchen für meinen Zoo, Harms (er ist der Älteste) mit einem Strauß Nelken, für den er seine Sparbüchse geplündert hatte.

Wir mußten unsere Gäste in zwei Schichten empfangen. Nachmittags kamen Richter (der Klubhausleiter) und unsere Bibliothekarin, Brigitte Hamann, und Günter, mein spezieller Liebling in der Brigade. Ich glaube, ich erzählte Euch schon von ihm; er kann kaum lesen und schreiben, ist aber ein prächtiger Charakter. Er wohnt mit Erwin zusammen im Lager und brachte mir, da Erwin schon auf seiner Völkerfreundschaft schwimmt, dessen Geschenk, einen silbernen Aschbecher aus Vietnam, der natürlich viel zu schön ist, als daß man ihn durch Asche entweihen könnte. Abends waren die Schömanns da und Rolf Järkel mit seiner Frau. Wir haben ein bißchen Wein getrunken und waren sehr lustig, ohne daß jemand einen richtigen Schwips hatte. Daniel hatte morgens noch eine Butterkremetorte besorgt. Leider ging es ihm gar nicht gut; er hat jetzt oft Magenbeschwerden, und wir wissen nicht, woher sie stammen. Wir leben eigentlich – bis auf das Rauchen – sehr gesund, wir essen jeden Tag Gemüse und öfter Obst und haben seit zwei Tagen ein neues Leben angefangen: Wir wollen jetzt immer spätestens um zehn ins Bett gehen und morgens um sechs aufstehen, damit wir den

ganzen Vormittag schon zum Arbeiten haben. Hoffentlich läßt sich das in Zukunft durchhalten. [...]
Mit vielen lieben Grüßen und einem Kuß für jeden
Eure Brigitte [...]

Hoy, 4. 8. 60

Liebe Mu, lieber Vati,
[...] bei uns war in der letzten Zeit ein unheimlicher Trubel, es ging zu wie bei Prominenten, die Reporter gaben einander die Klinke in die Hand ... [...]
Nachmittags kam ein Pressefotograf, der für die Rundfunkzeitung eine Bildreportage über uns macht (vor dem Radio, hinterm Briefkasten, auf der Couch, unter der Couch, schreibend, lesend, diskutierend, junges Schriftstellerglück etc. pp.). Vorige Woche war die NBI hier und hat ebenfalls Aufnahmen gemacht, und Kiesling (er ist der Chefknipser von der NBI) hat sich so in meinen roten Latzrock verliebt, daß er von mir ein Titelfoto, bunt natürlich, machen will, und dazu soll ein Interview von uns erscheinen. Ich verstehe auch nicht, warum auf einmal alle möglichen Leute ihr Herz für uns entdecken – aber es ist ganz gut so. Über das Hörspiel sind schon eine ganze Anzahl von wohlwollenden Kritiken erschienen – da haben wir wirklich in aller Unschuld einen Schlager rausgehauen! [...]
Daniel schreibt wieder eine sehr gute Geschichte, es geht freilich ein bißchen langsam voran, aber das macht nichts; jedenfalls liefert er Qualität, und Caspar – bei dem er vor zwei Tagen war – rechnet sowieso erst 1965 mit dem Geschichtenbändchen.
[...] Ihr müßt mich entschuldigen, wenn ich einen so kurzen Brief schreibe. Auf meinem Tisch liegen noch ca. 200 unbeantwortete Briefe mehr oder weniger offizieller Art, zu denen ich überhaupt keine Lust habe, denn augenblicklich macht mir mein Kapitel viel Spaß.
Wir sehen uns ja nächste Woche und haben unterwegs im Wagen Gelegenheit genug, über alles mögliche zu reden.

Wenn Ihr an Miß Lullaby schreibt [...] grüßt sie schön von mir.

Euch beiden (und Oma) die herzlichsten Grüße und einen Smatz

von Eurer Brigitte

Daniel läßt schön grüßen – er kocht gerade unser Mohr-rüben-Mahl.

Hoy, am 12. 8. 60

Liebe Mu, lieber Vati,

[...] Ich graule mich schon vor dem sogenannten Urlaub, weil es eigentlich bloß eine Schinderei wird, und weil von dem Hörspiel, das wir dort schreiben sollen, soviel abhängt; das macht mich von vorhherein unsicher. Daniel allerdings ist recht zuversichtlich. Ach was, wir werden die Sache schon hinbiegen!

Sonst hat sich nichts Nenneswertes bei uns ereignet, [...] sensationelle Briefe sind nicht gekommen, und der National-preis ist uns auch noch nicht angeboten worden. Dafür läuft unser Hörspiel nächste Woche wieder [...]. Das gibt wieder Sendegebühren, und das Wägelchen rückt in greifbare Nähe. [...] Die Klubleitung hat immer noch nicht gezahlt; ich hörte schon, daß sie gar kein Geld mehr haben. Für die Kultur schlägt eben keines Finanzministers Herz. [...]

Gestern haben wir mit Erwin im Wohnlager Geburtstag gefeiert; es war sehr nett und harmonisch, und niemand hat sich besoffen. Natürlich haben wir dabei wieder profitiert: wir haben ein paar tolle Geschichten gehört, die wir irgend-wann mal niederschreiben werden. Leute, die sich mit Schriftstellern an einen Tisch setzen, müssen eben damit rechnen, daß sie literarisch ausgebeutet werden. [...]

Für jeden einen Kuß von

Eurer Brigitte [...]

Liebe Eltern,

[...] Wir arbeiten seit ein paar Tagen angestrengt am Hörspiel, haben den Fahrplan und die ganze erste Szene fertig. Es macht uns jetzt doch viel Spaß – man muß ja erstmal mit seinen Personen warmwerden. Wir vertragen uns sehr gut bei der Arbeit – solche Zankereien wie beim ersten Stück gibt es nicht mehr. – Neulich waren wir in der Spielzeugstadt Seiffen und haben für Daniel eine riesige Pyramide und für mich eine schöne handgeschnitzte Krippe gekauft. Für Euch haben wir auch ein Souvenir mitgebracht und werden es in den nächsten Tagen schicken; hoffentlich habt Ihr Eure Freude daran. – Wir wohnen hier sehr gemütlich und ruhig, unser Zimmer ist hell und nett; der Hauswirt hat sogar einen Teppich spendiert. Leider gibt es kein fließendes Wasser. Bis jetzt haben wir jeden Tag heizen müssen, sonst wären uns beim Arbeiten die Pfoten abgefroren. [...]

Spazierengegangen sind wir noch nicht viel; dafür kommen wir endlich mal ins Kino (in Hoy waren wir ja nur ein einziges Mal im Kino). Anschluß haben wir nicht gefunden (und nicht gesucht); die Leute, die unseren Beruf ja nicht kennen, halten uns anscheinend für Halbverrückte, weil wir zum Arbeiten hier sind. Wir gehen früh ins Bett und essen unheimlich viel; wahrscheinlich liegt das an der Bergluft.

Viele liebe Grüße von Eurer Brigitte + Daniel

Liebe Mu, lieber Vati,

[...] Weshalb ich heute einen Eilbrief schreibe: wir brauchen dringendst Geld ... Für uns selbst unerwartet ist plötzlich ein Auto in greifbare Nähe gerückt [...]. Bloß leider können wir es nicht bezahlen [...].

Wir haben zwei Beziehungen laufen, über die ich Euch aber lieber mündlich berichten werde. Die eine Beziehung fährt heute nach Dresden und will zusehen, daß sie einen Volkswagen für uns erwischt. Wie gesagt, das kam für uns selbst so überraschend, daß wir zuerst fast einen Schreck bekamen und uns fragten, ob wir es riskieren können. Aber es wäre Idiotie, nicht zuzugreifen, denn auf offiziellem Wege ist gar nichts zu machen. Unsere Bibliothekarin sagte uns gestern, daß sie ihren Trabant trotz Dringlichkeitsbescheinigung erst in vier Jahren bekommen wird. Weniger als zwei Jahre dauert es bloß bei Sachsenring und Wolga ... Ihr seht also, es ist das Gescheiteste, jetzt um jeden Preis das Geld aufzubringen [...]. Daniel ist jetzt unterwegs, um den Schuldschein von S[...], dem wir ja 1000 DM geborgt haben, an jemanden anders zu verkaufen (natürlich einen Freund, denn mit anderen kann man solche Geschäfte ja nicht machen).

Fallt bitte nicht um, wenn ich die Summe nenne, die wir von Euch brauchen – 2 Mille oder allerwenigstens anderthalbtausend. [...] Daniel sagte, ich sollte Euch gleich dazu schreiben, welche Sicherheiten wir zu bieten haben. Folgende: Im September bekommen wir den Hörspielvertrag (1800 brutto), ferner steht noch eine Sendegebühr für den »Mann vor der Tür« in Höhe von 1000 netto aus. Im Oktober oder November gibt es mindestens zwei Sendegebühren in der gleichen Höhe für das neue Stück (das Caspar wahrscheinlich auch wieder drucken wird). Außerdem kommen die »Kinder von Hellas« wieder heraus, und ich werde in den nächsten Tagen um die erste Rate bitten. Daniels und mein neues Buch laufen auch, so daß sich bis Ende des Jahres noch allerhand auf unserm Konto tun wird. Es würde sich also um ein Darlehen bis spätestens Dezember handeln. [...] Ich weiß nicht, wie man am schnellsten das Geld hierher kriegen kann – vielleicht gib es so etwas wie Eilüberweisungen. Aber das wird Vati ja am besten wissen. [...]

Nun seid bitte nicht böse, daß ich Euch so plitz und platz damit überfallen habe, und schimpft nicht auf Eure leichtsinnigen Kinder. Ihr wißt ja, wie dringend wir einen Wagen brauchen, und wir sind überzeugt, daß wir es uns auch wirklich leisten können [...]. Irgendwann will man ja auch mal einen Lohn für die verdammte Arbeit haben [...]; wenn alles gut gegangen ist, rauschen wir Ende September bei Euch an. Vielleicht haben wir sogar noch gutes Wetter für eine Ausflugstour.

Mit vielen lieben Grüßen [...] und tausend Dank im voraus Eure Brigitte

Hoy, am 24. 9. 60

Liebe Mu, lieber Vati,

[...] Zunächst einmal unseren herzlichsten Dank für Eure Hilfsbereitschaft – und für den lieben Brief des Finanzministers. [...] Offen gestanden, ich hatte gar nicht damit gerechnet, daß Ihr eine so große Summe lockermachen könnt.

[...] Unsere Beziehung hat also in Dresden ihre Fühler ausgestreckt (wenn Ihr wißt, wer die Beziehung ist, schreit Ihr Feuer – aber das wird nur mündlich mitgeteilt), und es zeigte sich, daß in D. vorläufig nichts zu holen ist. Es gab nur noch einen alten Hanomag, den kein Mensch haben wollte und mit dem wir uns auch nicht auf der Straße zeigen würden – es sei denn aus Jux. Immerhin macht uns die Beziehung – die wir gar nicht persönlich kennen, sondern nur durch einen Mittelsmann – Hoffnungen, daß es im Oktober noch klappen könnte. Er wird dann den ersten besten, halbwegs anständigen Wagen sofort kaufen und damit bei uns vorgefahren kommen. Wir sind auf Überraschungen gefaßt. Aber eigentlich ist es uns ziemlich wurscht, welche Marke wir erwischen – Hauptsache, das Ding bewegt sich und sieht nicht so aus, daß uns die Kinder hinterherlaufen. Wir brauchten den Wagen ja nur ungefähr ein Jahr; bis dahin wollen wir soviel gespart haben, daß wir einen Skoda kaufen können.

[...] heute kam der Bescheid, daß wir den bestellten Kühlschrank abholen müßten. Wir haben natürlich zugegriffen, obgleich wir etwas erschrocken waren über den Preis. Er kostet

990 Mark – ein 60-Liter-Schrank. Wir brauchen ihn, und Gott weiß, wann die nächste Sendung kommt [...]. Ihr findet es doch nicht leichtsinnig, nicht wahr? [...]

Nun aber zu unserer Arbeit und unseren schönen Aussichten. [...] Vorige Woche war der Fernsehfunk bei uns, obgleich wir einen Absage-Brief geschrieben hatten. Aber man scheint dort großes Interesse an uns zu haben, und so kam denn ein reizender kleiner Dramaturg angesaust, und wir ließen uns einwickeln und versprachen für Anfang des nächsten Jahres ein Stück. Eine ganz genaue Vorstellung haben wir allerdings noch nicht, aber wir wollen uns darüber jetzt auch nicht den Kopf zerbrechen – das stört nur die Arbeit an den Sachen, die momentan wichtiger sind.

Gestern war nun noch die Defa da. Es ist beinahe zum Lachen, wenn man sieht, wie einem plötzlich alle möglichen Leute nachrennen, die vorher keine Notiz von uns genommen haben. Ich weiß noch recht gut, wie kaltschnäuzig uns die Defa vor zwei Jahren eine Filmskizze über Pumpe zurückgeschickt hat – sie hätten genug Stoffe. Jetzt stellen sie auf einmal fest, daß sie durchaus keine Gegenwartsstoffe haben und gerade uns – die Basis-Autoren – brauchen. Der Dramaturg [...] war ebenfalls sehr nett und aufgeschlossen; es scheint nun doch eine neue Lektoren-Generation heranzuwachsen [...]. Er versprach, die Defa werde sehr mutig sein. Na, daran glaube ich noch nicht; an ehrliche Stoffe, Geschichten, wie wir sie hier täglich erleben, trauen sie sich ja doch nicht ran. Wir waren erst ziemlich zurückhaltend, und der Dramaturg sagte, er könne uns verstehen, die anderen Autoren hätten auch keine Lust mehr, für die Defa zu arbeiten, und die Filme würden immer schlechter. Eine anerkennenswerte Einsicht! Wir haben uns dann doch geeinigt; einen etwas heiklen Stoff haben wir auf Lager [...]. Zunächst sollen wir mal eine Skizze einschicken.

Ihr seht, mit Plänen sind wir eingedeckt. Dazu kommen ja noch unsere Bücher: Ich will meinen Roman, der nun ein Jahr auf Eis gelegen hat, überarbeiten und zuende schreiben, und Daniel wird sich wieder seinem Pumpenbuch zuwenden. Wie wir das schaffen werden, ist mir noch unklar, aber ich denke, daß schon ein gewisser Erfolg unsere Arbeitslust mächtig beflügeln wird. Und wenn wir gesund leben – soweit sich das in unserem Beruf machen läßt – halten auch unsere strapazierten Nerven dieses Jahr durch. Vielleicht kann man danach ein bißchen langsamer treten und sich mal ein paar Wochen erholen.

Falls wir im Frühjahr einen Wagen haben, wollen wir für eine Woche nach Prag fahren, zum großen Musikfestival »Prager Frühling«. Wenn es geht, nehmen wir Rentzsch mit; er hat jedenfalls große Lust dazu, und wir stellen uns die Fahrt mit diesem charmanten Burschen sehr amüsant vor. Wir werden dann nämlich einige Kronen in Prag haben, so daß wir diese Woche gut leben können. R. sagte uns, daß Prag unser Hörspiel angekauft hat. Es würde nicht lohnen, die Kronen hierher überweisen zu lassen […]. Viel schöner ist es, das Honorar in der Goldenen Stadt zu verbraten, die wir sowieso gern mal sehen möchten. Und dann eine Woche lang die schönste Musik hören […].

Vielleicht schreibe ich vorher noch ein Kriminalstück, zusammen mit unserem Bezirksstaatsanwalt Hans Schneider, der sich diese Co-Produktion wünscht und heute einen interessanten Stoffvorschlag geschickt hat – eine tolle Mordgeschichte, die er seinen Akten entnommen hat. Ich weiß nicht, ob ich Euch schon von Schneider erzählt habe. Er ist ein bißchen älter als wir, vielleicht Mitte Dreißig, und gehört zu unsrem Cottbuser Schriftsteller-Verband. […]

Heute kam endlich ein Brief von Lutz, der sich anscheinend mit seiner Lage abgefunden hat und im Begriff ist, ein zufriedener Bundesbürger zu werden. Von seinem Standpunkt aus kann ich ihn verstehen, und ich wünsche ihm auch von Herzen Glück für seinen Weg – aber traurig ist es doch, daß eine Familie auf diese Weise auseinandergerissen wird, menschlich und politisch. Wer weiß, wie lange es noch dauert, und man kann sich nicht mehr verstehen, spricht zwei verschiedene

Sprachen ... Mir ist heute wieder die ganze Bitterkeit des gespaltenen Deutschland bewußt geworden. Aber was kann man momentan tun? Zurückkommen wird Lutz ja doch nicht, solange es ihm gut geht. Er hat schon angekündigt, daß wir große Diskussionen starten werden, wenn wir uns mal in Berlin treffen. Er schwärmte seitenlang von Krümel und hat auch ein paar entzückende Bilder mitgeschickt. Was für ein goldiges Kind! Das Bild, wo er sich mit seiner ulkigen bunten Mütze über den Wagenrand beugt, ist am süßesten; er sieht darauf Lutz sehr ähnlich. Man kriegt direkt Appetit auf ein Baby – wenn man nur wüßte, ob es auch so ein Schlager wird!

Im Oktober kommt unsere Sonja-Adoptivmutter nach Deutschland, und sie will auch uns eine Zeitlang besuchen. Sie ist auf Einladung des ZK der SED hier. [...] Vielleicht kann man durch sie unserer lieben Kreisleitung eins auf den Deckel geben. Die guten Leute haben sich bis heute nicht gerührt [...], und wir laufen immer noch als »Staatsfeinde« durch die Gegend. [...] Wir sind nicht mehr so wütend wie am Anfang, aber es kratzt einen eben doch, daß man von so einem Dilettanten mit Dreck beworfen wird und keine Möglichkeit hat, sich zu rehabilitieren [...], auf jeden Fall aber werden wir Sonja davon erzählen, und ich nehme an, sie wird der Kreisleitung eine »polnische Szene« machen, wie sie es nennt. Es wird eine temperamentvolle Angelegenheit werden, und da sie das ZK hinter sich hat, werden einige Genossen klein und bescheiden werden. Höchste Zeit! Manchmal kriegt man die Wut, wenn man so die Geschichten hört, was die Leute sich herausnehmen – nicht nur uns gegenüber, sondern auch unseren Arbeitern. Die Folgen kann man überall beobachten, es herrscht, wie ein Genosse das neulich ausdrückte, eine allgemeine Leckt-mich-am-Arsch-Stimmung unter den Kumpels. Aber irgendwann wird sich das ändern, ewig halten sich die Ochsen nicht, die die einfachen Arbeiter ständig vor den Kopf stoßen. [...]

Unser Zirkel schreibender Arbeiter wächst, blüht und gedeiht, und wir freuen uns immer wieder, zu sehen, was für Talente wir dabei haben. Wir vertragen uns sehr gut mit unseren Zirkelleuten, und mit einigen sind wir sogar befreundet. [...]

Wundert Euch nicht, daß ich bisher nichts von unserem »Privatleben« geschrieben habe. Es ist einfach deshalb, weil alles großartig in Ordnung ist: wir zanken uns nicht und haben uns schrecklich lieb – das ist das Einzige und zugleich Beste, was sich von unserer Ehe sagen läßt. Wir leben recht vernünftig, essen viel Obst und Gemüse, gehen nicht zu spät schlafen (außer wenn Besuch da ist) und kochen jeden Tag Mittagessen [...]. Meistens bereitet Daniel die raffinierteren Sachen, und für mich bleibt die Hausmannskost. Sonntags ist er immer Oberkoch, und ich darf mich nicht in der Küche sehen lassen, bevor das Essen auf dem Tisch steht. Auch die ganze übrige Hausarbeit wird gemeinsam erledigt – mit einem Wort, ich habe einen Idealmann. Aber das wißt Ihr ja, nicht wahr? Sorgen habe ich bloß wegen Daniels Herzfehler, und wenn er abends noch draußen rumläuft, kann ich vor Angst nicht schlafen, weil ich immer denke, er könnte unterwegs einen Anfall bekommen. Ich wünsche mir nur eins: daß wir mal soweit sind, daß Daniel nur drei bis vier Stunden am Tag arbeiten muß und die übrige Zeit spazieren gehen oder lesen oder einfach ausspannen kann. [...] Mir macht die Arbeit nicht soviel aus, vorläufig bin ich noch ganz schön stabil. [...]

Mit vielen lieben Grüßen und einem Kuß für jeden
Eure Brigitte [...]

Hoy, 8. 10. 60

Liebe Mu, lieber Vati,
da haben wir ja endlich mal wieder einen richtigen langen Brief bekommen – und ein paar Tage vorher auch die tausend Emmchen, die sich sehr gut auf unserem Konto ausnehmen und noch besser aussähen, wenn sie uns wirklich gehörten. [...]

Heute nachmittag sind wir endlich mit unserem verfluchten Hörspiel fertiggeworden. [...] Ausgerechnet an diesem Endspurt-Tag kam Hellmut Sakowski, er ist noch größer und breiter geworden. Wir haben uns natürlich mächtig gefreut. Er sagte, wir seien jetzt ganz berühmt geworden und in aller Munde (ich frage mich nur, warum), und er staunte, als Rundfunks Wagen vorgefahren kam: wir seien Starautoren; er habe noch nicht erlebt, daß sein Manuskript extra abgeholt wird. Aber sie brauchen es zur Woche des Gegenwartshörspiels, die im November anläuft. Hoffentlich gibt es daraufhin nun wirklich einen Jahresvertrag mit dem Rundfunk! [...]

Der Fernsehfunk hat sich heute auch wieder gemeldet – mit einer herrlichen Sache. [...] Man hat mir angeboten (genauer: mich gebeten), umgehend mit der Arbeit an einem Fernsehspiel zu beginnen. Die »Frau am Pranger« soll aufgeführt werden! Ist das nicht großartig? Ich werde natürlich selbst die Bearbeitung übernehmen. Der Dramaturg war ganz begeistert und sehr gerührt von der Geschichte und hat anscheinend im Funk mächtig Reklame dafür gemacht [...]. Daß die Defa neulich da war, habe ich wohl geschrieben, nicht wahr? Sie wollen einen Film von uns und sind – vorläufig – sehr nett und mutig und zuvorkommend. Erfahrungsgemäß ändert sich das, sobald man den Vertrag unterschrieben hat. [...] Mir wird ganz schlecht, wenn ich an meinen lieben Lewerenz denke. Er wird verrückt, wenn er hört, daß ich schon wieder abspringe und den Termin für das Buch nicht schaffe. Ich hoffe nur, daß er ein bißchen gnädiger gestimmt wird dadurch, daß es sich um ein Buch aus seinem Verlag handelt, und wenn sie auf Draht sind, machen sie schnell eine neue Auflage [...]. Daniel glaubt auch, daß es ein ganz großer Knüller werden wird, bei dem alle Leute schrecklich weinen ... Schriftsteller sind ein scheußliches Volk, was?

Es tut mir so leid, daß er es ablehnt, an dem Stück mitzuarbeiten, weil sein Ehrgeiz oder Stolz es nicht zuläßt. Es macht mich überhaupt traurig, zu sehen, wie er reagiert. Ich glaube, er ist ganz niedergeschlagen, weil er sich einbildet, nur ich hätte Erfolg. Aber ohne ihn wäre ich heute nicht in Pumpe, hätte kein Hörspiel geschrieben – und mit Pumpe und dem Hörspiel hat ja die ganze Erfolgsserie erst angefangen. Ohne ihn wäre ich ein ganz verkorkstes Frauenzimmer mit viel Wodka und Männergeschichten, und vielleicht wäre es mit der Literatur schon aus. Aber darüber möchte ich lieber nicht nachdenken. Ich wünschte mit jetzt dreifache Kräfte und doppelt so lange Stunden, damit ich viel schaffen kann. Mein Buch liegt mir doch schwer auf der Seele … […]

Jetzt muß ich schließen, es ist schon spät, und unter uns ist das Schlafzimmer der anderen Mieter. Schreibmaschine ist keine ideale Nachtmusik. […]

Tausend liebe Grüße von uns beiden
und für jeden ein Kuß von
Eurer Brigitte

Hoy, 6. 11. 60

Liebe Einsamkeits-Mu,
wir waren ganz erschrocken, als wir vorgestern Deinen Brief bekamen, in dem Du uns von Vatis Erkrankung schriebst, und es tut uns schrecklich leid, daß Du nun so allein zuhaus sitzen mußt (die Dame Dorli stelzt irgendwo als Mannequin herum, nicht wahr?). […]

Augenblicklich sitze ich an Daniels schönem neuen Schreibtisch, den er mir nur zähneknirschend mal für diesen Brief geborgt hat […]. Ich wette, er wird alle fünf Minuten hereinkommen (er steht in der Küche und macht das Mittagessen), um zu sehen, ob ich nicht schon seine Tischplatte zerkratzt oder seinen kostbaren Sessel zerbrochen habe. Der Sessel war übrigens fast genau so teuer wie der Schreibtisch, aber jetzt sind wir wenigstens komplett eingerichtet. Mit der Zeit werde ich dann auch noch mein Zimmer renovieren, die Couch braucht einen neuen Bezug, und die Sessel sollen gegen moderne Schalensessel ausgetauscht werden.

Aber zunächst müssen wir für den Wagen sparen, der nun doch wieder in greifbare Nähe gerückt ist. Gestern hatten wir in Cottbus ein sehr interessantes Clubgespräch, an dem auch Böttcher von der Bezirksleitung der SED teilnahm – ein sehr sympathischer, kluger und toleranter Mann, der etwas von Literatur versteht. Mit ihm sprachen wir anschließend über eine Auto-Möglichkeit, und er sagte uns, wir sollten einen Antrag beim Rat des Bezirks einreichen; die SED gibt uns dann eine Dringlichkeitsbescheinigung, und wenn wir Glück haben, geht die ganze Sache sehr schnell. Er kann uns auch, wenn es mit einem Gebrauchtwagen nicht klappt, zu einem neuen Trabant verhelfen, der natürlich bedeutend mehr kostet. Aber irgendwie wird man das Geld schon aufbringen können, hoffe ich. Am liebsten würde Daniel einen gebrauchten F9 nehmen, das ist ein sehr guter und leistungsfähiger Wagen, und wenn wir ihn ein bißchen aufmöbeln [...] können wir ihn noch jahrelang fahren. [...]

Eben merke ich, daß mein Brief aussieht, als ob ein kleines Schwein über die Tasten gelaufen ist [...], aber ich bin so nervös, daß ich nicht mal mehr richtig tippen kann. Ich müßte unbedingt mal eine Woche mindestens ausspannen, aber vor Weihnachten ist natürlich gar nicht daran zu denken.

Vorigen Sonntag war Sonja mit einem ZK-Sachsenring da, und als wir auf dem Weg zum Mittagessen bei dem Arsch vorbeifuhren, hupte der Fahrer. Schade, daß keine ZK-Standarte am Wagen war; er hätte einen schönen Schreck gekriegt. Sonja brachte uns Bücher mit und mir ein wunderschönes polnisches Schmuckkästchen; sie hat uns für nächstes Jahr nach Zakopane eingeladen [...]. Leider mußte sie ziemlich früh wieder abfahren, weil der tyrannische Fahrer – der wie Paul Wegner aussieht – zu seinem Sonntagshühnchen wollte.

Hat Dir Daniel schon geschrieben, daß inzwischen die letzte Aussprache in der Arsch-Angelegenheit stattgefunden hat? Böttcher war auch dabei, sonst wäre unsere liebe Kreisleitung nicht so klein und freundlich gewesen. [...] wir sind rehabilitiert, und die Kreisleitung ist überströmend nett zu uns. [...] Jetzt wissen wir wenigstens, an wen wir uns wenden müssen, wenn mal was Unangenehmes los ist – man muß immer gleich zu einer übergeordneten Stelle gehen. Das hätte Lutz damals auch tun sollen, dann wäre er jetzt wahrscheinlich noch hier. Wenn ich geahnt hätte, wie gut sich mit manchen Stellen verhandeln läßt, hätte ich von hier aus etwas unternommen, um Lutz zu einer Wohnung und zu einer guten Stellung zu verhelfen. [...]

Rentzsch hat uns einen herrlichen Vorschlag für eine Hörspiel-Trilogie gemacht, die halb bei uns, halb in Westdeutschland spielt, und wenn wir anbeißen, will er mit uns nach München fahren, damit wir das Leben dort studieren können, denn die Zeitung genügt ja nun weiß Gott nicht, um sich ein wirkliches Bild von dem geistigen und moralischen Klima drüben zu machen. Aber das liegt noch in weitem Felde; zunächst will ich mein Fernsehspiel schreiben.

[...] Eben war ich in der Küche, um Daniel zu fragen, was es noch an Erzählenswertem gibt, und er sagte, ich solle Dir mitteilen, daß er brav ist. Das stimmt ja nun wirklich, und ich teile es Dir also hiermit mit. [...]

Mit tausend schönen Grüßen und einem Schmatz

Deine Brigitte

Hoy, 5. 12. 60

Liebe Mu,

es ist noch ziemlich früh am Morgen, [...] ich habe die ganze Wohnung schon sauber und ordentlich, und nun will ich die Gelegenheit nützen, Dir ein paar Zeilen zu schreiben, ehe der Tag beginnt – mit Essenkochen und Einkaufen und Arbeit an meinem verdammten Buch und mit Besuchempfangen; momentan ist mal wieder eine richtige Invasion von Besuchern, meist schreibenden Arbeitern, die unsere Hilfe brauchen. Wir sind ansonsten gastfreundliche Leute, aber in der letzten Zeit möchte ich jeden rausschmeißen und sitze wie auf glühenden Kohlen, weil ich ja doch immer an mein Buch denken muß. [...]

Das Spekulatius-Päckchen ist am Freitag angekommen. Vielen, vielen Dank dafür! Es geht eben doch nichts über Neuendorfer Speku [...]. Allerdings war, bis auf die Honigkuchen, alles jämmerlich zerschmettert, aber die Krümel haben auch wunderbar geschmeckt.

Das große Ereignis des Jahres: Wir hatten Auswertung der Kulturkonferenz, im Rahmen einer Kreisleitungssitzung, bei uns im Kombinat; die ganze Pumpen-Prominenz war erschienen. Eine erfreuliche Tagung, bei der endlich mal konkret und vernünftig gesprochen wurde, und wir wurden im Referat vom Sekretär so gelobt, daß es uns schon beinahe peinlich war […]. Anschließend war die erste Aufführung unseres jungen Arbeitertheaters mit unserem Stück »Ein Mann steht vor der Tür«. Natürlich war es noch kein brillantes Spiel, die »Schauspieler« sind von der Werkbahn und haben zum erstenmal auf der Bühne gestanden, aber sie waren mit Begeisterung bei der Sache […]. Großer Beifall, Rührung etc., und dann gab es Auszeichnungen: Werkleiter Kühn verlieh Daniel und mir die Ehrennadel in Gold »Erbauer der Schwarzen Pumpe« (an dieser Briefstelle bitte ich um Sonderapplaus!). Wir waren gewaltig stolz, das kannst Du Dir vielleicht vorstellen; wir hatten nicht erwartet, daß wir jetzt schon den Erbauerorden bekommen würden. Am meisten haben wir uns gefreut über die ehrliche Herzlichkeit, mit der uns von allen möglichen Leuten, die wir nicht mal kannten, gratuliert wurde – vor allem von den Sekretären, mit denen wir nun endlich Frieden geschlossen haben. Ich glaube, sie sind froh, daß wir ins Kombinat gekommen sind und werden uns in Zukunft mehr helfen, – versprochen haben sie es jedenfalls. […]

Nun noch schnell eine andere Sache. Daniel hat wohl mit Dir über ein Geschenk für Vati gesprochen […]. Nun fiel also das Wort Schreibmaschine. Wir haben es uns überlegt, […] wir schenken Vati unsere Maschine (die ja noch tiptop in Ordnung ist) und kaufen uns eine neue. […] Du kannst, wenn Du unbedingt willst, mit Vati darüber sprechen, aber lieber wäre es mir, Du sagtest nichts, damit es auch wirklich eine Überraschung ist. […]

Mit tausend lieben Grüßen für Dich und Vati und Miß Lullaby   Deine B-Tochter

Hoy, 8. 12. 60

Lieber Vati,

[...] fix zu Deinem Brief und dem Vorschlag mit der Schreibmaschine. An sich wäre uns diese Lösung sehr recht, denn
wir haben neulich, als wir uns hier nach Maschinen umsahen,
einen tüchtigen Schreck gekriegt: eine Rheinmetall kostet
immer noch (oder schon wieder?!) 400 Mark. Du willst also,
wenn ich Dich recht verstanden habe (eine schwierige Trans-
aktion!), 200 DM von unserem Abschlagsgeld zulegen, und
den Rest soll die Familie tragen. Gut. Aber gestatte noch
einen Gegenvorschlag: [...] Mögen [die anderen] ihre Geschenke selbst kaufen, [...] ein bißchen individuell möchte
es schon hergehen zu Weihnachten. Also: wir geben die restlichen 200 DM, die können wir uns schon vom Herzen
reißen, ohne daß wir Hungers sterben müssen.

Unser Auto kommt erst im Februar [...]. Und überhaupt –
für unsere Eltern ist uns das Beste gerade gut genug, wie man
so sagt. Ihr habt ja auch kein Theater gemacht, als wir bis über
die Ohren in Schulden steckten. Klar? (Das war gewissermaßen eine töchterliche Liebeserklärung an Euch.) [...]

Übrigens sind wir mit unserem neuen Hörspiel ganz
schön zur Sau gemacht worden, und zuerst waren wir recht
niedergeschlagen. Man sollte eben die Finger von der Gegenwart lassen! Inzwischen haben wir uns wieder beruhigt – die
Kritiker sind ja doch alle dumm. Unseren Pumpen-Leuten
hat es jedenfalls gefallen, und das ist uns schließlich die
Hauptsache.

Mit tausend lieben Grüßen für Dich und Mu
Deine Brigitte

1961

Liebe Mu, lieber Vati, liebe Miß!

Schönsten Dank für den neuen FRS; ich freue mich, daß mein lieber verruchter Lutz-Bruder sich endlich einmal zu einem Brief an mich aufraffen wird. Bloß – so einen Haufen Arbeit wie in seiner West-Werft hätte er hier allemal haben können … Na schön, das ist seine Sache. […] Daß ich mein Buch endlich geschafft habe, hat euch Daniel sicher schon mitgeteilt, nicht wahr? 25 Steine vom Herzen … Ich glaube, es ist eine ganz gute Sache geworden, mein kleiner Lewerenz wiegte zustimmend sein Lektorenhaupt, und mein – unser – neuer Freund K[…], der sonst unser strengster Kritiker ist, war sogar ganz begeistert. Haben wir euch schon von K. erzählt? Ein ulkiger Bursche! Er sieht wie Ulli aus (Ausgabe in blond), mit Brille und Negerlippen, und er lacht auch so ähnlich. Er hat acht Semester Philosophie studiert, ist dann gestolpert und arbeitet jetzt seit ein paar Jahren im Kombinat als Raupenfahrer. Er ist unsere beste Errungenschaft in den letzten Monaten; es tut einem ordentlich gut, sich mit einem klugen Menschen rumzustreiten. Natürlich bin ich schrecklich verliebt in ihn (jetzt möchte ich Dein Gesicht sehen, meine moralische Mu …). Na, das nebenbei.

Ich war nach dem Buch ganz schön geschafft, aber Ferien konnten wir uns nicht gönnen, weil gleich wieder die Arbeit an dem Zirkel-Bändchen anfing. Bis gestern nacht haben wir lektoriert und manche Geschichten völlig neu schreiben müssen, damit sie überhaupt druckreif wurden. Jetzt fehlt uns bloß noch, daß sich die betreffenden Genies auf den Schlips gelatscht fühlen, weil wir die Stirn hatten, in ihren Meisterwerken herumzufuhrwerken. K[…] hatte eine Freistellung vom Kombinat und […] hat geholfen (er war unter anderem auch mal Journalist). [...] Am Mittwoch bringen wir mit einem Partei-Auto die Manuskripte in die Druckerei, und dann können wir endlich wieder mit unseren eigenen Arbeiten anfangen. [...] Ich muß mich auf mein Fernsehspiel werfen, und daneben läuft unser neues Hörspiel, das wir neulich mit meinem Liebhaber (Mu!!!) Rentzsch bekakelt haben. Es kann eine hübsche Sache werden – eine Ehegeschichte, die nur während einer Nachtstunde in einem kleinen Hotel spielt, zwischen zwei jungen Eheleuten, die sich scheiden lassen wollen, es aber dann doch nicht tun (aufgemerkt nun also: die sozialistische Moral ...)

Jetzt kommt eine Bitte: Daniel hat mir neulich einen süßen Frühlingsstoff gekauft, für ein ganz schlichtes Hemdblusenkleid, und er hat gleich (Miß, weghören!) für Dorli ein Stück von demselben Stoff mitgebracht, den wir ihr zum Geburtstag schenken werden. Hier gibt es aber leider keine Schneiderin. Ist es wohl möglich, Mu, daß Du mal – sehr bald – zu Fräulein Wilhelm gehst und mich anmeldest? Vielleicht kann sie mich ausnahmsweise mit einschieben. [...]

Auf jeden Fall sind wir aber am 10. März in Burg, denn am 11. ist Verbandssitzung in Magdeburg [...]. Vielleicht kommt an diesem Tag auch Erika, die Schwester von Daniel. Sie möchte uns besuchen, wir haben aber noch keine Genehmigung bekommen. Daniel will es morgen mal bei der Partei im Kombinat versuchen; vielleicht legt unser Obermacker ein gutes Wort für ihn ein. (Wir verstehen uns nämlich jetzt sehr gut mit der Partei.) [...]

Ehe ich es vergesse: ich werde euch unser neues Bändchen beilegen, das Hörspiel; es ist uns gestern vom Aufbau-Verlag geschickt worden. Hübsch aufgemacht, wie? Ein Exemplar ist für die Miß [...] – falls sie Interesse hat, die unsterblichen Werke ihrer Anverwandten zu sammeln. [...]

Tausend liebe Grüße und einen Kuß auf jede Nasenspitze von eurer Brigitte [...]

Liebe Mu, lieber Vati,

heute gibt es noch einmal einen kleinen Maschinenbrief; das nächste Mal ist es nur ein handgeschriebenes Zettelchen, denn Daniel nimmt morgen, wenn er nach Rheinsberg fährt, die Maschine mit (dann habe ich wenigstens einen zwingenden Grund, meine lästige Geschäftspost aufzuschieben). [...]

Wir waren in der letzten Woche wieder ganz schön mit Arbeit eingedeckt. Daniel und Erika haben den Haushalt großartig geführt. Am Mittwoch früh stand schon wieder ein Wagen vor der Tür, der mich nach Berlin brachte: Lewerenz hatte telegrafiert, ich solle sofort kommen, um mir den Schutzumschlag für mein Buch anzusehen, bevor er in Druck geht. Der Umschlag ist ganz bezaubernd geworden. Wahrscheinlich wird die »Junge Welt« das Buch zum Vorabdruck ankaufen. [...] Drückt mal den Daumen, daß es klappt – ich bekomme ein rundes Sümmchen, hoffe ich, und außerdem wird das Buch diskutiert, und das ist beinahe noch wichtiger.

[...] Ich habe mich also nur während der beiden letzten Tage ein bißchen mit Erika beschäftigen können. Schade. Sie ist ein reizendes Mädchen, genau Mus Typ, und der angenehmste Gast, den man sich vorstellen kann. [...] Sie ist Daniel sehr ähnlich, genau so ruhig und aufmerksam und ordentlich – kurz, sie hat alle die Tugenden, die mir fehlen. [...] Für einen so netten Gast ist eine Woche wirklich eine sehr kurze Zeit, gerade jetzt mußte sie weg, als wir anfingen, uns zu beschnuppern und Gefallen aneinander zu finden.

[...] Das Auto hat sich noch nicht gemeldet; wenn alle Stricke reißen, bestellen wir einen »Trabant«, vielleicht geht das schneller. Hat Tante Trudchen schon an die Titretta gedacht? [...]

Mit tausend lieben Grüßen (auch von Herrn Kater) und einem Schmatz für jeden

Eure Schweins-Brigitte

Zitronen gibt es momentan nicht, aber einen hübschen bunten Waschlappen für Mu habe ich erstanden.

Liebe Mu, lieber Vati,

bevor ich in die Klubleitung abschwirre, um unseren Lehrgang zu besprechen, möche ich euch noch fix […] schönen Dank sagen für den FRS und Mus lieben Brief […] (ich dachte schon, sie hätte sich das Briefeschreiben ganz abgewöhnt, seit Vater Willi eine Maschine hat). Übrigens habe ich für Daniel auch eine Schreibmaschine gekauft, und ich hoffe, er wird nicht zu entsetzt über seine verschwenderische Frau sein, wenn er […] die Bescherung sieht. Es ist eine »Erika«, sehr elegant, in einem braunen Lederkoffer. Na, er wird sich schon freuen, zumal wir eine zweite Maschine dringend brauchen; vorher hat es ab und zu mal Zank gegeben, weil wir oft zur gleichen Zeit tippen müssen. Er kann dann auch die Maschine mit nach Reinsberg nehmen […]. Ich möchte nämlich, daß er noch zwei Wochen länger in R. bleibt, ich glaube, die Ruhe dort in dem alten Schloß tut ihm gut. […] gestern habe ich mit Caspar gesprochen, und er sagte, Daniel müßte unbedingt am 15. April abliefern, sonst kommt sein Bändchen dieses Jahr nicht mehr raus. (Außerdem hatte ich natürlich das Bedürfnis, Daniel irgendwas Schönes zu schenken, weil ich ihm in den letzten Wochen soviel Kummer gemacht habe. Vater bringt ja Mu auch immer Pralinen mit, wenn er mit einem anderen Mädchen aus seinem Banker-Harem ausgegangen ist.) […]

30. 3.

[…] Wenn ich an meine Arbeit denke, wird mir übel. Ich kann mir nicht vorstellen, daß ich das alles schaffe, was ich schaffen müßte, um die vorliegenden Verträge zu erfüllen – Fernsehfunk, Rundfunk, Verlag. C. will bis September einen Band mit drei Erzählungen von mir haben, von der erst eine fertig ist. Unmögliche Zustände! Der Zirkel nimmt einem ungeheuer viel Zeit weg, und im April sind mindestens fünf wichtige Tagungen (z. T. über mehrere Tage) vorgesehen, an denen wir unbedingt teilnehmen müssen.

Heute früh kam ein wunderschöner Liebesbrief von Daniel. Manchmal habe ich das Gefühl, ich verdiene einen so guten

Mann gar nicht ... Er kommt Ostern, Gott sei Dank! Trotz aller Geschäftigkeit und Rumrennerei fühle ich mich doch sehr einsam, wenn Daniel nicht hier ist, und nachts graule ich mich halbtot in der stillen Wohnung. Jon ist öfter mal hier, und wir bemühen uns, wie gute Freunde miteinander umzugehen, obgleich er mich noch immer heftig liebt. [...]

Ich muß jetzt schließen, weil ich vor Rückenschmerzen nicht mehr sitzen kann. Bitte, seid nicht böse, daß der Brief so dürftig und zusammengestoppelt ist; ich bin ganz kribbelig und nervös, weil ich immer an meine Geschichte denken muß [...].

Ich wünsche euch ein schönes und gesundes Osterfest und viel Balkon-Sonne. – Denkt ihr mal an die Titretta? [...]

Mit tausend lieben Grüßen
eure Brigitte

Hoy, 10. 4. 61

Liebe Mu, lieber Vati, liebe Dorothea (!),

[...] Ihr sitzt jetzt also in Berlin bei unserem Lutz-Bruder ... Er hatte mir vor Ostern eine Karte geschrieben, er schien anzunehmen [...], daß ich auch nach B. komme. Hoffentlich habt ihr ihm auf eine zarte Weise beigebracht, warum ich nicht kommen wollte oder konnte [...]. Ich kann nicht aus lauter Schwesternliebe irgendetwas gegen meine Überzeugung sagen, und ich fürchte, wir hätten uns trotz aller gegenseitigen Rücksichtnahme ganz schön in die Wolle gekriegt. Außerdem hatte ich ein bißchen Angst, daß er sich sehr verändert hat – so in Richtung Bundesbürger –, und ich möchte ihn lieber anders in Erinnerung behalten. Vielleicht trifft es sich später mal, daß wir zu einem vernünftigen Gespräch kommen.

Im Augenblick schreibe ich an einer Erzählung, »Die Geschwister«, die sich eigentlich um Lutz und mich dreht – natürlich verfremdet und objektiviert. Die ganze Geschichte mit Lutz' Republikflucht ist mir doch mächtig nahe gegangen, und ich versuche sie mir nun vom Herzen zu schreiben. Offen gestanden – auch auf die Gefahr, daß Mu mich nicht begreift oder betrübt ist: ich habe Lutz bis heute nicht verziehen, daß er weggegangen ist, und je länger ich an meiner Erzählung arbeite, desto klarer wird mir, warum man ihm das nicht verzeihen kann, und ich sehe heute auch ein, daß man damals etwas hätte unternehmen müssen. In Wirklichkeit hat er keine Gründe gehabt – es waren bestenfalls Ausreden. Ich glaube ihm nicht mal mehr seine »Verräterkomplexe«. Er ist nämlich, strenggenommen, ein Verräter. Nun ja, darüber kann man in einem Brief schlecht diskutieren, es gibt zuviele Mißverständnisse. Später, wenn ihr meine Geschichte lest, werdet ihr mich besser verstehen. […] Wahrscheinlich urteile ich gerade deshalb so streng, weil ich Lutz so geliebt habe. Na, genug davon, ich rege mich sowieso genug auf, während ich an der Geschichte schreibe. […]

12. 4.

[…] gestern war mal wieder der Affe los, […] außerdem waren Journalisten von der NBI da. Sie wollen morgen einen Bildbericht über uns machen (von wegen Schriftsteller an der Basis), und wir sollen einen Artikel dazu schreiben. Wieder ein Termin mehr. […]

Ich muß noch fix von Ostern erzählen. Daniel war Freitag mutterseelenallein in seinem Schloß gewesen, das ganze Personal war schon fort. Abends aber, als der Sturm heulte und die Dielen knarrten, wurde er bald verrückt, weil er immerzu schleichende Schritte zu hören glaubte, und schließlich hielt es unser stolzer Schloßherr nicht mehr aus, rief eine Taxe an und flüchtete nach Hause. Über Ostern haben wir dann geschuftet wie die Ochsen; wir mußten Daniels Arbeiten abschreiben und überarbeiten und hatten keine freie Minute. Es waren aber trotzdem schöne Feiertage, und wir waren sehr glücklich, weil wir nun wieder richtig verheiratet sind; die K.-Geschichte ist endgültig überwunden und so halbwegs vergessen […]. Am Freitag beginnt der Lehrgang, und ich habe die stille Hoffnung, daß wir ab und zu eine Stunde Zeit finden werden, um spazieren zu gehen. Sonst merkt man ja hier gar nicht, daß der Frühling gekommen ist, und ich war neulich ganz erstaunt, als ich zufällig einen blühenden Baum sah. Ihr sitzt nun sicher wieder auf dem Balkon und genießt die Kirschbäume, und ich beneide euch sehr … […]

Mit vielen lieben Grüßen für euch alle
Eure Brigitte

Hoy, 1. 5. 61

Liebe Mu, lieber Vati, liebe Dorothea,

[…] keine Zeit, keine Zeit … Wenn ich euch erzählen würde, was wir so in den letzten Wochen getan haben, würdet ihr umfallen: hundert Versammlungen und Besprechungen, Fernsehfunk, Verlag, Erfahrungsaustausch mit Wismut, Empfang bei Herbert Warnke (wegen des Zirkelbändchens; wir haben es auch an Ulbricht geschickt und schon einen freundlichen Dankbrief bekommen), immer auf Achse, Reisende in Literatur. Es ist ein Leben zum Verrücktwerden. Ich bin seit vielen Tagen nicht mehr zum Lesen gekommen, geschweige denn zum Schreiben, und das gibt einem den Rest. […] wir haben schon wieder ein Dutzend Einladungen (und zwei weitere Dutzend habe ich bereits abgelehnt) […].

Vielleicht kann ich euch Mitte Mai mal besuchen kommen. Ich bin am 12. in der Jugendhochschule der FDJ (Berlin) zu einer Lesung, anschließend fahre ich eventuell nach Magdeburg, wo ich an einer Sendung über das »Geständnis« teilnehmen soll (ich bin nämlich mit dem Büchlein zum Literaturpreis vorgeschlagen worden, glaube aber nicht, daß ich eine Chance habe – die Erzählung ist viel zu klein und beschäftigt sich auch gar nicht mit Betriebsproblemen). […]

Gestern waren wir zum erstenmal seit unendlich langer Zeit mal wieder an der frischen Luft, wir machten mit K.s eine Motorradfahrt (sie haben einen Wiesel und eine Panonia). Nach ein paar Kilometern kamen wir in einen wahnsinnigen Gewitterregen, standen triefend in einem Wald herum und flüchteten schließlich, naß bis auf die Knochen, in ein

Lokal. Eine herrliche Partie! Mir wird's nicht schaden, ich bin sowieso seit Wochen erkältet und werde meinen Schnupfen nicht mehr los. K[…]s haben jetzt endlich eine Wohnung in der Neustadt, und wir besuchen sie öfter. Es ist angenehm, mal zu anderen Leuten gehen zu können, statt daß man selbst immer die Wohnung voller Besucher hat. […]

Heute habe ich wieder den ganzen Vormittag Briefe geschrieben und jetzt warte ich auf Daniel, der zur Maidemonstration gegangen ist und sicherlich noch mit seiner Brigade oder mit der Kultur zusammensitzt. An Lutz muß ich unbedingt auch noch schreiben –, und wenn ich es bis jetzt nicht getan habe, so war das lediglich eine Zeitfrage, und es hat nichts damit zu tun, daß ich Lutz vielleicht nicht mehr liebte oder ihn vergessen hätte. So darfst Du auch die Worte in meinem anderen Brief nicht auffassen, Mu. Es ist aber leider eine Tatsache, daß politische Differenzen bis in die Familien gehen, und daß man sich wegen weltanschaulicher Meinungen restlos zerstreiten kann. Wegen Daniels Eltern bin ich jetzt auch besorgt. […] wir vermuten, daß Erika von uns und unserem Leben erzählt und der Vater daraus entnommen hat, daß wir rettungslos verlorene Kommunisten sind. Er hat ja schon öfter Daniel vorgeworfen, er verkaufe sich an ein schlechtes Regime, und im letzten Brief waren finstere Andeutungen wegen Daniels Weihnachtsgeschichte »Das Fest« […]. Sein Vater schrieb, man habe ihm aus »Mitteldeutschland« (gemeint ist die DDR) mitgeteilt, daß D. in seiner Geschichte persönliche Erlebnisse aus seiner Familie in häßlicher Weise verarbeitet habe. Offenbar wühlt da jemand gegen uns. Inzwischen hat sein Vater sicherlich die Geschichte selbst zugeschickt bekommen und daraufhin den Briefwechsel abgebrochen. Ich warte nun nur noch darauf, daß er Daniel einen feierlichen Vaterfluch schicken wird – er ist dazu imstande. Das ist alles sehr schwer zu verstehen, ihr seht aber, daß von der Gegenseite – wenn ich diesen Ausdruck mal gebrauchen darf – genauso böse reagiert wird. Daniel tut zwar so, als ob er sich nicht allzu viel Kummer deswegen machte, aber ich glaube, es geht ihm doch nahe, daß nicht einmal seine Mutter sich mehr meldet.

Also, jedenfalls werde ich Lutz schreiben [...]. Er ist mir durch die Geschichte, an der ich schreibe und in der er eine Hauptperson darstellt, wieder sehr nahe gerückt, weil all die alten Erinnerungen an gemeinsame Erlebnisse aufgerührt worden sind. Ich bin selbst gespannt auf meine Geschichte – die wir übrigens wahrscheinlich auch als Hörspiel verarbeiten werden [...].

Wir drücken beide Daumen für das Mündliche von Fräulein D. R. [...]

Was macht mein Kleid bei Frl. Wilhelm?

Tausend liebe Grüße und für jeden einen Kuß

von eurer Brigitte-Tochter-Schwester

Hoy, 13. 5. 61

Meine lieben Eltern, verehrte Dorothea,
nun habe ich schon wieder eine Masse Briefe von euch, und es fällt mir schwer aufs Herz, daß ich so selten zum Schreiben komme. [...] Am Dienstag war ich von der Kulturabt. des ZK zu einer Diskussion über »Schaffensprobleme« eingeladen; es war eine ausgezeichnete Tagung, nur wenige Schriftsteller, unsere jungen, wißt ihr, die noch Feuer und Ideen haben. Auch der schöne Herbert Nachbar war da, und wir haben wieder Kontakt aufgenommen. Er möchte gern Daniel kennenlernen. Neulich hat er die Maigeschichte von ihm gelesen und war ganz begeistert. Ich glaube, die beiden würden ein gutes Gespann abgeben, sie haben – innerlich – ziemlich viel Ähnlichkeit.

Zu euren Nach-Pfingsten-Plänen: ihr wollt nach Berlin. Wie wäre es denn, wenn ihr anschließend zu uns kommen würdet, und wenn es nur für ein, zwei Tage ist? Vati muß doch endlich unsere Wohnung kennen lernen (auch Mu kennt sie noch nicht in ihrem neuen Glanz) [...] ihr fahrt bis Spremberg mit dem Eilzug durch, und dort holen wir euch vom Bahnhof ab. Die Rückfahrt nach Burg bezahlen wir euch, und dann wird der Spaß nicht so teuer. Die Unterbringung ist auch kein so ernstes Problem – falls ihr beide auf unserer Schlafcouch schlafen könnt. Daniel und ich würden uns irgendwie in seinem Zimmer einrichten; zur Not könnte auch einer bei Schömanns auf der Couch schlafen.

Mu kann uns bei dieser Gelegenheit das Backen beibringen – wir haben noch eine Menge Kakao und Kokosflocken und Rosinen im Haus, die unbedingt mal verbacken werden müßten, aber allein trauen wir uns nicht ran. Natürlich soll das nicht in Arbeit ausarten – Mu wird sich ganz bequem in einem Sessel wälzen und uns beide kommandieren, damit wir in Zukunft auch mal allein backen können. Na, wie wär's? […]

Mu fragt, ob ich – Berlin betreffend – einen Wunsch hätte. Hast Du schon mal erlebt, daß ich keinen Wunsch hatte? Ich würde nicht nein sagen, wenn Du einen Rockstoff angeschleppt brächtest – für einen weiten Sommerrock, am liebsten aus dickem Stoff, ich meine eine Art Leinen, und mit breiten Streifen – rot und weiß oder grün oder irgendsowas Fesches und Lustiges. […] Und dabei fällt mir gleich ein: Geh doch, bitte, noch mal zu Fräulein Wilhelm. Vielleicht kann Dorli für mich anprobieren […]. Wir sind übernächste Woche beim Schriftsteller-Kongreß in Berlin, und ich würde furchtbar gern das Kleid tragen. Es wird sicher sehr dezent und dabei freundlich jugendlich. […]

Tausend liebe Grüße natürlich auch von Daniel von
Eurer Brigitte

Vielen Dank, daß ihr uns immer den Ausdruck aus der »Volksstimme« schickt.

Hoy, 21. 5. 61

Liebe Mu, lieber Vati, teuerste Dorothea,
da muß ich also wahrhaftig wieder bis zum Sonntag, sogar Pfingstsonntag, warten, ehe ich dazu komme, euch ein paar

Zeilen zu schreiben. Die letzte Woche war grausam: Daniel war sehr krank, eine Nierengeschichte, [...] es war schrecklich ... Er sollte schon Dienstag ins Krankenhaus, wir haben uns aber gesträubt (und natürlich habt ihr recht, wenn ihr sagt, daß dies höchst unvernünftig war), – es war drei Tage vor seinem absoluten Termin [...]. Nur gut, daß wir den Jon und den Siggi haben! [...] Jon arbeitete drei Abende lang an den restlichen Geschichten mit –, wir sind sehr glücklich, daß wir so zuverlässige Freunde haben. Nachts kam noch ein Arzt, und wir machten eine Pferdekur. [...]

Gestern war ich bei Caspar in Berlin und habe die Manuskripte abgegeben und mit ihm gleich im Verlag durchgearbeitet. Er war sehr nett und vernünftig und hat Daniel noch einmal ein paar Tage Frist gegeben – bis zum Schriftstellerkongreß muß er endgültig fertig sein. Wir sind beide Delegierte unseres Bezirks, und auch Jon ist eingeladen; er muß beim Verband mächtigen Eindruck gemacht haben – Raupenfahrer ist eben ein attraktiver Beruf. Er hat mich auch gestern nach Berlin begleitet [...]. Ich soll beim Kongreß einen Diskussionsbeitrag geben, aber ich habe schreckliche Angst. Zwar werde ich den Beitrag schreiben, aber vorlesen muß ihn Daniel – ich würde da oben auf dem Katheder einfach sterben.

Wir sind erst heute morgen um drei aus Berlin zurückgekommen, weil uns Caspar in eine langwierige Diskussion verwickelt hatte (wir saßen wieder im Presseclub) und wir dadurch unseren Zug versäumten. [...]

Als ich heute nacht nach Hause kam, fand ich den Kuchen, den ihr für uns gebacken habt. [...]

Eigentlich essen wir viel zu wenig [...]; ich habe bloß Hunger, wenn ich in Gesellschaft bin. Ich bin scheußlich dünn geworden und wiege nur noch 98 Pfund. [...] Es sieht nicht mehr schön aus, überall stehen Knochen raus wie bei einem abgetriebenen Gaul, und so ähnlich fühle ich mich auch manchmal. Das Schlimme ist, daß man einfach kein Ende absehen kann, man kann nicht sagen: wenn wir dies und das geschafft haben, ist mal Ruhe. [...] Momentan warten ein Hörspiel und das Fernsehspiel auf uns, und zum August müssen wir zwei Geschichten beim Aufbau-Verlag abliefern; C. will jährlich einen Almanach herausgeben, und im ersten sollen wir vertreten sein. Auch Jon soll ihm eine Geschichte schreiben. Die Literatur steckt an, wie ihr seht, und die Leute um uns machen Karriere ...

Daniels Eltern melden sich nicht mehr. Ist das nicht furchtbar? [...] Ich habe kein Verständnis dafür, und ich bitte euch flehentlich: wenn ich mal eine Geschichte schreibe, in der ihr eine Rolle spielt oder meine Geschwister, dann reagiert nicht auch so. Aber eigentlich habe ich in dieser Beziehung keine Sorge, erstens, weil ihr vernünftige Leute seid, und zweitens, weil man über euch sowieso bloß Gutes schreiben kann [...]. Heute will ich mal an Daniels Schwesterchen schreiben; hoffentlich antwortet wenigstens sie. Man kann doch nicht wegen verschiedener politischer Ansichten seine sämtlichen Geschwister verlieren! [...]

Den Vertrag von unserem lieben Kombinat haben wir immer noch nicht, und allmählich werden wir sauer. Mal sehen, wie lange sie es noch hinauszögern. [...] Telefon haben wir auch noch nicht, und unser Auto rührt sich nicht. Beim Kongreß werde ich mal mit dem Verband und, wenn es sein muß, auch mit dem ZK sprechen, daß sie ein bißchen Dampf dahinter machen. Ohne Beziehungen (Vitamin B, wie man hier sagt) ist man verloren und verlassen.

[...] Habt ihr die NBI gelesen? Schickt doch, bitte, ein Exemplar an Lutz; er wollte gern alles haben, was über uns in den Zeitungen erscheint. Werdet ihr dran denken? [...]

Tausend liebe Grüße und Schmätzchen
von Eurer Brigitte [...]

Hoy, 13. 6. 61
Liebe Mu, lieber Vati,
eben habe ich den FRS bekommen und will noch rasch mit ein paar Zeilen antworten, bevor ich mein frugales Mittagsmahl

(Pellkartoffeln mit Butter) zubereite. […] Daniel bleibt wenigstens diese Woche noch im Krankenhaus, und ich habe allen möglichen Leuten, die mir meine Magerkeit verübeln, große Ehrenwörter geben müssen, daß ich jeden Tag ordentlich esse. Wenn ich das Mittagessen vergesse, macht mir Jon Abendbrot – immer dasselbe Spezialgericht, das einzige, das er kann: Spiegeleier. Er war auch krank geschrieben (Malaria), fühlte sich aber fidel und kam jeden Tag zu mir. Er hat uns die Idee für unser neues Hörspiel geliefert, und wir haben das Exposé geschrieben und heute abgeschickt. Wenn Rentzsch wieder nicht einverstanden ist, kann er uns mal … Das Gehalt haben sie uns sowieso schon am 30. April gesperrt, was allerdings gegen den Vertrag verstößt. Na, egal. Sie müssen dann ja nachzahlen. Freilich sind wir dadurch ein bißchen in die Klemme gekommen, und wir essen fleißig unser Auto-Konto auf.

Der Fernsehfunk hat auch eine Mahnung geschickt, und wir müssen nun, sobald Daniel wiederkommt, versuchen, gleichzeitig die beiden Arbeiten zu schreiben, um unseren Gläubigern den Mund zu stopfen. Es ist eine Würgerei […] Ich fühle mich ganz schön allein und jämmerlich, manchmal jedenfalls, denn meist ist Jon in der Nähe und hilft, wo er kann. Daniel […] fühlt sich gar nicht sehr krank. Die Ruhe tut ihm gut, er liest viel, schläft viel und sieht schon ein bißchen besser aus. Was nun eigentlich mit seiner Niere los ist, weiß man immer noch nicht. […]

Mir geht es gut – bis auf gelegentliche Herzattacken –, das Junggesellenleben bekommt mir, ich gehe nicht sehr spät schlafen, stehe früh auf, halte meinen Haushalt fabelhaft in Ordnung und schreibe mit Begeisterung an den »Geschwistern«.

Vielleicht werde ich Sonnabend und Sonntag in Magdeburg sein. Unser Parteichef […] hat mir angeboten, mich im Wagen mit nach M. zu nehmen. […] Vielleicht kann Mu mal bei Frl. Wilhelm anrufen, wegen des Kleides; wenn alles klappt, kann ich ja mal schnell zur Anprobe hüpfen […]. Ich freue mich schrecklich auf Zuhause! […]

Tausend liebe Grüße   Eure Brigitte

Liebe Mu, lieber Vati, verehrte Miß D.,

[...] ich will euch noch rasch mit ein paar Zeilen antworten, bevor wir uns ins rauschende Nachtleben von Hoy stürzen – mitten in der Woche, stellt euch das vor. Vorhin war der Jon da und hat uns beschwatzt, daß wir mit ihm in die Bar oder ins Kino gehen [...]. Eigentlich müßten wir arbeiten, aber wir sitzen seit Stunden mit unserem Fernsehspiel fest, das wir vor ein paar Tagen begonnen haben. Es hängt nur an ein oder zwei lächerlichen Sätzen, und gerade diese Sätze finden und finden wir nicht. Es ist doch eine schlimmere Schinderei, als wir erwartet hatten, und vor allem ist es nicht leicht, von Prosa wieder auf Dramatik umzuschalten [...].

Wir haben, seit wir von zuhause weggefahren sind, eine Unmasse Gratulationen über uns ergehen lassen müssen. Als wir hier ankamen, lag schon ein Dutzend Telegramme da, und von da ab rissen die Gratulationscouren nicht ab – Partei, Gewerkschaft, Werkleitung (der Herr kaufmännische Direktor, der Grandseigneur des Kombinats, war höchstpersönlich hier und außerordentlich gnädig), Rat des Bezirks etc. Unsere Wohnung schwamm in Rosensträußen. Auf Daniels Schreibtisch häufen sich feierliche Ledermappen mit höchst schmeichelhaften Glückwunschschreiben, und in der Zeitung war unser Bild auf der ersten Seite. Wir sind ja sowieso die Renommierschriftsteller des Bezirks (weil keine anderen nennenswerten Größen vorhanden sind ...), und nun sind alle sehr stolz auf uns, weil wir den Literaturpreis in unseren Bezirk geholt haben. Vielleicht klingt das jetzt so, als ob ich mich darüber lustig mache –, in Wirklichkeit sind wir aber sehr froh über diese herzliche Anteilnahme; all das sind ja Beweise dafür, daß wir uns hier einen festen Platz erobert – nein, erarbeitet – haben.

Am nächsten Tag

In der Bar war geschlossene Gesellschaft, und so haben wir uns in Daniels berühmtes Parkcafé gesetzt, wo [...] Daniel – der ungeahnte kokette Talente im Umgang mit Kellnerinnen und

Verkäuferinnen entwickelt – mit Hochachtung bedient wird. Jon und ich waren von einer einzigen Flasche Wein beschwipst (und das bei unseren ausgepichten Gurgeln!), und nach Mitternacht marschierten wir zu Fuß nach Hause in die Neustadt. Große Romantik mit Vollmond und Lindenblütenduft (stellenweise leicht getrübt durch die nahen Rieselfelder). [...] ich werde heute nachmittag an den »Geschwistern« schreiben, mit denen ich in letzter Zeit so gut wie gar nicht vorangekommen bin. Dabei soll ich sie spätestens am 15. August bei Caspar abliefern. [...] Die Geschichte wird sowieso zu lang für seinen Sammelband. Man ist immer wieder erstaunt, wieviel während des Schreibens dazukommt an Handlungen und Personen, mit denen man zuerst gar nicht gerechnet hatte.

Daniels Eltern haben sich immer noch nicht gemeldet. Dafür hat uns Erika einen sehr lieben und netten Brief geschrieben. Wenigstens einer aus der Familie P., der noch zu Daniel hält. [...] Als neulich der Brief von ihr kam, hatte ich richtig Herzklopfen, weil ich fürchtete, nun käme auch von ihr das große Verdammungsurteil. Aber sie ist eben jung und ein selbständig denkender Mensch.

Übrigens wollen wir hiermit einen feierlichen Antrag stellen, den wir zwecks allgemeiner Diskussion und Beschlußfassung der Familie übergeben: Wir wünschen, daß Vater die FRS [...] mit WILLI unterzeichnet. Wir erwarten, daß der Antrag den Beifall der Kinderschar findet. Man will ja in seinem Vater auch endlich mal einen erwachsenen Menschen sehen. (Die soeben von Vater symbolisch verabreichte Backpfeife nehme ich mit Dank entgegen.) [...]

Mit tausend lieben Grüßen – natürlich auch von dem d. d. D.
Eure Brigitte

[4. 7. 61]

Liebe Mu, lieber Vati,
heute will ich euch nur rasch mein neues Buch schicken. Es ist fast einen Monat eher rausgekommen, als wir erwartet

hatten, und sogar das Honorar ist schon vom Verlag angekündigt. Uli werde ich ein Exemplar nach Schwerin senden, denn ich habe dem heutigen FRS entnommen (für den ich hiermit herzlichen Dank sage – sowie für den WILLI), daß unser stolzer Volksarmist wenigstens während der nächsten zwei Wochen nicht auf Urlaub ist. [...]

Liebe Mu, Du mußt mir versprechen, daß Du diesmal aber wirklich das Werk Deiner Tochter liest, wenn Du schon die anderen verschmäht hast. Es ist nicht grausig und nicht peinlich, und Du hast keinen Grund, schreckliches Herzklopfen zu kriegen. Vielleicht wird es Dir sogar Spaß machen.

[...] Ich habe die Nachricht bekommen, daß die NBI mein Buch im August abdrucken wird. Schade, daß ein Viertel vom Honorar der Verlag schluckt, und fast ein weiteres Viertel die Steuer. Könntet ihr euch unter Umständen noch ein bißchen gedulden mit dem Geld, das wir euch schulden? [...] Rentzsch hat unser Exposé wiederum abgelehnt [...]. Wir haben die Schnauze voll und möchten am liebsten die Beziehungen zum Rundfunk abbrechen, aber wir hängen mit mehr als dreitausend Mark bei ihnen in der Kreide [...]. Vielleicht fällt uns oder dem bewährten Ideen-Fachmann Jon noch schnell ein Hörspiel-Stoff ein; dann sind wir gerettet [...]!

Gibt es bei euch eigentlich Heidelbeeren? Bei uns kann man jede Menge bekommen. Schade, daß man sie nicht verschicken kann.

Mit tausend lieben Grüßen (auch von Daniel) und einem Schmatz für jeden

Eure Brigitte

Hoy, 15. 7. 61

Liebe Mu, lieber Vati,

wenn ihr diesen Brief bekommt, wird, so hoffe ich von Herzen, unsere arme Mu schon aus dem Krankenhaus zurück sein, oder wenigstens wird es ihr besser gehen. Auf jeden Fall wirst Du, lieber Vati, ihr den Brief hintragen – zusammen mit tausend lieben Grüßen und guten Genesungswünschen und einem extrasüßen Kuß, den ich beilege.

Vorhin haben wir eine Karte von Uli bekommen, auf der er seinen Besuch ankündigt. Er […] ist herzlich willkommen. Freilich arbeiten wir am Fernsehspiel, aber […] Daniel wird trotzdem Zeit finden, mit ihm herumzustreifen, und ich habe dann gleich einen Grund und Zeit, an meinen »Geschwistern« zu schreiben […].

Apropos Geschwister: Ich habe nun endlich an Lutz geschrieben, einen fünf Seiten langen Brief, und ihm bei der Gelegenheit mein Buch geschickt. ([…] Ihr müßt mir noch sagen, ob es euch gefällt. Vor allem Dorlis Urteil interessiert mich, für ihre Jugendgefährten ist es ja geschrieben worden.) […] Ich mußte ihm, auch auf die Gefahr, daß er es mißverstehen wird, meine Meinung zu seinem letzten Brief sagen, und ich habe sie freundlich, aber konsequent gesagt. Ich kann nicht mal meinem Bruder zuliebe aus meinem Herzen eine Mördergrube machen. Ich habe ihn nicht agitiert – das hat ja sowieso keinen Zweck mehr –, aber ich erwarte von ihm, daß er wenigstens nicht den Staat beschimpft, der sein Studium bezahlt hat. Ein solches Verlangen ist nicht unbillig, und wenn er so etwas wie Achtung für meine politische Einstellung hat, wird er nicht bösartig reagieren. Ich habe in keiner Zeile meines Briefes vergessen, daß ich seine Schwester bin und ihn immer noch liebhabe, und ich hoffe, er wird das merken.

16. 7. 61

Gestern mußte ich mich unterbrechen: Daniel kam mit einem Haufen Schallplatten unter dem Arm an […]. Es sind sehr schöne Sachen dabei, – gewissermaßen quer durch den Garten der Musik, vom Jazz bis zu Oistrach. Sogar ein paar Philipps-Platten mit Rock 'n' Roll, die ein Jüngling für eine Gitarre in Zahlung gegeben hatte […]. Natürlich hat mir Daniel nur einen Bruchteil dessen gezeigt, was er gekauft hat. Die anderen Platten darf ich erst an meinem Geburtstag hören.

Nun fehlt uns nur noch ein Plattenspieler – das war mein einziger Geburtstagswunsch. Daniel ist seit Tagen mit Jon, der jetzt Urlaub hat, per Motorrad unterwegs, sie fahren in die abgelegensten Dörfer und machen alle Läden unsicher: es gibt und gibt einfach keine Plattenspieler zu kaufen (ich brauche ja einen, der seinen eigenen Lautsprecher hat, denn das Radio steht in Daniels Zimmer). Gestern endlich hatten sie einen in Cottbus aufgestöbert, der ihnen aber nicht verkauft werden durfte, weil die Rechnung noch nicht da ist ... [...] Die beiden hätten am liebsten den ganzen Laden zerhackt. Morgen fährt Daniel noch einmal hin, und wenn die Rechnung nicht da ist, wird er sich beim Rat des Bezirks beschweren.

nachmittags

Schon wieder unterbrochen worden! Zuerst war Jon da, um zu baden, denn in seinem Wohnviertel gibt es noch kein heißes Wasser, und er hatte ein paar Stunden NAW hinter sich. Dann kam Frl. Hamann, unsere Bibliothekarin, mit einigen neuen Aufgaben für uns, und dann gingen wir zusammen mit ihr essen in unsere Kaschemme, in die sich die einstmals hübsche Gaststätte inzwischen verwandelt hat. Wir wollten Zeit sparen – aber das Warten aufs Essen hat genau solange gedauert, als wenn wir selbst gekocht hätten. Außerdem war es laut und gräßlich, und wir haben uns geschworen, nie wieder am Sonntag dort essen zu gehen.

Ehe ich es vergesse: ich schicke morgen zweihundert Mark an Vati ab; damit sind, glaube ich, unsere Schulden bei euch beglichen. Wir haben wider Erwarten noch Geld bekommen, und zwar vom Militärverlag, der die Taschenbuchausgabe von den »Kindern von Hellas« herausgebracht hat. Sie war innerhalb eines Quartals so gut wie ausverkauft. [...] Überhaupt ist jetzt ein goldener Regen über uns niedergegangen: alle Verlage und Redaktionen [...] erinnerten sich plötzlich unser und zahlten, so daß wir innerhalb einer Woche das bekamen, was wir sonst in einem halben Jahr verdienen. [...]

Der nächste Brief wird – hoffentlich – länger!

Mit vielen lieben Grüßen für euch zuhause

Eure Tochter Brigitte-Kater-Dummchen [...]

Hoy, 2. 8. 61

Liebe Mu, lieber Vati,

[…] Zuerst einmal habt allerherzlichsten Dank für die Goethe-Bände und für Mus schönen lieben Brief. Der Uli wird euch ja erzählt haben, wie es auf der Geburtstagsfeier war und was für einen Haufen Geschenke ich von Daniel bekommen habe. Jon und Erwin waren ein bißchen arg besoffen […], aber Erwin blieb wenigstens gemütlich […]. Mit Jon war ich ein paar Tage bitterböse, und er schlich ganz niedergeschlagen herum; inzwischen haben wir uns wieder vertragen. Am eigentlichen Geburtstag war es still und friedlich, Daniel und ich saßen in meinem Zimmer, wir lasen und hörten Musik, und es war so, wie wir uns einen Ferientag vorstellen. Mein Plattenspieler wird Tag für Tag malträtiert, und ich höre nicht mehr nur Jazz, sondern all die herrlichen Platten, die Daniel mir geschenkt hat: Schubert, Beethoven, Ravel …

Inzwischen ist uns die Arbeit wieder über den Kopf gewachsen, wir haben den ersten Akt vom Fernsehspiel abgeschlossen, und der kleine Dorschan war begeistert. Wir haben frischen Mut für die Weiterarbeit; wahrscheinlich werden wir bei Fernsehfunks festen Fuß fassen, nachdem wir mit Rentzsch so ein Pech hatten. […] Ehe ich es vergesse: gestern hatte Daniel eine Aufnahme im Funkstudio, eine Lesung aus seiner Geschichte »Das Netz«. Er hat Grippe, und seine Nase tropfte aufs Tonband, aber sonst soll es sehr hübsch geworden sein. Würdet ihr mal den Rundfunk anstellen und euren Schwiegersohn hören? […]

Mit meinen »Geschwistern« habe ich, wie es scheint, mal wieder genau das Richtige getroffen; C., der alte Meckerer, fand sie gut. […] Der Rundfunk hat auch seine Hand draufgelegt; Ende der Woche müssen wir die ersten 50 Seiten schicken, und es soll eine Sendung darüber gemacht werden. In der gegenwärtigen Lage – Westberlinproblem – kommt so eine Republikfluchtgeschichte natürlich zur rechten Zeit, und ich wünschte nur, ich hätte Zeit genug, sie recht schnell zu beenden. […]

Wir haben in der letzten Zeit soviele Anerkennungen gehamstert, und wir haben Mut zum Arbeiten, und das Leben könnte sehr schön sein, wenn man nicht ewig in Unsicherheit und sogar Angst wegen der politischen Entwicklung schwebte. Die Lage hat sich erschreckend zugespitzt. In der Berlinfrage wird sich nächstens einiges tun. […] Das alles bedrückt einen mehr, als man vor sich selbst wahrhaben möchte. Übrigens wäre es mir absolut egal, wenn man nicht mehr nach Westberlin reinkönnte (ich war ja schon jahrelang nicht mehr da) –, Hauptsache, es gibt keine bewaffnete Auseinandersetzung. Mit allen anderen Problemen werden wir schon fertig werden.

Mit der »Ankunft im Alltag« habe ich anscheinend einen glücklichen Griff getan. Es kommt sehr gut bei den Lesern an, und heute bekam ich sogar einen langen, ausführlichen und sehr freundlichen Brief von Willi Lewin von der Kulturabteilung des ZK. Früher hatte ich eine Menge Ärger mit ihm, aber inzwischen hat er sein Herz für mich – d. h. für meine Geschichten – entdeckt und er erweist sich als ein verständnisvoller und kluger Kritiker. […] Vielleicht wird er mal in der BZ über mich schreiben.

Im übrigen stecken wir voller Pläne – mehr als wir verkraften können. Ich möchte keinen Tag missen, ich wage nicht auszuspannen – wer weiß, wie lange man noch schreiben kann. Aber es ist sicher Unsinn, so düstere Dinge zu sagen und zu denken; ich habe heute meinen Melancholischen, das ist alles. […]

Zur Anfrage in Vatis FRS: Der Literaturpreis war mit 2 500.– dotiert. […]

Was macht mein Kleid bei Frl. Wilhelm? Ich könnte es bei dieser miesen Witterung jetzt gut gebrauchen. Meldet mich doch, bitte, auf jeden Fall schon für ein neues Kleid, ein Complet, an. Ich habe noch einen sehr eleganten Stoff im Schrank liegen, den mir Daniel zu Weihnachten geschenkt hatte.

So, und jetzt werd ich Schluß machen. Ich habe ein bißchen Kummer mit meinem rechten Arm (der damals mit gelähmt war), […] ich habe von dem halben Stündchen Tipperei schon wieder Schmerzen in der Schulter. [...] Auf jeden Fall muß ich mal nach Cottbus zu einer Generaluntersuchung [...], aber auch die Gesundheit wird zur Zeitfrage. [...]

Und nun seid tausendmal schön gegrüßt von Herrn Grippe-Kater

und von eurer Tochter Brigitte

Einen Extra-Gruß für Dorli, über deren Brief und das Urteil über mein Buch ich mich besonders gefreut habe.

Hoy, 19. 8. 61

Liebe Mu, lieber Vati,

eben wollte ich gerade zu schreiben beginnen, als ich zwei Päckchen bekam [...] – eins von Erika, nachträglich zum Geburtstag, mit Zigaretten und Büchern, und eins von einer meiner Leserinnen. Ich weiß nicht, ob ich euch schon mal von ihr erzählt habe. Ich kenne sie gar nicht persönlich, sie hatte mir einmal geschrieben, nur um mir zu sagen, daß ihr meine Bücher so gut gefallen, und von da an haben wir regelmäßig Briefe gewechselt. Sie ist so alt wie ich und arbeitet bei der Deutschen Notenbank (!) in Senftenberg. Neulich hatte ich ihr das »Geständnis« geschickt, weil sie es nirgends bekommen konnte (sie hatte sich sogar an den Verlag gewandt), und heute revanchierte sie sich auf die reizendste Weise: sie schickte mir Schokolade und einen sehr hübschen handgewebten, schwarz-gelben Kissenbezug. So liebt man eure Tochter! Ich bin richtig glücklich, könnt ihr euch das vorstellen? Sie schwärmt mich an, sie hat sich ein Bild von mir geben lassen und macht überall eine mächtige Propaganda für mich, vor allem unter ihren Kolleginnen, die inzwischen auch alle meine Bücher gelesen haben. [...]

Nur von euch warte ich vergebens auf ein Packerl. Ich hatte immer die stille Hoffnung, ihr würdet mir das Kleid schicken ... [...] Ich könnte es so gut gebrauchen. In den ersten Septembertagen fahren wir nämlich nach Prag, allerdings nur für drei oder vier Tage. Der FDGB hat uns diese Reise geschenkt, als Belohnung für unsere Arbeit an dem Zirkel-Bändchen. [...]

Den FRS haben wir dankend erhalten. Ich dachte schon, Dorli wäre an jenem aufregenden Sonntag in Westberlin verschütt gegangen [...]. Hat sie ihren Henk noch gefunden? Es wäre jammerschade, wenn die beiden sich nicht kennen gelernt hätten, obgleich sie nur durch ein paar Kilometer und einen – verrosteten! – Stacheldraht getrennt waren. Ja, ja, die bösen Bolschewiken! Übrigens haben wir nicht geweint über diese neue Maßnahme, die eigentlich schon längst fällig gewesen wäre. Warum sollen wir nicht auch mal die Zähne zeigen? Wir hingen den ganzen Sonntag am Radio und lauschten den Offenbarungen vom Rias, der seine Reporter in den Osten geschickt hat und Schreckliches zu berichten wußte von schweigenden Menschenmauern, die einen letzten sehnsüchtigen Blick in die Freiheit warfen, und von in letzter Minute heldenhaft geflüchteten Sachsen, denen unsere Regierung nicht mal eine Quarkstulle hatte bieten können. Es war sehr lustig. Und am lustigsten war es, als Brandt uns mit Grabesstimme und unterdrückten Tränen aufforderte, nicht auf die Barrikaden zu gehen – wozu wahrscheinlich sowieso kein normaler Berliner Lust hatte. Schade, daß wir an diesem Sonntag nicht in Berlin waren! Die paar Abenteuer, die unser friedliches Dasein noch zu bieten hat, verpaßt man auch ...

[...] Meine »Ankunft im Alltag« wird nun auch bald in der NBI anlaufen. Vorgestern rief mich die Redaktion an und bat um eine Stellungnahme zu den Wahlen, mit der ich gleichzeitig dem Publikum vorgestellt werden soll. Sonst habe ich eine Menge gegen Stellungnahmen, aber hier konnte ich nicht gut nein sagen, und so hat sich schließlich mein lieber Daniel geopfert und sie für mich geschrieben. Auf dem Gebiet fehlt mir jedes Talent. [...]

Wie ergeht es Mu? Wir erbitten ein Bulletin!

Mit tausend lieben Grüßen (auch vom Sanften)

Eure Brigitte

Beinahe hätte ich vergessen: wir haben jetzt endlich Telefon; es wird aber erst Anfang September angeschlossen. Nr. 2061. Sobald es funktioniert, werden wir euch anrufen, ja? Schreibt mal, wie ihr zu erreichen seid.

Hoy, 24. 8. 61

Liebe Mu, lieber Vati,

[...] Heute früh ist das Paket mit dem Kleid gekommen, aber ich hätte auch ohnedies heute geschrieben, weil ihr zum Sonntag einen Brief von uns haben solltet (wir schmeicheln uns nämlich, daß dies eine kleine Sonntagsfreude, gewissermaßen als Beilage zum Kaffee und Kuchen, ist).

Zunächst einmal recht herzlichen Dank für das Kleid [...]. Es ist wirklich ein bißchen zu weit, und der Gürtel paßt schon gar nicht. Wer ist eigentlich auf die zauberhafte Idee mit einem Bastgürtel gekommen? Er sieht aus, als habe ihn Dorlis Phantasie ausgebrütet (das ist ein Kompliment!). Ich komme mir damit vor wie eine Trapperin, jedenfalls habe ich eine dunkle Erinnerung, als ob wir früher dergleichen Fransen an unseren bescheidenen Wildwest-Kostümen getragen hätten. [...]

Liebe Mu, wir waren ganz traurig, als wir Deinen Brief gelesen haben. Er klingt niedergeschlagen, obgleich Du Dir solche Mühe gegeben hast, es uns nicht merken zu lassen. Wir können Dich nur zu gut verstehen, denn wir sind momentan in einer ähnlichen Verfassung. Für Daniel ist es ja auch nicht so leicht, daß er nun – höchstwahrscheinlich – auf den Besuch bei seinen Eltern verzichten muß, gerade jetzt, wo sich wieder freundlichere Beziehungen anbahnen. [...] Ich weiß schon, was Du sagen wolltest, und ich muß gestehen, daß ich ebenfalls jetzt einigermaßen erbittert bin – vor allem über die Leute, die in der Zeitung spontan ihre Mitbürger auffordern, nicht mehr nach Westdeutschland zu fahren. Ich halte es für höchst unklug, womöglich auch diese Grenze zuzumachen, – das ist eine unpopuläre Maßnahme. Der allergrößte Teil der Reisenden fährt wirklich deshalb, weil er drüben Familienangehörige hat.

Wir haben jetzt auch jeden Tag große Diskussionen bei uns, und obgleich alle unsere Freunde einen politisch klaren Kopf haben, sind sie verärgert. Sicher, mit dem Verstand begreift man die getroffenen Maßnahmen, aber gegen einiges sträubt sich das Gefühl, und gegen die Kommentare der gute Geschmack. Das klingt snobistisch, ich weiß, aber man muß mal bedenken, was es für Leute, zu deren Beruf die Pflege der deutschen Sprache gehört, bedeutet, wenn sie Tag für Tag das rüde Geschrei hören, die brutale Sprache in den Zeitungen lesen müssen … Sogar unser Sanfter hat gestern die Zeitung zerknüllt und an die Wand geworfen, weil sie von Dummheiten strotzte, mit denen wir uns selbst nur schaden können.

Natürlich hat es keinen Zweck, im Zimmer zu sitzen und zu lamentieren. Vielleicht raffe ich mich mal auf und schreibe einen Artikel über die Sprachverwilderung. Es wäre schon viel gewonnen, wenn wir uns nicht immer für den Nabel der Welt hielten und die Politik etwas nüchterner betrachteten, statt grimmig mit dem Säbel zu rasseln. Man sollte in größeren Kategorien denken. Es wäre absurd, wenn zwei Weltsysteme übereinander herfielen und sich atomisieren ließen, nur weil die Herren Deutschen nicht mehr nach Belieben durchs Brandenburger Tor spazieren können. Wir haben uns schon immer ungeheuer wichtig genommen –, aber was sind wir angesichts des Aufbruchs in Afrika?

Nein, Mu, Du mußt Dich nicht gar zu sehr aufregen, Du wirst Deinen Lutz bestimmt wieder sehen können. Die Wogen gehen jetzt ein bißchen hoch, aber die glätten sich wieder, am Ende siegt die Vernunft, das lehrt die Geschichte. Vielleicht kann Daniel dann in einem Vierteljahr fahren, wer weiß …

Manchmal allerdings sind wir auch so bedrückt, daß wir sogar das Pläneschmieden vergessen, – und Pläneschmieden ist unsere Lieblingsbeschäftigung neben dem Arbeiten. Trotzdem haben wir gestern ausgiebig gesponnen, zusammen mit Siggi Bauer: wir liebäugeln mit einem Wochenendhaus am neuen Stausee, der in der Nähe von Spremberg entsteht. Siggi will das Grundstück besorgen [...], und dann wollen wir ein Fertigteilhäuschen, eine richtige »Datsche« aus Holz, kaufen und dort aufbauen. Man kann dann von Mai bis Oktober ungestört da draußen arbeiten, in der Sonne, am Wasser ... [...] Die Gegend soll sehr hübsch sein. Aber wie gesagt, vorerst ist das Spinnerei, es fehlen ja auch noch die finanziellen Voraussetzungen.

[...] Neuigkeiten gibt es noch nicht wieder. Nur ein tragisches Ereignis hat diese Woche überschattet: man hat mir einen Backenzahn gezogen. Erst hatte ich – in Erinnerung an die gräßliche Prozedur [...] – solche Angst, daß ich einfach ausrückte, als mein Zahnarzt sagte, er müßte den Zahn ziehen. Aber dann holte ich Daniel, der sich ins Wartezimmer setzen und mich trösten mußte, und schließlich hielt ich mich sogar ganz wacker. Ich habe hier einen sehr guten Zahnarzt erwischt. Obgleich er tüchtig schwitzte – es war ein riesengroßer, schon völlig zersplitterter Zahn –, tat es kaum weh, und erst hinterher fing das Theater an. Ich habe zwei Tage lang nicht geraucht (!), gestern konnte ich nicht arbeiten, und erst heute hat sich mein Kiefer soweit beruhigt, daß die Zigaretten wieder schmecken. Ihr seht daraus, daß ich ernstlich todkrank war. [...]

Jetzt werde ich mich auf Daniels herrlichen Krautsalat werfen. Laßt eure Glätzchen nicht hängen, genießt euren Balkon, um den wir euch beneiden, und grüßt die beiden »Kleinen« von uns.

Mit einem Kuß für Mu und Vati – (auch von Meister Daniel)

Eure Brigitte

Um Gotteswillen, beinahe hätte ich es zum zweitenmal vergessen: Daniel schickt SOS-Schreie aus: er hat keine Rasierklingen mehr. Könntest Du ihm wieder ein paar Rotbärte besorgen, Vati?

Liebe Mu, lieber Vati,

eigentlich wollte ich euch einen langen Brief schreiben und von unserer Prag-Fahrt erzählen, [...] wir haben viel Schönes gesehen und erlebt, beinahe mehr an Schönem, als man verarbeiten kann. Man wird erdrückt von dieser Architektur, dieser Fülle von Kunstwerken. Prag ist eine herrliche Stadt! Ihr müßtet unbedingt auch einmal hinfahren. Freilich ist die Reise an sich strapaziös, zumal bei solcher Hitze wie am Sonnabend, aber die Atmosphäre in den Straßen belebt einen gleich wieder: sie haben etwas Pariserisches, man sitzt vor den Hotels, unter Marquisen, es gibt eine Menge hübscher Mädchen und viele sehr schöne Männer, in jedem Haus wird Musik gemacht, und die Menschen sind freundlich und heiter. Vor allem die jungen Leute haben uns gefallen (wir waren nachts noch in einem Tanzlokal), es gab dort keinen Alkohol, dafür aber heiße Musik, und die Halbstarken tanzten wie die Verrückten – aber gekonnt: Charleston, Dixie und Rock, und trotzdem war es nie wüst: wir sahen auch keinen Betrunkenen in den Straßen.

Von allem, was wir gesehen haben [...] erzählen wir euch, wenn wir nach Hause kommen, sonst wird mein Brief zwanzig Seiten lang. [...] Wenn alles gut geht, tanzen wir am 30. September an, dann haben wir die Woche junger Literatur im Kombinat hinter uns, und wenn Gott will, ist das Fernsehspiel fertig [...]. Allerdings wird es dann gleich wieder losgehen mit Geschichten [...]. Wir sind also auch für die Zukunft mit Arbeit eingedeckt, aber die zwei oder drei Tage bei euch wollen wir uns unbedingt gönnen. [...]

Mit tausend lieben Grüßen und einem Kuß für jeden

Eure B-Tochter

Wegen der Rasierklingen soll ich bestellen, daß Daniel jede Sorte recht ist. Am Montag abend werden wir euch mal anrufen (612, nicht wahr?). Geht, bitte, so um acht Uhr (zwanzig Uhr) zu Beschs.

Viele Grüße von Daniel Doofkater.

Hoy, 18. 9. 61

Liebe Mu, lieber Vati,

sicherlich habt ihr euch gewundert oder wart sogar ein bißchen betrübt, weil ihr von euren treulosen Hoy-Kindern noch immer keine Post in Katzhütte fandet. [...] Diesmal war die Wahl schuld [...]. Wir waren beauftragt, eine große Erklärung der gesamten Cottbuser Intelligenz zu verfassen, und das hat uns drei Abende und Nächte gekostet, ganz zu schweigen von Versammlungen, Künstleraktiv, usw. [...] Freitag war dann noch eine Veranstaltung, eine Art Intelligenzforum mit Herbert Warnke, der [...] sich hinterher noch mit uns unterhielt. Er hat mein Buch gelesen und ist ganz begeistert. Er hat mir kurz vorher auch einen Brief geschrieben, in dem er mir zu dem Buch gratulierte, und natürlich waren wir sehr froh darüber und auch darüber, daß ein Staatsmann bei uns sich die Zeit nimmt, das Buch einer jungen Autorin zu lesen und ihr persönlich seine Meinung dazu zu schreiben.

Kurzum, wir kamen nicht dazu, euch einen Brief zu schreiben, oder wenigstens eine Glückwunschkarte – wegen des wundervollen Wetters, das euch der Feriengott beschert. Jetzt müßte man Zeit haben, sich den ganzen Tag draußen rumzutreiben! Sicher werdet ihr ständig unterwegs sein, und Vater wird seine arme dicke Mu unbarmherzig auf die Berge schleppen. Gestern haben wir uns auch mal einen halben Ferientag gegönnt, wir sind nach Dresden gefahren, haben im Altmarkt-Keller Mittagbrot gegessen und dann im Zwinger die Uhrensammlung angesehen. Es sind herrliche alte Stücke und groteske Werke dabei, uralte Automaten und englische Gespensteruhren, und mein Sanfter machte hungrige Augen. Vielleicht haben wir später mal soviel Geld, daß ich ihm auch eine Gespensteruhr schenken kann. – Für einen der nächsten Sonntage wollen wir uns die Gemäldegalerie vornehmen, aber das hat noch gute Weile – nächsten Sonntag ist Kindesweihe, und ich muß bei dem Sprößling unseres Hubert Stellmach [...] Pate stehen, und den Sonntag darauf sind wir, so Gott will, in

80

Burg. Wenn es das Wetter erlaubt, fahren wir mal nach Möser raus, ja? Die Wälder sind am schönsten jetzt im Herbst.

Eben ist ein Brief von Lutz gekommen, aber ich wage mich noch nicht heran – er ist mindestens zehn Seiten lang und enthält gewiß eine Menge politischer Argumente und Gegenargumente. Dafür muß ich mir eine Stunde nachher, nach der Arbeit, reservieren. Hoffentlich ist es nicht gar zu schlimm. Ich habe schon nach der Unterschrift geschielt, es steht da »Dein Lutz«, und das scheint mir immerhin darauf zu deuten, daß nun nicht sämtliche geschwisterlichen Beziehungen abgebrochen werden. Ich bringe euch den Brief dann mit, wenn wir nach Hause kommen.

Ich vergaß noch zu sagen, daß wir am Wahlsonntag über Rundfunk gesprochen haben. Der Reporter war hier in Hoy und befragte uns über unsere Gedanken zur Wahl. Habt ihr uns zufällig gehört? Es war eine schreckliche Strapaze, wir sind ja beide keine glänzenden Redner.

[...] Schickt uns mal eine Karte, ihr Faultierchen!

Mit tausend lieben Grüßen und Erholungswünschen

Eure Brigitte-Tochter

und der dicke doofe Mister Daniel

Hoy, 19. 10. 61

Liebe Mu, lieber Vati,

heute will ich euch noch ein paar Zeilen schreiben, [...] wir gehen auf Lesungsreise durch den Bezirk Dresden. Das wird eine anstrengende Woche ... [...]

Ich habe mich so einigermaßen erholt, bin aber meinen Schnupfen noch immer nicht los, nur der Husten hat sich gegeben. Die drei Tage Bettruhe haben mir sehr gut getan, und die Tatsache, daß ich freiwillig und ohne Geschrei so lange im Bett ausgehalten habe, beweist, daß es mir ziemlich dreckig ging; ich hatte nicht einmal Verlangen zu arbeiten. [...] Heute habe ich endlich wieder am Fernsehspiel gearbeitet, es fängt allmählich wieder an, Spaß zu machen – vielleicht einfach deshalb, weil man das Ende sieht und bald erlöst ist. Außerdem brauchen wir dringend Geld und hoffen, daß wir sofort nach Ablieferung unsere zweite Rate bekommen werden. Die haben wir uns redlich verdient ...

Schönen Dank für den langen FRS! [...] An Dorli werde ich heute vielleicht auch noch schreiben: ich freue mich sehr, daß sie jetzt so vernünftig wird. Die Mädchen von heute sind, glaube ich, tüchtiger als wir damals. Bei uns wäre doch keine auf die Idee gekommen, servieren zu gehen. Und ganz besonders freue ich mich, daß sich Ulli und Dorli so gut verstehen. Der Ulli wird ein Auge auf sie haben, und das ist gut für ein junges Mädchen in einer fremden Stadt. Es gibt keine uneigennützigeren Beschützer als große Brüder, die gelegentlich auch mal einen nichtsnutzigen Liebhaber verhauen können. [...]

Lutz habe ich einen langen Brief geschrieben und versucht, ihn nicht zu agitieren. Dabei tut er es selbst ... Er schickt mir oft Zeitungsausschnitte mit bösen Artikeln, die er dann auch noch mit gehässigen Kommentaren versieht. Ich habe nichts gegen die Ausschnitte, die für uns sogar sehr interessant sind, aber ich habe ihn gebeten, sich wenigstens seine Randbemerkungen zu verkneifen. Daß er uns haßt, weiß ich auch so. [...] Ich hoffe sehr, daß er meinen Brief nicht wieder in die falsche Kehle gekriegt hat. [...]

Der sanfte Meister läßt euch ganz lieb grüßen. Er hat schon wieder Sehnsucht nach Burg [...].

Tausend Grüße und einen Kuß für jeden
von eurer Brigitte

Hoy, 18. 11. 61

Liebe Mu, lieber Vati,
ich will euch nur ganz fix noch ein Lebenszeichen geben, bevor wir abreisen. Es ist jetzt bald 12 Uhr, und um eins soll das Wüstenschiff starten. Meinen Plattenspieler darf ich leider nicht mitnehmen, und so höre ich jetzt noch einmal alle

meine Lieblingsplatten ab – so laut, daß ihr es eigentlich bis Burg hören müßtet.

Wir sind gut heimgekommen, und auch die Lesungen waren interessant und haben Spaß gemacht. An Ulli werden wir gleich noch schreiben, wegen des Themas für seine Arbeit. Das beste ist, er kommt selbst nach Hoyerswerda, er kann hier wohnen, und wir haben ihm das Fahrgeld in Daniels Kästchen gelegt. Der Leiter der TBS ist auch verständigt.

[...] Lewin war hier [...]. Allein die Ankündigung, das ZK werde erscheinen, hatte gewirkt: wir hatten mehr Leute als je zuvor im Künstleraktiv, und die Aussprache war temperamentvoll. Ich habe L. auch wegen der Ulbrichtecken gefragt, und er brachte das erwartete Argument: Gegenpropaganda gegen westliche Diffamierungen.

[...] Ehe ich es vergesse: wenn Ihr uns schreibt, richtet die Briefe an die Adresse

Schriftstellerheim »Friedrich Wolf«, Petzow bei Werder.

Drückt uns die Daumen, daß wir ordentlich was schaffen. Ich habe von der Wochenpost den Auftrag, eine Weihnachtsgeschichte zu schreiben. Hoffentlich wird es was, ich habe solange mich nicht an Kurzgeschichten versucht. [...]

So, ich muß Schluß machen. Die Koffer sind gepackt, aber ich sitze immer noch in Reinemachklamotten herum.

Tausend liebe Grüße und einen Kuß für jeden

von eurer Brigitte

[...] Habt ihr an den Stoff gedacht? Als wir Montag da waren, hatte der Laden wegen Warenübernahme geschlossen.

Petzow, 8. 12. 61

Liebe Mu, lieber Vati,

heute will ich euch endlich den seit langem versprochenen Brief schreiben. [...] Natürlich gibt es hier eine Menge Ablenkungen, wir spielen abends Billard, verbringen Stunden vor dem Fernsehapparat (übrigens haben wir auch diese blödsinnige

Feuerzangenbowle gesehen), und Jens Gerlach hat einen Haufen herrlicher Jazz-Schallplatten mitgebracht, die wir immer wieder abspielen. In gewisser Weise haben wir also doch eine Art Erholung hier, und wir wollen auch noch eine Woche länger bleiben als vorgesehen. Einesteils sind wir dazu sogar gezwungen, denn wir bekommen frühestens Anfang der nächsten Woche den Wagen wieder, der völlig im Eimer ist. Momentan streitet man sich noch wegen der Garantie, um die sich die Werkstatt drücken will. Das Getriebe ist total zerschmettert, und bei der Untersuchung hat sich herausgestellt, daß schon vorher am Getriebe rumgemurkst worden ist, und auch die Kuppelung ist nicht die von den Skoda-Werken eingebaute. Wir wissen nicht, wer sich daran zu schaffen gemacht hat, vielleicht unsere Vertragswerkstatt in Hoy; vielleicht hatte der Wagen aber schon bei der Lieferung einen Defekt. Wir wollen nur froh sein, daß dem Daniel und Gerlach […] nichts passiert ist – außer einem kleinen Schock […].

Ich bin schon ein paarmal krank gewesen, habe ständig Kopfschmerzen und übergebe mich manchmal; vermutlich steckt ein beginnendes Gallenleiden dahinter. Ich glaube auch, daß jetzt erst die Rückwirkung der übertriebenen Arbeit kommt, die wir in all den Monaten vorher hatten, wir sind richtig abgeklappert. […] Was bei der ganzen Terminschinderei rauskommt, sehen wir jetzt: Daniels Buch, für das er sich halbtot gearbeitet hat, um den Termin zu schaffen, sollte doch eigentlich am 12. Dezember erscheinen. Heute haben wir vom Verlag erfahren, daß die Druckerei sie mal wieder im Stich gelassen hat, und das Buch wird also frühestens im Januar kommen. Eine so lange Produktionszeit ist einfach idiotisch, dafür lohnt sich die Hetzerei des armen Autoren nicht. Daniel ist natürlich sehr enttäuscht.

Und der Kater ist sehr frech und immer wieder ungezogen, und natürlich hat er sich schon wieder mal verliebt: diesmal in den Gerlach, aber das ist rein platonisch und eigentlich sehr hübsch, weil ich den Gerlach auch sehr gut leiden kann, und weil er vor allem den Anstand hat, der zu solcherlei Abenteuern gehört. Also, ich sagte es schon, der Kater ist unartig und macht immerzu Dummheiten und frißt etwas aus, aber jeden Sonnabend bekommt er seine Wochenend-Prügel, und Montags gleich nochmal vorbeugend für die ganze Woche. Miau.

Ist das eine Frechheit! Dieser kleine Schweinsschuft hat meine Abwesenheit benutzt, um über meinen Brief seinen Unflat auszugießen. Alles Schwindel und Verleumdung. Jetzt sieht er mir über die Schulter und hechelt wie alle frechen Dackel, wenn sie etwas ausgefressen haben.

Eben habe ich ihn rausgeschmissen, aber der Brief ist sowieso zuende, weil jeden Augenblick der Fernsehfunk kommen kann […].

Übrigens, zu Mus Beruhigung: Jon fährt am Sonntag ab, er muß ja wieder arbeiten. Ich bin jetzt ein bißchen sehr böse mit ihm, er hatte sich wieder mal grauenhaft besoffen und benahm sich – trotz all seiner Intelligenz – nicht besser als der selige Herr Domnik. Ich habe ihn furchtbar zusammengedroschen, und nun schleicht er seit drei Tagen wie ein Schatten herum, hat Fieber und nimmt zusehens ab. Das Tragische bei der Geschichte ist ja, daß er mich wirklich verzweifelt liebt. Neulich hat er mir einen Heiratsantrag gemacht …

So, damit wäre der Vorrat an Neuigkeiten erschöpft. […]
Tausend liebe Grüße
Eure Brigitte
Was den FRS betrifft: unbedingt beibehalten! Ich sammele sie, und sie ergeben eine Art Familienchronik. Ich finde auch, daß der von Willi beabsichtigte Zweck genau erreicht wird: wir verlieren nicht den Kontakt miteinander. […]
B.

Petzow, 18. 12. 61

Liebe Mu, lieber Vati,
wir haben vorige Woche keinen FRS bekommen; sicherlich habt ihr ihn nach Hoy geschickt. Wir sitzen aber immer noch im Heim … Der Wagen ist zwar fertig, aber die Garantiefrage

ist noch ungeklärt. [...] Wenn wir Pech haben, müssen wir 500 Emmchen blechen. Zur Not werden wir prozessieren.

[...] Wir reisen hier Mittwoch früh ab, müssen noch einmal nach Berlin, zu Caspar, und dann geht es nach Hoy [...]. Ich muß eine ganze Menge waschen und plätten, und sicherlich gibt es auch im Kombinat noch einiges zu erledigen. Wir haben noch nicht mal unsere Weihnachtseinkäufe geschafft und keine Pakete geschickt. Ich glaube auch nicht, daß es allzu viel Zweck hat, wer weiß, ob sie überhaupt ankommen. Das Paket von Pitschmanns, das uns vor sechs Wochen angekündigt wurde, hat uns jedenfalls nicht erreicht. [...] Wahrscheinlich ist es beschlagnahmt worden.

Von der Vorweihnachtszeit haben wir hier nichts gemerkt, nur gestern abend, als wir Feuer im Kamin gemacht hatten und das Weihnachtsoratorium hörten. Es waren noch einige junge Lyriker dabei, und der große Meister Georg Maurer, der sie betreut. Schade um unsere schönen Pyramiden! Wenigstens am Freitag werden wir sie einmal leiern lassen, wenn wir unsere kleine Vor-Bescherung veranstalten.

Dafür hatten wir hier andere Freuden, die auch nicht zu unterschätzen sind, und wir haben einen richtigen Freund gewonnen, den Jens Gerlach. Im Februar will er auf ein paar Wochen nach Pumpe kommen, um die Basis kennenzulernen, und wir haben für diese Zeit einen gewaltigen Entschluß gefaßt: wir wollen gemeinsam aufhören zu rauchen. [...] Zu dritt leidet es sich leichter, und wenn man die ersten Wochen überstanden und sich genug vorgejammert hat, wird es schon gehen. Auch das Kaffeetrinken sollten wir einschränken [...].

Ich bin in der letzten Woche sträflich faul gewesen, aber jetzt zwickt es mich wieder, – ich komme nur nicht mehr mit dem Thema meiner »Geschwister« zurecht. [...]

Bitte, entschuldigt, daß ich den Brief so hingeschludert habe, er soll noch dem Postboten mitgegeben werden.

Viele liebe Grüße (auch vom d. d. d. D.)

Eure Brigitte

1962

Liebe Mu, lieber Vati,
zuerst und vor allem wünschen wir euch beiden alles Gute und Schöne für das neue Jahr: artige Kinder, einen dicken Lottogewinn und eiserne Gesundheit.

Es ist schon ein bißchen spät, aber noch nicht so spät, daß man mit Anstand ins Bett gehen könnte […]. Daß wir heil angekommen sind, merkt ihr ja daran, daß ich hier fidel an meinem Schreibtisch sitze; wir hatten längst nicht so schlimmes Glatteis wie bei der Hinfahrt. Daniel fuhr Dorli am nächsten Vormittag ins Gebirge rauf; ich nehme an, sie konnte es gar nicht erwarten, zu ihrem Uwe-Schuft zu kommen. Daniel hat ihn noch gesehen, aber nur ganz kurz, dann sind die beiden schon miteinander abgeschwirrt. Die Verlobung findet also vermutlich doch statt.

Am Abend vorher hatten wir zusammen den Flurteppich gesäumt, und es war sehr gemütlich, wir lagen alle an der Erde und nähten und stöhnten übertrieben laut (es war aber wirklich nicht einfach, mit den dicken Nadeln zu wirtschaften), und jedenfalls hatten wir unseren Spaß dabei. Den Daniel haben wir schließlich ausgebootet; er nähte so zierlich und sorgfältig, daß er drei Zentimeter schaffte in derselben Zeit, in der wir glatt unsere dreißig machten. Er hockte noch eine Weile herum und heulte, und dann schälte er uns Apfelsinen; er hatte vormittags drei Tüten Apfelsinen gehamstert. Bananen haben wir dafür nicht mehr erwischt, aber mein Freund Schömann hat mir heimlich ein paar zugesteckt.

Silvester war nicht so erbaulich. Nachmittags wollte mir Daniel einen herrlichen Märchenwald zeigen, den er unterwegs […] entdeckt hatte. Aber inzwischen war der ganze schöne Schnee geschmolzen, […] und ich hatte furchtbar schlechte Laune wie immer, wenn ich stundenlang eine öde, traurige Landschaft anglotzen muß. Darüber war nun wieder Daniel böse – kurz und gut, abends lag jeder auf seiner Couch herum und grollte mit sich und dem anderen und der ganzen Welt. (Zuerst war es lustig gewesen; Daniel hatte mir Autofahren beigebracht, er war sehr geduldig, und schließlich fuhr ich ganz ordentlich, wenn auch nur im zweiten Gang.)

So gegen zehn rafften wir uns dann aber doch noch auf und gingen zu Schömanns, die uns eingeladen hatten. Herrn Schömanns kleiner Bruder, der Koch gelernt hat, braute eine vortreffliche Bowle, und wir schwatzten bis morgens um fünf [...]. War bei euch auch nachts um 12 solch ein ungeheurer Lärm? Bei uns in der Neustadt hat man fast eine Stunde lang geknallt und Feuerwerk gemacht und Raketen geschossen, es war wahnsinnig laut und bunt. Schon den ganzen Tag vorher hatte es an allen Ecken und Enden gekracht, unten im Haus donnerten Kanonenschläge, und auf der Straße war der Teufel los. Es muß auch unheimlich gesoffen worden sein, ich glaube, wir gehörten zu den zwei Dutzend Leuten in der ganzen Stadt, die ohne Kater und Kopfschmerzen aufwachten. Das ist auch mal ganz schön, aber nächstes Jahr möchte ich doch mal wieder richtig Rabatz machen, ehe ich zu alt für solche Späße werde. Vielleicht feiern wir im Schriftstellerheim.

[...] Wir arbeiten wieder an unseren Geschichten, und das ist schließlich das Schönste und Erfreulichste auf dieser gar nicht schönen und erfreulichen Welt. Daniel hat politische Bauchschmerzen. Ach, wer hat die nicht? Und dann hat er noch ein richtiges Wehweh: er ist heute morgen auf dem Glatteis vor der Post hingefallen [...], und nun humpelt er höchst kläglich durch die Gegend.

Warum ist heute, Dienstag, kein FRS gekommen, Willi? Was soll mich das? Sicher war der Vater blau, wie üblich zu Silvester, und hat seine alkoholgeschwächten Finger nicht auf den Tasten bewegen können. Wenn man nicht immer auf euch aufpaßt ...

Tausend liebe Grüße für euch und für den U, falls er noch
zuhause ist!

Eure, wie stets sehr artige* und fleißige, Brigitte

*ha ha ha

Ein paar ganz kurze schöne Grüße von Eurem waidwunden
d. d. d. d. d. d. D.

Liebe Mu, lieber Vati,

[...] Unser armer Daniel liegt im Bett, er hatte schon ein paar
Tage lang die Grippe, konnte sich aber nicht zu Bettruhe entschließen, und gestern bekam er dazu so schlimme Asthma-
Anfälle, daß wir unseren netten Doktor L[...] holen mußten,
[...] nun liegt er drüben in seinem Zimmer und schläft oder
liest zwischendurch einen Kriminalroman. Hoffentlich ist er
morgen wieder halbwegs gesund, damit wir seinen Geburtstag feiern können. Allzu ausschweifend wird es nicht werden, wir haben keine Gäste – außer vielleicht Jens Gerlach,
der auch nicht trinkt –, und wenn wir zusammen in den »Kastanienhof« gehen, werden wir schrecklich solide sein.

Jens war diese Woche für zwei Tage zu Besuch [...]. Er ist
ein sehr angenehmer Hausgenosse und hat sich sofort unserem Leben eingefügt, und es war auch für uns beide sehr
schön, einmal wieder mit einem Berufskameraden ausführlich
schwatzen zu können. Außerdem ist er ein fideler Bursche
[...]. Die Stadt gefällt ihm großartig; wir erzählten euch ja
schon, aus welcher abscheulichen Ecke Berlins er kommt. Zu
Mus Beruhigung: er benimmt sich sehr korrekt, obgleich er
mich liebt, und Daniel und er verstehen sich ausgezeichnet.

[...] Mit dem Fernsehfunk sind wir zur Zeit ein bißchen verkracht [...]. Wir sollten in letzter Minute nach Berlin kommen,
um in zwei Szenen zu ändern, die schon geprobt wurden, und
da wir die Änderungen für blödsinnig hielten, gab es Zank am
Telefon (denn natürlich fuhren wir nicht wie kleine Befehls-
empfänger nach Berlin), und alles war sehr unerfreulich. [...]

Jetzt muß ich [...] mich auf die Arbeit werfen, mit der ich sehr viel Kummer habe. Ich komme nicht voran und bin manchmal ganz verzweifelt. Aber da hilft nichts als eiserne Disziplin und Sitzfleischarbeit. [...]

Mit tausend lieben Grüßen und einem Kuß für jeden

Eure Brigitte [...]

Hoy, 6. 2. 62

Liebe Mu, lieber Vati,

[...] ich fühle mich etwas vergrippt und habe wieder mal ewig Kopfschmerzen, nachdem es mir monatelang gelungen war, die verdammte Migräne erfolgreich dadurch zu bekämpfen, daß ich sie einfach nicht zur Kenntnis nahm [...]. Wegen der unverschämten Kritik im »Sonntag« hatte ich auch viel Ärger, sie hat mir mehr zu schaffen gemacht, als ich dachte. Zum Glück wird nun aber von der »Jungen Welt« eine Gegenaktion gestartet; auch hier im Kombinat war man empört über den Rotzer, der das geschrieben hat. [...]

Neuigkeiten gibt es überhaupt nicht. Wir arbeiten eben, und darin erschöpfen sich unsere Abenteuer. [...]

Mit tausend schönen Grüßen (auch von Meister Bunn-Mirsel)

Eure Brigitte

Hoy, 25. 2. 62

Liebe Mu, lieber Vati,

sicherlich habt ihr schon lange und mit Ungeduld auf ein paar Zeilen von uns gewartet, und hoffentlich habt ihr euch keine Sorgen gemacht. Es war nichts weiter passiert, als daß ich in Berlin krank wurde (das heißt, ich hatte ja schon, wie ihr euch vielleicht erinnern werdet, in Burg den ersten Grippe-Ansatz), und so verbrachte ich eine Woche im Bett im Hotel Adlon und bekam jeden Tag eine Penicillin-Spritze; das hat mir ziemlich rasch wieder auf die Beine geholfen. [...]

Die letzten Tage habe ich an der »Frau am Pranger« korrigiert, von der noch einmal eine Auflage erscheinen soll. Ich wollte sie aber nicht in der vorliegenden Form rausrücken, die eine Menge stilistischer Macken hat. Ich schreibe ganze Seiten neu dazu, streiche eine Masse und muß mit dem Ganzen in einer Woche fertig sein, erstens weil der Verlag drängelt (jetzt ist gerade eine Druckerei frei), und vor allem, weil ich wieder an meine »Geschwister« gehen muß [...].

Euer Telegramm haben wir bekommen. Ich hatte mir schon große Sorgen gemacht, als ich von der Katastrophe in Hamburg las, und ich kannte ja von Bildern die herrlichen Baracken im Flüchtlingslager. Ich suchte in den Zeitungen immer nach dem Namen Finkenwerder. Offenbar ist nun wirklich was passiert, sonst würde Lutz doch keine neue Adresse haben. [...] Sicherlich hat er euch doch davon geschrieben, was bei ihnen im Lager los war, und ob die Flut auch bis dorthin vorgedrungen ist. [...] Es muß jetzt schrecklich aussehen in Hamburg, und man kann nur hoffen, daß nicht wirklich noch irgendwelche Seuchen ausbrechen. Wohnt Lutz bei diesen St[...] zur Untermiete, und wird er dort wohnen bleiben? Wer ist St.? War er schon mit ihm befreundet, oder ist er ihm durch eine Hilfsaktion vermittelt worden? Alles das interessiert mich sehr. Vielleicht rafft er sich nun doch mal auf und schreibt auch mir, die er lange genug vernachlässigt hat [...].

Bevor ich wieder an meinen Kochtopf zurückeile – ich sitze in der Küchenschürze an der Maschine –, will ich euch nur noch rasch erzählen, daß wir in Berlin einen großen Einkauf gemacht haben. Wir waren ja im Staatlichen Kunsthandel, und dort sahen wir eine alte Uhr, wie Daniel sie sich immer erträumt hatte: eine Biedermeier-Standuhr, ein riesiges Ding, und für meine Begriffe eine Art Schloßgespenst. Sie schlägt sehr schön, aber das Schlagwerk ist noch kaputt, und Daniel muß die Uhr nach Mühlhausen bringen, sein ehemaliger Meister versteht etwas von solchen alten Werken. Ich habe Daniel die Uhr geschenkt, und nun steht sie in seinem

Zimmer, für das sie freilich ein bißchen zu groß ist, und tackelt gewichtig vor sich hin, und Daniel ist sehr glücklich.

Für mich habe ich eine Rokoko-Lade gekauft, ein schönes Stück, in der ich inzwischen ein Geheimfach entdeckt habe. Aber so was hatte ich natürlich erwartet und gleich große Untersuchungen angestellt. Leider fand ich keine vergilbten Liebesbriefe oder das Geschmeide einer Rokoko-Dame. Es gab herrlich schöne Möbel in dem Laden, aber alle, die mich interessierten – ich wollte eigentlich einen Sekretär kaufen – waren längst bestellt.

[…] ich verabschiede mich mit tausend Grüßen und einem Schmatz

Eure gehorsame Tochter Brigitte

Hoy, 11. 3. 62

Liebe Mu, lieber Vati,

[…] schönen Dank für den Brief von Mu, der mal wieder sehr lieb und ganz hübsch doof war *(doof!)*, denn siehe, diese verdienstvolle Mutter einer berühmten Schriftstellerin hat keine Ahnung von den Geheimnissen der Literatur, sonst würde sie wissen, daß a) Thomas Mann in den »Buddenbrooks« seine ganze Familiengeschichte erzählt hat und samt Familie weltberühmt geworden ist, b) ein großer Unterschied zwischen Literatur und Wirklichkeit besteht, c) jeder Schriftsteller aus eigenen Erlebnissen schöpft, d) die ganze Familie Reimann so gut wegkommt, daß sie sich bloß die Pfötchen reiben kann, und e) der Herr Lutz mir in dieser Beziehung scheißegal ist, denn schließlich hat er die Feindseligkeiten eröffnet. Die »Geschwister« sind das Beste, was ich bis jetzt geschrieben habe, das meinen auch andere, und solange Du, teuerste Frau Mu, mir bloß den Hintern versohlen willst, höre ich nicht auf, weiter daran zu schreiben. Freilich, wenn Du mir auch mit Enterbung drohst … Die beiden Knaben, die mitspielen, haben nur einzelne Züge von Lutz und Uli – sie sind es aber nicht!!!!!!! Ebenso ist die junge Dame, die wo die ganze Geschichte erzählt, nicht eure scheene Dochter, sondern eben eine junge Malerin, die über viele Dinge ganz anders denkt als ich, die Autorin. Capito? Na, ihr werdet die Geschichte ja lesen, wenn sie rauskommt, und das ist noch ein ganzes Weilchen hin.

Wir wollen mal im Ernst miteinander reden: der liebe Lutz hat überhaupt keinen Grund, erbittert zu sein und uns zu hassen. Eher könnte es umgekehrt sein, denn er hat jahrelang von unserem Geld gelebt und studiert, ohne eine geringste Gegenleistung. Ich habe das Recht, verdammt, mich geistig mit seiner Republikflucht auseinanderzusetzen, ihre Gründe zu untersuchen, zu verstehen oder zu verurteilen, und wenn er mir daraufhin den Bruderkrieg erklärt, werde ich eben geduldig warten, bis er eine Gelegenheit findet, mich am Laternenpfahl aufzuhängen (dieses Schicksal hat er ja wohl mir und meinesgleichen zugedacht, wenn ich ihn recht verstanden habe). Na, lassen wir das Thema! Das ist etwas, worin wir uns nicht verstehen werden, und es hat keinen Zweck, sich deshalb zu verzanken. Die Zukunft wird lehren, wer im Recht ist. [...]

(Große Pause)

Gestern habe ich mich unterbrochen, um ins Kino zu gehen, wir haben einen sehr guten englischen Halbstarken-Film gesehen. [...]

Ist Dorli zu ihrem Geburtstag in Rostock oder zuhause? Ich muß das wissen, weil ich ihr doch rechtzeitig ihr Geburtstagspäckchen schicken will; ich habe ihr eine lachsfarbene Dederongarnitur (so was wollte sie doch schon seit langem haben, nicht wahr?) und Stoff für eine Manchesterhose gekauft, erdbeerrot. [...]

Was ist eigentlich Ostern los? Gibt es ein großes Familientreffen? Wir werden dann auch auf einen Tag kommen, aber das können wir noch besprechen, wenn es soweit ist. [...]

Mit vielen schönen Grüßen (auch von Meister Grimmbart Daniel Dummschweinchen)

Eure Brigitte Rübenkohl

Liebe Mu, lieber Vati,

ich will euch schnell noch ein paar Zeilen kritzeln, während sich Daniel rasiert, und dann rasen wir los ins Café Klein, um einen Bissen zu Mittag zu essen. Nachher kommt nämlich jemand vom ungarischen Rundfunk, und abends hab ich schon wieder eine Diskussion in Lübbenau. Morgen mittag fahren wir los nach Halle, wo eine große Autorenkonferenz stattfindet, von der wir erst Sonntagabend zurückkommen. Ihr seht, wir sind ausgelastet … Von den vergangenen Wochen will ich gar nicht sprechen, es wird ja schon langweilig. […]

Wegen des Artikels, den Vati mitschickt, habe ich schon Krach geschlagen, und auch unsere Funktionäre fanden ihn unverschämt. Ich werde mich wahrscheinlich schriftlich an die Tribüne wenden und die Sache mit meiner Brigade, von der ich mich ja schon längst verabschiedet habe, richtigstellen.

[…] Ihr wißt ja, wie schlimm es um meinen Ablieferungstermin steht, und die Defa drängelt auch. Gestern rief mich der Dramaturg an, um mir zu sagen, daß wir schon einen Regisseur haben; die ersten Besprechungen sollen schon in Petzow stattfinden […]. Und zu allem Unglück wächst in meinem Kopf ein interessanter Roman, den ich viel lieber schreiben möchte als den blöden Film. […]

Laßt es euch gut gehen, bleibt hübsch gesund und seid ganz lieb gegrüßt von

Eurer Brigitte + Daniel

Liebe Mu, lieber Vati,

gestern sind wir hier angekommen (wir sind eine ganz anständige Zeit gefahren, trotz des Sturms) […]. Ich habe das schönste Zimmer im Haus, aber ich konnte erst heute früh einziehen. Daniel wohnt wieder in seiner geliebten 11 wie damals, als wir uns kennenlernten. […] Jens Gerlach ist natürlich auch da – er hat sich wie ein kleiner Junge auf uns gefreut –, und

Herbert Otto und so Leute, mit denen man aber nur zu den Mahlzeiten in Berührung kommt. Ich habe auch keine Lust, allzu viel mit irgendwelchen fremden Leuten zu sprechen – ich bin noch ganz tot von den Strapazen der letzten Woche. [...] Am letzten Tag war noch unsere Kulturkonferenz im Kombinat, bei der ich im Präsidium sitzen und mich anständig benehmen mußte und eine glanzvolle Rede hielt – meine erste öffentliche Rede durch Mikrofon, aber ich war ganz groß! – und vor Verzweiflung (hört euch mal acht Stunden lang Reden an) tranken unser Maler und ich Kognac aus Kaffeetassen, um nicht erwischt zu werden. Ich war also ziemlich fröhlich. Aber hier will ich mir das Trinken wieder abgewöhnen – es gibt ja auch kaum einen Grund mehr, ebensowenig wie zum Rauchen [...]. Wenn wir jetzt ein paar Abende lang früh zu Bett gehen (gleich nach dem Fernsehen, auf das wir uns gestern wieder gestürzt haben), werden wir bald wieder fit sein [...], und ich werde wieder aussehen wie achtundzwanzig – momentan bin ich völlig heruntergewirtschaftet.

[...] Habt ihr endlich Daniels Geschichten gelesen? Er ist im Begriff, wenigstens unter den Kennern, also unseren Kollegen, ein beachteter Mann zu werden, seine Prosa gehört zum besten, was so bei uns erschienen ist. Nun wird er mich ja bald abgehängt haben – sein Roman wird sicherlich sehr doll, und ich bleibe mein Lebtag der kleine Vielschreiber und Geldverdiener. Na, macht nichts, jedenfalls lesen die sogenannten einfachen Menschen meine Bücher gern, und für sie schreibe ich ja.

[...] Ich werde lieber aufhören zu schreiben [...]. Ich bin so kaputt, daß ich immerzu heulen und heulen könnte und weiß nicht, warum. Sowas Albernes! Macht euch keine Gedanken, solche Katzenjammer-Stimmungen vergehen wieder, [...] und morgen werde ich wahrscheinlich wieder höchst mobil durch die Gegend hüpfen. [...]

Wenn ich mich so umsehe, muß ich doch nochmal versichern, wie hübsch mein Zimmer ist. Es geht nach Süden, also mit Blick auf den See, und hat ein großes Fenster und eine

Tür, die auf einen langen Balkon führt. Heute früh habe ich eine Viertelstunde im Liegestuhl gelegen, aber dann kamen andauernd dicke Wolken, und es wurde mir doch zu kalt.

Was schenkt man eigentlich der Dame Dorli zur Verlobung? Ich dachte an ein Kaffeeservice für zwei Personen, so eins in Bunt und Schwarz, wie ich es neulich im Kunstgewerbeladen sah. [...] Etwas allzu Hausfrauliches wie Bettwäsche mag ich nicht schenken – man weiß ja noch nicht, ob sie nun auch heiraten. Sollen sie erstmal was Lustiges haben – Laken und der ganze übrige Ernst des Lebens kommt dann noch früh genug.

Schönen Gruß an die doofe Mu – und *wir finden gar nichts dabei*, wenn das kleine Jubelpaar zusammen zeltet. Ihre Tugend kann ebensogut in Rostock flöten gehen. Neulich sprach ich mit unserem ABV – nicht mal die Polizei hat was dagegen, wenn junge Leute in einem Zelt wohnen. Und wenn die Polizei ein Auge zudrückt, können es die strengen Eltern auch tun. Das Leben heute ist ein bißchen anders als das der jungen Mädchen von 1918 [...]. Sie stehen ja auch sonst mit beiden Beinen in der Gegenwart, lernen und verdienen und sind tüchtig in ihrem Beruf. Sollen sie doch auch in der Liebe ihre Selbständigkeit haben! Liebe doofe Mu, laß Dir das mal durch Dein schönes schwarzhaariges Birnchen gehen – unser alter Willi denkt ja wohl ein bißchen großzügiger. So, das wars, was ich noch ausrichten wollte – auch im Namen unseres Apostels Daniel.

Mit vielen lieben Grüßen und einem Schmatz
Eure schreckliche Tochter Brigitte

Petzow, 25. 4. 62

Liebe Mu, lieber Vati,

[...] Hier ist es jetzt ganz herrlich. [...] Heute am späten Nachmittag wollen wir mit der ganzen Besatzung nach Werder rüberfahren und die Baumblüte beglotzen. Ich sitze sowieso mal wieder fest mit meiner Arbeit, nachdem ich mich den ganzen Vormittag mit der »Ankunft« herumgeplagt habe, die ich in Filmbilder aufzuteilen versuche – eine schreckliche Schinderei, um so mehr, als ich nicht mehr weiß, wie man Szenarien bastelt, und sicher gebrauche ich immerzu falsche Fachausdrücke.

Die Ostergäste sind zum Glück weg, und wir sind nur noch wenige Leute hier. Aber bald kommen neue – lauter blöde Affen. Vielleicht muß ich auch mein schönes Zimmer rausrücken, und dann ziehe ich in die Mansarde, wo auch Daniel und Jens wohnen. […]

Wir wollten euch auch noch mitteilen, daß wir unseren neuen Schwager sehr sympathisch finden. Nur noch etwas zur Feier: sie war zwar sehr nett, und das Essen war wunderbar, aber ich hörte von Dorli, daß der ganze Spaß eine Menge Geld gekostet hat. Ich würde vorschlagen, daß die beiden, wenn sie heiraten, das in aller Stille tun […]. Ich weiß, daß Eltern so etwas nicht gern hören, aber wenn ich mir vorstelle, was eine Heirat kostet, wird mir schwindlig. Für das Geld können sich die beiden ein ganzes Zimmer kaufen, schätze ich. Geschenke bekommen sie trotzdem … […]

Übrigens verstehen Daniel und ich uns jetzt wieder wunderbar, und sicher wird sich Mu über diese Botschaft freuen.

Mit vielen lieben Grüßen (auch vom d. d. D.)

Eure Brigitte

Petzow 19. 5. 62

Liebe Mu, lieber Vati,

nun seid ihr also den ersten Tag in den Ferien und habt euch sicher über den Regen und Sturm geärgert, über den wir uns auch ärgern […]. Ich habe den ganzen Tag gearbeitet, und jetzt, kurz vor dem Abendessen, bin ich groggy und gebe für heute auf, zumal ich mich versehentlich in eine Kunstdiskussion innerhalb der Geschichte eingelassen habe, die ich geistig gar nicht bewältigen kann. Überhaupt wächst mir die ganze Geschichte allmählich über den Kopf, […] und das Ende ist noch nicht abzusehen. Kein Gedanke an Planerfüllung!

Das Käterchen hockt auch schon den ganzen Tag über seiner Arbeit, aber nach dem Essen werde ich ihn, notfalls mit Gewalt, zum Billard und anschließend zum Fernsehen schleifen, sonst dreht er mir noch durch. Gestern hatte er schon einen wahnsinnigen Wutanfall, aber nicht meinetwegen, denn ich bin der reinste Engel geworden. Der olle Petersen, mit dem wir hier schon mal Krach hatten, kam in unser Zimmer und raunzte mich an, weil ich fünf Minuten vor drei zu tippen begann (um drei ist die Mittagsruhe zuende). Sowas ist in einem Heim für arbeitende Leute noch nicht vorgekommen, hier tippte bis jetzt jeder, wann ihm danach zumute war [...]. Aber wenn diese bornierten Nationalpreisträger im Haus sind, herrscht sofort eine eisige Atmosphäre. Der Kater, der P. sowieso gefressen hatte, warf seinen Sessel und seinen Tisch an die Wand (wir wohnen nämlich jetzt im selben Zimmer) und brüllte, wir wären schließlich nicht im Siechenhaus, und danach warf er sich ins Auto, und Schwarz, Jens und ich warfen uns hinterher, und dann raste er seine Wut aus. Es ist immer ein höchst eindrucksvolles Schauspiel, wenn der Sanfte mal explodiert. [...]

Wir freuen uns natürlich auch, daß Lutz nun endlich eine Wohnung bekommen hat. Warum schreibt er mir nie und nie mehr? [...]

Mit vielen lieben Grüßen (auch von Herrn Kater Knurr und Murr)

Eure beängstigend brave Brigitte

Hoy, 13. 6. 62

Liebe Mu, lieber Vati,

[...] das große Ereignis der Woche: die Arbeiterfestspiele ... Wir fuhren am Sonnabend hin, hinter dem Wagen der Partei her, und brauchten fast den ganzen Tag bis Erfurt, weil wir unterwegs soviel Rasten einlegten. Es war eine ganz lustige Fuhre. Die Auszeichnung fand im »Erfurter Hof« statt und war für meinen Geschmack ein bißchen zu exclusiv: ein kleiner Kreis mit den Spitzen der Gesellschaft samt ihren »Schatten«, und nicht einmal ein Vertreter des Kombinats war zugelassen. Herbert Warnke war wieder sehr nett zu mir, ich glaube, er [...] erwartet noch ein paar anständige Bücher von mir. Hinterher gab es ein großes Gala-Diner, und dann fuhren wir – ich mit einem zarten Schwips – mit Franz Fühmann und Perry Freedman nach Weimar rüber, wo ein Buchbasar stattfand. Das war eine ziemliche Anstrengung, denn wir mußten zwei Stunden lang in der Knallsonne sitzen und diskutieren, und wenn ihr einen »Fernseh« hättet, dann hättet ihr eure schöne Tochter wenigstens per Mattscheibe begrüßen können (beim Festakt bin ich natürlich auch »gefilmt« worden, und sicher habe ich ein blödes Gesicht gemacht wie immer, wenn eine Kamera in die Nähe kommt).

Abends versuchten wir uns in Weimar mit der Partei zu amüsieren, aber wir waren viel zu müde und krochen dann bald ins Bett, und am nächsten Tag fuhren wir nach Haus, und dann begannen die Gratulationscouren wie im vorigen Jahr, mit roten Ledermappen und Blumenkörben, denn der Bezirk und das Kombinat sind stolz auf ihre Schriftsteller, die ihnen nun schon zum zweitenmal den Literaturpreis in den Bezirk Cottbus geholt haben. [...] Und jetzt muß ich schleunigst Schluß machen, [...] heute abend wollen wir in »Schlacht unterwegs« gehen. Das Buch ist ganz doll, das müßt ihr unbedingt lesen, der Film soll dagegen ziemlich abfallen. [...]

Mit tausend lieben Grüßen – auch von dem kurzgeschorenen Kater –

Eure Brigitte L. P. T. (Literaturpreisträgerin)

Hoy, 27. 6. 62

Liebe Mu, lieber Vati,

[...] ich arbeite gewissermaßen Tag und Nacht an den »Geschwistern«, die ich spätestens Anfang Juli fertig haben will, damit ich sie der »Wochenpost« in die Hände drücken kann. Vorläufig sträubt sich Caspar noch gegen den Vorabdruck, aber ich werde ihn schon überzeugen (unter anderem ist das ja auch eine Geldfrage). Neulich habe ich schon – zum erstenmal – mein Konto überzogen, aber die Bank war nicht allzu böse, weil wir gute Kunden sind. Das FDGB-Geld ist noch nicht überwiesen worden, und wir leben von der »Substanz«, d. h. wir mußten unsere sorgsam gehüteten Sparbücher angreifen. [...] Heute früh habe ich erfahren, daß ich Montag einen Preis vom Kulturministerium bekomme im Preisausschreiben für Jugendliteratur [...].

Heute ist überhaupt ein Freudentag, wir haben jeder einen Brief von Caspar bekommen, in denen er uns sagt, daß er unsere Geschichten sehr gut findet – das ganze Gejaule war für die Katz. Bloß mit der Defa habe ich Ärger, aber das war ja beinahe zu erwarten. [...] Heute riefen sie mich an und machten einen neuen Änderungsvorschlag, [...] und ich erkenne meine Figuren nicht mehr wieder. Da ich die sichere Befürchtung habe, daß das immer so weitergehen wird, will ich lieber rechtzeitig Schluß machen, [...] und die erste Rate fürs Treatment werde ich auch zurückzahlen. Ich habe es verdammt nicht nötig, mich zu verkaufen und mir die Arbeit zur Strafe machen zu lassen.

Zu Vater Willis Anfrage: wir stellen es natürlich dem Belieben des Redakteurs anheim, ob er den FRS nur noch alle 14 Tage erscheinen lassen will, aber wir finden, daß der Stoff bis jetzt für eine Wochenchronik ganz gut ausgereicht hat. [...]

Vaters Geschenke wird Daniel mitbringen, wenn er nach Burg kommt [...]. Er bringt dann auch einen Koffer voll Sachen mit, über die Mu bestimmen soll. [...] Es sind auch ein paar funkelnagelneue nahtlose Strümpfe dabei, die ich einmal anprobiert habe (ich hatte sie aus dem Westen geschickt gekriegt), und die mir leider nicht passen. [...] Morgen kaufe ich ein Stück gestreiften Stoff für ein Blüschen, wie Du, liebe Mu, mir schon eins gemacht hast – auch dies bestens geeignet zum Geburtstag (das soll nur ein zarter Hinweis sein!). Das Blüschen dürfte diesmal ein bißchen enger sein, [...] jetzt sehe ich nach, ob meine Kohlsuppe nicht anbrennt. Wir essen nämlich jeden Tag brav unser Mittagbrot, gestern haben wir ein Kilo Spargel verputzt. Soll Daniel euch Butter mitbringen? Bei uns ist es nicht so wild, wir können drei Stück auf einmal bekommen.

Mit vielen lieben Grüßen und einem Schmatz für jedermann
eure Brigitte

Eben kommt Daniel mit der Freudenbotschaft vom Einkauf, daß die Butter bei uns auch rationiert worden ist. Hurra, der Lebensstandard steigt!

Hoy, 8. 7. 62

Liebe Mu, lieber Vati,

[...] Wir haben mit Freude vernommen, daß auch der Halbstarke in der Neuendorfer Gasse ist und sich Deputatbier verdient. Der FRS kam gerade rechtzeitig, wir wollten nämlich den kleinen Zuschuß zu der Kurbelwelle nach Rostock schicken; Dorli hatte uns von Ulis Mißgeschick geschrieben. Sie schwärmt mächtig von ihrem Bruder, und ich bin sehr glücklich, daß sich die beiden so gut verstehen, es erinnert mich an mein schönes Verhältnis zu Lutz [...].

Ich glaube, ich schrieb euch schon, daß ich der Defa kündigen wollte, aber das war ein Schlag ins Wasser. Plötzlich hieß es, ich brauchte die Vorschläge nicht zu akzeptieren (mein Dramaturg hatte nämlich einen heillosen Schrecken bekommen, als ich ihm den Vertrag hinwarf), und er beschwor mich, nicht aufzugeben, [...] weil es heißen wird, er habe schlecht mit mir gearbeitet. Nun, [...] vorläufig rühre ich keinen Finger für den Film [...].

Mit vielen lieben Grüßen
eure Brigitte

Hoy, 3. 8. 62

Liebe Mu, lieber Vati,

[...] Heute bekamen wir den FRS. Ich beneide die drei schrecklich, weil sie eine so schöne Reise machen können –

wahrscheinlich werden sie wunderbar schlampig und ein bißchen piratenhaft leben, und das ist es eigentlich, was ich mir immer gewünscht habe. Aber in unserer Jugendzeit gab es sowas noch nicht, wenn ich mich recht erinnere, und jetzt ist es zu spät [...]. Daniel nahm neulich ein paar Bürschchen im Wagen mit, die barfuß und mit Banjo durch die Gegend trampten und wie Halbstarke aussahen, es waren aber sehr nette Kerle, junge Arbeiter, die eine eigene Jazzband gegründet haben, eben das, was ich mir unter der modernen Jugend vorstelle. Man hätte zehn Jahre später geboren werden sollen ... [...]

Mit tausend lieben Grüßen (auch von Meister Kater)
eure Brigitte [...]

Hoy, 12. 9. 62

Liebe Mu und lieber Va,

[...] Morgen gehe ich endlich zum Arzt, zur Generaldurchsicht und wegen des Ausweises. Ich bin schon angemeldet. Ich glaube, ich bin viel erschöpfter, als ich mir zutraute. Die Tage gehen so hin, man weiß nicht wie, ich arbeite nicht richtig, manchmal liege ich bis mittags im Bett und lese. Ein scheußliches Leben. Ich komme mir mal wieder höchst überflüssig vor, aber anderseits weiß ich, daß ich jetzt gar keine ernste Arbeit machen könnte, ohne umzufallen. [...]

Viele liebe Grüße und für jeden ein Schmatz
eure Brigitte

Hoy, 22. 9. 62

Liebe Mu, lieber Va,

[...] Nächste Woche brechen bei uns die »Tage der jungen Literatur« aus, und wir sind die ganze Woche beschäftigt. Zum Literaturball ziehe ich zum erstenmal das »französische« Kleid an. Vielen Dank, Mu, daß Du es mir so schön zurechtgemacht hast! Ich glaube, ich muß Dir noch mit ein paar anderen Sachen auf die Nerven fallen. Ich bemühe mich zwar, möglichst viel selbst zu machen (ich kann ja nicht immer zu Frau Schömann rennen – sie arbeitet den ganzen Tag, hat ihre vier Kinder und einen Haushalt auf dem Hals), aber alles kann ich nicht, zum Beispiel enge Röcke, die an der Seite so eine Falte haben. Das gäbe ein schönes Geprudel!

Dem Daniel geht es jetzt recht gut, dafür bin ich völlig abgewrackt. Gestern bin ich umgefallen und habe mir die Pfote dabei verstaucht. Zu albern! Immerhin habe ich mich aber aufgerafft und bin zur Generaldurchsicht […] gewesen […]. Ich habe mich auf Krebs untersuchen lassen (das werde ich jetzt alle halbe Jahr tun), habe mich röntgen lassen, nächste Woche wird ein EKG gemacht, und ab Montag bekomme ich Hormonspritzen. Eine Spritze gegen meine Kopfschmerzen habe ich auch gekriegt (sie muß, glaube ich, alle drei Monate wiederholt werden), und ich hoffe, es schlägt an. […] Für den Ausweis habe ich mich auch untersuchen lassen, aber der Arzt sagte, der Befund reichte nur für einen Leichtbeschädigten-Ausweis, und damit fällt ja wohl die Steuerermäßigung flach. Vielleicht versuche ich nächstes Jahr, durch das Kombinat nach Karlovy Vary geschickt zu werden; wenn ich Glück habe, läßt sich an dem Bein doch noch was bessern.

Ich werde nun doch, trotz Ärger und Unlust, mit der Defa arbeiten. Der Regisseur kommt jeden Tag nach Petzow raus, und wir machen gemeinsam einen Fahrplan, und er überwacht die Arbeit am Szenarium. Es ist mir jetzt schon egal, ob der Film was wird oder nicht. Außerdem bekomme ich immer einen gelinden Schreck, wenn ich mein Konto betrachte. Daniel wird lange Zeit nichts verdienen. […] Ihr dürft aber nicht denken, daß ich Daniel deshalb Vorwürfe mache; ich will nur, daß er einen guten Roman schreibt – irgendwann muß ja mal ein Heinrich-Mann-Preis in die Familie kommen.

Ich war jetzt jeden Abend unterwegs, mal mit unseren Malern, mal mit ein paar kleinen Oberschülern, die ich im Jugendklub kennengelernt habe […] – sehr aufgeweckte, intelligente und wißbegierige Bürschchen, die sich hier sterblich langweilen. Kein Wunder in dieser Stadt, die bloß drei Lokale und ein bißchen Landfilm zu bieten hat. [...]

Laßt es euch gut gehen und seid herzlich gegrüßt
von eurer Brigitte

Petzow, 6. 10. 62

Liebe Mu, lieber Va,
ich will euch nur melden, daß ich wohlbehalten im Heim sitze. Zuerst gab es großes Theater: die liebe Dame Kämmel vom Verband hatte mein Zimmer vergeben, aber dann haben wir den Bewohner rausgesetzt, und nun bin ich also in meiner Drei und fange langsam an, mich an die neue Umgebung zu gewöhnen. Zwei Tage lang wimmelte das Haus wieder von jungen Autoren, aber heute abend reisen sie ab, und ich bin dann ein paar Tage ganz allein hier, ehe der nächste Schub junger Genies anrückt.

[...] in Werder gibt es herrliche Winteräpfel, Goldparmäen oder so ähnlich heißen sie; habt ihr Interesse? Daniel hat einen großen Spankorb voll nach Hause geschleppt, und wenn ihr wollt, bringen wir euch nächsten Sonnabend auch einen Korb mit. Es gibt auch Gravensteiner, alles auserlesene Ware, jeder Apfel in Holzwolle verpackt. [...]

Liebe Mu [...] Ich habe noch eine Bitte: Könntest Du mir wohl noch ein Paar Strumpfhosen besorgen, möglichst in Schwarz? [...] Die ich letztens gekauft habe, sind doch ziemlich zu groß, und ich muß sie an der Fußspitze umschlagen, und sie ziehen trotzdem kräftig Wasser. [...] sie sehen zwar sehr klein aus, wenn sie auf dem Ladentisch liegen, aber sie ziehen sich ja sehr. Also, wenn Du noch eine 1 erwischen könntest, würde ich mich sehr freuen. Die Dinger sind wunderbar praktisch, und man fühlt sich wohl in ihnen, weil man sich nicht so einen dummen Gürtel um den Bauch zu spannen braucht.

Eben habe ich einen lieben Brief von Dorli bekommen. [...] Ich überlege die ganze Zeit, wie man den beiden ein

Leerzimmer verschaffen könnte. Sie kann dann meine Möbel haben, [...] und ich würde auch die Schlafcouch neu beziehen lassen. Vielleicht schreibe ich mal an den Prorektor. [...] Ohne ein eigenes Zuhause macht es doch keinen Spaß. Es gongt, ich muß zum Essen gehen. [...]
Viele liebe Grüße (auch für U!)
eure Brigitte

Petzow, 17. 10. 62

Liebe Mu, lieber Va,

[...] Die arme Mirsel hat noch dramatische Dinge erlebt. Unterwegs fing der Wagen an zu bocken, es knarrte und knatterte, und wir bekamen Angst und fuhren nur noch mit Hundert. Wir waren aber pünktlich um 11 im Heim, und [...] ich [...] wartete auf meinen Fernsehfunk, und mit jeder Viertelstunde wurde ich wilder. Die Leute kamen um 1 – und um 3 sollte E[...] schon bei mir sein, und ich wußte, daß die Arbeit mit ihm wieder bis in die Nacht dauern würde, und ich war einfach ein Vulkan. In der Halle stand der ganze Drehstab, [...] und ich schoß raus und schrie, sie könnten gleich wieder abfahren. Na, großes Theater und patati und patata, und sie diskutierten mit mir, aber ich konnte diese zwei Stunden Verspätung und das alberne Manuskript nicht verzeihen und nach einer langen Diskussion zogen sie wieder ab, und unsere Schriftsteller quiekten vor Vergnügen. Der junge Regisseur war aber sehr vernünftig, er sah ja, daß ich völlig fertig war – kurz und gut, die Sendung ist geplatzt, sie soll aber später nachgeholt werden.

Katerle fuhr um 4 weg und war gegen Morgen in Hoy. Auf der Autobahn schlug das Schicksal zu – ihm wurde immer schlechter und schwindliger, er kam gerade noch an den Wegrand, und siehe, es stellte sich heraus, daß der Auspufftopf kaputt war – daher das unheimliche Geklapper – und ganz gemütlich die Abgase in den Wagen leitete [...]. Nachdem er [...] den Fehler entdeckt hatte, landete er also in der Dämmerung in Hoy, mit einem Wagen, der inzwischen wie eine Rennmaschine donnerte. [...] Man kann das Kind eben nicht eine Minute allein lassen ...

[...] Gestern habe ich mich zum erstenmal ein bißchen erholt, ich habe nur ein paar Sätze geschrieben und bin den ganzen Nachmittag spazieren gegangen [...]. Heute sehe ich wieder um zehn Jahre jünger aus als am Sonntag. Drei Kreuze und ein Sektgelage, wenn der Film fertig ist! Anderseits macht es mir freilich auch Spaß, mit meinen beiden zu arbeiten, sie sind jung und haben Einfälle, und sie sind in jeder Beziehung anständiger als die arrivierten alten Knöpfe, die bei Defas rumlaufen.

Mit vielen lieben Grüßen
eure Brigitte

Petzow, 6. 11. [62]

Liebe Mu, lieber Va,

[...] Ich glaube, die Trennung bekommt unserer Ehe sehr gut, wir sind mächtig verliebt ineinander, vertelefonieren horrende Summen und schreiben uns fast jeden Tag einen Brief. Der Kater ist gar gewaltig mit seinem Roman zugange, manchmal liest er mir einige Sätze am Telefon vor, und dann könnte ich platzen vor Neid, weil er ein so schönes Buch schreibt und weil ich nie imstande sein werde, so herrliche Sätze zu bauen. Er freilich beneidet mich – und so sind wir denn wieder quitt.

Vorige Woche war ich mit meinem lieben alten Freund-Feind Caspar in Templin zu einer Lesung, er hatte seine weiche Stimmung und war reizend zu mir (wie immer, wenn niemand anders dabei ist) und sagte mir ein paar sehr gescheite Sachen über meine Arbeit, die ich mir zu Herzen nehmen muß. [...]

Von U habe ich lange nichts gehört, aber mit der D-Schwester stehe ich in richtigem Briefwechsel. Sie ist so lieb und vernünftig geworden, und wir verstehen uns, glaube ich, sehr gut.

Sie wird eben allmählich eine Frau. Ich denke schon, mit der haben wir *auch* Glück gehabt. (merkt ihr was?)

Für jeden einen Kuß und tausend schöne Grüße
von eurer Tochter Brigitte Unart

Petzow, 18. 11. [62]

Liebe Mu, lieber Va,

[...] Eben sagt Daniel, daß ihm das Treatment gefällt – »es wird doch ein ordentliches Filmchen«. Hoffentlich hat die Defa den gleichen Eindruck, ich bin immer noch pessimistisch.

Heute nachmittag kommen ein paar sowjetische Schriftsteller ins Heim [...]. Schade, daß der Daniel dann nicht mehr da ist. Jetzt gewöhnt man sich gerade wieder an ihn, und auf einmal ist er weg. [...] Verliebt nach drei Jahren Ehe ... wer hätte das geahnt!

Habt ihr das Kleid schon abgeschickt? Es wäre schön, wenn ich es Donnerstag hätte, weil wir an diesem Tag nach Berlin fahren, zu einer Aussprache im ZK. Siegfried Wagner hat sich wieder ein paar junge Schriftsteller eingeladen; ich habe schon mal an so einem Gespräch teilgenommen und war sehr beeindruckt: eine interessante und offene Unterhaltung, man konnte mal auspacken. Diesmal ging die Einladung auch an Daniel; er fährt dann aber am selben Abend nach Hoy zurück. Er hat ja [...] noch eine ganze Menge Wege und Besorgungen, weil ich mein Zimmer neu einrichte: wir müssen die Möbel beschaffen, einen Maler besorgen, was sehr schwierig ist, neue Gardinenstangen und dergleichen Kram mehr, damit ich endlich ein Büdchen ganz nach meinem Geschmack habe, ohne den Geruch des Provisorischen. Ich kann dann auch meine Bücher und die Wäsche richtig unterbringen.

Im Januar werden wir, wenn alles klappt, der Dorli eine vollständige Einrichtung mit Vorhängen, Möbeln und Schlafcouch schicken [...].

Tausend liebe Grüße von eurer Brigitte [...]

Liebe Mu, lieber Va,

[...] Vor einer Stunde ist der Daniel wieder abgefahren, er war zwei Tage hier, weil wir zu einem Gespräch beim ZK eingeladen waren. Es war wieder sehr interessant, aber ich werde euch lieber mündlich darüber berichten. Nur soviel: es scheint sich auch in der Kulturpolitik allerlei zum Besseren zu verändern, es gab einen sehr offenen und kritischen Meinungsaustausch über all die Fragen, die uns bewegen, über den Mangel an Mut und die jahrelange Erziehung zu einem falschen oder flachen Denken, und die jungen Leute sagten eine Menge gescheiter Dinge – auch gegen Ansichten der ZK-Vertreter. Mein Brief ans ZK soll tatsächlich veröffentlicht werden, und Lewin möchte ihn am liebsten ungekürzt bringen. [...]

Jetzt werde ich noch an Dorli und Daniel schreiben, und dann gehe ich zum Fernsehen, mit dem ich hier jeden Abend totschlage. Heute gibt es ein neues Stück von Sakowski. [...]

Viele liebe Grüße und einen Schmatz

von eurer Tochter Brigitte

Liebe Mu, lieber Va,

[...] Ich möchte euch nochmal schönen Dank sagen für das süße Adventpäckchen, auf das sich Daniel gleich geworfen hat, aber er hat euch bestimmt von seiner Nachtfahrt und unseren großen Abenteuern bei Ulbricht erzählt –. Er war dann abends, als er mit seinen Farben aus Burg kam, noch einmal bei mir und hat hier Abendbrot gegessen, und ist um sieben oder halb acht abgefahren. Ich rief ihn nachts um halb zwölf an, um zu erfahren, ob er gut nach Hause gekommen sei – er war aber immer noch nicht da. Ich habe schreckliche Angst ausgestanden. Am nächsten Morgen rief ich ihn wieder an und hörte, daß er erst um eins zu Hause gewesen ist. Die Straße war völlig vereist, der Nebel so dick, daß man kaum drei Meter weit sehen konnte, und der arme Daniel ist den ganzen weiten Weg im Schrittempo gekrochen.

Am Mittwoch kommt er nun endlich her [...], und bis dahin hat er noch tausend Wege zu laufen und zu organisieren und alles ranzuschleppen, damit gleich nach unserer Rückkehr die Malerarbeiten anfangen können. [...] Vielleicht kaufe ich mir doch noch einen Fernsehapparat, ab und zu gibt es ja doch was Gescheites, ich habe jetzt Platz für den Apparat, und ich werde bestimmt Disziplin genug aufbringen, um abzuschalten [...]. Habt ihr gestern den schönen Gerard Philipe gesehen? Ein bezaubernder Film – »Die Schönen der Nacht« [...].

Morgen ist Direktionssitzung, und ich hoffe, das Treatment wird auch dort durchkommen, und dann fängt endlich wieder eine solide Arbeit an. [...] Ich werde morgen zum erstenmal das neue rote Kleid anziehen und ganz à la große Dame erscheinen.

Viele liebe Grüße von eurer Brigitte Nichtsnutz [...]

1963

Liebe Mu, lieber Va,

seit gestern abend sind wir wieder im Schriftstellerheim (es ist, als seien wir gar nicht weggewesen, es sind auch wieder dieselben Leute da, und abends waren alle fröhlich besoffen) [...] Es war noch ziemlich entsetzlich, und wir haben uns gewaltig abgerackert [...], aber als wir gestern abfuhren, war alles in schönster Ordnung. Ich habe jetzt ein wunderbares Zimmer, es ist genau so, wie ich es mir immer vorgestellt hatte, ich habe alle meine Krämchen unterbringen können, und Daniel beneidet mich ein bißchen, und der alte Großvaterstuhl macht sich herrlich hinter meinem neuen Schreibtisch, und eine Liege habe ich auch bekommen, sie ist bloß ein bißchen hart und schmal, aber man gewöhnt sich. [...]

Ich bin hier gleich mit zwei Briefen empfangen worden, die in mir den Verdacht aufkommen lassen, daß der Film platzen wird [...] – auf jeden Fall muß ich den Stoff retten, damit das halbe Jahr Arbeit daran nicht unnütz vertrödelt ist – und damit ich Geld verdiene, sonst sehe ich schwarz.

[...] Heute mittag sind wir auf dem See herumgestapft, und Daniel hat sich eine kühne Schlitterbahn gebaut und war überhaupt schrecklich albern. Es ist wieder sehr schön und romantisch hier draußen, und das Haus ist endlich mal richtig warm. Wenn man bloß auch eine richtige Arbeit hätte! Dieses ewige Tauziehen macht mich schwach, und Daniel sagt, ihm wären schon längst die Nerven gerissen. Bloß – ich kann mir zerrissene Nerven nicht leisten, und also muß ich versuchen, mich auf irgendeine Art durchzuboxen.

Wißt ihr eigentlich schon, daß wir zum 6. Parteitag einge-

laden worden sind? Wir können aber nicht die ganze Zeit daran teilnehmen, sondern wollen nur drei Tage bleiben. [...]
Mit vielen lieben Grüßen und einem Kuß für jeden
eure Brigitte [...]

Petzow, 3. 2. 63

Liebe Mu, lieber Va, liebe D-Schwester, lieber U-Bruder
kurzum: liebe Familie,
[...] ich habe wieder Ärger mit der lieben Defa, die meinem Michel den Vertrag gekündigt hat, und jetzt stehe ich ohne Regisseur da. Ich habe einen Protestbrief an Mückenberger geschrieben, aber ich bin nicht sicher, ob es was nützt [...]. Das Ganze ist eine schwer durchschaubare Geschichte, die sich nicht gerade förderlich auf meine Arbeitsfreude auswirkt. [...]
Großer Kummer (für mich): Daniel tritt Dienstag seine Kur an, für vier Wochen in Wolkenstein. [...] Morgen abend fährt er los, wir mußten noch eine Badehose und Turnzeug kaufen (stellt euch den mageren Kater beim Turnen vor!), und im Kurzettel steht, daß man mittags wohlgekleidet mit Schlips und Kragen zu erscheinen hat – wegen Pawlow und dem Wohlbefinden. Zu allem Jammer muß ich morgen noch zum Präsidium des Nationalrats und eine Rede reden (ich weiß aber noch nicht, was ich sagen werde), nun kann ich nicht mal den letzten Tag mit Daniel zusammen sein.
[...] tausend liebe Grüße und für jeden einen Schmatz
Von eurer B-Tochter (resp.-Schwester)
(Und natürlich viele Grüße von Herrn Kurpatienten, der in W. nicht rauchen darf – und keinen Kaffee!)

Petzow, 18. 2. 63

Meine Armen, Lieben zuhause,
ich habe euch schrecklich vernachlässigt, und vielleicht seid ihr schon in Sorge, aber die Gründe kennt ihr ja, sie sind

permanent. Ich mach's nicht mehr lange. Ach was, nehmt das nicht ernst – eine einzige Woche Ruhe, und ich bin wieder groß da. Gestern habe ich den ganzen Tag mit Herzanfällen auf meinem Bett gelegen. Ich arbeite wie ein Kümmeltürke […], und meine einzige Sorte von Erholung sind die acht Stunden Schlaf, auf die ich bestehe, und manchmal klappt es damit auch nicht mehr. Freilich hatte ich zwischendurch ein paar vergnügte Stunden mit zwei Kollegen, die hier ein Hörspiel schreiben wollten (sie sind aber jämmerlich eingebrochen), und auch diese hübsche Kameradschaft hat ein bitteres Ende genommen. Sie haben sich alle beide in mich verliebt, und bei dem einen ist es so schlimm geworden, daß ich mich nicht mehr amüsieren konnte (sonst finde ich verliebte Männer ziemlich komisch). […]

Ich habe mich untadelig benommen (wie meistens – und nun schon gar in diesem Heim, wo einer auf den anderen eifersüchtig ist), aber heute morgen hat es mir doch das Herz rumgedreht vor Mitleid. Sie haben sich verabschiedet, und der Junge hat geweint, es war schrecklich. […] ich will unbedingt nach Hause, ich ertrage das nicht mehr. Es gibt immer so Zeiten in einem Heim, wo die Atmosphäre auf einen Siedepunkt steigt: alle waren gereizt und verzweifelt, und die Hälfte der Gäste ist herzkrank und hat Anfälle, und jeden Tag wird man mit Problemen gemartert und mit den Geschichten der anderen belastet. Und zu alledem schreibt der Daniel traurige Briefe, weil er den Kur-Klaps hat und am liebsten ausrücken möchte. Die Ordnung dort ist überaus streng, er hat überhaupt keine Zeit für sich, […] und in jedem Brief (ich schreibe ihm jeden Tag – ich leuchtendes Vorbild aller Ehefrauen) flehe ich ihn an, er soll Geduld haben und die Kur durch seelische Bereitschaft unterstützen. […] Gestern, als ich mit meiner albernen Pumpe kämpfte, hätte ich bald geheult vor Sehnsucht, weil er sich doch sonst immer um mich kümmert, wenn ich mal wieder down bin […].

Na, ich glaube, ich verfasse hier wieder einen Jammerbrief. Macht euch nichts draus! Stehaufmännchen kommt immer wieder auf die Beine. Für Mittwoch bin ich beim ZK eingeladen, wo eine Arbeitsgruppe Literatur gegründet werden soll, und ich soll mitmachen. Mir wird bange, meine Lieben … Ich bin für alle diese Dinge nicht gescheit genug, fürchte ich, aber schließlich hat man gewisse Pflichten. […]

Das nächste Mal kommt ein fröhlicher, optimistischer, heiterer, kämpferischer – mit einem Wort: ein sozialistischer Brief.

Tausend Grüße für euch alle – und drückt mir die Daumen!

Eure Knallkopp-Brigitte […]

Hoy, 24. 2. 63

Liebe Mu, lieber Va,

nun bin ich also wieder in Hoy gelandet, dieser gottverdammten Stadt der brüllenden Radios und plärrenden Kinder, und als ich ankam, hätte ich heulen mögen (d. h. ich hab's auch getan) – nach der herrlichen Stille im Heim, und dann kein Katerchen unter einer Couch versteckt, und das Chaos von ausgepackten Koffern … Na schön, ich hab mich wieder beruhigt, jetzt habe ich zwei große Haushaltstage hinter mir mit Riesenwäsche und Korrespondenz zwischendurch und Reinemachen […]. Einen zusätzlichen Kummer habe ich mir auch gemacht (aber euch wird es freuen): ich habe meinem Freund Jon geschrieben, daß es aus und vorbei ist, er soll mich nicht mehr anrufen etc. Kühne Entschlüsse – und hinterher Heulen und Zähneklappern. Aber einmal muß es ja sein, und der Daniel ist glücklich, und das ist die Hauptsache […].

Nächstens kommen wir mit einem Baby anmarschiert – jedenfalls haben wir heute am Telefon gesagt, daß es Zeit wird. Mal sehen, was der liebe Roman dazu meint.

Heute bin ich wieder ein bißchen obenauf […], und mein Herz beruhigt sich allmählich. Gestern war es nochmal sehr arg, da bin ich in Cottbus umgefallen, gerade als ein paar Leute mich für irgendeine neue Arbeit werben wollten. Ich hoffe, mein Herzanfall hat sie davon überzeugt, daß ich mir jetzt keine Belastungen leisten kann. Abends habe ich dann eine Schlaftablette genommen und nach langer Zeit mal wieder meine acht Stunden runtergeratzt. [...] Mit Daniel telefoniere ich jetzt wieder jeden Tag (der Schlaue macht natürlich R-Gespräche); [...] er hat Heimweh nach mir und will nach Haus und [...] schrecklich fleißig sein und mich verwöhnen – und was der guten Vorsätze mehr sind. Na, und ich werde das ausnützen, da könnt ihr aber sicher sein ... Mütterchen haut sich drei Tage ins Bett und pennt und frißt um sich rum und spielt große Diva. Ich bin scheußlich abgenützt und sehe viel zu alt aus [...]. Zum Essen habe ich hier auch keine Lust – wer mag schon so allein sein Brot mummeln? Außerdem ist mein Kühlschrank kaputt, und ich kann nichts aufheben. So lebe ich denn von Vollkornbrot mit Butter und von sehr viel Mangosaft, und vielleicht werde ich mich morgen sogar mal aufraffen und mir zweieinhalb Kartoffeln braten. [...]

Ansonsten ist alles okay, Hoy steht noch, die Wohnung ist in Ordnung, mein Grünzeug sprießt, es gibt jede Menge sowjetischen Wodka, und meine Anbeter hängen jeden Tag an der Strippe und wollen mich trösten. [...]

Laßt es euch gut gehen, ihr lieben kleinen alten Affen, bleibt hübsch gesund [...].

Tausend liebe Grüße und einen Kuß für jeden von
eurer Brigitte

Hoy, 7. 3. 63

Liebe Mu, lieber Va,
der Daniel ist heimgekehrt – mit Nerven wie Stricken, wie er behauptet, aber das Kombinat knabbert schon wieder dran [...] ... Wir werden von einer Konferenz zur anderen geschleift, der Terminkalender ist zum Platzen voll, ich muß ein paar brandeilige Sachen schreiben, heute abend ist Lesung ... so geht das eben die ganze Zeit, und eure scheene Dochter sehnt sich nach Urlaub, – eine Sensation. Das Katerle hat ganz

frische Farben von der Bergluft, aber kein Gramm zu-, sondern 400 abgenommen durch die ewigen Bäder. [...]

Heute ist der Kühlschrank repariert worden, so daß wir wieder Riesen-Vorräte stapeln können. Wir haben jede Menge Fruchtsäfte gekauft, um uns mit Vitaminen vollzustopfen. Nun müssen wir ja auch wieder jeden Tag kochen, und das ist nicht erfreulich, aber was hilft's? Außerdem darf Daniel all die Sachen nicht essen, die es jetzt gibt: Kohl, Erbsen, Bohnen, Sauerkraut ... [...] Und wenn ihr denkt, er war unnahbar während seiner Kur ... kein Stück! Er hat massenhaft Frauenherzen geknickt, ihr wißt ja: die Weiber fliegen immer gerade auf die Strengen, Zurückhaltenden; eine hat beim Abschied geweint. So einer ist er, euer treuer Schwiegersohn, damit ihr endlich mal Bescheid wißt.

Hoy steht unter Wasser, und unser Auto ist nicht mehr als ein solches zu erkennen. Eine Fahrt ins Kombinat ersetzt ein Schlammbad. Daniel ist gleich herrlich empfangen worden: in der ersten Nacht, als er hier war, gab es wieder eine solide Schlägerei im Haus, treppauf, treppab, und wir haben die Polizei angerufen. Sie kam aber nicht, weil sie sich in Familienstreitigkeiten nicht einmischen darf. Wahrscheinlich warten sie solange, bis der Fall reif für die Mordkommission ist. Wir werden aber diese Woche eine Hausversammlung machen, und wenn die Burschen sich nicht ändern, stellen wir den Antrag auf Ausweisung. [...]

Tausend liebe Grüße

von eurer B-Tochter

Schöne Grüße vom Gemeindebullen, der bald – wenn's im Stil der berühmten Reimann weitergehen muß – wieder zum normal klapprigen Gemeinde-Esel absteigen wird.

Macht's gut!

Euer D.

Hoy, 19. 3. 63

Liebe Mu, lieber Va,
heute früh haben wir euren FSR bekommen, jetzt ist Mittag –
ihr seht, wir […] antworten postwendend.

Gestern war Daniel in Berlin, bei Rentzsch, um mit ihm
über sein neues Hörspiel zu sprechen. […] der Termin ist
lächerlich kurz. 20. April. Ich sehe ja schwarz, jedenfalls wenn
das hier so weitergeht mit den gesellschaftlichen Verpflichtungen. Freilich werde ich versuchen, Daniel soviel wie möglich
an Arbeit abzunehmen, aber ab und zu brauche ich ihn doch:
wenn ich ins Kombinat rausmuß, denn jetzt fahren keine
Busse mehr, und ich könnte höchstens den Pumpenzug be-
nutzen, aber da ist der Weg zum Bahnhof schon eine halbe Ta-
gesreise. Hoffentlich hören nun auch die Aussprachen wegen
des VI. Parteitags auf; ich bin sowieso nicht für soviel Gerede:
lieber schreiben und an der Praxis die Theorie überprüfen.

Ich hänge immer noch in der Luft mit meiner reizenden
Defa und warte auf das Todesurteil. Blöde Situation, man
kann ja auch keine neue Arbeit anfangen. Jetzt widme ich
mich erst mal wieder meiner Brigade, die mich zum Ehren-
mitglied ernannt hat, und in den letzten Wochen habe ich ein
paar Artikel geschrieben, aber das ist man alles holben Krom.
[…] Neulich war auch der Chefdramaturg vom Theater Karl-
Marx-Stadt hier und versuchte mich zu überzeugen, daß ausgerechnet ich das zeitgenössische Stück schreiben müßte, und
das habe ich natürlich auch eingesehen. Mein armer Roman
rückt in immer weitere Fernen … Außerdem habe ich Ärger
mit der Kreisleitung, die mir meine »Geschwister« übel
nimmt, weil die Modelle für den alten Maler und den Parteifunktionär zu erkennen sind. Ich verstehe das alles zwar nicht,
aber das macht ja nichts, Hauptsache, unsere Funktionäre verstehen es. Man hat kein leichtes Los als Schriftsteller. Zum
Glück hat sich mein Herz wieder ein bißchen gebessert, und
ich bin bereit zu neuen Raufereien. […]

Tausend liebe Grüße (auch von Herrn Kater-D.)
eure Brigitte

116

Liebe Mu, lieber Va,

[…] Wir haben wieder eine Menge Sitzungen hinter uns, die letzte am Montag und Dienstag im ZK: große Kulturkonferenz, und B. R. saß im Präsidium und war furchtbar aufgeregt. Alles in allem hat uns die Tagung gefallen und entspricht unseren Ansichten über die Aufgaben der Kunst, und Ulbricht hat sehr vernünftig gesprochen […]. Das große Ereignis: meine vergötterte Anna Seghers hat mich angesprochen und am Pferdeschwanz geziept, und mittags ist sie mit uns essen gegangen, und ich war restlos glücklich. Überhaupt waren alle Leute nett zu mir, ich gehöre jetzt, scheint es, sozusagen mit zur Prominenz, ich weiß zwar nicht, warum, aber schön ist es doch, und das ganze Politbüro scheint mich zu kennen. U. hat mich auch wieder zitiert, und darüber war ich froh (und nicht bloß ich), denn das Zitat stammte aus einem Artikel, der nicht gedruckt werden sollte, weil irgendjemand Angst bekommen hatte, und mir selbst war auch ein bißchen bange geworden wegen meiner Dreistigkeit […]. Die Zeitungsmenschen waren dann natürlich selig, weil Genosse Ulbricht den Artikel auch gelesen und genehmigt hatte. Ein aufregendes Leben! […]

Seit gestern steht ein Fernsehapparat in meinem Zimmer, den ich mir ganz plötzlich, in einem Anfall von geistiger Umnachtung, gekauft habe. Jetzt fehlt uns nur noch ein Tonbandgerät, und dann sind wir, was Musik und Bild angeht, genügend elektrifiziert. Das Tonbandgerät kann man auch zum Diktieren gebrauchen, bei der Arbeit, aber damit lasse ich mir noch Zeit, um zu prüfen, wie sich meine Finanzlage entwickelt. Mit dem Film wird es vielleicht doch klappen, das ZK hat sich schon eingeschaltet und will Krach schlagen. Eigentlich liegt es ja bloß an dem alten Rodenberg, […] der Herr Minister hat das letzte Wort. […]

Mein Buch muß in den nächsten Tagen rauskommen. Wenn ihr versprecht, euch nicht darüber aufzuregen, schicke ich euch ein Exemplar. Aber wehe, wenn es Krach gibt zu Ostern – der Lärm im Kombinat reicht mir schon, hier nehmen es mir auch eine Menge Leute übel, was ich geschrieben habe, weil sie alle nicht begreifen können, was der Unterschied zwischen Wirklichkeit und Literatur ist. Aber von Schriftsteller-Eltern sollte man das wohl verlangen dürfen. [...]

Mit tausend schönen Grüßen

eure B-Tochter

Schreibt rechtzeitig, was wir zu Ostern mitbringen sollen (Butter bestimmt, nicht wahr?)

Hoy, 10. 4. [63]

Liebe Mu, lieber Va, liebe D-Schwester,

lieber U-Bruder, lieber U-Schwager,

[...] Ihr könnt euch nicht vorstellen, was jetzt bei Schriftstellers geschieht, nach der Kulturkonferenz im ZK, und ich will mich jetzt auch nicht darüber auslassen.

Man gehört sich selbst nicht mehr, das ist das Schlimmste. Ich habe seit mehr als vier Wochen keine Zeile geschrieben (außer Artikeln, Umfragen und dergleichen Zeugs), ich bin schon halb irre. Gestern sah ich im Aufbau-Verlag mein Buch, es verkauft sich plötzlich sehr gut, nachdem bei der Messe kaum sich was tat und Caspar schon bedenklich die Stirn krauste. Mit einemmal, zwei Wochen später, ist die ganze Auflage weg, die neue geht schon in Druck. Macht ordentlich Propaganda für mich (dies gilt für die »Kleinen«), ich glaube, das Buch ist wirklich ganz anständig geworden. [...]

Tausend liebe Grüße für alle

von eurer B-Schwester-Tochter, Schwägerin und Daniel

Hoy, 21. 4. 63

Liebe Mu, lieber Va,

liebe D-Schwester (falls Du noch zuhaus bist),

nun sind wir schon sechs Tage wieder in Hoy, und noch immer ist keine Baby-Meldung gekommen, und wir sind schrecklich aufgeregt und unruhig. [...] Wir haben immerzu »Ahnungen« [...] Tante werden ist gar nicht so einfach. Die große Neuigkeit: ich bin bei der Defa ausgestiegen. Ich sollte wieder irgendwelche idiotischen Änderungen machen (vielleicht sind sie auch nicht idiotisch, aber ich habe es eben einfach satt), und darauf habe ich vorgeschlagen, das Feindrehbuch einen anderen schreiben zu lassen; ich werde nur die Beratung übernehmen [...]. Na, schließlich ist der Rat der Götter auch darauf eingegangen, und ich habe sogar noch meine Erfolgsrate für das Drehbuch bekommen und bin gerettet. [...]

Habt ihr mein Kleid schon angefangen, Mu? Wehe nicht. Nächstesmal will ich es schon anprobieren und zum Schriftsteller-Kongreß tragen, der leider gerade in unsere Urlaubszeit fällt. Aber ich werde ja wohl nicht umhinkönnen ... Bitte, Mu, versprich mir, daß Du das Kleid zuschneidest und heftest, ja? Für alle anderen Kinder nähst Du und strickst Du, und bloß das arme Stiefkind geht immer und immer leer aus. [...]

So, das war's für heute. Sagt Baby, es soll sich ein bißchen beeilen, wir warten.

Tausend liebe Grüße für alle

Eure Brigitte

Petzow, 19. 5. 63

Ihr Lieben zuhaus,

eben habe ich euer Päckchen bekommen und sage Mu und D meinen schönsten Dank. Das Höschen war nicht dabei, ist es unterwegs rausgefallen oder war es nicht fertig? [...]

Wie geht es dem süßesten Baby der Welt? Ich schwärme allen Leuten von Susannchen vor. Ich möchte sie zu gern nochmal baden, bevor wir nach Hoy und in die CSSR abdampfen. Wahrscheinlich werden wir doch nächsten Sonntag fix mal nach Burg fahren, um Va zu gratulieren und Susannchen rumszuschleppen und gähnen zu sehen. [...] Wir wissen allerdings noch nicht, wann Daniels Eltern kommen, er hat ihnen ausführlich beschrieben, wie man sich in Berlin treffen kann, und hoffentlich bringen sie den Mut auf, sich den bösen Vopos zu stellen. [...] Wenn es nicht anders geht, fahre ich dann am 26. eben allein nach Hause, mit dem Zug. Großes Abenteuer! Ich weiß gar nicht mehr, wie man in einen Zug einsteigt, so versnobt bin ich schon. Übrigens haben wir gestern auf unserem See eine Fuhre echter Snobs gesehen: ein riesiges Kajütboot (oder sagt man Motorjacht?), ein richtiges Schlachtschiff, bestückt mit unserer jeunesse dorèe, irgendwelche jungen Ferkelchen, die Vaters Geldbeutel spazieren fuhren, Westmusik grölen ließen und hochmütig an uns vorüberzogen (wir saßen nämlich in einem schäbigen Angelkahn).

Hier passiert nichts weiter, als daß [...] ich in der Sonne liege und langsam schwärzlich werde, und natürlich ist es ringsum wunderschön wie zu jeder Jahreszeit in Petzow: blühende Sträucher, berauschender Fliederduft, windbewegter See, manchmal ein fliegender Schwan (habt ihr schon mal einen Schwan fliegen hören? Er knattert wie ein Motorboot) [...] und ein Haufen junger Autoren, die die Werke der Weltliteratur in der Jackentasche tragen. Abends gucken wir manchmal in die falsche Röhre. Unser Fernsehapparat ist nämlich repariert worden, und da der Mechaniker offenbar ein gründlicher Mensch ist, hat er den vorzeiten durchgeschnittenen Draht nach drüben auch gleich wieder geflickt. Übrigens ist das Programm mehr attraktiv als gut; bis jetzt haben wir nur ein hinreißend dekadentes französisches Stück und ein paar alberne Schlagersendungen gesehen. [...]

Wir sehen uns also, so Gott will, am 26., und bis dahin schickt euch tausend liebe Grüße

eure B-Tochter, -Schwester, -Schwägerin und -Tante und der D-Sohn, resp. Schwiegersohn, -Onkel und -Schwager.

Brigitte

Liebste Familie,

[...] Die letzten Tage in Petzow waren wunderschön, Jens
Gerlach war da, und Daniel hat den ganzen Tag mit ihm auf
dem Bootssteg gestanden und so beharrlich wie erfolglos ge-
angelt.

Also: wir leben und sind gesund und ziemlich munter, [...]
ich war die letzten Tage vollauf beschäftigt mit Reinemachen,
großer Wäsche, einigen Sachen nähen (soweit meine bescheidenen Fähigkeiten auf diesem Gebiet zureichen) und
einem Riesenhaufen von unbeantworteten Briefen.

Erbitte Gratulation: bin jetzt Vorstandsmitglied im DSV,
was neben der Ehre auch eine Masse Arbeit mit sich bringt
[...], jetzt haben wir erst mal drei ganztägige Sitzungen vor
uns. Erbitten Beileidsbezeigungen.

Mit vielen liebe Grüßen (vor allem für das frischgetaufte
Susannchen)

eure Brigitte

Hoy, 17. 6. 63

Liebste Familie,

da sitzt man nun in dieser verruchten Stadt, während man
doch eigentlich schon auf dem Wege nach Prag sein sollte
[...], und wir sind noch zorniger, seit wir heute früh die Begründung gelesen haben: die Lage unter den tschechischen
Schriftstellern sei zur Zeit sehr kompliziert, das habe ihr letzter, eben stattgefunden habender Kongreß bewiesen (wahrscheinlich haben die Bösen entdeckt, daß es auch im Westen
ein paar anständige Bücher gibt und daß unsere sozialistische
Literatur – aber nein, solche Ketzereien wage ich gar nicht zuende zu denken!), und überhaupt fände unsere Literatur in der
CSSR noch nicht die Anerkennung, die wir uns wünschten ...
Ja, wie kommt das bloß? Oder sollten unsere Meisterwerke
doch nicht – still, auch dies nicht aussprechen. Wie immer, der
Verband sorgt für das Seelenheil seiner jungen Mitglieder und

121

behält sie zwecks redlicher Ernährung im Lande. Und neulich schrieb mir Professor Kurella: Reisen Sie, liebes Kind, reisen Sie – der ganze Osten steht Ihnen offen … Gewiß – mit Ausnahme der Länder, die gerade mal wieder aus der Reihe unserer Kulturpolitik tanzen, und wie man hört, sind das so ziemlich alle.

Na, schön, vielleicht haben sich die tschechischen Kollegen bis zum Herbst eines Besseren besonnen und Namen wie Kafka vergessen, damit man uns ihnen unbesorgt anvertrauen kann. […] Vielleicht fahren an unserer Stelle ein paar zuverlässige Genossen, – uns zornigen jungen Leuten traut man Zuverlässigkeit wohl nicht zu. Neulich hatte ich wieder eine zauberhafte Diskussion im Kombinat, wo man ja besonders strenge Unterschiede zwischen Menschen und Nichtgenossen macht. Der Kulturboß fiel über meine arme Elisabeth her, weil sie nicht genug schlagende Argumente gegen ihren Bruder hat, und er sagte, er sei konsequent, immer, und überhaupt sei Konsequenz … und so weiter, und da platzte mir endlich mal der Kragen, und ich sagte ihm: Lieber Toni, ich bin besonders mißtrauisch gegen Leute, die immerzu von ihrer Standhaftigkeit und Konsequenz erzählen, denn sie beweisen damit nur, daß sie niemals vor schwere und schmerzliche Entscheidungen gestellt worden sind, bei denen sie ihre Konsequenz beweisen konnten. Derselbe Mann sagte auch, mit Gefühlen könne man den Sozialismus nicht aufbauen, und Betsys Liebe zu ihrem Bruder und ihrem Staat sei Gefühlsduselei. Wenn ich das nochmal höre, werde ich ihm sagen: Das habe ich doch schon mal gehört, bloß ist es eine Weile her und hieß Humanitätsdusel, aber so groß ist der Unterschied ja nicht, und wenn ich das Wort Kultur höre, greife ich zum Revolver …

Und mit so etwas muß man sich hier herumschlagen! Ich bin mal wieder restlos bedient […]. Diese Leute sind von einer provozierenden Dummheit. Bei der Diskussion fand sich nicht einer, der in menschlichem Ton gesagt hätte: Das Buch hat mir gefallen, diese oder jene Szene hat Duft, ich hatte Freude an ein paar schönen Sätzen … Hier liest man

Bücher nur auf Nützlichkeit und Verwertbarkeit in der Produktion. Mit desto mehr Vergnügen denke ich an die Worte von Alexander Abusch zurück, der mir bei der Konferenz sagte: Sie haben nicht nur ein schönes und patriotisches Buch geschrieben, sondern vor allem ein bezauberndes Buch; es hat Charme, und ich habe seit langem kein Buch bei uns mit soviel Genuß gelesen. Darüber war ich wirklich glücklich. Für unsere Leute hier ist Charme ein verdächtiges Fremdwort.

Na, genug gejammert! Manchmal kommt einem eben der Kaffee von der Konfirmation hoch. Übrigens bin ich jetzt ziemlich fest entschlossen, daß mein nächstes Buch eine Liebesgeschichte wird, deren Helden gar keine Helden sind, die einfach entdecken, wie schön die Liebe ist, nichts weiter, und wenn ich meine Lieben hier ärgern will, sage ich: Das Buch spielt nicht in der Produktion, sondern vorwiegend im Bett. Nicht erschrecken, Mu, so schlimm wird es gar nicht, es macht mir bloß Spaß, die moralinsauren Mienen zu sehen.

Der Daniel wird euch in den nächsten Tagen schreiben, um ausführlich zu erzählen, wie es mit seinen Eltern war. Er hatte einen schönen Tag mit ihnen und kam ganz traurig zurück, weil er beim Abschied zum erstenmal am eigenen Leibe gespürt hat, was »Grenze« heißt.

Nun kommen noch ein paar praktische Dinge: [...] Habt ihr Fräulein Wilhelm wegen des Kleides Bescheid gesagt? [...] Ich will nachher versuchen, bei der Schömannschen ein Modell zu ergattern, das dem nahe kommt, was ich mir so denke – vor allem mit Schlips, ich möchte so furchtbar gern ein Kleid mit Schlips haben. [...]

Was wird aus meiner Natoplane? Schafft ihr es bis zu meinem Geburtstag? Natürlich nicht geschenkt, es bleibt bei unseren geschäftlichen Abmachungen. Ehe ich hier eine bekomme, können noch Jahre vergehen, ich rufe zwar oft im Exquisitladen an, aber immer vergebens. Außerdem werden sie die Dingerchen sowieso für ihre Freundinnen zurücklegen.

Morgen beginne ich endlich wieder eine richtige Arbeit: ein Exposé für den Fernsehfilm, den wir nach den »Geschwistern«

drehen wollen. Wie wir die Sache aufziehen, weiß ich noch nicht, man muß eben probieren, soviel wie möglich von der Stimmung einzufangen.

Grüßt das Susannchen von mir, ich freue mich schon auf August. Neulich waren Bekannte bei mir, die einen Termin für Ende August ausmachen wollten, und ich sagte: Ach, das geht nicht, da habe ich mein Baby. Worauf sie beide leicht geniert und sehr erstaunt auf meinen mageren Bauch schielten, und Daniel sagte: Man sieht es ihr nicht an, sie trägt es mehr im Kreuz. Na, der Jux, wenn ich hier mit einem Kinderwagen rumziehe! Ich werde jedesmal einen anderen meiner Freunde mitschleppen, damit unsere professionellen Klatschmäuler ganz durcheinanderkommen beim großen Rätselraten um den Vater. Scheißstadt!

Mit tausend lieben Grüßen
eure wütende Brigitte

[...] Daniel fragt, ob ihr nicht noch eine Zeitung mit dem Bild von Anna Seghers und mir schicken könnt; er hat seine in Berlin liegenlassen.

Hoy, 11. 7. [63]

Liebe Mu, lieber Va, liebe D-Schwester,
wie ihr am verrutschten Datum seht, habe ich mich sofort, von Ehrgeiz zerfressen, an die Maschine geworfen, um die im FRS versprochene öffentliche Belobigung einzuheimsen. Inzwischen hat Va auch das Telegramm bekommen, das ihn bei uns willkommen heißt; wir haben nur noch Sorgen wegen der Übernachtung, von wegen weil ja nun jeder bei uns bloß eine winzige Couch, geradezu ein Mönchsbett, sein eigen nennt. Aber wir werden schon was austrixen. Va platzt in die großen Feierlichkeiten zum Tag des Bergmanns hinein; schade, daß er keinen Alkohol verträgt, es pflegt um diese Zeit nämlich in unserer lieben Stadt sehr feucht zuzugehen.

Am Sonntag war ich als Geburtstagsgast bei Walter Ulbricht eingeladen (kein Witz, ihr!); ich fuhr mit drei sehr netten, klugen und selbstsicheren Arbeitern aus dem Kombinat, ohne die ich beim Stehbankett nichts Eßbares erwischt hätte, denn nach dem ersten Toast warf sich alles auf die Tische und fraß, und mein sehr langer Kollege Neumann angelte über die Schultern der anderen hinweg Gänseleberpastete (wie im Roman, was?) und Kaviar und – Bananen. [...] und dann habe ich noch Pfirsiche gegessen und mich von oben bis unten bekleckert mit Saft, und mein armer Daniel wäre gestorben, wenn er mich gesehen hätte, – er geniert sich immer für seine Ferkel-Frau. Aber ich erzähle immerzu vom Essen, das gar nicht so wichtig war. Ich habe Niki gesehen, ätsch! Mitten durch die Halle lief (natürlich nicht auf Beinen) ein roter Teppich, auf dem die prominentesten Gäste einhermarschierten, und es war sehr spannend und feierlich. Von den Reden hat man dann leider nicht mehr viel verstanden, weil alle so laut mit ihren Gabeln klapperten. Später gab es Sekt, und wir waren alle ganz schön beschwipst, und die Leute waren furchtbar nett zu mir, weil ich ein gutes Buch geschrieben habe.

Durch die »Geschwister« habe ich auch zwei Briefpartner gewonnen, die mir sehr viel Freude machen – nein, mehr als nur Freude. Professor Kurella schreibt schöne, sehr kluge Briefe, die mir ganze Erkenntnisfelder erschließen, und ich habe bloß immer Angst, ich könnte zu dumm sein. Er hat mich zu sich eingeladen, und nächste Woche werden wir nach Berlin fahren.

Der zweite [...] ist Professor Henselmann (der übrigens ein besseres Deutsch schreibt als die meisten unserer Schriftsteller); er hat mich ebenfalls eingeladen, weil wir auf dem Umweg über mein Buch, das ihm sehr gut gefallen hat, zur Architektur gekommen sind; mein nächster Held soll eventuell Architekt sein. Henselmann baut jetzt das Kulturhaus in der Karl-Marx-Allee und wird mir die Baustelle zeigen und vor allem seine Entwürfe, und er hat ein Team begabter junger Leute, bei denen ich lernen kann. [...] zunächst will ich nur ein paar Tage hinfahren, um zu sehen, ob ich imstande bin, das Wesen der Architektur zu erfassen (ich erinnere mich noch, wie mir Piltz die Verwandtschaft mit Musik und Mathematik erklärt hat) [...].

Das wird wieder mal eine Erholung von Hoy sein, und vielleicht verliere ich auch allmählich meinen Tick, ich sei eine dumme Gans. Solche Komplexe kann man sich systematisch anerziehen, wenn man zu selten mit klugen Leuten zusammenkommt und seine Denkfähigkeiten nicht übt.

Übrigens sagte mir Professor Hans Koch (der D-Schwester wird er sicher ein Begriff sein wegen seiner Arbeit über marxistische Ästhetik; er ist jetzt unser 1. Sekretär im Verband), daß die CSSR-Reise unbedingt nachgeholt wird, und zwar unter dem Patronat von Anna Seghers, die sich schon bereit erklärt hat, uns zu begleiten und den tschechischen Kollegen vorzustellen. Zwei Wochen mit der angebeteten Anna ... Nun fängt der dumme Daniel an zu bocken, weil er noch kein richtiges Buch rausgebracht hat, und überhaupt: die berühmte Frau, er steht in meinem Schatten und pipapo. Noch ein Komplex mehr in der Familie ...

So, das war's für heute. [...] tausend liebe Grüße – eure Brigitte

Hoy, 18. 7. 63

Liebe Mu, lieber Va, liebe D-Schwester,

[...] In Berlin waren wir bei Professor Henselmann. Die Entdeckung des Jahres! Ihr könnt euch nicht vorstellen, was das für ein wunderbarer Mensch ist, wir sind beide in Schwärmerei und große Liebe gefallen zu ihm und seiner ganzen Familie. Acht Kinder – und alle so nett und natürlich und interessant. Sie hatten wegen unseres Besuches ein richtiges Familienfest veranstaltet, und wir wurden aufgenommen wie Geschwister. [...] Er ist der liebenswürdigste, charmanteste Mensch, den man sich denken kann, und Künstler bis in die Fingerspitzen. Am zweiten Tag sind wir mit ihm auf der Baustelle herummarschiert [...]. Vor ein paar Tagen hat er uns geschrieben: daß er uns sehr liebt und großartig findet – eure beiden kleinen dummen Puten! Vielleicht fahren wir im September mit ihm in die Ferien, er will versuchen, uns ein Haus auf einer Insel zu vermitteln. Das wäre herrlich – nicht wegen Meer oder Insel, sondern wegen Henselmann. [...]

Und nun laßt endlich von euch hören [...].

Tausend liebe Grüße von

eurer Brigitte

Hoy, 21. 7. 63

Meine liebste Familie,

nachdem ich euer großes Paket ausgepackt habe, möchte ich euch gleich einen Dankbrief schreiben – ich habe mich so schrecklich gefreut über die vielen schönen Dinge. [...] Von dem Kuchen durfte ich heute früh zum erstenmal essen, als mein Daniel-Mann mir das Frühstück ans Bett gebracht hat. Gestern kam auch Mus Brief: ich will mir Mühe geben, wenigstens alle literarischen Erwartungen zu erfüllen, denn mit dem Artigsein wird es ja wohl nicht mehr viel werden. Natürlich war auch nachts um 12 Uhr die Bescherung, ich habe französisches Parfüm, eine Gershwin-Platte und das Tonbandgerät bekommen – aber das hatte Daniel euch ja schon verraten.

22. 7.

Gestern mußte ich mich unterbrechen, weil der erste – traditionelle – Geburtstagsgast kam, Frau Schömann, und kurz darauf der kleine Burschaper vom Rundfunk [...]. Er hat ein paar herrliche Jazz-Bänder für uns geschnitten, und wir waren den Abend über beschäftigt. Der letzte Gast war Jon [...]. Wir haben bis nachts um 3 geschwatzt und, unserem gesetzten Alter gemäß, keinen Schnaps, sondern Wein getrunken.

Ein Paket von Pitschmanns ist auch gekommen, mit vielen Delikatessen und einer Farmerhose, die mir aber ein bißchen zu groß ist. Vielleicht finde ich hier jemanden, der sie mir enger näht. [...]

Liebe D, natürlich möchten wir gern das Baby nehmen – und wir würden es dann auch so machen, wie Du vorschlägst, d. h. wir würden uns erst von Mu anlernen lassen. Nur können wir heute noch nicht mit Sicherheit zusagen; kannst Du Dich ein bißchen gedulden? Ich muß nämlich leider ein Geständnis machen, zu dem mich Us Brief ohnehin gezwungen hätte. Ich gehe nächste Woche in die Universitätsklinik, um mich ein wenig reparieren zu lassen. Ich wollte es euch nicht sagen, damit ihr euch nicht etwa Gedanken macht, es ist wirklich nur eine lächerliche Kleinigkeit, wahrscheinlich dauert es nur zwei Wochen. Die Klinik habe ich nur deshalb gewählt, weil es dort eine Kapazität gibt und weil ich ein Einzelzimmer bekomme. Ich habe schon ein Dutzend Bücher ausgesucht, [...] die ich dort lesen will. Da ich die Besch-Zähigkeit geerbt habe, werde ich bald wieder putzmunter sein. Habe ich euch schon erzählt, wie ich eine Fleischvergiftung an einem Tag abgemacht habe? Es war eine Glanzleistung: 5 Stunden tot, 10 Stunden Schlaf, andern Tags zu Daniels Entsetzen wieder an der Arbeit. [...]

Und jetzt müßt ihr mich entschuldigen, ich muß noch schnell die 2. Fassung meines Exposès für den Fernsehfilm schreiben, um meinem Dramaturgen den Rachen zu stopfen. Wir werden uns ja, wenn Gott will, im August sehen, wenn wir uns das Susannchen borgen kommen. [...] seid ganz herzlich bedankt, gegrüßt, geküßt von

Eurem Meister Daniel und eurer Brigitte

Übrigens fühle ich mich immer noch wie 29 (1970 werde ich vielleicht ein 30. Jahr zugeben)

Berlin, 27. 7. 63

Meine liebste Familie,
nun bin ich also in der Charitè gelandet. Daniel hat mich abgeliefert und blieb auch noch, bis ich mich ein bißchen eingelebt hatte. Es ist ganz nett hier, mein Zimmer hat einen großen Balkon, die Ärzte sind aufmerksam, und mit dem

Professor hatte ich schon literarische Diskussionen. Am Dienstag werde ich repariert, und ihr könnt mir die Daumen drücken. [...] Bei der Gelegenheit bin ich auch endlich mal gründlich untersucht worden, mit Lungenröntgen, EKG, Blutuntersuchung und dergleichen. Heute will ich meine Hüfte vorführen, die mal wieder scheußlich weh tut. Besuch darf ich dann in der nächsten Woche wieder empfangen, aber das ist mir ganz lieb so; ich mag es nicht, wenn mich andere Leute so verschmettert rumliegen sehen.

Wir waren wieder bei Henselmann, ich habe auch in seinem Haus übernachtet. Er [...] hat als erfahrener Klinikbesucher eine Menge guter Tips gegeben und ein Dutzend Krimis, mit denen ich mir die Zeit vertreibe.

Gestern war ich mit Daniel noch einmal in der Stadt, er hat mir zum Trost ein Kleid gekauft, ganz nach seinem Geschmack, schlicht und elegant. Und wißt ihr, was wir noch bekommen haben? Eine Natoplane! Es war ein Glückszufall. Gerade als wir bezahlen, wurden ein paar Bügel mit Dederonmänteln reingeschleppt, auf die sich sofort die ganze Kundschaft warf, Daniel allen voran. Sie waren im Nu weg, und wir hatten auch noch einen abgekriegt. [...]

Mit tausend lieben Grüßen
eure B-Schwester, -Tochter, -Tante, -Schwägerin

Berlin, 7. 8. 63

Liebe Eltern,
nun ein paar Zeilen zu eurer Beruhigung: ich durfte heute wieder aufstehen und hatte keine »geheimnisvolle« Krankheit, sondern eine chronische Drüsenentzündung, die geschnitten wurde. Die Silberfolie ist eine neue Heilmethode, man arbeitet hier ohne Verbände, damit immer frische Luft an die Wunde kommt.

Wahrscheinlich kann mich Daniel am Sonnabend wieder abholen. [...]

Grüßt Susanne von mir! Ich muß rasch wieder ins Bett schlüpfen, ehe mich der Arzt erwischt. [...]
Tausend liebe Grüße
eure B-Tochter

Liebe Mu, lieber Va,
eben habe ich den letzten Satz an meinem Treatment geschrieben und mir einen Schluck Wodka genehmigt zur Feier des Tages. [...] Zum erstenmal seit X Zeiten habe ich einen Termin geschafft und sogar unterboten. Ich war aber auch entsetzlich fleißig [...].

Daß ich den Daniel mit List und Tücke von Fernsehens losgeeist habe, wird er euch ja geschrieben haben. Allerdings unter der Bedingung, daß ich seinen Vertrag übernehme [...]. Egal. Ich bin stärker als er, ich funktioniere wie eine gut geölte Maschine und warte nur auf den Tag, an dem die Maschine kaputt geht. Dann wird es gründlich ... Jetzt habe ich erst mal ein paar Tage Ferien, bis ich mit dem Drehbuch anfangen kann (das Tristment muß erst in der Gruppe diskutiert werden), dann kommt das Fernsehspiel, und wenn ich dann nicht tot bin, beginne ich meinen Roman, [...] (er wird sehr unmoralisch, Mu!!!)

[...] Wahrscheinlich werde ich mein ganzes Leben lang eine treulose Frau sein und mich noch mit 80 Jahren in irgendwelche Knaben verlieben, aber das macht nichts, von Herrn Kater laufe ich doch nicht weg. Ich bin froh, daß er sich immer mehr in den Gedanken an sein Buch vergräbt und [...] sicher, daß er einen großartigen Roman fertigbringt, und dann hat sich die ganze Würgerei mit Film und Fernsehen gelohnt.

So, das wars, und jetzt schmettere ich mich aufs Faulbett und schmökere (lieber Himmel, und dabei weiß ich genau, daß ich Ferien nicht länger als drei Tage aushalte ...)
Tausend Küsse Eure Brigitte

Liebe Mu, lieber Va,

[...] Die schöne Idee mit Ahrenshoop läßt sich leider nicht verwirklichen, [...] weil die Busse gar nicht mehr fahren. Das habe ich heute endlich erfahren, nachdem ich -zig Reisebüros belästig habe, wo niemand einen Fahrplan besaß oder sonstwie Bescheid wußte – kurz, diese Büros funktionieren vortrefflich, man weiß bloß nicht genau, wozu sie da sind. Wolfgang hat mir geschrieben, er wird mich von Ribnitz oder Rostock abholen kommen, denn ich möchte doch nicht, daß Daniel mich bis A. fährt. Erstens frißt es seine Zeit, und zweitens wird es viel teurer als mit der Bahn, und ich habe gerade gestern große Sparmaßnahmen beschlossen. [...] mein Konto ist zusammengeschmolzen, und wahrscheinlich werde ich doch nicht für den Fernsehfunk arbeiten. Es macht mich jetzt schon verrückt, das ewige Gejammer zu hören und dieses vorsichtige Drumherum [...].

Ich bleibe dann, leider, nur eine Woche bei Wolfgang, denn in der Woche darauf habe ich schon wieder Lesungen [...]. Ich freue mich, daß es euch so gut gefällt und daß Frau Mu sogar badet. Vielleicht werde ich mich auch aufraffen können, ich bin ja abgehärtet durch meine kalten Duschen. Übrigens gibt es noch immer keine Heizung und kein warmes Wasser. [...]

Mit tausend schönen Grüßen
eure Tochter Brigitte

Hoy, 30. 9. 63

Liebe Mu, lieber Va, liebe D-Schwester,

[...] Hier ist der Teufel los, und ich weiß nicht mehr, wie ich durchkommen soll.

Vorgestern bekam ich die Nachricht, daß ich für den Schriftstellerverband nach Moskau fliegen soll. Dort ist die Woche des Deutschen Buches (ab 7. Oktober), und man wünschte, einen jungen Schriftsteller kennen zu lernen, dessen Buch jetzt gerade besonders lebhaft diskutiert wird. So ist die Wahl also auf mich gefallen, und ihr könnt euch denken, was ich schon für eine Angst ausstehe. Ich glaube, Walter Gorrish kommt noch mit, aber ich kenne ihn nicht persönlich – und überhaupt: fliegen ... Und dann: was soll man anziehen? Hosen sind nicht üblich in Moskau, und vielleicht ist es schon kalt und schneit, und auf jeden Fall werde ich es falsch machen und überflüssigen Kram mitschleppen. [...] Ich soll dort auch in Veranstaltungen auftreten, wahrscheinlich bei Diskussionen mit Moskauer Studenten [...].

Aber wenn ich Moskau und die Woche des Buches im November hinter mir habe, werde ich endlich anfangen zu schreiben. Ein scheußlicher Zustand, wenn das neue Buch in einem rumort, und man kommt und kommt einfach nicht dazu, einmal gesammelt darüber nachzudenken. [...]

Drückt mir den Daumen, daß ich einen guten Eindruck mache in Moskau und nicht zuviel Wodka trinke und nicht friere und heil zurückkomme (wenn man wenigstens einen Fallschirm bekäme!) und unsere geschätzte Innung nicht blamiere.

Laßt es euch gut gehen, ihr Lieben! Und erzählt mir mal, wie es dem Susannchen in seiner Krippe gefällt.

Einen Kuß für jeden

von eurer Brigitte

Moskau, 9. 10. [63]

Liebste aller Familien,

seit 2 Tagen bin ich in Moskau. Flug gut überstanden, keine Angst mehr. Große Abenteuer [...]. Das Programm ist nicht schlimm, wir haben Zeit genug für private Entdeckungsreisen. Der Rote Platz mit Kremlmauer und Kathedrale ist herrlich. Überall Bauzäune. Die Leute sind lieb und aufmerksam, Essen und Taxe spottbillig. Trinken Wodka und essen Eis, das beste der Welt. [...] Ich grüße euch herzlich

eure Brigitte

Liebe Mu, lieber Va (und, falls Du noch zuhaus bist),
liebe D-Schwester,
ihr werdet sicher schon lange auf einen Reisebericht aus Moskau gewartet haben, denn die eine kümmerliche Karte wollte ja nicht viel besagen. Aber auch heute ist nur Zeit für einen Begeisterungsschrei: es war wunderbar! [...]
Also Moskau: eine herrliche Stadt, lauter Gegensätze: riesige Hochhäuser, einstöckige gelbe oder rosa Adelspaläste, aus denen man jeden Moment Anna Karenina heraustreten zu sehen glaubt, Holzbudchen wie im alten Rußland, ein wahnsinniger Verkehr auf sechs oder acht Bahnen, irrsinnige Taxichauffeure, die wie Cowboys fahren (und es passiert nichts – Wunder über Wunder, sonst wäre ich hundertmal überfahren worden), eine Menge Kitsch, eine Menge Schönheit, gemischt mit Orient und Asien – und die liebenswertesten Leute von der Welt. Wir sind immerzu eingeladen worden, saßen keine fünf Minuten allein am Tisch, tranken riesige Mengen Wodka, ohne beschwipst zu werden (zu Kaviar und saurer Sahne!), und ich verliebte mich natürlich in einen schönen Georgier, der mir im Hotel nachstiefelte. Nächstes Jahr besuche ich ihn in Tbilissi – denn ich habe Geld bekommen, meine Lieben, einen großen Haufen Rubel für meine »Ankunft«, und im nächsten Jahr werden auch die »Geschwister« übersetzt, und auf jeden Fall reicht es jetzt schon für ein paar Monate Moskau, Leningrad, Samarkand und Tbilissi und Kaukasus. Ihr werdet sehen, eure furchtsame B. wird noch die reinste »Oma von der Weltreise«, und in der Tat habe ich jede Angst verloren. Zurück bin ich allein geflogen, souverän wie ein alter Globetrotter und ohne nennenswerte fatale Gefühle bei Start und Landung.
Wir wohnten nicht in einem der repräsentativen Ausländerhotels, sondern in einem russischen Hotel, das uns, die wir während der ersten Tage noch unsere westeuropäischen Maßstäbe mitschleppten (das Dümmste, was man in einem

fremden Land tun kann), zuerst etwas erschreckte. Aber dann gefiel es uns jeden Tag besser, wir waren gezwungen, Russisch zu sprechen – und siehe da, mir fiel immer mehr ein, und am Ende schwatzte ich ganz geläufig – und schrecklich falsch – mit meinen vielen neuen Freunden. Wenn ich nächstes Mal nach Moskau komme, kann ich schon einige Leute aufsuchen und werde mich nicht allein fühlen. Meinen Übersetzer habe ich auch kennen gelernt, einen ungeheuer gebildeten Menschen. Er hatte unter Stalin fünf Jahre Zwangsarbeit in Workuta (er war zu lebenslänglich verurteilt), und er schleppt heute noch einen Nervenschock mit sich herum. Auf solche und ähnliche Spuren der Stalinzeit trifft man häufig, und es ist bewundernswert, wie die Menschen damit fertig werden.

Ihr wißt ja, daß ich mit Christa Wolf gefahren bin. Sie ist eine liebe, kluge, sehr mütterliche Frau, obgleich sie nur ein paar Jahre älter ist als ich, und wir haben uns gut miteinander befreundet. Sie hat Daniels Funktion übernommen: ewig Angst um mich auszustehen – wegen des Moskauer Verkehrs, wegen meiner Art, Geld auszugeben, wegen der schönen Georgier … Wir hatten uns bald an das Moskauer Tempo gewöhnt: nur die Ruhe. Die Russen sind bezaubernd schlampig, unpünktlich und, kurzum, unpreußisch. Vor elf trifft man keinen Menschen in den Redaktionen, aber die Arbeit wird auch so geschafft. Auch die Zeitmaßstäbe sind eben anders in diesem unvorstellbar weiten Land, man hetzt sich nicht ab, die Leute sind nicht so gereizt wie bei uns. Die Abfertigung auf dem Moskauer Flughafen dauerte fünf Minuten, – in Schönefeld brauchte es eine halbe Stunde mit scharfen Fragen und strengen Blicken. Ich habe beinahe geheult, als ich abfuhr, und jetzt habe ich Heimweh nach dieser sonderbaren, strahlenden, gastfreundlichen Stadt.

[…] seid herzlich gegrüßt von eurer glücklichen Weltreisenden

Brigitte Katerschwanz

Liebe Mu, lieber Va,

[…] Ich mußte wieder zwei Tage nach Berlin, zur ersten Tagung unserer Jugendkommission und zum 4. Plenum des ZK. Beim Politbüro ist nämlich jetzt eine Kommission für Jugendfragen gebildet worden, der ich angehöre. Ich bekomme einen von Walter Ulbricht unterzeichneten Ausweis, der mir, wie man mir sagte, Tür und Tor öffnet, – eine Unterstützung, die mir nur zu willkommen ist, denn ich habe hier andauernd einen Haufen Ärger mit allen möglichen Instanzen. Die Diskussion um die Stadt, die ich ins Rollen gebracht habe, nimmt ziemlich heftige Formen an. Vor ein paar Tagen waren ein paar sehr kluge junge Architekten hier, die soziologische Untersuchungen in der Stadt durchführen. Das ist genau das, was wir gefordert haben, und vielleicht wird sich nun doch einiges bessern. Nächste Woche treffe ich mich mit dem Aufbaustab und dem Chefarchitekten, der mich begreiflicherweise nicht sehr liebt. Trotzdem verspreche ich mir allerhand von der Begegnung, vor allem Material für mein neues Buch.

Im Dezember werde ich vielleicht endlich beginnen können […]. Vorläufig liegt noch ein Haufen Zeugs vor, und in der Kommission wird es bestimmt viel Arbeit geben – auch die dient aber indirekt meinem Buch. Der Leiter der Kommission ist der ehemalige Chefredakteur vom »forum« (das wird die »Kleinen« interessieren, denn sicher – hoffentlich – lesen sie das »forum« mit soviel Begeisterung wie wir; es ist unsere beste Zeitschrift geworden). Turba ist ein gescheiter und guter Mensch, er hat es nicht leicht in seiner neuen Funktion, und schon ihm zuliebe möchte ich so gut wie möglich mitarbeiten.

Vielleicht fahre ich nochmal für drei Wochen nach Moskau, aber das steht noch nicht fest, und ich weiß nicht, ob ich es mir wünschen soll oder nicht. Es ist eine Delegation, zu der Seghers, Gotsche, Kurella und Dieter Noll gehören, und ich fühle mich ein bißchen deplaciert in diesem Kreis – ich bin immer noch ein ungeschickter Diskutierer. Auf jeden Fall habe ich mir aber schon Pelzstiefel gekauft, denn Ende November wird in Moskau schon Schnee liegen. [...]

Wie geht es eigentlich den Hamburgern? Ich habe ja nicht gewagt, dem Lutz mein Buch zu schicken, aber neulich las ich in der »Frankfurter Allgemeinen« einen schrecklichen Verriß (das war nicht anders zu erwarten), wo man mir einerseits bescheinigt, daß mein Buch pessimistisch ist und Fehler anprangert, andererseits, daß ich zur Funktionärsclique gehöre – na, und dergleichen Liebenswürdigkeiten mehr. Vielleicht hat Lutz sie auch gelesen und macht sich jetzt ein ganz falsches Bild. [...]

Bis jetzt waren wir – mit all den Unterbrechungen – mit unserer Wohnung beschäftigt, aber nun ist alles blank und schön, und wir fühlen uns wieder wohl. Die Farben sind sehr schön und kräftig geworden, und morgen bekommt Daniel neue Gardinen. Neulich hat er im Verband die ersten Seiten seiner Geschichte vorgelesen – mit verblüffendem Erfolg bei den Leuten, die ein Ohr für Literatur haben. Obgleich ich diese Seiten schon mehrmals gelesen hatte, war ich beim Zuhören wieder tief ergriffen von der Sprachkunst. Schreiben kann er, der kleine Esel, weiß Gott!

Alles Gute für euch, liebe Eltern, [...] und grüßt die Kleinen und das Susannchen. Ich gebe euch einen Kuß.

Eure Brigitte [...]

Hoy, 16. 11. [63]

Liebe Mu, lieber Va,

vielleicht werde ich heute noch mein Buch beginnen, auf einmal bin ich ganz begierig darauf und sehr ungeduldig. [...] Ich weiß noch nicht mal, wie es anfangen soll, aber das fällt mir dann schon ein, wenn ich am Schreibtisch sitze, hoffe ich. Jeden Tag, beim Einkaufen, beim Reinemachen, spinne ich so vor mich hin, und wahrscheinlich halten mich die Leute für verrückt, weil ich niemanden mehr höre und sehe. [...]

136

Ich war ganz überrascht zu lesen, daß Lutz mein Buch kennt. Hat er sich irgendwie darüber geäußert? Aber wenn er wirklich sehr böse ist, so macht das ja keinen Unterschied – er würdigt mich seit Jahren keines Briefes mehr.

Keine Sensationen, alles in Ordnung. Ein kurzer Brief, aber ich bin so aufgeregt wegen meines Buches.

Tausend liebe Grüße von eurer Brigitte

Hoy, 28. 11. 63

Liebe Mu, lieber Va,

[...] Ich habe wieder heiße Tage hinter mir, [...] und gestern hätte ich mich am liebsten besoffen vor Wut und Überdruß: tausendmal Telefon, hundert Besucher, gestern von nachmittags bis Mitternacht westdeutsche Journalisten, die mich für die »Revue« interviewt und fotografiert haben – nette junge Kerlchen, mit denen man hübsch Koexistenz praktizieren konnte, Jon und unser Maler Dieter kamen dann auch, und schließlich wurde ein Whisky-Abend daraus. Heute also [...] abends unser Chefarchitekt Hamburger, der erst so wütend auf mich war und jetzt mich sehr gut leiden mag – [...] und wenn Jon nicht zuweilen für mich kochen würde, wäre ich schon verhungert und hätte es gar nicht gemerkt, denn – Achtung, große Sensation! – vor ein paar Tagen habe ich mein neues Buch angefangen, habe schon vier Seiten und bin glücklich und aufgeregt und immer ein bißchen »weggetreten«. Ganz gut, daß der Daniel nicht hier ist; diese Produktionsstimmungen bringen immer Komplikationen mit sich. Das, lieber Va, ist auch der Grund, weshalb wir für eine gewisse Zeit gern getrennt arbeiten – und das liebe Geld, denn so ein Aufenthalt in einem Heim ist teuer, das kann man sich nicht für zwei Personen leisten; und außerdem bin ich ein konservatives Element und kann nur an meinem Schreibtisch, angesichts meiner Bücher, arbeiten, während Daniel neuerdings an jedem beliebigen Platz der Welt schreiben kann, sagt er.

137

Zweite Sensation: wir sind abgebrannt. [...] Natürlich habe ich auch noch mein »eisernes Konto« (bloß, damit ihr nicht denkt, wir müßten nun sterben), aber es würde mich eine riesige Überwindung kosten, es anzugreifen [...] – immerhin werde ich jetzt ein, zwei Jahre nichts Nennenswertes verdienen, falls die »Geschwister« nicht noch ein paar Auflagen erleben [...]. Na, Schluß mit diesem unerfreulichen Thema. [...]

Auf Wiedersehen, liebe Eltern, grüßt das Susannchen und seid selbst ganz lieb gegrüßt und geküßt

von eurer Brigitte

Hoy, 10. 12. [63]

Liebe Mu, lieber Va,

[...] Ich bin ein bißchen müde von der heutigen Arbeit (anderthalb Seiten geschafft – das ist ein Rekord), und will mich kurzfassen. Das Kleid ist noch nicht angekommen, hoffentlich ist es nicht irgendwo hängen geblieben. Aber wahrscheinlich liegt's am Weihnachtsverkehr. [...]

Übrigens haben wir einen Wunsch zu Weihnachten, den ihr uns allerdings im Familienkollektiv erfüllen müßtet: wir könnten einen kleinen eleganten Handkoffer gebrauchen, in dem man so das Zeugs für zwei, drei Tage unterbringen kann, weil wir ja ziemlich oft unterwegs sind. Wir haben zwar eine Menge Koffer, aber der Koffer für die wirklich feine Dame ist nicht dabei. Wenn das aber nicht geht, würde ich mich sehr freuen über ein paar Hausschuhe, schwarz oder rot und ein bißchen schick, wenn möglich, oder über ein Buch, den »Ole Bienkopp« von Strittmatter am liebsten.

Das mit der Silastikhose muß ich mir noch überlegen. Vielleicht werde ich mir zu Dorlis Geburtstag eine vom Herzen reißen. Du weißt ja, Mu, daß ich fast nur Hosen trage, und zur Zeit ist Flaute auf dem Silastikmarkt, es gibt nur noch Pepitahosen, und die Qualität ist schlechter – bei demselben unverschämten Preis.

[…] Neulich war der liebe Caspar hier – mild wie ein Frühlingswind, sogar später noch, als er eine Flasche Wodka getrunken hatte –, und begutachtete unsere großen Dichtungen. Von Daniel war er sehr angetan (kein Wunder – bei der Sprache), und meins fand er spannend, und das ist ja auch was.

[…] Henselmann will auch noch vor Weihnachten kommen […]. Im Januar hält er eine Vorlesung bei den Studenten der TU in Dresden und nimmt mich mit. Das ist genau das, was ich für mein Buch brauche. Ich schrieb euch wohl schon, daß er vor ein paar Wochen mal bei mir war und wir jämmerlich versackten im »Glück auf«. H. hat eben auch einen »Hang zur Gosse«, er unterhielt das ganze Lokal und war wundervoll besoffen. Hinterher fuhren wir noch zu Jon, den er großartig findet, aber viel zu klug, und er versuchte ihn, Jon, aus seiner Ruhe aufzuscheuchen, indem er ihm ein Glas Wein über den Anzug kippte, aber nicht einmal das nützte was. […] wir hatten Mühe ihn um Mitternacht ins Auto zu verfrachten, weil er partout bei mir schlafen wollte, aber Daniel war nicht da. Kurzum, der Anstand und so weiter.

Das war's für heute, jetzt gehe ich wieder arbeiten, ich werde mal den ganzen Schmonzes abtippen und sehen, ob es was taugt. Meist merkt man das ja erst, wenn es in der objektiveren Maschinenschrift dasteht.

Auf Wiedersehen, ihr Lieben. […]

Eure Brigitte

Viele Grüße von Herrn Pitschmann, welcher soeben nach einer Klosettbürste jagt, die uns seit der Maler-Katastrophe spurlos verschwunden ist.

Hoy, 30. 12. [63]

Liebe Familie,

1. Wir sind gut heimgekommen.

2. Wir sagen euch noch mal schönen Dank für die fröhlichen Tage zu Haus, es war eine Erholung.

3. ihr seid die beste Familie der Welt.

4. Daniel hat seinen Trevira-Schlips dagelassen. Mu, paß bitte auf, daß er nicht unter die Räuber fällt (ich nenne keine Namen).

5. Ich habe schon Reklame für Spätzchens Besuch in Hoy gemacht. Wehe, wenn ihr nicht Anfang Februar kommt – ganz Hoy wartet gespannt auf Susanne die Unvergleichliche.

6. Wir arbeiten wieder (dh. ich schreibe Briefe, verdammt).

7. Schickt dem Daniel zum 12. Januar einen kleinen Kuch-Kuch nach Petzow, ja?

8. Wir wünschen euch alles Gute und Schöne für das neue Jahr.

9. Bleibt gesund und artig!

10. Wir grüßen euch herzlich.

Brigitte + Daniel.

1964

Liebe Mu, lieber Va,

[...] ich glaube wahrhaftig, ich habe seit dem 10-Punkte-Programm noch nicht wieder geschrieben [...]. Während der letzten Tage war ich halbtot vor Kopfschmerzen und Zahnweh, lag den ganzen Tag auf dem Bett herum und war mit der ganzen Welt böse. Heute habe ich mir wieder meine Kopfspritze geben lassen und fühle mich endlich wieder wie ein Mensch. [...]

Über mein Leben läßt sich nicht allzu viel Erfreuliches sagen, [...] ich komme nicht dazu, mich wirklich auf mein Buch zu konzentrieren, und darunter leidet das Seelenleben. Jon der Böse kocht für mich, dh. manchmal koche ich auch, wir haben uns auf Mahlzeiten aus dem Glas oder Feinfrost umgestellt, so daß man nicht viel Zeit verliert. Meine blöden Zähne machen mir viel zu schaffen, aber nächstens werden einige gerupft, damit endlich Ruhe ist. Die Abende sind das Schönste, da mache ich mir irgendwie Delikatessen zurecht, lege mich ins Bett, schmökere und futtere gemächlich vor mich hin – und nach jedem dieser anstrengenden Tage kommt man sich vor wie ein Mann, der sich sein Abendbrot redlich verdient hat.

Beinahe hätte ich vergessen, für den schönen langen FRS zu danken. Das ist wirklich eine feine Einrichtung. Übrigens hätte der doofe Lutz längst eine Genehmigung bekommen, hier wird ihn schon keiner hoppnehmen. Wenn er die Hilfe seiner kommunistischen Schwester nicht verschmäht, würde ich das beim ZK regeln, er hätte dann die Garantie, daß ihm an der Grenze nichts passiert. [...]

Mit dem Geld bitte ich euch noch ein bißchen zu warten. Ich habe meine Quartalsabrechnungen noch nicht bekommen und lebe aus der Hosentasche, was heißen soll, daß ich aus allen Taschen vergessene Scheine und Geldstücke zusammenklaube. Zum Glück bin ich sehr vergeßlich. [...]

Ich schicke euch heute ein Bild von mir mit – ich will auch mal aufs Radio kommen, verdammt! Wann bekommt man Weihnachts-Abzüge? [...] Laßt es euch gut gehen, ihr Lieben, und seid ganz herzlich gegrüßt von

eurer Brigitte

Hoy, 12. 2. 64

Liebe Mu, lieber Va,

hoffentlich seid ihr nicht beunruhigt, weil wir die ganze Zeit nichts von uns hören ließen: aber das ist ein gutes Zeichen, denn wir waren immerzu mit Susannchen und mit unseren Weibergesprächen beschäftigt und haben uns wunderbar vertragen. Mit der Dorli kann man gar nicht zanken und böse sein – sie ist so ein liebes, reizendes Mädchen, und alle Leute, die hierher kamen, waren entzückt von ihr. [...]

Ich war sehr traurig, als die beiden gestern abgereist sind [...]. Wir erreichten nur unter großen Abenteuern den Zug, denn der Bus blieb unterwegs liegen. Zum Glück war Jon – dein Freund und Helfer – mit, und er charterte uns einen Lieferwagen, so daß wir in letzter Minute noch den Bahnhof anlandeten, uns nicht mehr gebührend verabschieden konnten und mir dadurch die Tränen ersparten. Ich fühlte mich die ganze Zeit gleichzeitig wie Mutter und Schwester für die beiden – Dorli ist ja noch ein ganz junges Mädchen. Ich hatte auch solche Freude über ihre Anmut – wenn ich ein Mann wäre, würde ich tagelang mit ihr durch die Geschäfte ziehen und sie einkleiden. Liebe Mu, ich habe ihr nun doch eine Silastic-Hose gegeben und noch ein paar andere Sachen, die mit einem Postmietbehälter bei euch eintrudeln werden. Wir haben am letzten Tag auch noch ein Paar Schuhe gekauft; D. wollte sie partout nicht annehmen, aber sie standen ihr so gut, und wenn ich selbst solche Dingerchen schon nicht tragen kann, so ist es doch hübsch, sie an den Füßen anderer zu sehen. Ihr seht, die Besuchsreise war ein voller Erfolg – und heute morgen, als ich aufwachte und das Susannchen nicht krähen hörte, war mir wieder zum Heulen zumute. Auf einmal fühle ich mich ganz verloren und verlassen. Und dann fand ich in meinem Hamsterkästchen eine große Schachtel Pralinen, auf der stand: Vielen, vielen Dank – Susanne. Ist das nicht süß? […]

Übrigens: der Sommermantel in dem Paket ist für Dich, hoffentlich paßt er. Der Stoff ist ein aufgetrenntes Kleid von mir, aus dem Dorli mir ein enges Sommerkleid nähen will. […] ich werde jetzt wieder versuchen, mich in meine Arbeit reinzufitzen. Von Daniel gibt es auch nichts Neues – er arbeitet und ist mit Dieter Noll befreundet, und sie haben gemeinsame Interessen, schwatzen und hören Mozart.

Herzlich und mit einem Schmatz für jeden
eure Tochter Brigitte

Hoy, 6. 3. 64

Liebe Eltern,

entschuldigt, daß ich euch so lange nicht geschrieben habe, ich […] lag mit Grippe im Bett und bin auch jetzt noch nicht wieder gesund. Hinzu kam eine böse Nervengeschichte, durch den Schock nach der Begegnung mit Daniel. Wir trafen uns in Berlin, zwei Tage, nachdem er bei euch gewesen war. Natürlich hatte ich das schon lange kommen sehen, aber dann war es eben doch gräßlich, und am nächsten Tag fiel ich um. Ohne Jon wäre ich verhungert und gestorben, denn Daniel rief nicht mal an. Nun ja, er braucht jetzt auch seine Ruhe […].

Es tut mir schrecklich leid, daß wir euch diesen Kummer machen müssen, und ich will mich jetzt auch gar nicht verteidigen oder rausreden. All das bedeutet auch nicht, daß ihr den Daniel verliert, er liebt die ganze Familie und wird auch weiter zu euch kommen – zusammen mit mir, wenn ihr mich wieder sehen mögt, ohne mir die Augen auszukratzen.

Ostern werden wir nicht zuhause sein. Daniel kommt zu mir nach Hoy, wir […] sprechen noch einmal richtig miteinander (in Berlin hatten wir ja nur ein paar Stunden Zeit) […]. Vorläufig ist also alles noch ungeklärt, und mir geht es noch so schlecht, daß ich nicht darüber nachdenken kann. Sicher werden wir auf irgendeine Weise so geschwisterlich zusammen bleiben wie bisher […]. Aber soll er endlich beweisen, ob er allein existieren und ob er schreiben kann, wenn er die Belastung durch mich los ist. Und schiebt nicht alle Schuld auf Jon! Er ist gut zu mir und macht mich glücklich, und das zählt doch auch ein bißchen. […]

Eure Tochter Brigitte

Hoy, 24. 3. 64

Liebe Mu, lieber Va,

euren Brief habe ich bekommen, und ich brauche euch wohl nicht zu sagen, wie traurig ich war. Ihr habt ja in allem so recht – aber was hilft's? Vielleicht werdet ihr später doch einmal den Jon kennenlernen und sehen, daß er kein Ellenbogenmann ist […]. Nur im Geistigen ist er strenger, er zwingt mich zum Denken, und genau das brauche ich, da ich zur Trägheit neige. Aber natürlich hat es keinen Zweck, Vorzüge herauszustreichen, ich verstehe ja, daß ihr nichts von ihm wissen wollt. Glaubt bloß nicht, daß ich glücklich bin. Ich weine so oft wegen Daniel – am liebsten möchte ich eben beide haben. Körperlich bin ich völlig auf dem Hund, aber das kommt ja auch bloß von der Seele. Es ist eine schreckliche Situation, und manchmal bin ich so niedergeschlagen, daß ich den Gashahn aufdrehen möchte. Aber damit werde ich wohl doch lieber warten, bis mein neues Buch fertig ist – die Arbeit ist noch das einzige, was einem über alles hinweghilft. Wenn ich schreibe, vergesse ich alle meine Kümmernisse, bedaure weder mich noch sonst einen Menschen … Aber ich will lieber aufhören, euch davon zu schreiben, sonst kriege ich wieder das ärm Dier.

Die D-Schwester hat mir wieder Bilder vom Spätzchen geschickt. Ich werde es ja wohl erst im Mai zu sehen bekommen, und dann hat es sicherlich schon einen Haufen Zähnchen und kann herumrennen und alle Tischdecken herunterreißen.

Wegen Lutz: ich kann nicht einfach sämtliche Instanzen überspringen, das werdet ihr verstehen. Ihr müßt also schleunigst zu eurer zuständigen Behörde gehen und die Aufenthaltsgenehmigung beantragen. Wenn sie verweigert wird, laßt ihr euch das schriftlich geben, und dann ziehe ich zu Otto Gotsche. Wenn ich jetzt sofort zu ihm gehe, wird er mit Recht sagen, wir sollten uns doch gefälligst erstmal in Burg bemühen, ehe ihr (bezw. ich) den Staatsrat in Anspruch nehmt. Also, kümmert euch schnell darum! [...]

Sonst – das Übliche: Konferenzen, viel Arbeit. Nur morgens spiele ich faule feine Dame: ich stehe immer um sechs auf, mache mir Frühstück zurecht, esse im Bett, lese dabei, rauche eine Zigarette und erhebe mich dann endgültig. Ich freue mich immer schon abends auf mein Bett-Frühstück. Nun, das sind so die bescheidenen Freuden einer Junggesellin. Wenn ich lange so weiter lebe, werde ich altjüngferlich und fange an, mit mir selbst zu reden. [...]

Mit tausend lieben Grüßen Eure Brigitte

Hoy, 3. 4. 64

Liebe Mu, lieber Va,

eure reizende Karte haben wir erst nach Ostern bekommen. Ein Kuch-Kuch wäre ja schön gewesen, aber wir haben auch so ungeheuerlich viel und gut gegessen. Ich hatte vorher ordentlich zusammengeschleppt: Spargelköpfe, Ananas, Champignons, und wir haben den halben Tag mit Brutzeln verbracht. Eierchen hatten wir nicht versteckt, dafür hatte ich dem Daniel einen Ostereier-Baum gebastelt; ihr wißt vielleicht, daß das hier in unserer Gegend eine alte Sitte ist, es gibt auch überall die kleinen bunten Eierchen aus bemaltem Holz zu kaufen. Jedenfalls hatten wir erfreuliche Ostern, trotz unseres Kummers.

[…] es gab keinen Streit, eigentlich war es beinahe so wie früher. Dabei haben wir jeden Tag über unsere Scheidung geredet, hin und her überlegt – ich glaube, bei jedem von uns versteckt sich noch ein Fünkchen Hoffnung. […]

Wir haben auch eine lange Fahrt durch die Lausitz gemacht, waren in Dresden essen und in Neustadt – in dem hübschen Café Wochenpost – zum Kaffeetrinken. Wir hatten uns so etwas schon lange vorgenommen und sind nie dazu gekommen. […] Heute mittag ist er ins Heim abgefahren. […] Ich habe sofort, kaum war die Tür hinter ihm zu, mich auf meine Arbeit gestürzt, um mich abzulenken, und auch ganz schön viel geschafft. Jetzt bin ich müde und habe Kopfschmerzen, aber das kommt wahrscheinlich von meinem blöden Zahn.

Den Jon möchte ich gar nicht sehen. Das ist ungerecht, denn ich habe genau soviel Schuld wie er. Wenn ich jemals etwas bereut habe, dann ist es mein Fehltritt, den ich schlimm genug bezahle. Wenn ich nur die Kraft hätte, hier auszurücken! Na, bis zum Herbst kann noch viel geschehen …

Daniel war ganz begeistert von meinem neuen Buch (ich bin jetzt bei Seite 30) und hat mir Mut gemacht. Ich selber stürze ja von einem Zweifel in den anderen. Am Dienstag kam mein lieber alter Lewerenz vorbei, er war auch so angetan – »eine Mischung zwischen Colette und Rubens«, sagte er. Zu Vatis Geburtstag bringe ich die ersten Kapitel mit […]. Mu darf es nicht lesen (wegen Unmoral). Aber keine Angst, es ist delikat genug gemacht. Lewerenz findet, so etwas gebe es in unserer Literatur noch nicht. Also: ich bin ermutigt, schreibe, schreibe …

Gestern rief mich Professor Maetzig an, der mit mir einen Film machen will. Er kommt nächste Woche zu mir. Er ist ein bezaubernder Mann (ich traf ihn schon bei Henselmann), aber ich möchte doch nicht für Defas arbeiten. Lewerenz, der ein bißchen abergläubisch ist (wie ich) sagte, man müsse an den Tod denken und mit seiner Zeit haushalten, und da hat er recht. Seit mein Herz klappert, denke ich auch oft ans Sterben, manchmal ruhig, manchmal ängstlich. Unsere Generation wird keine fünfzig Jahre alt, da brauchen wir uns gar nichts vorzumachen. Fast alle meine Kollegen haben schon ihr Testament gemacht, das weiß ich von Jens Gerlach und Dieter Noll. Aber warum euch mit solchen düsteren Gedanken auf die Nerven fallen? Noch leben wir ja. […]

Ich lasse mir ein elegantes Dederon-Kostüm machen, in dem ich wie eine Dame aussehe. Vielleicht schleppe ich das auch zu Vas Geburtstag mit, um den Westlern zu imponieren.

[…] schreibt dem Daniel mal ein Briefchen (ihr könnt ihm ja auch einen kleinen Kuch-Kuch ins Heim schicken) und seid ganz lieb gegrüßt

von eurer angekratzten
Brigitte Blödel

Hoy, 12. 4. 64

Liebe Eltern,
heute nur ein kurzer Zwischenbescheid in Sachen Lutz. Am Freitag (zwei Tage in Berlin zur Vorstandssitzung) sprach ich mit Otto Gotsche. Er machte mir wenig Hoffnungen: man könne keinen Präzedenzfall schaffen. Da er mich aber gern mag, wird er wohl das Menschenmögliche versuchen. Ich muß ihm noch einen offiziellen Brief schreiben, mit eurer und Lutz' Adresse (bitte, sofort schicken!) und L.s Fluchtgründen. Das ist so eine Sache, bei der ich auch mit meinen schönen Augen nichts ausrichten kann … […] Bitte, sprecht mit niemandem darüber, ihr versteht, warum.

Schönsten Dank für Mus Brief, der mir einen Stein vom Herzen genommen hat. Ich kann mich also wieder bei euch sehen lassen … Momentan habe ich sogar meinen Seelenkummer vergessen, weil an meinem gebrechlichen Leib so ziemlich alles kaputt ist. Dazu noch die ewigen Termine zur Bitterfeld-Vorbereitung – es ist ein Kreuz! […]

Neulich war Daniel da. Er kam plötzlich abends angesaust und brachte mir Apfelsinen, weil er im ZK gehört hatte, ich sei krank. Ich war sehr glücklich, ihn zu sehen. Na, wir sind schon komische Vögel. […]

Am Sonnabend habe ich mir einen herrlichen Barock-
schrank in Berlin gekauft, er war verhältnismäßig billig, obgleich ich mir das eigentlich gar nicht leisten kann [...]. Aber
ich konnte einfach nicht widerstehen – und zum Leben brauche ich ja nicht so viel. Irgendwie komme ich schon über die
Runden, außerdem bieten mir zwei Verlage einen Vertrag für
mein neues Buch. Ich habe mich noch nicht entschieden. [...]
Alles Gute für euch und das Spätzchen, und drei beliebig
zu verteilende Küsse
von eurer B-Tochter

Hoy, 6. 6. 64

Liebe Mu, lieber Va,
[...] Die Zeit vergeht so rasend schnell, daß einem angst und
bange werden kann [...], die ganze letzte Woche war ich hier
in Hoy mit der »Freien Welt« unterwegs, um eine Untersuchung der Stadt durchzuführen, und jeden Abend waren wir
wie gerädert. Allmählich wurde uns direkt unheimlich zumute: wir haben mit allen Institutionen gesprochen, ohne
herauszubekommen, wer denn nun eigentlich an all den Feh-
lern schuld ist. Es gibt keine Verantwortlichen, [...] und ich
glaube jetzt an den »Großen Unbekannten«, den Schwarzen
Mann, der irgendwie seine Hände im Spiel hat.
Na, lassen wir das, die Stadt hängt mir zum Halse raus. [...]
Hat der Lutz schon wieder mal geschrieben? Nächstens
werde ich ihm die »Geschwister« schicken, er hat mich darum
gebeten, vielleicht können wir doch wieder in Briefwechsel
kommen [...]. Ich denke auch, daß wir uns in Zukunft öfter
treffen können – wenn er erst einmal hier war, wird es wohl
kaum beim nächsten Mal große Schwierigkeiten geben. [...]
Viele liebe Grüße
von eurer Brigitte
[...] Jon hat jetzt ein Motorrad. Gestern waren wir zum
erstenmal zum Baden. Gott sei Dank!

148

Meine lieben Eltern,

[...] Momentan bin ich nicht so ganz gut beieinander, ich habe Fieber, fühle mich aber nicht weiter krank. Habe ich euch eigentlich schon von meiner interessanten Nebenniere erzählt? Neulich geriet ich durch Zufall an unseren Chefarzt, der nur die Pumpen-Prominenz behandelt, und er unterhielt sich zwei Stunden mit mir über Nervenkrankheiten und Künstler-Ticks, die er übrigens für unerläßlich und gewissermaßen »normal« hält, weil sie von einer Begabung nicht zu trennen sind. Er forschte mich gründlich aus, wegen meiner ewigen Kopfschmerzen, Müdigkeit und dergleichen, und ließ sich dann meine Hand zeigen. Er geriet ordentlich in Begeisterung, denn die Handlinien sind braun, und das ist ein sicheres Zeichen für eine Nebennieren-Krankheit, eine Art Tbc. Er will mich jetzt in Behandlung nehmen und meint, wenn die lieben Nierchen geheilt sind, werden sich auch alle anderen Beschwerden verlieren. Auch die Herzanfälle hängen damit zusammen. So sind wir also meinem Körper auf die Schliche gekommen. Der Doktor arbeitet für die Forschung, ist Herzspezialist und entzückt über so einen Paradefall.

Seit einer Woche arbeite ich wieder – dh. ich schreibe endlich wieder an meinem Buch. Vorher war ich ein paar Tage zu den Arbeiterfestspielen, hatte eine halbe Woche die junge Malerin im Haus, die mein Porträt malen soll und der ich stundenlang Modell sitzen mußte [...] Mein Artikel über die Stadt ist fertig und hat der Redaktion sehr gut gefallen, und wenn der Chef nicht in letzter Minute Manschetten kriegt (denn es ist eine unverblümte Kritik), wird er demnächst in der FW erscheinen, mit vielen schönen Fotos von unserer reizenden Stadt, und dann wird ein Affe aus dem Nest fallen. Die Arbeit hat mir sogar Spaß gemacht (zumal ich das ganze Material für mein Buch gebrauchen kann), und es gibt gewisse Pläne für eine Sibirienreise im Auftrag der FW: eine Reportage über eine neue Stadt in der SU. Aber Sicheres weiß ich noch nicht. [...]

Zu Deinem Nachsatz, Väterchen, kann man schwer was sagen. Das ist nun alles nicht mehr zu ändern. Daniel schrieb neulich, unser Leben sei »eine Konkurrenz auf Leben und Tod« gewesen. Es ist also nicht allein meine Schuld, daß es so gekommen ist, und Jon ist nicht Ursache, sondern Wirkung. [...] Daniel hat nun auch ein nettes Mädchen gefunden, eine junge Bibliothekarin, und er denkt, daß sie die treue, stille Kameradin sein wird, die er braucht – nicht so ein gewalttätiges Weib wie ich. Er sagt, er würde nie wieder eine Künstlerin, eine schöpferische Frau, heiraten. Ihr müßt das richtig verstehen: er hat großen Respekt vor mir und sagt, ich sei eine fabelhafte Person, aber zu stark für ihn, er muß jemanden haben, der ihn abschirmt, nicht eigenwillig ist und so. Und auch darin bin ich das gerade Gegenteil von ihm: ich brauche jemanden, mit dem ich immer in Streit liegen kann (im positiven Sinne), eine starke Persönlichkeit, so eine Art Boxpartner, einer, der mich in Atem hält und selbst andauernd neue Ideen hat, sich für alles interessiert und seine Nase überall reinsteckt [...]. Es war kein Witz, als Jon sagte [...], er werde nächstens seinen Stresemann ausbürsten und bei Väterchen um meine Hand anhalten. Es wäre ganz schlimm, wenn ihr ihn nicht [...] bei euch empfangen wolltet, er ist ja schon mein Mann. Ich will euch nichts von himmelhoher Liebe erzählen – wir beide sind alt und skeptisch genug, uns nichts vorzumachen und auf Ewigkeiten zu spekulieren. Aber wir sind jetzt drei Jahre zusammen (mit hundert Abschieden und Schwierigkeiten und Quälereien), das ist eine Zeit, in der man jemanden sehr gründlich kennen lernt. Freilich ist Jon nicht so sanft wie Daniel, aber er ist gut zu mir, liest mir jeden Wunsch von den Augen ab, ist treu wie Gold (Du weißt ja, Mu, daß ausgerechnet die anständigsten Männer auf mich reinfallen) – na, jetzt schreibe ich doch die Liebeserklärung, mit der ich euch verschonen wollte. Übrigens ist er ein häßlicher Vogel, aber das macht nichts. Er schmiedet jetzt, da er endlich so etwas wie Sicherheit empfindet (er sagt, die ganzen drei Jahre habe er sich gefühlt, als ob er auf einem Seil über einem Abgrund balanciert) allerlei Zukunftspläne, die mir gefallen: er will sein Diplom als Externer machen und eventuell noch promovieren. [...] Dorli und Uwe akzeptieren ihn schon, und dem Ulli wird er bestimmt gefallen. Später, wenn euch die ganze Geschichte nicht mehr so wehtut, werdet ihr ihn vielleicht doch sehen wollen und, wie ich euch kenne, auch gernhaben. [...]

Ich habe scheußlich Angst vor der Scheidung, aber mit Gottes Hilfe werden wir das auch überstehen. Seit ich weiß, daß [Daniel] ein Mädchen hat, ist mir viel leichter, [...] und [ich] wünsche von ganzem Herzen, daß sie ihn glücklicher macht als ich. Übrigens beobachte ich diesen Trend in letzter Zeit bei unseren Schriftstellern: viele trennen sich von ihren selbständigen Frauen [...], und manchmal scheint mir, daß Künstler eben doch jemanden brauchen, der sie bewundert, zu ihnen aufsieht und so etwas wie ihr Echo ist. [...] Wir Frauen haben eben doch anderes Format. Ab und zu braucht man eine breite Brust, an der man sich ausheulen kann, aber sonst verläßt man sich doch lieber auf den eigenen Kopf und steht nicht gern auf fremden Füßen.

Das ist nun eine lange Epistel geworden, und ich hoffe, ihr versteht, was ich euch sagen wollte. Jetzt werde ich noch ein bißchen arbeiten, und dann gehe ich ins Bett. Ich stehe nämlich immer schon um 5 auf, seit ich die Freuden der Morgenstunde entdeckt habe; ich bin frischer und kann besser denken, wenn ich sehr früh arbeite. [...] seid ganz lieb gegrüßt

von eurer aus der Art geschlagenen Tochter
Brigitte

Hoy, 4. 7. [64]

Meine lieben Eltern,
ich wollte euch nur ganz schnell mitteilen, daß ich bis zum 20. auf Reisen bin – damit ihr euch keine Sorgen macht, wenn ihr eine Weile keinen Brief von mir bekommt. Gestern abend bekam ich den Anruf vom Leiter unserer Jugendkommission, daß wir am Montag nach Sibirien fliegen. Absagen

151

konnte ich nicht; ich soll später über die Reise schreiben. Nun geht natürlich alles Hals über Kopf [...]. Zuerst war mir ziemlich jämmerlich zumute, weil nun die Reise mit der D-Schwester ins Wasser fällt – aber was hilft's? Als Schriftsteller hat man eben kein Privatleben, schon gar nicht, wenn man in einer Kommission mitarbeitet. Na, nun ist es fünf Jahre ohne Urlaub gegangen [...].

Auf Wiedersehen, ihr Lieben, ich muß eilen.

[...] Könnt ihr jetzt verstehen, warum ein Mann mit mir nicht verheiratet sein möchte?

Herzlich eure Brigitte

Irkutsk, 18. 7. 64

Meine lieben Eltern,

morgen gehn wir schon auf den Rückflug, und ich konnte euch nicht schreiben. Wahnsinnige Hetzerei, kein Schlaf, eine Flut von Eindrücken. Wir waren in der kasachischen Steppe, in der Akademiestadt von Nowosibirsk, am Wasserkraftwerk von Bratsk, und wir haben wunderbare Menschen kennengelernt – Menschen von übermorgen.

Jetzt sitze ich mitten in Sibirien. Was für ein herrliches, reiches, schönes Land! Und wie man hier rangeht an die Erschließung all dieser Schätze! Wer jemals am Sieg des Kommunismus gezweifelt hat, der muß hierher fahren. Ihr Lieben, ihr werdet es noch erleben, glaubt es mir: die Sowjetunion wird das reichste Land der Erde. Was hier an Reserven steckt, das ist unvorstellbar. Und wie klug und mutig und fröhlich die Menschen sind! Ich bin völlig erschöpft und ganz durchgedreht vor Glück und Begeisterung.

Eine Weile wird es noch dauern, bis ich euch ausführlich schreiben kann – ich muß sofort an meine Reportage, und das ist ein Riesenberg von Arbeit.

Hier müßte man ein halbes Jahr und länger bleiben. Ich habe alle meine Kümmerchen vergessen – die Welt ist groß und weit geworden und wunderschön.

Alles Gute für euch! Meine Pflichten rufen mich – eine Delegationsreise ist eine irrsinnige Strapaze.

Tausend liebe Grüße

von eurer Weltreisenden Brigitte

Hoy, 2. 8. [64]

Liebe Eltern,

[...] Begnügt euch mit ein paar Zeilen – ich bin todkaputt und schlafe bald im Stehen ein. [...] Aber ich habe einen 16-Stunden-Arbeitstag, abgesehen von Haushalt, nötigster Korrespondenz, Besuchen (ich schmeiße jeden nach 10 Minuten raus) [...]. Es ist lächerlich – aber ich komme nicht mal dazu, meinen Scheidungsantrag einzureichen. [...]

Leider kann ich euch nicht über Sibirien berichten (Zeitmangel). Es wäre aber schön, wenn ihr das FORUM lesen würdet, da erscheint in jeder Ausgabe eine Fortsetzung meiner Reportage. [...] Lutz, der mir zum Geburtstag gratuliert hat, schicke ich auch die Fortsetzungen, vielleicht kriegt er doch ein bißchen mit, was Sibirien bedeutet. [...]

Herzlich eure Brigitte

Den Kuchen habe ich innerhalb weniger Tage weggeputzt – ich hatte noch einen sibirischen Hunger.

Hoy, 20. 8. 64

Meine lieben Eltern,

viel Stoff für den nächsten FRS habe ich nicht zu liefern; ich sitze halt Tag für Tag an meiner Sibirien-Reportage. Habt ihr die ersten Teile schon im Forum gelesen? Wenn nicht, solltet ihr euch schämen. Den beiden »Kleinen« gefallen sie gut, [...] und ich war sehr froh darüber. Von meinem Freund Turba bin ich nämlich angestänkert worden, weil es ihm, glaube ich, nicht »sachlich, exakt und wissenschaftlich« genug war – er vergißt immer, daß ich Schriftstellerin bin. [...]

Den Wagen bekomme ich nun doch, ich gebe Daniel seinen

Anteil (mehr, als er beim Verkauf bekommen würde), und ihm ist es sehr recht so. Den Antrag für meine Fahrerlaubnis habe ich schon, nun fürchte ich mich bloß vor der ärztlichen Untersuchung – Augen, Nerven etc. sind ja in beklagenswertem Zustand. […] Momentan bin ich ziemlich erledigt – gestern habe ich eine neue Fortsetzung abgeliefert, und erst dann, wenn man einen Tag Pause macht, merkt man, daß man keine Reserven mehr hat. Und das wird nun munter so weitergehen […] – bis Oktober zieht sich die Forum-Arbeit bestimmt noch hin, und dann gehe ich aufs Literaturinstitut. […]

Ansonsten gibt es nichts zu berichten. Heute habe ich endlich mal wieder meine Wohnung gründlich überholt […]. Junge, sah meine Bude aus! Aber jetzt blitzt alles – schade, daß es nicht lange vorhält. […] Montag bin ich wahrscheinlich im Jugend-Fernsehen; ich fürchte, ich werde mich nicht drücken können.

Ich gebe euch einen Kuß –
eure Tochter Brigitte

Hoy, 3. 9. [64]

Liebe Mu, lieber Va,

[…] ich sehe schwarz für meine Fahrerlaubnis; gestern sind meine Augen geprüft worden – na, du lieber Himmel! […] Ich bin auch gleich krank geschrieben worden, wegen Erschöpfung, und das war nun höchste Zeit. Freilich, die Forum-Arbeit geht trotzdem weiter, aber ein paar Sachen werde ich mir dadurch vom Hals halten können. […]

Der Lutz hat mir einen lieben Brief geschrieben, […] und ich brauche euch nicht zu sagen, wie froh ich darüber bin. Er will mir auch ein Buch schicken, und ich sende ihm die Sibirien-Reportage (hoffentlich landet sie nicht im Hannoverschen Reißwolf!). […]

Zu allem Unglück ist mein armer Jon auch krank, er hat Angina pectoris und ist neulich wieder umgefallen. Eure Tochter hat schon Talent, sich Männer auszusuchen! Natürlich ist er auch überarbeitet, denn er ist ja in drei Schichten draußen im Tagebau [...] und arbeitet in seiner knappen Freizeit an seinem Buch, und außerdem hilft er mir immer noch, macht Wege und näht mir Kragen auf die Kleider (er näht viel geschickter als ich). [...]

Mit einem Schmatz für jeden
eure Tochter Brigitte Nichtsnutz

Hoy, 17. 9. 64

Lieber Vati,
das war ja eine böse Überraschung – Du bist nun also doch im Krankenhaus gelandet. Ich hoffe nur, daß sie Dich recht bald wieder zusammengeflickt haben und nach Hause schicken können. Wir werden eben alt, Väterchen, und fangen an, mit dem Kopf zu wackeln – unsere Generation noch eher als Deine. Du hast immerhin bis zu Deinem 60. ziemlich wacker durchgehalten, aber sieh Dir mal die Dreißigjährigen an – na, du lieber Himmel! Natürlich nehme ich mir alle Deine guten Ermahnungen zu Herzen, wenigstens einen Tag lang, aber wenn dann die Pflicht gebieterisch ruft, vergißt man seinen siechen Körper.

[...] Und was ist das jetzt für eine mühselige Schreiberei zwischen Fieber, Arztbesuchen, Schmerzen ... Man quält sich so von einer Woche zur anderen, und meine Ärzte – ich habe gleich zwei, wie es der Prominenz zukommt – wissen immer noch nicht, wo der Wurm sitzt. Die Lunge ist in Ordnung, Gott sei Dank, davor hatte ich am meisten Angst, und Krebs ist es auch nicht, und nun erforschen sie meine Nieren, wo sich eine Tb verstecken kann. Ich habe jeden Tag Fieber, seit Wochen, und das macht mich auf die Dauer doch ziemlich müde und schwächlich, obgleich ich »gut bei Leibe« bin – der sibirische Speck ist immer noch nicht ganz runter, was mich sehr verwundert. Jon behauptet, ich komme jetzt ins reife Frauenalter, und da kriegte man eben allmählich Formen. [...]

155

Vorgestern kam der Daniel mal für ein paar Stunden vorbei, weil er gehört hatte, daß ich krank bin. Ich weiß nicht, ob es an meiner miesen Laune lag ... ich hatte zum erstenmal das Gefühl, daß nun doch eine gewisse Entfremdung da ist. Man lebt sich halt auseinander, trotz aller guten Vorsätze von wegen Freundschaft und so. Er will auch wieder heiraten, wahrscheinlich bald nach unserer Scheidung, und das ist für mich eine etwas merkwürdige Vorstellung. Na, Du kannst Dir das nicht so ausmalen, Du […] warst Dein ganzes Leben lang nur mit einer Frau verheiratet. Hoffentlich bleibe ich das einzige schwarze Schaf in der Familie, das immerzu neue Schwiegerkinder angeschleppt bringt. Momentan bin ich natürlich überzeugt, daß Jon der eine und einzige ist – vielleicht gerade deshalb, weil wir uns nichts vormachen. Wehe, wenn ihr zickig zu ihm seid! Ich habe ihm ein Loblied auf euch gesungen. Ich glaube, vor Mu hat er mehr Angst als vor Dir. […]

Jetzt muß ich endlich […] schlafen gehen, sonst hole ich den versäumten Schlaf bei der Sitzung nach, und dies würde vielleicht doch unangenehm auffallen. […]

Mit tausend lieben Grüßen und einem Schmatz
Deine B-Tochter

Hoy, 3. 10. 64

Meine lieben Eltern,

[…] Ich würde sehr gern einmal zu euch kommen, aber ich bin immer noch krank geschrieben, und es wird schlechter statt besser. Das Literatur-Institut mußte ich schon absagen, damit ich wenigstens noch Kraft genug habe, mein Sibirienbuch fertigzumachen, das der Verlag Neues Leben herausbringen will.

Am Montag (5.) haben wir unseren ersten Termin, und am selben Tag werden auch Daniels Möbel abgeholt. […] Ihr könnt euch vorstellen, wie mir zumute ist – mein Herz ist außer Rand und Band, und seit heute früh tobt mein Magen. Das ist die reine Angst und Nervosität […].

Den Wagen habe ich ab nächste Woche, ich könnte also mal für einen Tag nach Burg gerauscht kommen. Aber ich könnte es nicht ertragen, daß ihr Jon wegschickt oder unfreundlich zu ihm seid, oder daß er in irgendeinem Lokal auf mich warten muß, während ich in der Neuendorfer Gasse bin. Ich muß euch auch sagen, daß wir wahrscheinlich sofort nach der Scheidung heiraten werden, in aller Stille, versteht sich, ohne jemandem etwas davon zu sagen [...]. Daniel will auch gleich heiraten. Denkt nicht, wir sind frivol – aber wir [haben] tatsächlich gewettet, wer zuerst wieder unters Ehejoch schlüpft. [...] Liebe Mu, Du mußt Dich nun wirklich endlich damit abfinden – ohne Tränen und Mitleid; Dein Daniel ist glücklich [...]. Und ich bin auch glücklich, soweit ich dazu imstande bin; Jon ist ein wahres Wunder an Geduld, Fleiß und Häuslichkeit (ich hoffe, daß Dich wenigstens diese Tugenden beeindrucken, wenn Dir Intelligenz und scharfer Witz nicht imponieren). Er ist der erste Mann, der mich so fesselt, daß ich nicht nach rechts und nicht nach links schiele, nicht mal zum Spaß. [...]

Schreibt endlich mal, was bei euch los ist. Und drückt uns den Daumen, daß es nicht so schlimm wird. Ich werde mich vorher mit Herztabletten vollstopfen bis zum Kragen, sonst falle ich glatt um. Dem Väterchen wünsche ich alles Gute und baldige Genesung. Er soll sich um Gotteswillen schonen – wir brauchen unseren FRS-Redakteur noch.

Mit vielen lieben Grüßen
eure Tochter Brigitte

Hoy, 18. 10. 64

Liebe Mu, lieber Va,
seid herzlichst bedankt für den FRS und Mus Brief, nach dem mir ein dicker Stein vom Herzen gefallen ist. Anfang November werden wir uns also präsentieren – na, davon später. [...]

Meine Wohnung ist jetzt sehr schön, endlich ganz nach meinem Geschmack eingerichtet. Ich habe alles mit Teppich ausgelegt, mit diesem tschechischen Teppichstoff, der drei Meter breit liegt, und nun brauche ich nicht mehr zu bohnern und aufzureiben. Übrigens ist der ganze Spaß nicht teurer, als wenn man einen richtigen Teppich kauft. Neue Möbel habe ich auch bekommen, nach eigenem Entwurf, und sogar Jon staunte über meine innenarchitektonische Begabung – vorher hatte er grausige Vorstellungen von irgendwelchen Monstren (meine Erklärungen sind immer nicht sehr lichtvoll). Dafür ist auch mein Geld alle, sogar die »eiserne Reserve«, aber ich werde wieder etwas verdienen, denn das Neue Leben hat mir einen Vertrag für das Sibirienbuch geschickt und will auch sofort einen Vertrag über den Roman abschließen. Außerdem habe ich jetzt wirklich fast alles, was ich brauche – außer einer dicken Wolldecke und einem Radio, aber das kommt dann eben nächstens dran. Es ist ja langweilig, wenn man sich immer sofort alle Wünsche erfüllen kann.

[...] Die Scheidung ist letzten Dienstag ausgesprochen worden, nachmittags, nachdem wir am Vormittag unseren zweiten Termin hatten. [...] das Urteil ist mit Delikatesse abgefaßt, ohne Peinlichkeiten, und überhaupt benahmen sich die Schöffen und die junge Richterin ausgezeichnet: sehr zurückhaltend, ohne dämliche Fragen und so. Also von dieser Seite war es ganz erfreulich, aber es ist eben doch eine scheußliche Angelegenheit, und am Nachmittag, bei der Urteilsverkündung, fing ich doch an zu heulen, ich blödes Frauenzimmer – und auch jetzt bin ich noch ab und zu sehr traurig. In den ersten Tagen habe ich Jon abscheulich behandelt und wollte überhaupt nicht mehr heiraten und gar keinen Mann mehr sehen, aber das hat sich auch wieder gelegt. [...]

Um noch einmal darauf zurückzukommen: ich werde den »Wunderjon« nach Burg schleppen, vorerst nur für einen Nachmittag, damit ihr [...] diplomatische Beziehungen aufnehmen könnt. [...] Anfang November bin ich zur Woche des Buches auf einer Lesungsreise quer durch die Republik und habe auch für Stendal zugesagt, damit ich bei der Gelegenheit zu euch schlüpfen kann. Genau: am Donnerstag, 12. November. [...] Merkt euch den Tag jedenfalls schon vor, damit wir ein bißchen Zeit füreinander haben. Spezielle Mittagessen-Wünsche werden noch angemeldet (irgendetwas, was wir hier nie kochen), falls wir nicht in den »Roland« gehen wollen.

[...] dem Va wünsche ich schnelle Besserung – er soll sich schonen. Anderen Leuten gute Ratschläge geben und selbst einen Zacken haben ... na, das haben wir gern.

Mit vielen lieben Grüßen
eure Tochter Brigitte

Hoy, 18. 11. [64]

Meine lieben Eltern,
kurze Meldung: wir sind wohlbehalten, aber schrecklich ab-gekämpft wieder in Hoy gelandet. In Stendal war große Show, mit überfülltem Klub, Rundfunkaufnahme etc. – und ich starb bald vor Aufregung. [...]

Meinem Jon habt ihr sehr gut gefallen, vor allem staunt er, wie jung ihr noch ausseht. Kein Mensch hält euch für Sechzig-jährige, tatsächlich. Wir haben uns nun vorgenommen, daß wir zu Weihnachten zu euch kommen werden, damit ihr nicht so allein seid [...]. Wenn wir jemals Kinder haben soll-ten, können wir uns immer noch ein Bäumchen putzen. [...]

Gestern habe ich erfahren, daß ich Anfang Dezember in Westberlin lesen soll, und ich habe jetzt schon Herzklopfen, wenn ich daran denke. [...]

Mit tausend lieben Grüßen
eure Brigitte-Tochter

Hoy, 6. 12. [64]

Liebe Mu,
[...] Wir waren wieder ein paar Tage unterwegs, zu einer Auto-renkonferenz in Berlin. Gestern abend sind wir zurückgekom-men, nachdem wir noch eine Menge Läden abgeklappert hat-ten, um hohe Stiefel für mich zu bekommen, aber da war

nichts zu machen. Dafür haben wir für Spätzchen einen dicken Watteanzug aufgetrieben, der ihr in Mecklenburgs Wüsten gut zupasse kommen wird. Berlin war mal wieder sehr aufregend – als Provinzler ist man an diese Menschenmassen nicht gewöhnt und abends völlig zerrüttet.

Der Dezember ist immer der schlimmste Sitzungsmonat. Diese Woche habe ich noch Jugendkommission, und Freitag fahre ich nach Westberlin, nachdem ich mich lange dagegen gesträubt habe. Vati schrieb von Hans-Jürgen, daß er Lutz benachrichtigt hat, und das brachte mich auf den Gedanken, Lutz […] vorzuschlagen – falls er in Berlin zu tun hat –, daß wir uns drüben treffen. Ich darf ab 14 Uhr rüberfahren, und allein ist das natürlich ziemlich witzlos – ich würde mich ja gar nicht zurechtfinden. Überhaupt sterbe ich schon vor Angst, aber man sagte mir, daß die Studenten in Siegmundshof zu Frauen sehr nett sind, und wenn sie merken, daß ich schüchtern bin, werden sie vielleicht barmherzig mit mir sein (sie sind nämlich scharfe Diskutierer – in einer Art, die wir nicht gewöhnt sind).

Und am Montag bin ich bei Walter Ulbricht eingeladen, im neuen Staatsratsgebäude. Sie haben jetzt sogar eine Protokoll-Abteilung … Ich weiß nicht recht, um was es geht, ich glaube, um Gegenwartsliteratur. Wahrscheinlich ist es nur ein kleiner Kreis, und ich frage mich, womit ich mir das verdient habe; schließlich habe ich seit zwei Jahren kein Buch rausgebracht. […]

Ansonsten geht es mir ganz gut, mein Herz macht kein Theater – ich glaube, alle diese Krankheiten hingen wohl doch mit dem persönlichen Kummer zusammen. Aber nun bin ich über alles hinweg, ich bin mit Jon sehr glücklich, […] und er verwöhnt mich noch mehr als Daniel, kannst Du Dir das vorstellen? Und früher war er so kühl und gar kein aufmerksamer Mann; er hat sich völlig verwandelt, seit er sicher ist, daß ich zu ihm gehöre. […]

Tausend liebe Grüße

von Deiner B-Tochter

1965

Hoy, 4. 1. 65

Liebe Eltern,

als ich euer liebes Telegramm bekam, sind mir gleich alle meine Sünden eingefallen: kein Wort seit Weihnachten, es ist eine Schande! Aber natürlich war das Sibirienbuch schuld, ich konnte keinen anderen Gedanken mehr fassen, und zumal die letzten Tage waren scheußlich, weil ich vor lauter Terminangst nicht schreiben konnte, den ganzen Tag vor einem leeren Bogen saß und dann den unglaublichsten Kohl zusammenschmierte. [...] Inzwischen habe ich das Manuskript abgeschickt, aber die letzte Seite fehlt immer noch; erst heute im Bett ist mir ein Dreh eingefallen, wie ich mit Anstand das Buch abschließen kann (das ist ja immer das Schwierigste).

Nun liegen tausend Briefe da, Glückwünsche und wer weiß was alles, und ich kann eine Woche lang Briefe schreiben. Außerdem bin ich immerzu müde, obgleich ich fast zehn Stunden schlafe, und meinen Jon sehe ich kaum noch – der arme Junge [...]: acht Stunden lang muß er auf ein Band glotzen, das mit Sand beladen an ihm vorbeirollt, schlafen darf er nicht, lesen eigentlich auch nicht (aber er macht es doch, heimlich), und nach jeder Schicht ist er so zerschlagen, als hätte er stundenlang Zentnersäcke geschleppt. Die sture Arbeit schlägt ihm aufs Gemüt, er ist blaß und mürrisch; Ende Januar will er kündigen. Die Segnungen der Automation ...

Silvester ist uns auch durch die Lappen gegangen, denn Jon kam erst um 11 Uhr nachts von der Schicht, und da hat man natürlich keine Lust mehr, auszugehen. Wir haben nur ein Gläschen Schnaps getrunken und das Feuerwerk angesehen, und wir waren ein bißchen traurig, weil man ja zu Silvester doch am liebsten unter vielen lauten und lustigen Leuten ist.

[…] Leider sind im Januar wieder ein Haufen Sitzungen u. dergl., auch wieder eine Aussprache mit Ulbricht, am 25. […] Ich kann euch gar nicht sagen, wie mir die Reiserei zum Halse raushängt! Aber immer bloß Hoyerswerda – das schlägt einem auch aufs Gemüt. Wenn ich Sonnabend und Sonntag allein bin, werde ich bald verrückt vor Einsamkeit und lese gleich drei Bücher am Tag oder gehe um sieben ins Bett. […]

Ich wünsche euch alles Gute, bleibt – bezw. werdet – gesund.

Tausend liebe Grüße und ein Schmatz
von eurer B-Tochter

Hoy, 19. 1. 65

Liebe Mu,
hab schönen Dank für den FSR. Für einen Ersatz-Redakteur bist Du sehr gut, und die Kommas stehen fast alle an der richtigen Stelle. Entschuldige, daß ich Dir meine Sauklaue zumute (ich schreibe schon langsam wie eine Schnecke) meine Maschine wird repariert. […]

Wir sind auch finanziell ziemlich schlecht dran; ich werde mir nun doch ein Stipendium von meinem Verlag geben lassen. Und drittens will ich ab nächste Woche überhaupt keine Unterbrechung mehr dulden; wenn ich sehr mutig bin, fange ich heute nachmittag mein Buch wieder an, und ich muß, wenn ich dann richtig in der Arbeit bin, eine schöne, lange, freie Strecke Zeit vor mir haben. Du kannst Dir nicht vorstellen, wie schrecklich es ist, aus einem Kapitel herausgerissen zu werden, und man könnte dann alles ringsum kaputtschlagen. […]

Mit Daniel bin ich wieder im Briefwechsel. Meine Laune hat sich auch gebessert, Gott sei Dank. Lutz hat mir nur noch nicht geschrieben.

Tausend liebe Grüße (auch von meinem lieben Mann Jon)
Deine B-Tochter

162

Liebe Eltern,

wenn der Brief ankommt, ist unser Vater sicher wieder zuhause, gesund und munter [...]. Wir sind erst Dienstag nacht
zurückgekommen: Montag abend haben wir mit dem Neuen
Leben den Vertrag gefeiert – im Ganymed –, und Dienstag sind
wir Caspar in die Hände gefallen; eigentlich sollte es nur eine
kurze Verlagsbesprechung sein, aber dann hat er sich betüdelt,
und wir mußten auf ihn aufpassen und heil zurückschaffen,
und so wurde es denn sehr spät. Freitag war ich schon wieder
in Berlin, beim ND; sie haben mich mit meinem Redaktions-
wagen abgeholt. Jetzt brauche ich aber wirklich mal Ruhe für
meine Arbeit, ich schreibe fleißig, einfach so eine Szene, die
vielleicht gar nicht ins Buch kommt ... Manchmal ist mir ganz
schön mies, wenn ich an den Vertrag denke – aber wenigstens
übe ich mich wieder im »richtigen« Schreiben, denn eine Reportage ist ja doch mehr eine rasche und aktuelle Arbeit.

[...] entschuldigt, daß ich nur so kurz schreibe – ich bin in
Gedanken immer bei meiner Szene, und in diesem Zustand
ist man für die Umwelt verloren. Alles Gute für euch, ihr
Lieben – eure B-Tochter [...]

Hoy, 20. 2. [65]

Liebe Mu, lieber Va,

[...] Ich schlafe wie ein Ratz, mindestens acht Stunden, dusche
kalt und führe überhaupt ein regelmäßiges Leben (also gut, das
Rauchen ... aber das ist mein einziges Laster), habe keinen Appetit auf Wodka und verwende meine ganze Kraft auf die Arbeit am Buch. Ich schreibe nur noch vormittags, mit aller Kon-
zentration, und nachmittags mache ich Hausarbeit und lese
ungeheuer viel. Eine Zeitlang ist das neue Kapitel gut vorangekommen, jetzt bin ich wieder an einer schwierigen Stelle [...].
[Jon] hat eine Woche lang bei mir gewohnt, und wir haben
Ehe gespielt (auf die Dauer würde uns das auf die Nerven gehen, wir sind nun mal Einzelgänger), er hatte die Maler in sei-

ner Bude [...]. Wir verstehen uns immer noch blendend und zanken uns fast nie, und wenn, dann nur für ein paar Minuten. So eine moderne Ehe hat schon was für sich, man kriegt sich nicht über, und wenn man allein sein will, zieht man sich in seine Höhle zurück. Wir haben ausgemacht, daß wir es einander ungescheut sagen, wenn einer von uns das Bedürfnis hat, ungestört zu sein, und jeder hat Verständnis dafür. Anders geht es ja auch nicht, wenn man eine Arbeit hat, die oft schlechte Laune, Traurigkeit und Gereiztheit provoziert. In solcher Stimmung kann man Zeugen nicht gebrauchen.

Ich hoffe nur, daß es dem Daniel in seiner neuen Ehe auch gut ergeht [...]. Freilich wird er es schwer haben, auch dann noch, wenn sein Buch einmal fertig ist [...]. Aber vielleicht bekommt er einen Preis, wenn das Buch so gut wird, wie ich es mir vorstelle. Allerdings gibt es jetzt viel mehr »Konkurrenz« als vor ein paar Jahren, einige neue Leute sind dazugekommen, die erstaunliche Bücher schreiben, und die Ansprüche steigen – auch deshalb, weil wir endlich eine Menge ausländischer Literatur auf dem Markt haben. [...] Meine »Schulden« an ihn habe ich fast ganz abgezahlt, aber wenn es ihm sehr dreckig ginge, würde ich doch noch zu helfen versuchen [...]. Aber zuerst würde ich wohl doch – wenn ich mal wieder ein »Schnäppchen« machte – meinem Herrn Jon helfen und ihn für ein paar Monate aus seinem Betrieb loskaufen, damit er in Ruhe an seinem Buch arbeiten kann. Das ist doch kein Leben – zehn Stunden täglich für den lächerlichen Lohn unterwegs, zwei, drei Stunden Schlaf [...].

Liebe Mu, Du brauchst Dir doch wegen Deiner Mitbringsel keine Gedanken zu machen! Ich brauche wirklich nichts, höchstens ein Buch (die Rowohlt-Ausgaben kosten, glaube ich, 2,50), und der Lutz weiß schon, welche ich mir wünsche. Er hat mir nämlich neulich geschrieben (Tusch, Fanfare!) [...].

Na, genug für heute. Ich muß noch ein bißchen an meiner Franziska basteln. Alles Gute für euch, ihr Lieben, Gesundheit für Väterchen, und tausend schöne Grüße

von eurer B-Tochter [...]

Hoy, 9. 3. 65

Liebe Mu, lieber Va,

[...] In Leipzig waren wir nun doch nicht, wir waren eingeschneit, ein paar Tage lang bekamen wir nicht mal den Wagen aus der Garage, und die Straßen nach Dresden, wo drei Meter hohe Schneewehen lagen, waren unpassierbar. Wahrscheinlich wären wir fünf Stunden unterwegs gewesen. Ich schrieb Sigrid und Uli einen Eilbrief, daß sie sich die Karten an meiner Stelle beim Messestand abholen sollten, und gestern bekam ich von Sigrid einen Brief: es war gar kein richtiges Jazzkonzert, sondern eine bunte Veranstaltung, bei der Acker Bilk, auf den wir so scharf waren (ein wunderbarer Klarinettist), nur kurz auftrat. Wir sahen diese Sendung dann sonnabends über Fernsehen – sie war schauderhaft, bis eben auf Mr. Acker Bilk. Wir hätten uns totgeärgert, wenn wir wegen dieser albernen Schlagerfatzken, die fast das ganze Programm bestritten, extra nach Leipzig gefahren wären.

Es ist schon schlimm genug, daß ich diesen Monat noch ein paarmal nach Berlin muß – [...] ich möchte in Ruhe arbeiten, solange ich meinen »Faden« habe. Aber sie lassen einen nicht, [...] im Schriftstellerverband ist jetzt nämlich allerhand los, wegen Stefan Heyms Eskapaden [...] und wegen unserer allmählich wachsenden Westkontakte, die natürlich einige Probleme mit sich bringen.

[...] Ich bekam, vertraulich, die Nachricht, daß ich für einen gewissen Preis vorgeschlagen bin; der Professor, der es mir schrieb, meinte es sicher gut mit mir, aber er hat mich in schreckliche Aufregung versetzt. Einerseits freue ich mich sehr, weil ich überhaupt dafür vorgeschlagen bin, von einem äußerst respektablen Kreis, andererseits fehlt die Bestätigung, und ich [...] bemühe mich also, sehr schwarz zu sehen, damit ich nachher nicht gar zu schlimm enttäuscht bin. [...]

Na, ich hätte gar nicht davon anfangen sollen – ich habe schon wieder Herzklopfen. Man ist doch zu dämlich. [...]

Für alle Fälle wünsche ich Mu jetzt schon eine glückliche Reise und viel Spaß in Hamburg, und trage ihr herzliche

Grüße für die Lutz-Familie auf. […] Laßt es euch gut gehen und seid ganz lieb gegrüßt von

eurer Brigitte […]

Lieber Vati,

[…] Gestern waren wir in Berlin – Jugendkommission –, heute habe ich eine Lesung, morgen eine Sibirien-Diskussion in Cottbus, und dann fahren wir wieder nach Berlin: Cocktail beim Aufbau-Verlag (ja, unsere Verlage werden vornehm), einen Tag mit der Jugendkommission in Neubrandenburg, nachts zurück nach Berlin, am Sonntag Akademie-Tagung … Man kann dabei verrückt werden. Ich bin wieder scheußlich nervös, habe Herzanfälle, Kopfschmerzen usw. […] Eine erfreuliche Nachricht: das Sibirienbuch war schon auf der Messe restlos ausverkauft, und der Verlag hofft, daß er noch einmal Papier für eine Nachauflage bekommt. Das ist ja immer ein blödes Theater, weil wir für das Buch Kunstdruckpapier brauchen, wegen Billis Fotos. […]

Ein Hausfrauentip für Junggesellen: den Dreck immer unter den Schrank fegen; wenn er anfängt sich zu heben, zieht man um.

Laß es Dir gut gehen, bleib gesund und grüße unsere Mu und die Lutz-Familie, wenn Du ihnen schreibst.

Viele liebe Grüße von

Deiner B-Tochter

Lieber Vati,

Du bist »König« – Dein Telegramm war das erste, das mich erreichte, als ich nach Hoy zurückkam. (Jetzt allerdings ist die Gratulationscour im Gange.) […]

Warst Du sehr überrascht über meinen Preis? Das war das »Schnäppchen«, das ich euch neulich andeutete, aber ich bekam erst zwei Tage vorher, beim »Cocktail« des Aufbau-Verlages, die Bestätigung durch Prof. Kurella, der mir auch Anfang März geschrieben hatte, daß die Sektion Dichtkunst mich vorgeschlagen habe. […] Der Mann-Preis ist unsere angesehenste Literaturauszeichnung und der stille Ehrgeiz aller jungen Schriftsteller. […] Die Verleihung war am Sonntag in der Akademie […]. Du kannst Dir vorstellen, daß ich in dem feierlichen Kreis – nur erste Garnitur – vor Aufregung fast starb, und als ich aufgerufen wurde und vorn auf dem Podium stand, zitterte ich so, daß ich dachte, ich würde gleich umfallen. Das ist natürlich albern, denn alle Leute waren sehr nett zu mir, vor allem die »Alten«, Abusch, Kurella und Gotsche – wahrscheinlich schon deshalb, weil ich eine junge Frau bin. Hinterher, beim Empfang, stürzte ich gleich ein paar Gläser Sekt runter, um wieder ins Gleichgewicht zu kommen. Also, ein großer Tag, und jetzt bin ich glücklich und zufrieden. Nachher werde ich noch unserer Mu schreiben, die in Hamburg ja sicherlich nicht »Ost« sieht. […]

Ich muß schließen, jeden Augenblick kann die Kreisleitung der SED kommen, der es bei dieser Gelegenheit endlich aufgefallen ist, daß es eine gewisse B. R. gibt.

Mit vielen herzlichen Grüßen

Deine B-Tochter

Hoy, 8. 4. 65

Meine liebe Mu,

eben habe ich Deinen Brief und die nicht abgeschickte Karte bekommen und Deinen lieben Glückwunsch. […] Übrigens: von dem Constanze-Artikel wußte ich schon durch einen Düsseldorfer Journalisten, der daraufhin neugierig auf mich geworden ist […] (was in dem Artikel steht, weiß ich allerdings nicht, bin auch nicht erpicht darauf – sicher ist es nicht schmeichelhaft). Du hast ja nun Dein großes Abenteuer hinter Dir, und ich bin schon gespannt, was du uns alles zu erzählen hast. Und Deine lieben Kinder wollten Dich abwerben? Das ist ja die Höhe! [...] Hier sind drei Kinder und drei Schwieger-kinder, das wiegt ja wohl mehr – wir sind die absolute Mehrheit und überstimmen die Hamburger ganz demokratisch.

Also erstmal zu Deinen Fragen: Das Sibirienbuch ist tat-sächlich noch in der Druckerei, aber es war als sogenannter »Blindband« schon auf der Messe, wo die Buchhändler ein-kaufen (obgleich sie also nur den Umschlag sehen, der fertig ist, und eine Inhaltsangabe vom Verlag kennen). Wahrschein-lich halten sie mich für ein so sicheres Geschäft, daß sie den Einkauf riskieren, auch ohne den Text gelesen zu haben.

Und: jawohl, Geld hängt auch dran, die Hälfte davon habe ich auf die Bank geschleppt, zur Sicherheit, und das andere habe ich zuhause und gedenke die nächsten Monate davon zu leben. Wir können es uns also auch leisten, Ostern nach Hause zu kommen [...], vielleicht tutteln wir Sonnabend, vielleicht erst Sonntag los, mit vielen »Rasten« unterwegs, damit man nicht wieder das Gefühl hat, gehetzt zu werden, das vertrage ich nicht mehr. [...]

Jon hat nun wirklich seinen blöden Job aufgegeben, er schreibt jetzt eine Reportage für den Aufbau-Verlag (über Hoy), und dann bekommt er noch einmal Stipendium für sein Buch, und dann, wenn er noch nicht über die Runden ist, kann ich ja einspringen [...]. Wir haben nun wieder mehr Zeit für einander, und ich bin abends nicht so scheußlich al-lein, wir können ins Kino gehen, Hörspiele hören, mittags an seinem Fenster in der Sonne sitzen – kurz, ein angenehmes Leben, trotz acht Stunden harter Arbeit.

Heute früh habe ich endlich mein erstes Kapitel geschafft, nun muß ich es [...] überarbeiten, und Ostern bringe ich es mit, als Probelektüre für meine »kleinen« Geschwister. [...]

Grüß den pflichtvergessenen Herrn FRS-Redakteur, ich hoffe, [...] die Wohnung ist noch betretbar (wegen der Staub-schichten). [...]

Mit vielen lieben Grüßen

Deine eure Brigitte-Tochter [...]

Liebe Mu, lieber Vati,

wir sind nicht gestorben. Jeden Tag seit Ostern nahm ich mir
vor zu schreiben, aber dann kam Berlin dazwischen, dann die
Arbeit, nach der ich völlig geschafft war, dann ein paar West-
bücher [...] – und so verging ein Tag nach dem anderen.
Heute habe ich schon am frühen Morgen mein Pensum geschafft und eröffne meinen Posttag mit dem Brief an euch.

Den ersten Mai haben wir verbummelt, und gestern haben
wir nur vormittags gearbeitet und sind dann nach Muskau
gefahren und ein paar Stunden im Park herumspaziert. Er ist
sehr schön und weitläufig, mit wundervollen Baumgruppen,
aber ungepflegt, und das Schloß, das wie ein englischer Landsitz aussieht, ist nur noch eine Ruine. Schade, daß keine Mittel da sind, es wieder aufzubauen, jedenfalls vorläufig nicht
(es ist das Schloß der Fürsten Pückler). Auf der Rückfahrt
haben wir uns verirrt, als wir den Bauplatz des künftigen
Kraftwerks Boxberg suchten, wo wir eventuell mal einige
Zeit arbeiten wollen, und schließlich blieben wir in einem
sandigen Waldweg stecken, und unser armes Auto mußte
sich mächtig quälen, ehe es sich rausbuddeln konnte. Wir
hatten schon damit gerechnet, im Wald übernachten zu müssen. Wir wollen jetzt öfter in andere Gegenden fahren (hoffentlich bleibt es nicht bloß bei dem guten Vorsatz), vor allem in Parks – hier weiß man schon nicht mehr, wie blühende
Bäume aussehen, und bis auf ein paar Spatzen gibt es keine
Vögel. Wenn man in so einer Stadt lebt, wird die Natur wieder ein großes Abenteuer, und man staunt über jedes Gänse-
blümchen. [...]

Und noch eine erstaunliche Neuigkeit: wir haben einen
Ferienplatz. Ein Zufall – ich fragte gewissermaßen auf »doofen Dunst« im Verband, ob sie uns irgendwas an der See zu
bieten hätten, [...] und siehe, es waren gerade zwei Karten
zurückgegeben worden: ein Zweibettzimmer im Kurhotel in
Ahrenshoop, Intelligenzheim, ziemlich teuer, für drei Wochen. Na, wir griffen zu, eigentlich bloß deshalb, weil wir

überrumpelt waren. Aber jetzt fangen wir an, uns zu freuen. Drei Wochen ohne Arbeit – das kann man sich schon gar nicht mehr vorstellen. Wahrscheinlich wird es einem in den ersten Tagen schwerfallen, nicht ans Schreiben zu denken, nicht jeden »verlorenen« Tag zu bejammern ... An der See – ist das nicht herrlich? Vielleicht ist auch Schreyer in seinem Haus, auf andere Bekannte kann ich verzichten. Wißt ihr, daß das meine ersten richtigen Ferien sind? [...]

Tausend liebe Grüße von eurer Tochter Brigitte

Hoy, 25. 5. 65

Sehr geehrter Herr FRS-Redakteur,
nehmen Sie meine herzlichsten Glückwünsche zum 100. entgegen. Den Stimmen aus Ihrem Leserkreis schließe ich mich vollinhaltlich an. Das ist eine gute Sache, ja!

Ihr dankbarer Leser und Familienbandit B. R.

Liebe Mu, lieber Va,
und jetzt gehen wir zwanglos zum inoffiziellen Teil über. Das wird der letzte Brief sein, den ich vor den Ferien aus Hoy schreibe, denn am Dienstag reisen wir ab, [...] und das Reisefieber hat mich auch schon ergriffen. D. h. richtiges Fieber habe ich auch (das entschuldigt meine Tippfehler), genauer: eine ausgewachsene Grippe, Gottes Strafe dafür, daß ich nachts mit netten Männern im herzoglichen Park herumgestiefelt bin. Eure Tochter hat nämlich schrecklich gesumpft in Weimar (als ich wiederkam, habe ich zwei Tage lang geschlafen), aber jetzt bin ich wieder solide. Das Treffen war ein ganz großer Erfolg, persönlich und politisch. Ich will euch lieber nicht von den geknickten Herzen erzählen, nichts von Bars und Sektfrühstück, das ist nichts für eure keuschen Ohren. Aber schön war's doch. Eine Menge interessanter Leute. Ich habe viele Ausländer kennengelernt und mir Autogramme von ein paar ganz Großen geben lassen, auf die ich mächtig stolz

bin. Mir war ganz wirr und wirblig von den tausend Bekanntschaften, Gesprächen, Cocktail-Empfängen – aber ihr dürft nicht denken, daß das Ganze eine so unernste Angelegenheit gewesen sei, wie sich das jetzt anhört. Das Treffen war in der Tat sehr unkonventionell, ohne Referate und Sitzungen – es sollte vor allem dazu dienen, daß wir mit den Schriftstellern aus anderen Ländern ins Gespräch kommen. Am ersten Tag fiel uns das noch ziemlich schwer, wir standen herum und wußten mit der ungewohnten Freiheit nicht viel anzufangen. Aber am zweiten Tag wurde es interessant, man überwand auch seine Hemmungen wegen der Verständigungsschwierigkeiten (mein mieses Englisch!), und die Bekanntschaft mit den Autoren, die man selbst nicht anzusprechen wagte, vermittelten mir unsere großen alten Damen Anna Seghers und Jeanne Stern – wunderbare Frauen! Der letzte Tag, im Nationaltheater, war ganz groß. Ich war wieder stolz auf meinen Beruf. Es sprachen Leute aus zwanzig verschiedenen Ländern, und in den Grundfragen – Frieden, Humanismus – waren sich alle einig, und nur das zählte. Offen gestanden, wir vom DSV hatten selbst nicht diesen Erfolg erwartet, nicht dieses einmütige Bekenntnis auch zur DDR. Ein politischer Prestige-Gewinn, das ist sicher. Und viele der Schriftsteller, die so mutig Stellung nahmen, sind unter persönlichen Gefahren gekommen und haben in ihren Ländern Repressalien zu erwarten. Hochachtung vor meinen Kollegen!

[...] In Weimar ist mir auch eine tolle Geschichte über den Weg gelaufen. Das könnte ein Buch werden ... Aber dazu muß ich nach Paris fahren. Ernst gemeint. Ich strecke schon die Fühler aus. [...] Nächstens werde ich beim Kulturministerium aufkreuzen und meinen Minister interviewen; vielleicht läßt er mich für ein paar Wochen raus. Ich habe in Weimar wieder gesehen, wie wichtig es ist, einen weiteren Horizont zu bekommen, ein bißchen weltläufiger zu werden.

Na, genug für heute. Laßt es euch gut gehen, meine Lieben, und seid ganz lieb gegrüßt und geküßt von eurer

Tochter Brigitte

Ahrenshoop, 14. 6. 65

Meine lieben Eltern,

geht es euch im Urlaub auch so, daß ihr vor lauter Nichtstun keine Zeit zum Briefschreiben habt? [...]

Ihr seht, meine Befürchtungen waren grundlos, ich habe mich schnell ans Faulenzen gewöhnt und denke so gut wie gar nicht an mein Buch. Mit Jon vertrage ich mich wunderbar; wir finden es überhaupt nicht lästig, solange in einem Zimmer zusammenzuhausen (wir sind viel rücksichtsvoller, als wir dachten, und außerdem sind die Nerven ausgeruhter als zu Haus, und kleine Mißgeschicke nimmt man in guter Laune hin). Der Strand ist nicht sehr belebt, man hat viel Ruhe. Wir halten uns nur für uns allein, die meisten Leute sind älter, und einige scheinen sich mächtig was auf ihre Zugehörigkeit zur Intelligenz einzubilden. Unser Zimmer ist nicht gerade komfortabel – aber wir sind ja auch schrecklich verwöhnte Leute und vermissen unsere tägliche Dusche. Gebadet habe ich noch nicht, das Wasser ist ziemlich kalt, und ich bin meinen Husten immer noch nicht ganz los. [...] Jon läßt euch herzlich grüßen. (er ist übrigens der schönste Mann am Strand).

Tausend liebe Grüße
von eurer Brigitte

Hoy, 13. 7. 65

Meine lieben Eltern,

[...] Gestern abend und heute morgen haben wir damit verbracht, mit einem Dramaturgen vom Fernsehfunk zu diskutieren. Er hat zusammen mit einem Regisseur ein Stück nach meiner Erzählung »Das Geständnis« geschrieben und hatte die Güte, es mir wenigstens vorzulegen und meine Genehmigung einzuholen. Mann, war ich sauer! [...] unter uns gesagt, es ist die letzte Scheiße. Die Geschichte ist schon nicht doll (ich habe sie vor sieben Jahren geschrieben) – aber was die Burschen daraus gemacht haben –! Sie [...] haben einfach

172

meine Texte rausgenommen und zusammengestrichen und dafür ein paar tausend Mark eingesteckt.

Na, [...] zum erstenmal habe ich mich – mit Jons Hilfe – stark gemacht und meine Einwilligung verweigert. Wie es nun weitergeht, weiß ich nicht. Ist mir auch wurscht. [...]

Bleibt gesund und eßt ordentlich Erdbeeren (bei uns war auch so eine Schwemme) und laßt es euch wohl sein auf eurem Balkon, um den ich euch beneide.

Mit tausend lieben Grüßen [...] eure Tochter Brigitte

Hoy, 22. 7. 65

Meine lieben Eltern,

ich möchte mich doch noch mal in einem kleinen Briefchen bei euch bedanken, für den Kuchen und den schönen Frisierumhang (genau das, was ich meinte) [...] und auch für Vatis Telefongespräch, – ich habe mich über alles sehr gefreut, das wißt ihr ja. Von Lutz bekam ich ein Glückwunschtelegramm, und von Uli und Sigrid die Keksbüchse, die ich mir gewünscht hatte.

Jon hat mir Rosen und Bücher und einen Globus geschenkt und Stragula – das ist so ein moderner Bodenbelag, den man nicht zu bohnern braucht –, und er hat ihn am Tag vorher in der Küche ausgelegt. Er ist nicht nur praktisch, sondern auch hell und freundlich gemustert (ich meine den Stragula, nicht den Jon), und bei der Gelegenheit habe ich mir gleich neue Küchengardinen und Vorhänge gekauft und selbst angezweckt (bitte mich zu bewundern!). [...]

So haben wir also bei Jon gefeiert, einen stillen Geburtstag – wenn man von dem andauernden Löwengebrüll absieht. Unter Jons Fenster gastiert nämlich ein Zirkus (nachdem der Rummel gerade abgebaut worden ist), und die Biester geben mächtig an, und da das Hochhaus wie eine Echowand wirkt, dachte ich immer, die Löwen seien ausgerissen und spazierten auf der Straße herum. Nach langer Zeit sind wir auch mal wieder feierlich essen gegangen, in den »Kosmos«, eine sehr schöne Gaststätte, die aber leider kaum besucht wird, weil sie abseits liegt, in einem neuen WK, der noch keine gepflasterten Straßen hat. [...]

Falls die D-Schwester noch bei euch ist, sagt ihr bitte, daß ich mir gar nichts »Exklusives« wünsche, sondern einen ulkigen kleinen – nicht gar zu kleinen – Papierkorb für die vielen Manuskriptseiten, die ich leider wegschmeißen muß, und für die Briefe von Leuten, die ich nicht leiden kann. [...]

Mit tausend lieben Grüßen

eure ziemlich alte, aber ihr Alter mit Würde tragende Tochter Brigitte

Hoy, 17. 8. 65

Meine lieben Eltern,

[...] Morgen kommt Lewerenz mit dem Verlagsleiter, dem netten Herrn Frankenberg [...]. Ich mußte also in aller Eile mein letztes Kapitel fertigmachen, obgleich ich ahne, daß unsere große Verlagsbesprechung auf ein Gelage hinausläuft. Die beiden sind froh, wenn sie mal ihrem Betrieb entlaufen können und haben schon eine große Flasche Schnaps bestellt.

[...] Außerdem habe ich die Amtsgeschäfte unseres Vorsitzenden im Bezirk übernommen, weil der schlaue Bursche ausgerechnet jetzt vor den Wahlen in Urlaub gegangen ist.

Eben ruft die Jugendkommission an: morgen früh kommt mein Chef Turba. Auch der Schmerz noch! Das kann ja ein heiterer Tag werden ...

Ich freue mich sehr, daß Lutz im Herbst nochmal nach Berlin kommen will. Natürlich werden wir von Herzen gern am großen Familientreffen teilnehmen – wir müssen nur rechtzeitig den Termin wissen [...]. Vielleicht kannst Du mir auch sagen, Vati, ob Lutz irgendwelche Fachbücher oder dergleichen braucht, – ich will nämlich, wenn's geht, einen Tauschhandel mit ihm machen. Ich möchte ein paar Jazzschallplatten haben, will Lutz aber auf keinen Fall zumuten, daß er sie schenkt, und mit unserem Geld kann er ja nichts anfangen. […] So, das war's für heute: jetzt will ich zusehen, daß ich noch einen Packen Briefe erledige. Es ist schön, Freunde zu haben, aber anstrengend …

Laßt es euch gut gehen, […] und seid ganz herzlich gegrüßt von eurer Tochter Brigitte

Hoy, 2. 9. 65

Liebe Mu, lieber Vati,

[…] Vorgestern waren wir in Berlin zum Empfang beim Aufbau-Verlag, der seinen 20. Jahrestag feierte. Natürlich gab es ein Gelage, und wir kamen erst gegen Mitternacht weg und waren kurz vor drei Uhr nachts wieder in Hoy. Gestern waren wir noch so angeschlagen, daß wir nicht arbeiten konnten und den ganzen Tag faul herumlagen und lasen (ich habe zwei Bücher »geschafft«). Daniel war auch beim Empfang, und wir haben uns eine Weile unterhalten. Er schreibt jetzt Kurzgeschichten, im nächsten Jahr will er einen ganzen Band zusammenhaben. Na, es ist schon ein komisches Gefühl, seinem früheren Mann zu begegnen – man fängt noch einmal an, zu prüfen und zu vergleichen, und fragt sich, ob man richtig gehandelt hat. Aber ich finde es doch richtig und gut so, wie es nun ist, […] und ich kenne keinen anderen Mann, mit dem es soviel Spaß macht, durch eine fremde Stadt zu gehen, Schaufenster anzuschauen, Eis essen zu gehen und sich heimlich in einem Torweg zu küssen (ja, sowas machen wir auch noch, wir würdigen alten Leute). […]

Heute früh habe ich endlich wieder angefangen, an meinem Buch zu arbeiten, aber ich muß erst »reinkommen«, und das dauert immer eine Weile. Eigentlich wollte ich ja zu Weihnachten 150 Seiten fertig haben, aber ich sehe schwarz. Komisch, je länger man Schriftsteller ist, desto schwerer fällt einem das Schreiben. […]

Mit vielen lieben Grüßen (auch von meinem Jon-Gatten) eure Tochter Brigitte

Meine lieben Eltern,

[...] Jon geht jetzt wieder arbeiten, erstens um Geld zu verdienen, zweitens um sich ein bißchen Bewegung zu machen – die ständige Stubenhockerei bekommt ihm nicht, und er hat oft Magenbeschwerden. [...] Er fährt draußen im Kombinat eine Raupe. Allerdings ist die Arbeitszeit sehr ungünstig: er fährt morgens um 5 Uhr raus, und kommt erst nachmittags Viertel nach vier Uhr wieder nach Hause. Der Tag ist also ziemlich hin, [...] und der Teufel weiß, wie er dabei noch zum Schreiben kommen soll. [...] Liebe Mu, Du hast recht, er hat wirklich eine andere Art, mit Geld umzugehen als Daniel – er ist gewissermaßen realistischer, weil er sich eben sein Leben lang sein Geld schwer verdienen mußte. Außerdem stellt er keine Ansprüche und ist auch in seiner Kleidung immer sehr bescheiden. Trotzdem sieht er immer gut aus, aber das liegt an seiner Figur und an der Art, wie er seine Sachen trägt und pflegt. Er wäscht und bügelt alles selbst und macht auch die nötigen Näharbeiten – geschickter als ich. Er kann sogar Blusen und Kleider nähen, ätsch! Schade, daß wir keine Nähmaschine haben, dann brauchte ich nicht von einer Schneiderin zur anderen zu laufen und zu betteln, daß sie doch mal so gnädig sein möchten, mir ein Fähnchen zu nähen. Das ist ein Kreuz in dieser Stadt.

Mehr Neuigkeiten gibt es nicht – außer daß mir ein Zahn nach dem anderen kaputtgeht. [...] Jetzt kann ich schon seit vierzehn Tagen kaum noch was essen, wegen einer beharrlichen Wurzelentzündung, und das ewige Weißbrot hängt mir zum Halse raus. Ja, so schwindet der Glanz der Welt und der süßen Jugend ... Wie fühlt ihr euch – mit einer so uralten Tochter?

[...] Schickt bald eine Karte, damit ich euch nach Kühlungsborn schreiben kann.

Mit vielen herzlichen Grüßen
eure Tochter Brigitte

Hoy, 25. 9. 65

Liebe Mu, lieber Vati,

[...] Na, wie bewährt sich mein Jon als Prophet? Die schönsten Wochen in diesem ganzen miesen Sommer habt ihr wieder erwischt, [...] und vielleicht erwärmt sich sogar das Wasser noch ein bißchen mehr [...].

Liebe Mu, Du hast dich ja wirklich mächtig angestrengt – solche Briefe ist man gar nicht mehr gewöhnt. [...] Ich will mal sehen, daß ich die nächsten Sybillen bekomme; vielleicht kann ich dann mal eine Geschichte von Daniel lesen. [...] Jon besorgt mir die Zeitschrift immer, weil er den merkwürdigen Ehrgeiz hat, mir elegante Kleider aufzuschwatzen, die ich dann doch bloß dreimal anziehe. Nietenhose bleibt Nietenhose, aber zu Weihnachten werde ich mich doch in Schale schmeißen, um vor unseren Brüdern und Schwestern aus dem Westen nicht zu sehr abzustinken. Übrigens hast Du natürlich doch vergessen, die Geschenkfrage auszudiskutieren. Er wird Zeit, Mutter, es wird Zeit, das Fest steht vor der Tür. Ist das nicht schrecklich, wie schnell ein Jahr vergeht? Früher habe ich das nicht so empfunden, aber je älter man wird, desto bedrohlicher erscheint einem die Zeit, vor allem, wenn man ein Jahr mißt an dem, was man inzwischen geschafft hat. 150 Seiten von einem Roman, der vielleicht nie fertig wird oder ins Auge geht (mir fallen immer zuerst die bösen Möglichkeiten ein) – das ist wirklich nicht überwältigend. Und wieviel Zeit hat man unnütz vertan mit Sitzungen und Geschwätz! [...] Über den toten Punkt in meinem Kapitel bin ich hinweg, Gott sei Dank, und kann nun wohlgemut auf den nächsten toten Punkt warten. Ich weiß auch nicht, wie es kommt, daß man manchmal wie ein Blödmann tagelang vor ein paar Zeilen sitzt – und auf einmal reißt der Knoten, und man findet in fünf Minuten, wonach mal solange vergebens gesucht hat. [...]

Eine schöne alte Kaminuhr habe ich wieder erworben, sogar ziemlich billig [...]. Jetzt tickt und gongt es aus allen Ecken; vielleicht bekomme ich nächstens auch eine Spieluhr, irgendeinen Spleen muß der Mensch haben.

[…] grüßt alle Kinder und Kindeskinder und seid selbst
ganz lieb gegrüßt von eurer
Tochter Brigitte

Hoy, 12. 10. 65

Meine lieben Eltern,
[…] Morgen früh fahren wir nach Berlin, zwei Tage Sitzung
vom Schriftstellerverband, am dritten Tagung der Jugendkommission. Also, es reicht. Jon kommt mit, weil er auch einiges
zu erledigen hat, beim Verlag und beim Rundfunk, und wir
wollen versuchen, ein bißchen Zeit für uns herauszuholen, damit wir uns noch die Impressionisten-Ausstellung ansehen
und auf Einkaufsbummel gehen können.

Für den FRS (den ich diese Woche vermisse, Herr Redakteur) noch eine erfreuliche Nachricht: am Vorabend zum Republikstag habe ich den Carl-Blechen-Preis 1. Klasse bekommen – das ist ein Preis, den der Bezirk Cottbus für Kunst und
Literatur vergibt. Es gibt nicht nur eine pfundschwere Me-
daille, sondern auch ein hübsches Sümmchen dazu, so daß
wir für die nächsten Monate wieder gerettet sind. Die Feier
war sehr nett, wir haben mächtig geflirtet – miteinander, der
Jon und ich – und sogar mal wieder getanzt.

Eine Bitte habe ich an euch: ich habe mal wieder meine große
Kopfschmerzen-Zeit, und mein Medikament, das ich damals
von Dr. Krause bekommen habe, ist alle. Es ist das einzige
Zeug, das mir wirklich hilft. Die Tropfen gibt es hier auf Rezept
[…]. Aber die Tabletten […] sind, wie man uns in der Apo-
theke sagte, eine Sonderanfertigung von Dr. Krause. Könnt ihr
mir noch ein Röllchen davon beschaffen? Sie heißen PRO-
MED. Ihr könnt ihm bei der Gelegenheit meinen besten Dank
für seine Rezeptur ausrichten […].

Heute habe ich auch endlich an den Lutz-Bruder geschrieben und mich für die Bücher bedankt. Ich habe ihm auch ein
Geschäft vorgeschlagen: eine Thomas-Mann-Gesamtausgabe
gegen Jazzschallplatten. […] In Cottbus habe ich noch eine

Ausgabe gesehen – sie gehen weg [wie] Bananen, obwohl der Preis ziemlich hoch ist, 180 Mark. Hoffentlich schreibt Lutz bald, sonst bekomme ich keine mehr.

Das war's für heute. Laßt bald von euch hören, ihr Faulpelze!

Mit lieben Grüßen eure B-Tochter

Hoy, 19. 10. 65

Liebe Mu, lieber Vati,

[...] ich will lieber gleich antworten, weil ich morgen wieder eine Lesungsreise antrete, leider unter höchst ungünstigen Voraussetzungen, denn ich habe eine kleine Angina aufgegabelt [...]. Aber ich kann nicht in letzter Minute absagen (die Leute haben ja alles vorbereitet und wären in großer Verlegenheit, wenn die Schriftstellerin nicht käme) [...]. Inzwischen schlucke ich fleißig Tabletten und trinke heiße Zitrone und Milch mit Honig. [...]

Jetzt ist Jon in der Garage und wechselt die Reifen, auf denen kaum noch Profil ist, und falls es Regen geben sollte, wird es gefährlich. Vorige Woche ist Erwin Hanke bei einem Autounfall tödlich verunglückt [...] – mein dicker lustiger Meister, den ich als »Hamann« in mein Buch aufgenommen habe. [...] Wir waren alle sehr bedrückt, als wir die Nachricht hörten [...] und konnten gar nicht begreifen, daß dieser unerschütterliche Mann tot ist. Der Wagen ist gegen einen Baum geprallt, die Unfallursache kennt man noch nicht, weil der Fahrer bewußtlos im Krankenhaus liegt. Erwin war sofort tot [...].

Eine traurige Neuigkeit; andere habe ich nicht zu bieten. Daß ich mit Jon glücklich bin, ist ja keine Neuigkeit mehr [...]. Wir sind nun bald ein Jahr verheiratet, aber die meisten Leute in der Stadt halten uns noch für ein sündiges Liebespaar; wahrscheinlich können sie sich nicht vorstellen, daß Verheiratete noch so verliebt sind. Nur bei der Wohnungskommission ist man unterrichtet, mit dem Erfolg, daß sie wieder mal Jon auffordern, seine Wohnung zu räumen und zu mir zu ziehen. […] Sie haben uns sogar eine größere Wohnung angeboten, aber darauf gehen wir auch nicht ein, denn die neuen Wohnungen sind viel kleiner und so niedrig, daß ich meine nach Maß angefertigten Bücherregale nicht mehr aufstellen könnte. […]

Schöne Grüße von Meister K[…] und von mir natürlich auch, und Gesundheit und alles Gute –

eure Tochter Brigitte

Hoy, 4. 11. 65

Meine lieben Eltern,

[…] Unsere Reise war ganz interessant, leider war ich heftig gehandicapt durch meinen Zahn, den ich dann auch in der Universitätsklinik in Berlin behandeln ließ – mit dem Erfolg, daß ich in der Nacht darauf beinahe umkam vor Schmerzen. Augenblicklich hat er sich aber ein bißchen beruhigt und eitert nur so still vor sich hin. In Berlin hatten wir eine schreckliche Aufregung: Lewerenz erzählte uns, daß der nette, liebe, sympathische Herr Frankenberg, der Verlagsleiter, von einem Tag auf den anderen abgesetzt worden ist, weil er eine Liebesgeschichte mit einer verheirateten Frau hat. […] – Ihr könnt euch denken, wie empört wir sind – natürlich nicht über F., sondern über die Stellen, die ihn verurteilt haben. Immer trifft es die Anständigen, die sich ehrlich verlieben und für ihre Liebe leiden, und die fröhlichen Sünder, die ihre Frauen wechseln wie die Hemden, gehen ungestraft aus. Nächstens soll eine Konferenz der Verlagsautoren sein, auf der wir offiziell von F.s Ablösung unterrichtet werden, und ich bin entschlossen, in jeder Form zu protestieren – bis zur Auflösung meines Vertrages. Vielleicht schließen sich auch andere Autoren an […]. Schreibt aber im FRS nichts davon; Lutz braucht nicht zu wissen, daß solche Dinge heute noch bei uns möglich sind – man muß sich ja schämen für sein Land. […]

Alles Gute für euch beide, grüßt die Verwandtschaft, bleibt gesund und seid ganz lieb gegrüßt von eurer Tochter Brigitte

180

Meine lieben Eltern,

eben habe ich Mu's Brief bekommen, über den ich mich sehr gefreut habe, obgleich er auch so betrübliche Nachrichten enthält – von Muttis neuer Krankheit. Hoffentlich ist es nicht so schlimm, daß du gar kein Süßes mehr essen darfst. Jon sagte, du hast die richtige Lebensphilosophie, wenn du sagst: immer noch besser als Krebs oder kranke Galle. [...] Zucker wird ja jetzt geradezu eine Volksseuche; bei der letzten Röntgen-Reihenuntersuchung wurde hier auch jeder auf Diabetes untersucht, weil das solche Ausmaße angenommen hat. [...] Laß die Sache aber ja nicht schleifen [...].

Na, und Dein Gebiß – sei froh, daß es solange gehalten hat und denk an Deine arme Tochter, die langsam dahinsiecht an ihren verdammten Zähnen. Gestern bin ich geschnitten worden, aber ohne sichtbaren Erfolg (und es hat so gemein weh getan!) [...], ich kann vor Schmerzen nicht mehr arbeiten und sehe außerdem höchst lächerlich aus mit meinem schiefen Gesicht. Und das seit sechs Wochen ... Heute morgen war ich so mürbe, daß ich die ganze Zeit beim Zahnarzt geheult habe. Heute nachmittag holt mich Jon in seine Wohnung und läßt mich mit Schnaps gurgeln, vielleicht hilft das. [...] im wesentlichen lebe ich von Milch, und wenn ich früher schon mager war, dann bin ich jetzt bloß noch ein Knochengerüst, an dem man alle Rippen zählen kann. Ich darf gar nicht an Fleisch oder Wurstbrote denken ...

Ja, unser armer Frankenberg ist auch verheiratet [...]. Wo die Liebe hinfällt ... [...] Kein Mensch hat verstanden, warum ich Daniel laufen ließ und mich an die »verkrachte Existenz« Jon hängte. Und wie schwer ist mir die Entscheidung gefallen! Gerade darum kann ich F. gut verstehen, sicher hätte er auf die Dauer auch seine Verhältnisse in Ordnung gebracht, [...] aber dazu muß man einem Menschen eben Zeit lassen. [...] und das ist sicher: die Beteiligten leiden so entsetzlich darunter, daß es Strafe genug ist. Jedenfalls will ich doch für F. sprechen [...] – zumal ich den Verdacht nicht los werde, daß F. [...] vielleicht einigen Leuten auch politisch nicht paßt. Das wird man uns natürlich nicht sagen. [...]

Was ihr von Lutz schreibt und jenem geheimnisvollen Besucher, war eigentlich zu erwarten. Es ist richtig, gleich zu Anfang nein zu sagen und vor allem Lutz selbst nichts davon zu erzählen. Übrigens hat das Kombinat nicht solche Hintergedanken, sie hatten es mir aus Freundlichkeit angeboten, und ich habe auch sofort gesagt, daß Abwerbung natürlich gar nicht in Frage kommt, und sie schienen das auch zu akzeptieren. Außerdem ist ja keiner von der Leitung dabei, wenn wir Lutz hier herumführen. [...]

Bis zum nächsten Mal wünsche ich euch alles Gute, Gesundheit und gute Laune [...]

eure Tochter Brigitte

Hoy, 17. 11. [65]

Meine lieben Eltern,

[...] Die organisatorischen Fragen zum Weihnachtsfest sind also geklärt. Es wird ein Heerlager werden und ein großer Ansturm auf das Badezimmer – aber Weihnachten sind ja alle Leute friedlich und freundlich, und so wird es schon gut gehen. Wegen des Mitbringens von Naturalien müßt ihr aber noch Genaueres sagen – allein mit Butter wollen wir doch nicht anrücken. Die Fressalien kosten einen Haufen Geld für euch – wie ist es also mit Kaffee, Wurst und dergleichen? Übrigens finde ich es überflüssig, am ersten Feiertag essen zu gehen, man kann sich auch mit einer Stulle behelfen, denn über Weihnachten sind sowieso alle satt von Süßigkeiten und haben Magenverstimmungen. [...] Denkt doch bloß daran, wie es die vergangenen Jahre war! Man hat sich von einer Mahlzeit zur anderen geschleppt, den Tisch gedeckt, abgedeckt, abgewaschen, wieder den Tisch gedeckt ... Natürlich, ich bin der Hungerkünstler in der Familie, und von mir aus brauchte es bloß eine Mahlzeit zu geben, aber ich denke doch, daß die anderen auch einverstanden sind, wenn man nicht tausend Umstände macht [...]. Daß die Männer zum Abwaschen kommandiert werden, findet meinen ungeteilten Beifall. Wir armen Weiber beschäftigen uns das ganze Jahr damit.

Ja, ich würde mich über ein Päckchen Kakao freuen. Ich bin inzwischen auch darauf gekommen, daß man sich mit »eingestippten« Milchbrötchen ganz ausreichend ernähren kann. Übrigens ist der Zahn ein bißchen besser geworden. Ich habe eine elektrische Behandlung bekommen, die nicht mal weh tat – die Schmerzen wurden mir für nachher prophezeit, kamen aber nicht, weil der angestaute Eiter von selbst abfloß, durch die alte Schnittwunde im Kiefer. Jetzt bin ich wieder obenauf, kann auch endlich wieder arbeiten und habe gute Laune. [...] Jon hat jetzt Telefon, und wir rufen uns ein paarmal am Tag an und blödeln oder spielen große Geräuschspiele, und jeden Morgen begrüßen wir uns ausführlich per Telefon. Eine lustige Ehe – genau das Richtige für uns anarchistische Junggesellen.

Am Freitag waren wir in Berlin beim Zentralrat, wo über Frankenberg gesprochen wurde. Man wirft ihm tatsächlich nur die Liebesgeschichte vor. Er muß Schreckliches durchgemacht haben; wir erfuhren, daß er einen Selbstmordversuch gemacht hat und im Krankenhaus war – und dazu müßt ihr euch einen ganz korrekten, schüchternen und vernünftigen Mann vorstellen, von dem kein Mensch glaubte, daß er solcher Exaltationen fähig wäre. Aber damit hat er eben »gegen unsere Normen verstoßen«. Offenbar erwartete man von uns eine Verurteilung. Aber da hättet ihr mal die Schriftsteller sehen sollen! Wir gingen für F. auf die Barrikaden, auch die strengen Genossen unter uns [...], und forderten, daß er wieder als Verlagsleiter eingesetzt wird [...], und die Leute vom Zentralrat wurden zusehends kleiner und lenkten ein. Natürlich können wir nicht die Beschlüsse umstoßen, aber wir haben wenigstens den Antrag auf Rehabilitierung gestellt und müssen nun abwarten, was sich tut. [...] ich hatte, offen gesagt, nicht von allen anderen Schriftstellern angenommen, daß sie sich auch so in die Bresche werfen würden. Lewerenz war ganz glücklich über seine Autoren. [...] Dies für heute. [...]

    Bis zum nächsten Mal grüßt euch herzlich
    eure Tochter Brigitte

Hoy, 26. 11. 65

Meine lieben Eltern,
heute früh haben wir euer Päckchen bekommen [...]. Den einen Kuchen haben wir schon angeschnitten, und Jon hat tüchtig eingehauen, er sagt, er sei vorzüglich – so gut, als ob ich ihn gebacken hätte. Das ist ein ziemlich hochgegriffenes Kompliment, denn ich habe noch nie Kuchen gebacken. Aber da ich gerade heute ein meisterhaftes Mittagessen serviert hatte – Soljanka und Obstsalat – schwört er auf meine Hausfrauenkünste, auch auf die noch nicht bewiesenen.

Morgen werden wir wohl noch nicht richtig feiern können [...], denn wir müssen eine dringende Terminarbeit – Jons neues Hörspiel – fertigmachen und abschreiben, aber wir haben ja dann noch den ganzen Sonntag. Wir wollten nach Dresden oder Bautzen fahren, aber das Wetter [ist] zu schlecht, kalt und stürmisch (bei euch sollen ja schon –20 Grad gewesen sein. Ihr Armen, hoffentlich kommt ihr mit den Kohlen hin). [...]

Aber nun zu dem Wichtigsten, der großen Neuigkeit, daß unser U-Bruder Vater wird. Wie kommt ihr anständigen Leute bloß zu solchen Kindern? Ich dachte ja, der U würde der einzige sein, der ohne »Vorliebe« heiratet ... Aber da Sigrid Ärztin ist, wird es ja wohl ein mehr oder weniger freiwilliges Baby sein, [...] wir haben uns gefreut, und gleichzeitig war uns ein bißchen unheimlich, weil wir – noch dazu als die Ältesten – noch nichts für die Erhaltung des Stammes getan haben. [...]

Es könnte ja sein, daß ich doch mal Appetit auf ein Baby bekäme, wenn ich mein nächstes Buch fertig habe [...]. Aber ich habe ja meine »geistigen Kinder«, und mit denen bin ich ausgelastet. [...]

Bis zum nächsten Mal – mit tausend lieben Grüßen [...] – eure Tochter Brigitte

Hoy, 6. 12. 65

Liebe Eltern,

eben kam der Eil-FRS. Von uns aus ist also alles soweit klar: wir kommen am 24. und bleiben voraussichtlich drei Tage. Ob wir am 30. nach Leipzig fahren, ist nicht sicher, eher unwahrscheinlich – wegen Zeit, Geld und Zustand [...]; ich muß bis April ganz fest dem Verlag einen Termin für mein Buch sagen können, damit ich »eingeplant« werden kann, sonst kann es passieren, daß das Buch ein Jahr beim Verlag liegt. April kommt einem weit in der Ferne vor, ist aber nicht, wenn ich sehe, [...] was andauernd dazwischen kommt.

Finanziell sind wir auch reingefallen, [...] Jon hatte ganz großes Pech [...]: die Haushaltsabteilung beim Rundfunk hat kein Geld mehr, er bekommt also weder die Sendegebühren für sein Hörspiel [...] noch das Honorar für das neue, fertig vorliegende Hörspiel. Wir sind bald geplatzt vor Wut. [...] Leider habe ich auch Geld verborgt, das ich vorläufig nicht zurückbekommen werde. Na ja, so kommt eben alles zusammen. Übrigens ist das kein Grund zur Panik, wir kommen schon durch. [...]

Alles Gute für euch, entschuldigt meine Eile, ich muß wieder arbeiten.

Herzlich eure B-Tochter

Hoy, 17. 12. 65

Liebe Mu, lieber Vati,

[...] Unsere Laune ist auf dem Nullpunkt; wenn ihr die Entwicklung der Kulturpolitik in den letzten Wochen verfolgt habt, könnt ihr euch denken, warum. Nicht mal der Gedanke an Weihnachten kann mich mehr freuen, und am liebsten würde ich mich einschließen. Manchmal sitze ich vor meinem Buch und frage mich, warum ich überhaupt noch weiterschreibe.

Butter werden wir mitbringen, auch Kaffee – ob es Sahne gibt, weiß ich noch nicht, Bananen hat es bis jetzt noch nicht gegeben, und das Apfelsinenschiff ist anscheinend auch an Hoy vorbeigefahren. […] Aber sagt mir, um Gotteswillen, warum sollen wir wieder den Plattenspieler mitschleppen, der letztes Jahr auch bloß im Weg rumgestanden hat? Meine Platten sind auch kaputt. Außerdem gibt es den ganzen Abend Weihnachtsmusik im Radio; davon, daß wir auch selbst mal singen können, ganz zu schweigen. […]

Hoffentlich können wir wenigstens über Weihnachten mal unseren Ärger vergessen. Jon geht ab Januar wieder arbeiten; es ist sinnlos, jetzt die Reportage schreiben zu wollen, die er sich vorgenommen hatte. Sie wird bestimmt nicht gedruckt.

Mit herzlichen Grüßen
eure Brigitte

Hoy, 29. 12. 65

Meine lieben Eltern,
wir sind gut gelandet. Ein Haufen Post; andauernd klingelt das Telefon, ich gehe aber nicht ran. Meine Wohnung kommt mir auf einmal viel zu ruhig vor; jetzt tut es mir leid, daß wir nicht einen Tag länger geblieben sind – es war schön bei euch, trotz der Kräche. Jon ist immer noch erschüttert von unseren dramatischen Talenten … Hoffentlich ist Uli nicht mehr gar so grimmig auf uns. – Für die letzten Tage, die ihr gemeinsam verlebt, wünsche ich euch Frieden und Freude. Grüßt alle Geschwister von uns.

Alles Gute für das neue Jahr! Bleibt gesund.

Mit einem Kuß für jeden
Eure Brigitte

1966

Meine lieben Eltern,

über Muttis schönen, langen Brief habe ich mich sehr gefreut; das war ja beinahe so, als ob man die Hochzeit selbst miterlebte. Ich fand ihn gestern abend, als ich ganz zerschlagen von der Vorstandssitzung des Schriftstellerverbandes zurückkam – moralisch zerschlagen vor allem. Ihr werdet ja aus der Zeitung wissen, was wir für Schwierigkeiten haben. Ich will euch Schilderungen ersparen. Es war furchtbar, und ich bin so unglücklich wie seit langem nicht. Mutti wird es vielleicht gar nicht verstehen, daß man sich über »Politik« so grämen kann – aber alles, was jetzt gesagt und angeordnet wird, betrifft mich ja ganz persönlich, mein Leben, meine Arbeit vor allem. Ich habe gar keinen Mut mehr, an meinem Buch weiterzuschreiben. Aber das ist kein Briefthema. Erwähnt auch im FRS nichts davon – Lutz muß nichts davon wissen, daß ich mit der Partei uneins bin.

Wenn ich euch sage, daß erwachsene Männer in Tränen ausgebrochen sind, dann könnt ihr euch vorstellen, was für Auseinandersetzungen es gegeben hat. Kein Wort mehr davon, ich kann nicht mal dran zurückdenken, ohne zu heulen. [...] Eins steht jedenfalls fest: ich werde mich in der nächsten Zeit an nichts beteiligen. Man will mit mir »Gespräche« führen, weil ich falsche Meinungen vertreten habe ... Aber es ist völlig sinnlos, zu protestieren und aufzuschreien, damit ändert man doch nichts, das ist mir jedenfalls klargeworden. [...]

Silvester haben wir friedlich und einsam verbracht. [...] wir haben Thomas Mann gelesen und ein bißchen Wodka getrunken, und das war die ganze Feier. Dafür hatten wir wenigstens Neujahr einen klaren Kopf. Jon arbeitet noch nicht;

wegen des Frostes und der Schneefälle sind die Raupenfahrer
[…] momentan in dem Betrieb überflüssig. […]

Entschuldigt, daß ich nur so einen kurzen Brief schreibe –
meine Gedanken drehen sich ja doch immerzu nur um diese
verdammten Probleme, die wir da haben. Vielleicht habe ich
mich nächste Woche wieder mit meinem Buch angefreundet,
und dann geht es mir auch besser, und ihr bekommt einen
fröhlicheren Brief. […]

Mit vielen lieben Grüßen
eure Brigitte

Hoy, 18. 1. 66

Lieber Mu, lieber Vati,
hier kommt also […] der angekündigte, jedenfalls von mir er-
hoffte, etwas fröhlichere Brief nach so viel Wut und Trübsal.
Nicht, daß ich schon innerlich alles verkraftet hätte – dafür
kommen zuviel neue Meldungen von allerlei Ärgernissen, die
andere haben: hier wird ein Theaterstück abgesetzt, dort eine
Druckgenehmigung nicht erteilt, noch dazu für ein Buch, das
völlig brav und harmlos ist, und der Autor muß die idiotisch-
sten Änderungen vornehmen … Wenn mein Buch jetzt fertig
wäre, würde es mit tödlicher Sicherheit vor die Hunde gehen;
das ist kein angenehmer Gedanke, aber ich schreibe so weiter,
wie ich begonnen habe, nehme nichts zurück und mache keine
ängstlichen Zugeständnisse – nicht bloß, weil ich hoffe, glaube, daß sich wieder ein vernünftiges Gleichgewicht herstellen
wird, sondern gewissermaßen aus Prinzip: weil ich das, was ich
da schreibe, für wahr und richtig halte. Möglicherweise
kommt eine etwas unfreundliche Zeit auf uns zu. Ich schrieb
euch, daß ich ein Stipendium beim Verlag beantragen wollte –
und nun machte mein lieber Cheflektor neulich am Telefon so
eine Andeutung, daß es keineswegs sicher sei, daß man mir für
dieses Buch auch noch Geldbeihilfe geben könne. […] Übrigens zerbreche ich mir nicht den Kopf darüber, irgendwie wird
sich alles finden, und jetzt bin ich erstmal froh, daß ich wieder

»Anschluß« an meine Geschichte gefunden habe und weiter-schreiben kann, sogar mit viel Spaß an der Sache und einem gehörigen Pensum jeden Tag. Außerdem lese ich fleißig Thomas Mann – jetzt habe ich mich sogar an Dr. Faustus gewagt, der übrigens gar nicht so schwer verständlich ist, wie viele Leute behaupten […]

Ich freue mich, daß sich die ganze Familie so dankbar an Weihnachten erinnert, und sicher werdet ihr, als die Initiatoren und Organisatoren und stolzen Eltern so vieler wohlgeratener Kinder, euch am meisten freuen und noch für ein paar Wochen Gesprächsstoff haben. […]

Mit vielen lieben Grüßen und Schmätzen
eure Tochter Brigitte

Hoy, 17. 2. 66

Meine lieben Eltern,

[…] Wir werden nun doch nicht nach Burg kommen, die Gründe sind die üblichen – Zeit und Geld, resp. der Mangel an beidem. Ich lebe jetzt vorwiegend von dem, was mir meine Schuldner so nach und nach zurückbringen […]. Letzte Woche war ich in Berlin bei Lewerenz […], die Heldin findet er »allerliebst« – ein bemerkenswertes Wort in seinem Mecklenburger Munde –, und das Ganze nennt er »90 % Klassik«, was sein höchstes Lob ist. Mir war ein Stein vom Herzen – aber mit Geld gibt es trotzdem Schwierigkeiten, es sei denn, ich bin damit einverstanden, daß ich einen Vorschuß bekomme, den ich dann zurückzahlen muß, wenn das Buch erschienen ist. Damit bin ich aber nicht einverstanden, meine vielmehr, daß auch der Verlag ein gewisses Risiko tragen soll. Wer weiß, was für ein Schicksal meinem Buch beschieden ist … Wir haben uns nun darauf geeinigt, daß L. versucht, ein Stipendium von 500.– lockerzumachen (das sind also netto 400.–), das ich ein halbes Jahr lang bekomme […]. Ich muß also in diesem halben Jahr sehr, sehr fleißig sein, und Mitte nächsten Jahres soll das Buch abgeschlossen sein, damit es zur Frühjahrsmesse 68 (!) erscheinen kann. Ich bin ja sehr in Zweifel, ob ich das schaffe. Nach dem Lewerenzschen Lob habe ich mich zwar mit Verbissenheit in die Arbeit gekniet, aber [...] andauernd kommt was dazwischen, momentan ist eine richtige Besucherschwemme [...]. Heute drei »Durchgänge«, zum Frühstück, zum Mittagessen und zum Abendbrot. Immerzu 11. Plenum ... das schafft einen.

Jon bringt morgen ein Kartonchen mit Apfelsinen auf die Bahn. [...] wir dachten, daß euch und der werdenden Mama ein bißchen Vitamine guttun werden. Und man weiß ja nie, wie die Streuung klappt, und ob auch in Burg ein Waggon abgekoppelt worden ist. Hoffentlich kommen sie heil an.

Übrigens tragen wir uns mit vagen Umzugsplänen. Beim Verlag hat ein Schriftsteller aus Neubrandenburg mit mir gesprochen, um uns abzuwerben. Sein Bezirk rührt mächtig die Trommel, verspricht eine Wohnung im Hochhaus, ein Wochenendhäuschen an einem See etc. Wir hätten schon Lust, mal wieder die Tapeten zu wechseln, auf die Dauer ist Hoyerswerda auch eine Geißel Gottes. Neubrandenburg liegt günstig, zwischen Berlin und Rostock, man hat wieder mehr Tuchfühlung mit den geschwisterlichen Familien, und die Landschaft ist viel freundlicher als bei uns, wo sich so allmählich die Gegend in Mondkrater verwandelt. [...]

Mit vielen lieben Grüßen

eure Tochter, Schwester, Tante Brigitte

Hoy, 2. 3. 66

Meine lieben Eltern,

[...] Wir waren also in Cottbus, bei den Architekten [...] (ich muß ja auch für mein Buch wissen – selbst wenn ich dann gar nichts davon schreibe –, wie die ökonomischen Zusammenhänge sind und die ganze Stufenleiter von Planträger, Investträger, Auftraggeber etc.) Der Architekt – dh. er ist Städtebauer – war sehr nett und gründlich, und ich habe in den paar Stunden mehr kapiert als sonst in langen Konferenzen. Es hat aber doch solange gedauert, daß wir den zweiten Besuch – im Projektierungsbüro Hoyerswerda – auf morgen verschieben müssen. In Cottbus gab es Bananen, aber wir hatten nicht mehr die Kraft, uns anzustellen.

Die letzte Woche habe ich mit einem fürchterlichen Schnupfen zugebracht, der solche Ausmaße annahm, daß ich nicht mehr arbeiten konnte und bloß noch wie betäubt und mit Fieber herumlag. […] Manchmal wundere ich mich, wie ich diesem jämmerlichen Körper mit seinen tausend Beschädigungen immer noch die Kraft für acht Stunden Arbeit abringe. Aber wahrscheinlich ist Arbeiten das beste Mittel, mit allen Beschwerden fertigzuwerden. […]

Ich lese jetzt die zwei Bände mit Thomas Manns Briefen. Wahrscheinlich würden sich Lutz und vor allem Gretchen auch für die Briefe interessieren, durch die man seine Romane viel besser verstehen lernt. Fragt doch bitte mal an, ob sie sie haben möchten – natürlich als Geschenk. Weihnachten rückt ja schon wieder näher, und man muß vorsorgen. […]

Bleibt schön gesund und seid ganz lieb gegrüßt […]

von eurer Tochter Brigitte

Hoy, 10. 3. 66

Liebe Eltern,

[…] nächstens werde ich ein paar Tage »hospitieren« gehen bei den Architekten, bloß so zusehen, wie sie zeichnen, was für Gesichter sie dabei ziehen usw., also »Atmosphäre schnuppern«. Mit theoretischem Wissen bin ich jedenfalls vollgestopft, das langt für zwei weitere Bücher. […] Sehr Fröhliches gibt es von uns nicht zu melden, außer daß wir schrecklich verliebt sind (ineinander, versteht sich […]), aber das ist beinahe noch wichtiger als die Arbeit. Solange jetzt freundliches Frühlingswetter war, sind wir über Mittag spazieren gegangen, dh. Einkaufen von einem WK zum anderen, denn so richtige Spazierwege gibt es hier ja nicht.

Nachdem ich meinen Schnupfen halbwegs überwunden

habe, melden sich wieder die Zähne. Ich habe mich entschlossen, das bloß noch komisch zu finden [...]. Jetzt geht
es also wieder los mit den täglichen Schmerzenswegen zum
Zahnarzt. Ich will aber das Beste daraus machen und immer
zu Fuß gehen, frische Luft schöpfen und Gesundheitspflege
betreiben; ich bin nämlich jetzt in der Altstadt zur Behandlung, und das ist ein netter Fußmarsch.

[...] Heute rief mich mein lieber Lewerenz an und sagte,
daß er beim Verlag mit einem Stipendienantrag nicht durch-
kommt. [...] Nun, wir wollen noch abwarten, bis der neue
Verlagsleiter sein Amt antritt. Und wißt ihr, wer es ist? Der
ehemalige Kulturminister, Hans Bentzin – übrigens ein sehr
sympathischer Mann [...] Na, vorerst schicken sie mir einen
Vorschuß auf die neue Auflage von »Ankunft«, und damit ist
uns ja auch für ein paar Wochen gedient, und weiter plane ich
nicht. Der liebe Gott wird sich schon erbarmen.

[...] Momentan besitze ich noch 38.– auf der Bank, und
meine Hoffnung sind die Außenstände [...] bei meinen
Freunden, die ebenfalls in der Tinte sitzen. Künstler-Schick-
sal, wie man so sagt. Übrigens, damit ihr euch nicht etwa
Sorgen macht: wir [...] lassen uns durch solche Kleinigkeiten
nicht verdrießen. Hauptsache, das Buch wird fertig und wird
gut und vielleicht sogar ein Schlager (Lewerenz prophezeit
dergleichen – aber bis jetzt liegt [...] knapp ein Drittel vor,
und man kann noch eine Menge vermurksen).

Und nun die angekündigte Bitte, die ziemlich lächerlich
ist. Bei uns hat es seit Monaten kein Toilettenpapier gegeben,
und da ihr Beziehungen habt, wollte ich bescheiden anfragen,
ob ihr einige Röllchen von diesem Luxusartikel nach Hoy
schicken könntet. Man ist ja nicht verwöhnt – aber zwanzig
Jahre nach dem Krieg ... na, das geht doch ein bißchen zu
weit.

Das war's für heute. Nächste Woche gibt es hoffentlich
wieder einen FRS. Laßt es euch gut gehen, [...] und seid
ganz lieb gegrüßt von meinem Wundermann und
    eurer Tochter Brigitte

Liebe Mu, lieber Vati,

nur ein ganz kurzes Briefchen (ich kann sowieso kaum schreiben – klamme Pfoten, seit heute früh ist die Heizung ausgefallen), um euch schönen Dank für den FRS zu sagen und vor allem für euer Angebot der »Altersreserve«. […] ich hoffe nur, daß ich vorläufig nicht Gebrauch davon machen muß. Wie mein österreichischer Freund sagt: Die Lage ist hoffnungslos, aber nit ernst … […] dann muß […] ja auch so langsam die jedes Jahr fällige Rückzahlung vom Finanzamt kommen (ich zahle zu hohe Abgaben, und da ich letztes Jahr wenig verdient habe, kommen wahrscheinlich tausend Mark zurück). Kurz, man wird sich eine Weile irgendwie durchfretten. Die Sache macht mich ungeheuer fleißig – ich gönne mir keinen »Faultag« mehr […]. Gestern hat uns ein neuer Schlag getroffen. Dieses Jahr wollte Jon die Ernährung der Familie sichern, er hatte den Plan, eine sehr interessante Erzählung fürs Fernsehen zu bearbeiten. Dahin, dahin …

Gestern erfuhr er, daß man dieses Jahr nichts mehr aufnehmen kann, es ist keine Filmkapazität da – kein Wunder, wenn man einen fünfteiligen Fernsehschinken über den »Widerstandskämpfer« v. Brauchitsch dreht … Der arme Jon ist so von Pech verfolgt […]. Wenn der mal ein Buch geschrieben hat, dann verbrennt bestimmt das Manuskript, oder die Druckerei fliegt in die Luft. […]

Unserer Weltreisenden wünsche ich viel Spaß in Hamburg. […] viele liebe Grüße von eurer
Tochter Brigitte

Lieber Vati,

[…] Wir waren zwei Tage in Berlin zur Vorstandssitzung vom Verband, bei der es aber bloß viel Gerede gab (hinterher tut es einem immer leid um die kostbare Zeit). Diesmal waren wir ganz fein untergebracht: im Hotel Berolina, dem ersten Haus am Platze. Na, das war eine Enttäuschung! Die Halle ist zwar großartig und mit vielen Indern und Negern und anderen interessant aussehenden Leuten bestückt, aber die Organisation ist unter aller Würde. Abends um zehn war unser Zimmer noch schmutzig vom letzten Gast, und um halb elf, nach vielen Mahnungen, erschien endlich eine abgehetzte Reinemachefrau, die uns so leid tat, daß wir unsere Betten dann selbst bezogen. An sich ist das Hotel sehr schön und komfortabel (und wahnsinnig teuer), aber [...] Schlamperei, wohin man sieht. Erwähn das aber nicht im FRS, wegen Lutz, der sowieso eine schlechte Meinung von uns hat.

[...] gestern mußte ich nach Cottbus, zur Abnahme eines Wandbildes von Dieter Dreßler. Er hatte mich darum gebeten, damit ich, falls es soweit kommt, darüber schreiben kann. Er hat nämlich Streitigkeiten mit den Funktionären im Bezirk [...]. Tatsächlich war alles aufs beste vorbereitet, mit Presse und Rundfunk und Absprachen mit allerlei Leuten, die gegen Dieter diskutieren sollten. Es war die wildeste Abnahme-Diskussion, die ich je erlebt habe. Trotz Bandaufnahme verloren wir schließlich die Nerven und tobten herum gegen alle diese Esel und ihre doofen Vorstellungen vom sozialistischen Menschenbild – dh. sie haben gar keine Vorstellungen, sondern schmeißen bloß mit Phrasen um sich herum. Sie [...] nannten das Bild »Dreck« und die Leute darauf »Neandertaler« – und das war wirklich die unverschämteste Ungerechtigkeit, die man sich vorstellen kann. Das Bild ist sehr anständig, ich habe mich lange genug mit Malerei beschäftigt, um das beurteilen zu können. Aber die ganze Sitzung war eben auf »Abschießen« angelegt. Schließlich sind wir aber doch durchgekommen, mit Hilfe der Künstler und Architekten, die alle für das Bild und die Abnahme stimmten. Das war ein Kampf! Ich kam ganz erschlagen abends nach Hause. [...]

Übrigens habe ich in Berlin mit einem Kollegen aus Neubrandenburg gesprochen; er sagte mir, daß die Schriftsteller und auch die Bezirksleitung sich sehr freuen, daß wir kommen wollen. Mit Wohnung gibt es keine Schwierigkeit. Im

Mai oder Juni werden wir nach N. eingeladen, um uns erst mal die Gegend besehen zu können. […]

Bleib gesund, lieber Vati, laß Dich reihum zum Essen einladen und ein bißchen verwöhnen (worauf man als Junggeselle schließlich Anspruch hat) und sei ganz lieb gegrüßt von
Deiner Tochter Brigitte […]

Hoy, 29. 3. 66

Mein armer, lieber Herr Vater,
hab ich's mir doch beinahe gedacht! Alle Deine Kinder haben Dich treulos im Stich gelassen […]. Hier hast Du also ein Beileidsbriefchen, obgleich es noch gar nichts Neues zu berichten gibt, denn die letzten Tage habe ich damit verbracht, meine Migräne zu pflegen […]. Dieses Familienübel kostet einen entschieden zuviel Zeit. Dank der Spritzen taucht es bloß alle paar Wochen auf, aber dann mit einer Heftigkeit, daß man für die Welt verloren ist.

Es steht also so gut wie fest, daß wir Ostern angerauscht kommen. Jon ist ja auch gespannt darauf, Sigrid kennenzulernen […]. Aus irgendeinem Grund bildet er sich ein, sie sei eine Marxistin, und wittert in ihr eine Gesprächspartnerin. Aber ich habe da meine Zweifel, wenn ich an unseren schwankenden Uli-Bruder denke. Mal sehen, wer auf wen stärker abgefärbt hat. […]

Grüß unsere Oma von der Weltreise, wenn sie Sonntag zurückkommt – sie wird ja dann Ostern eine Menge zu erzählen haben. […]

Mit vielen lieben Grüßen
Deine B-Tochter

Hoy, 11. 4. 66

Meine lieben Eltern,
U und S haben wir heil in M. abgeliefert. Eben sind wir in Hoy angekommen – nach 3¼ Std. Fahrt, das ist beinahe

Weltrekord. (Die vielen Westwagen auf der Autobahn verleiteten zum Tieffliegen, wir sind ganz stolz auf unseren tüchtigen kleinen »Bullen«). Die Platten lasse ich gerade ablaufen; sie sind wunderschön.

[...] Und herzlichen Dank noch mal für die schönen Ostertage und für Speis und Trank [...] von

eurer B-Tochter

Hoy, 20. 4. 66

Liebe Mu, lieber Vati,

[...] ich [...] hatte ein langes Gespräch mit meinem Lewerenz und dem neuen Verlagsleiter [...] Bentzien [...]: er ist sehr liebenswürdig, still, sehr gebildet und kann gut zuhören. Er selbst kann nur flüstern, weil er schon seit Monaten an einer Erkrankung der Stimmbänder leidet – wahrscheinlich eine Nervengeschichte. Er hat, Gott sei Dank, ministerielle Maßstäbe mitgebracht, was die Finanzen angeht, und innerhalb weniger Tage durchgesetzt, worum mein armer L. so lange und vergeblich gerungen hat: ich bekomme für ein halbes Jahr ein – nicht rückzahlbares – Stipendium von brutto 500 Mark und, wenn das abgelaufen ist, Vorschuß solange, bis mein Buch fertig ist. Außerdem bot er mir jede erdenkliche Hilfe an, Beratung und – auf Kosten des Verlages – einen vierteljährigen Aufenthalt in Schloß Wiepersdorf, wo ich in Ruhe schreiben kann. Darauf bin ich allerdings noch nicht eingegangen, weil ich [...] auch auf meine Bücher und Tonbänder angewiesen bin, um richtig arbeiten zu können – und natürlich nicht ohne Jon auskommen kann. [...] Die Gegenleistung: ich muß mich verpflichten, zwischendurch keine Arbeit anzunehmen (wozu ich sowieso keine Lust habe) und muß im Oktober 250 Seiten vorlegen und im Mai 67 ganz fertig sein. [...] Ihr könnt euch vorstellen, daß ich gleich in Panik geraten bin und manchmal, wenn ich an meinen Termin denke, vor Angst nicht weiterschreiben kann. [...] Wenn ich merke, daß die Schnelligkeit sich auf die Qualität auswirkt, werde ich natürlich stoppen, ganz egal, was passiert.

Montag waren wir wieder in Berlin, um an einer Soziologie-Tagung bei Henselmann teilzunehmen [...], und es [...] bestätigte meine privaten Theorien, die ich mir über modernen Städtebau aufgestellt hatte. Allerdings war uns der Tag ziemlich vergällt durch zwei ärgerliche Erlebnisse am frühen Morgen: Ich war bei der NDL (unserer Literatur-Zeitschrift), die einen Vorabdruck aus meinem Buch bringen wollte, nun aber doch nicht bringt, weil man Auszüge daraus nicht drucken könne – was eigentlich ein Kompliment ist, weil es für die Geschlossenheit des Buches spricht. Als ich weiterbohrte (ich hatte schon meinen Verdacht), kam es denn zögernd heraus, daß in den Kapiteln »problematische« Stellen seien ... [...] Aber das zweite war viel schlimmer: Jons sprichwörtliches Pech hat sich wieder bewährt, wenn man so sagen kann. Er hat monatelang an einer Reportage für einen Band geschrieben, der im Aufbau-Verlag herauskommen sollte. Jetzt ist er fertig – aber der Band ist gestorben. Die anderen Arbeiten sind nicht fertig geworden und z. T. nicht zu gebrauchen, und mein armer Jon ist reingefallen, um sein Honorar betrogen ... Er war schrecklich deprimiert – so habe ich ihn noch nie gesehen. Er will jetzt endgültig das Schreiben aufgeben. [...] Sein Hörspiel wird immer noch nicht gesendet – diese Rundfunk-Idioten streiten sich immer noch um einen Satz, der ihnen nach dem 11. Plenum gefährlich vorkommt.

[...] Nun will er es also wieder in Pumpe versuchen ... Ihr seht, wir sind ganz schön auf dem Hund. Aber nächstes Jahr, wenn ich fertig bin – dann lasse ich die Teufel tanzen, das werdet ihr sehen, dann werden wir uns schadlos halten für diese scheußlichen Jahre!

Laßt es euch gut gehen, meine Lieben, bleibt gesund und seid ganz herzlich gegrüßt von

eurer B-Tochter [...]

Meine lieben Eltern,

bei uns ist immer noch wunderbares Wetter, und ich nütze den knapp einen Quadratmeter großen Sonnenfleck im Zimmer aus, bin mit meiner Maschine auf den Teppich übergesiedelt und lasse mich beim Arbeiten – in einer etwas anstrengenden Haltung – bräunen. Sonntag waren wir eine Stunde am Knappensee, mehr Vergnügungen können wir uns jetzt nicht leisten […]. Habe ich euch von meiner Leistungstabelle erzählt? Ich fühle mich schon wie ein volkseigener Betrieb mit Planung und Normen und so Zeug. Über meinen Schreibtisch habe ich einen Bogen Papier geklemmt, auf dem ich jeden Tag vermerke, wie viele Zeilen ich geschrieben habe und auch – mit verschiedenen Buchstaben gekennzeichnet – alle anderen Leistungen: Überarbeitungen, Korrektur, Briefe etc. Man sollte nicht glauben, wie einen das anspornt. Jon, wenn er kommt, guckt sich immer zuerst die Leistungskurve an, dann weiß er gleich, was für Laune ich habe.

Ihm macht die Raupe Spaß, und bei seinem Gammelbetrieb arbeitet er sich nicht tot. […] Manchmal sind wir bei den Dreßlers […]; sie wohnen in Spremberg, in einem Haus mit Garten etwas außerhalb, und Frau Dreßler ist eine entzückende Person, charmant, gastfreundlich, immer gutgelaunt, sie jammert nie, obgleich Dieter ein schwieriger Patron ist wie alle diese verrückten Künstler, und manchmal kein Geld im Haus […] und drei Kinder mit Temperament […].

Vor ein paar Tagen habe ich einen Brief von Lutz bekommen, über den ich mich sehr gefreut habe, weil er eben richtig wie an eine Schwester schrieb […]. Er rät uns auch zu, nach Neubrandenburg zu ziehen; der Tollensesee sei wahrscheinlich die schönste Gegend der Republik. (Ja, er hat sogar Republik geschrieben, wenn auch in Gänsefüßchen – aber das ist immer noch besser als Zone.) […] Ich war auch froh, weil er meine Begeisterung über das Buch teilte, das ich ihm neulich geschickt hatte; es ist von einem polnischen Schriftsteller, sehr schön und geistreich.

Ihr seht, in der freundlichen Sonne fallen mir auch lauter freundliche Dinge ein. Wenn ich erst einmal eine Datscha am Tollensesee habe, schreibe ich bloß noch lustige Bücher, die auch Mutti lesen kann, ohne in Ohnmacht zu fallen. […]
Mit vielen lieben Grüßen
eure Tochter Brigitte

Hoy, 10. 6. 66
Meine lieben Eltern,
hoffentlich seid ihr gut nach Hause gekommen […]
Wir hatten Pech unterwegs. Kurz hinter Neubrandenburg schleuderte uns ein Lastwagen einen Stein gegen die Windschutzscheibe, die […] in derselben Sekunde von tausend Rissen durchzogen war […], und während wir so gut wie blind nach Neustrelitz tappten, fiel uns die Scheibe stückweise auf die Füße, lauter winzige und scharfe Scherben – […] und als wir in N. ankamen, saßen wir zwischen Splittern und sahen aus, als hätte man den Wagen unter Feuer genommen. Aber wenigstens konnte man nun wieder was sehen … So zogen wir durch die Lande, von Werkstatt zu Werkstatt […]. Zuerst machte es uns noch Spaß, endlich konnte man mal die Wälder riechen, aber mit der Zeit wurde es doch ungemütlich mit dem Wind und Abendnebel, der ungehindert ins Auto zog, und als es dann vor Cottbus noch an zu regnen fing, waren wir doch ziemlich sauer, denn wir bekamen nicht nur den Regen ab, sondern auch das Spritzwasser von den Wagen, an denen wir vorbeifuhren. Von Lübbenau bis Hoy sind wir absolute Weltrekordzeit gefahren, um allen diesen Mißlichkeiten zu entgehen. Gestern hat Jon bei uns in der PGH eine neue Scheibe bekommen – 113 Mark. Hoffentlich springt die Haftpflicht ein […], aber wenn, dann sicher nur nach jahrelangem Briefwechsel, eidesstattlichen Erklärungen und allen diesen bürokratischen Schikanen, die einen dann meist dazu bringen, auf die Versicherung zu pfeifen. […]
Heute fahren wir zu Dieter, um mit ihm über Neubranden-

burg und den Umzug zu konferieren. Jetzt sind es schon drei Maler, die sich anschließen wollen … na, das gibt ein Theater im Bezirk, wenn's rauskommt! Aber recht geschieht ihnen.

Na, genug für heute. […] Habe ich euch eigentlich schon gesagt, daß wir uns sehr, sehr gefreut haben, euch mal wieder zu sehen? […] Ich möchte bloß wissen, warum man sich immer so gehetzt fühlt … aber ich glaube, solange mein Buch nicht fertig ist, kann ich es auf keinem Fleck länger als ein, zwei Stunden aushalten. Ja, und wenn es fertig ist, dann denkt man schon wieder ans nächste, und auf einmal ist das Leben vorbei, und viel Amüsement ist nicht dabei herausgesprungen …

Mit vielen lieben Grüßen
eure Tochter Brigitte

Hoy, 22. 6. 66

Meine lieben Eltern,
da hat es also endlich mal wieder einen FRS gegeben, und dann gleich einen so langen … […] (Apropos FRS: auf die Anfrage des Redakteurs kann ich mitteilen, daß meine Serie vollständig ist, ich habe alle Briefe aufgehoben und in meiner vornehmen Rokoko-Truhe verwahrt.)

Die kleine Dame Imke hat schön auf sich warten lassen. […] Die Babies ahnen gar nicht, wie schlau sie sind, wenn sie sich recht lange der Welt fernhalten; bei Muttern sind sie am besten aufgehoben – nachher fängt der Ärger an. […] Ich bewundere Uli, daß er während der aufreibenden Zeit werdender Vaterschaft noch imstande war, eine glänzende Englischarbeit zu liefern und an seinem Beleg zu arbeiten. […] Die jungen Leute haben eben doch bessere Nerven als wir alten.

Bei uns geschehen keine Sensationen. Wir leben hauptsächlich von Erdbeeren […], und wir haben […] schon tausend kleine Pickel gekriegt. Macht nichts, es wird weiter gefressen. Ich war leichtsinnig: ich habe mir ein Strickkleid machen lassen, übrigens ziemlich billig, ein Viertel von dem, was man bei Exquisit bezahlt. Jon hat eine Strickmeisterin ausfindig gemacht, die auch die Wolle liefert, schnell und gut arbeitet und Geschmack hat (dicke Kundinnen schickt sie erbarmungslos weg, aber von mir war sie natürlich begeistert – 92 Hüftweite!). Das ganze Kleid – mit Wolle und Macherlohn – hat 114 DM gekostet und ist sehr schick geworden, blau mit einem dezenten Silberfädchen, überhaupt das Ganze dezent, hoher Kragen, keine Fisimatenten – ich versuche immer noch, Dame zu werden, wenigstens so auszusehen.

Gestern habe ich von Lutz das Buch geschickt bekommen, das ich mir gewünscht hatte; es kam über den Schriftsteller-Verband, also ohne Kontrolle. Er hatte auch einen Jazz-Katalog beigelegt. […] Man möchte hundert Platten kaufen, von all den großen Sternen des Blues … Ich war ganz aufgeregt: jetzt wählen, das geht beinahe über meine seelischen Kräfte. […] Vielleicht läßt sich mal wieder ein Geschäft mit ihm machen – oder ich muß doch mal zu einer Lesung in den Westen fahren und meine Diäten in Platten anlegen, und wenn ich dabei hungern muß. Manchmal träume ich davon, daß mein Buch später drüben verlegt wird – na, aber dann … Nun, vorläufig ist es nicht mal fertig. Heute kommt mein lieber Lektor Walter, um sich anzusehen, was ich so in der letzten Zeit zusammengekritzelt habe – dh. ich habe ihn darum gebeten, weil ich immer in der Angst lebe, die Qualität könnte leiden unter der Eile, mit der ich jetzt schreibe. Manche Seiten finde ich selbst ganz gut, aber was weiß man schon als Autor? Die Lieblingsstellen sind meistens die miesesten. »Was du besonders ›schön‹ findest, mußt du rausstreichen« – das war so eine Lehre von meinem alten Freund Piltz, meinem strengen Erzieher. Schade, daß ich ihn gar nicht mehr sehe, ich möchte wissen, wie er heute auf mich wirken würde – damals habe ich jedes seiner goldenen Worte bedingungslos geglaubt. Aber ich war eine grüne Pflanze, und heute bin ich eine Persönlichkeit …

Mit dieser Bekundung von Größenwahn möchte ich mich für heute verabschieden. Wenn der liebe Walter abreist, werde ich wahrscheinlich wieder ein paar Zentimeter kleiner sein.

[…] seid ganz lieb gegrüßt von eurer Tochter Brigitte

Liebe Mu, lieber Vati,

[…] Ich habe tüchtig geschafft – und gestern ist auf einmal der Faden gerissen. Große Verzweiflung. Heute wird es wohl nichts werden, denn wir waren gestern bis nachts zwei Uhr bei Dreßlers, wo wir uns im West-Fernsehen einen Film angesehen haben. […]

Der Lewerenz war übrigens sehr angetan von dem, was ich bis jetzt geschrieben habe, […] Walter sagt, ich bin seine langweiligste Autorin, weil er an mir nicht herummeckern kann. Trotzdem haben wir bis zum späten Abend geschwatzt – das 11. Plenum ist immer noch ein unerschöpflicher Gesprächsgegenstand.

[…] Daß unsere Umzugspläne nun konkret sind, sagte ich sicher schon […]. Merkwürdigerweise ist Jon […] unruhiger als ich – am liebsten würde er gleich morgen abziehen. Aber wir müssen ja wenigstens warten, bis das Hochhaus fertig ist – wir haben uns nämlich fest für Neubrandenburg entschieden und für Neubauwohnung mit Fernheizung. Natürlich hätte ich mich gern »verbessert«, also mindestens zwei Zimmer (und ein halbes dazu – ich habe so einen Haufen Möbel und Bücher, daß ich hier kaum noch treten kann), aber solche Wohnungen gibt es nur im neuen Viertel, in vierstöckigen Häusern – und in so eine Gegend ziehe ich nicht wieder. Diese stupiden Häuserblocks habe ich hier bis zum Überdruß genossen. Jetzt kommt bloß noch Hochhaus in Frage, möglichst weit oben und schön anonym und nicht andauernd Familien mit zehn Kindern auf der Nase. Im Hochhaus wohnen meistens Junggesellen, die vielleicht mal eine Party veranstalten, aber nicht im Treppenhaus rumzanken. Allerdings gibt es im Hochhaus nur anderthalb Zimmer […]. Na, das wird sich alles finden. Jedenfalls wäre es mir lieb, wenn wir im Herbst umziehen könnten […].

Für heute ein paar matte Grüße und einen Schmatz
von eurer Brigitte

Liebe Mu, lieber Vati,

[...] Leider bin ich heute ziemlich mies, weil ich [...] mich
mal wieder gehetzt fühle, und das ertrage ich nicht. Dabei
habe ich mir gestern mal einen schönen Nachmittag gemacht
und bin ganz allein in den Tierpark gewandert [...]. Natürlich hatte ich für meine Wanderung auch einen richtigen
Grund: im Tierpark ist jetzt nämlich eine Verkaufsstelle von
der »Modernen Kunst« eröffnet worden, und ich fand, es sei
höchste Zeit, sich mit Weihnachtsgeschenken zu versorgen.
So habe ich eben, weil gerade mein Stipendium gekommen
war, viel zu viel Geld ausgegeben und mir dann die Bären und
die jungen Zwergziegen angesehen, und den Pfau, der unter
Getöse ein Rad schlug, und den Puma, der in der Ecke saß
und fauchte, so daß man sich wie im Urwald vorkam. Es war
sehr merkwürdig, allein herumzuspazieren – und noch dazu
zur Arbeitszeit …

[...] mein Geburtstag wird wohl sang- und klanglos vorübergehen, Jon ist uff Arbeet, Gäste lade ich nicht ein, weil
ich momentan kein liebenswürdiger Gesellschafter bin – und
so werde ich halt den Feiertag durch Arbeit heiligen. Dafür
haben wir aber für den 28. eine Ausschweifung geplant; einer
unserer Maler hat Karten fürs Theater besorgt (wir wollen den
»Drachen« sehen, der von aller Welt hochgerühmt wird), und
so fahren wir denn in Kavalkade allesamt nach Berlin. Apropos Geburtstag: ihr fragt nach einem Geschenk … [...] Zwei
Dinge gibt es, über die ich mich sehr freuen würde: erstens ist
jetzt eine Schallplatte rausgekommen, Johann Sebastian Bach
(auf Silbermann-Orgeln gespielt), nicht die Chorwerke, sondern reine Orgelmusik, und zweitens habe ich irgendwo eine
Vase gesehen, die mir gefällt, aus diesem gefärbten Glas, rot
und in Biertulpenform (Mu weiß sicher, was ich meine – außerdem male ich sie auf den Briefrand) – aber richtig schön rubin-
rot. Eins von beidem werdet ihr schon bekommen, und wenn
ihr ganz schlaue Kerlchen seid, merkt ihr euch das andere für
Weihnachten vor …

Ja, und nun Burg. Ich würde wirklich gern ein paar Tage kommen (vielleicht sogar ohne Manuskript) – ich habe es dringend nötig. [...] Soll Jon doch sehen, wie es ist ohne Frau!

[...] Inzwischen grüßt den kleinen Bratenbengel von uns, und seid selbst ganz lieb gegrüßt von dem Superman und
eurer Tochter Brigitte

Hoy, 23. 7. 66

Guten Tag, liebe Familie,
mein erster Brief als Dreiunddreißigjährige ... Habt schönsten Dank für eure Grüße und Geschenke [...], der Kuchen ist schon alle und hat wunderbar geschmeckt, besonders die Kakaostellen, die ich mir rausgepolkt habe. [...] alles in allem war es sehr unfeierlich und gar nicht wie Geburtstag – aber wahrscheinlich bin ich aus dem Alter raus, wo man Brambusel macht. Das fängt dann erst wieder zum Fünfzigsten an, mit Vaterländischem Verdienstorden und Gratulationscour und Händedruck von Klaus Gysi, falls er dann noch Kultur-Minister ist ... wird er aber nicht, und wenn, dann reißt er sich kein Bein danach aus, bei einer alten Dame zu gratulieren. Der steht mehr auf die Frauens um die Dreißig ... Mein armer Jon [...] kam erst gegen Abend, weil seine Raupe mal wieder kaputtgegangen war und er auf den Kran zum Abtransport warten mußte. Er hat mir ein sehr schönes Bild geschenkt, ein Original, versteht sich, von Dieter Dreßler. Ein Friedhof, aber ein sehr freundlicher in herbstlichem Laub. Ich hatte das Bild jedesmal bei Dieter bewundert [...], aber ich hatte nie gewagt, wegen Ankauf zu fragen (unser Freund ist ziemlich teuer). Nun, Jon hat es erstanden, Gott weiß wie und wofür. So allmählich ersetze ich meine Reproduktionen durch Originale – kennt ihr eigentlich die Allee, die »meine« Erika Alex gemalt hat? Ein erstaunliches Bild.

Heute kommt Herr Lubos, der Kultur-Abteilungsleiter von Neubrandenburg, nach Hoy. Inzwischen ist mir aber doch schon wieder bange geworden vor dem Umzug, wegen meiner Arbeit, die jetzt schon ernstlich leidet unterm Pläne- machen und Vorbereiten. Unter sechs Wochen kommt man bei solchen Katastrophen nicht davon. […] Vielleicht bringt er einen Plan vom Hochhaus mit, und wenn die Wohnungen sehr überzeugend sind … Bloß, sie werden auch bedeutend teurer sein als unsere hier. Ich weiß nicht, ob ihr davon schon gehört habt, in der Zeitung steht es ja nicht. Die Mieten wer- den heraufgesetzt, und sogar ganz beträchtlich. Zunächst fängt es in den neuen Wohnkomplexen an, aber jede Wette, daß wir nachziehen werden. Auf jeden Fall werden auch für uns die Preise für Heizung und Warmwasser erhöht. […] Man wird mit doppelt hoher Miete rechnen müssen. Ihr könnt euch vorstellen, was im Kombinat los ist … Die Leute sind sauer, mit Recht, nachdem die Mieten als Errungen- schaft gepriesen worden sind. Es soll Arbeitsniederlegungen gegeben haben. Natürlich dringt das alles nicht an die Öf- fentlichkeit, aber wenigstens hat man soviel Geschmack, nicht Leserbriefe zu veröffentlichen, in denen unsere Werk- tätigen diese neuen Erfolge begeistert begrüßen. Als auf- merksame Zeitungsleser haben wir noch andere Prophezeiun- gen – betreffs Strom, Gas und dergleichen. Na, lassen wir das. Inzwischen ist man hierzulande ja soweit, daß man bloß noch die Schultern zuckt und sagt: wir können es doch nicht ändern … (Eine Haltung, die mich mehr erbittert als all das andere Zeug – erbittert nicht gegen die Leute, versteht sich. Immerhin hatte dieser Staat mal die Chance, »unser« Staat in des Wortes bester Bedeutung zu werden. Aber wir hatten eben idealistische Vorstellungen vom Sozialismus …)

Wahrscheinlich komme ich am Mittwoch nach Burg. […] Ich schicke dann noch ein Telegramm, damit ich nicht mut- terseelenallein und weinend auf dem Bahnhof stehe. […]

Bis dahin also – alles Gute euch allen […].

Mit vielen herzlichen Grüßen

eure Tochter, Schwester, Schwägerin und Tante Brigitte

Liebe Mu, lieber Vati,

[...] Ihr wißt ja, daß mein Zug tüchtig Verspätung hatte [...],
so daß ich statt um sieben erst gegen zehn in Spremberg war.
Eine furchtbare Bummelei, der ganze Zug voller Westdeut-
scher mit Kofferradio, bis Potsdam kein Sitzplatz – und dann
das Gegröl der »siegreichen Nation«, als die Tore bei den
Weltmeisterschaften fielen. Ich war froh, daß dann doch
noch England gesiegt hat, sonst hätten die Massen Sieg Heil
geschrien wie in den vergangenen glorreichen Zeiten. Ich
übertreibe nicht. Als das zweite englische Tor geschossen
wurde, sagte eine Dame ganz herablassend: »Gönnen wir's
ihnen; die Engländer sind ja auch Menschen.« [...] Wahrscheinlich war ich auch sauer, weil ich in ein Abteil geriet, in
dem drei unglaublich ungezogene Westkinder herumtobten,
mit den Schuhen auf die Sitze stiegen, absichtlich ihre Salz-
stangen zertrampelten und mir die Strümpfe lädierten. Eine
widerliche kleine Bande. [...]

Mein lieber Herre hat von seinen »Eheferien« gar nichts
gehabt, weil er immerzu am Auto basteln mußte. Zum Glück
hat er hundert geschickte Kollegen, die ihm beim Schweißen
und Kleben helfen – nach der höchst unsozialistischen Kom-
binats-Parole: Privat geht vor Katastrophe! [...] Und damit
wären die Neuigkeiten erschöpft, und ich möchte mich zum
Schluß schön bedanken für die drei Ferientage und Mutters
Kokos- und Kirschkuchen. [...]

mit vielen lieben Grüßen
eure Tochter Brigitte

Liebe Mu, lieber Vati,

[...] In den letzten Wochen habe ich mich wieder entsetzlich
gequält mit meiner Arbeit; tagelang hintereinander sind auf
der Pensum-Liste jeweils nur drei oder fünf Zeilen »Leistung«
vermerkt. Ein richtiges Tief, dazu Herzanfälle, Übelkeit und

dergleichen – aber wahrscheinlich nicht als Ursache, sondern als Folge der Schwierigkeiten mit dem Buch. Jon erinnert mich von Zeit zu Zeit daran, daß es bei den anderen Büchern genauso war, daß also alle diese Depressionen gewissermaßen dazugehören und kein Zeichen dafür sind, daß ich unfähig bin, einen Roman zu schreiben. Aber ich bringe es nicht fertig, trotz aller guten Ratschläge von Arzt und Ehemann, während solcher Zeiten auszuspannen [...], sondern ich setze mich jeden Tag wieder stur vors Manuskript und probiere – und abends heule ich mir die Augen aus dem Kopf. [...]

Am Sonnabend haben wir uns einen Ausflug nach Dresden geleistet und Antiquitäten-Läden abgeklappert, in denen es aber Gott sei Dank nichts Verlockendes zu kaufen gab, und nachmittags haben wir im Zwingerhof gesessen, der einen durch den bloßen Anblick beruhigt und tröstet und einem das Herz erhebt. Himmel und Menschen natürlich und wie immer auffallend viele sowjetische Soldaten, die die Gemäldegalerie besuchen. [...]

Liebe Mu, laß Dich nur tüchtig von Deinem Gewissen beißen – es geschieht Dir recht. [...] Aber Spätzchen und Tilla sind natürlich einleuchtende Entschuldigungen; ich habe das Buch auch mit großer Spannung gelesen, und es ist sehr reizvoll, es mit den Memoiren anderer Schauspieler zu vergleichen, die nun ihrerseits über Tilla schreiben. Aber ich mußte doch grinsen über Deine Begeisterung, liebe Mu – stell Dir bloß vor, diese tolle Person wäre Deine Tochter! Na, das Geschrei ... Da siehst Du mal, was für brave, sittsame und durchschnittliche Töchter Du hast. [...]

Mit vielen Grüßen – auch von Monsieur Jon –
eure Tochter Brigitte

Hoy, 31. 8. 66

Liebe Eltern,

[...] Gestern bin ich unterbrochen worden, aber in angenehmer Weise: [...] Butzchen war schon da, als wir von der

Schneiderin kamen, und hatte sich an der Wohnung ergötzt und an meinen Uhren. (Meine Schneiderin, die sonst so resolut war, hatte mir nämlich lange ihr Leid geklagt: sie muß für mindestens ein Vierteljahr aufhören zu arbeiten, weil sie krank und übernervös ist, und zu alledem muß sie innerhalb der nächsten vierzehn Tage ihre Wohnung räumen. Sie ist Witwe und hat drei Zimmer, das ist nach Ansicht des Wohnungsamtes zuviel, obgleich sie doch mindestens einen Raum für ihre Schneiderei braucht). Jon, der eigentlich an diesem Nachmittag ein bißchen »dichten« wollte, blieb da und leistete uns Gesellschaft; er hat nämlich eine Schwäche für Butzchen. Sie ist wirklich ein sehr liebes, vernünftiges und kluges Mädchen mit selbständigen Gedanken und einer geistigen Reife, die weit über ihr Alter hinausgeht. Vor allem gefällt uns, daß sie so grüblerisch ist; […] und während ich mich aufs Zuhören beschränkte, unterhielten und stritten sich die beiden stundenlang über christliche Wissenschaft und Marxismus und die Erkennbarkeit der Welt. Ich wünschte, nur zwanzig Prozent unserer jungen Leute wären so nachdenklich und stellten so gescheite Fragen. […]

So, das war's für heute. Grüßt per FRS die ganze Familie, vor allem den London-Fahrer Lutz, den ich um seine Reise beneide. Wir denken, er nimmt sich sehr gut in London aus – wenn er eine Melone aufsetzt, hält ihn jeder für einen Eton-Absolventen. […]

Mit vielen lieben Grüßen
eure Tochter Brigitte

Hoy, 18. 9. [66]

Liebe Mu, lieber Vati,

[…] Ich bin jetzt ganz gut in der Arbeit drin, obgleich es mich erschreckt zu sehen, welche Ausmaße das Buch annimmt. Es besteht aus lauter Abschweifungen … Na, Vater Lewerenz wird dann schon streichen. Neulich war er bei mir, und wir haben eine neue Geldquelle ausgeknobelt. Der Verlag wird die »Ankunft« noch einmal herausbringen, und das Honorar wird mir in Raten gezahlt, in der Höhe wie das Stipendium bisher, also netto 400.– im Monat. [...] Ich weiß nicht recht, wie ich damit auskommen soll [...]. Nebeneinnahmen sind nun gar nicht mehr zu erwarten, und die Ausgaben sind doch höher als bei »normalen« Menschen, weil ich eben doch eine Menge Bücher kaufe, öfter unterwegs bin und – selbstkritisch gesagt – nicht rechnen kann. [...].

Die Botschaft von Ulis eventueller Umsiedlung nach Dessau vernehme ich nicht allzu gern. Ich hatte gehofft, daß wir jetzt ein bißchen enger zusammenrücken und uns öfter mal sehen können, aber D. ist für uns Mecklenburger wirklich aus der Welt. Allerdings hättet ihr ihn dann ein bißchen mehr in der Nähe [...].

Lutz hat mir einen sehr lieben Brief aus London geschrieben. Ich war froh, denn obgleich er wieder mächtig aggressiv wurde, sagte er doch, daß Geschwister trotz unterschiedlicher Auffassungen eben nicht auseinanderzubringen sind [...].

Vatis Überweisung ist noch nicht gekommen. [...] Überhaupt zweifele ich, ob ich jemals zu meinem Mantel kommen werde. Nachdem meine Schneiderin nun zu arbeiten aufgehört hat, haben wir endlich einen Schneider in Spremberg gefunden [...] – und als wir neulich hinkamen, um den Stoff zu bringen, war die Tür zu. Der Mann liegt im Krankenhaus. Zum Glück habe ich zwei Kostüme, mit denen ich mich behelfen kann, aber allmählich werde ich doch unruhig, wenn ich morgens das Thermometer ansehe.

[...] Mit allen guten Wünschen für euch und herzlichen Grüßen

eure B-Tochter

Hoy, 28. 9. 66

Liebe Mu, lieber Vati,

[...] Ja, wir sind in Rostock gewesen, wenn auch nur auf ein paar Stunden [...].Die kleine Martina ist ein ganz süßes Baby, erstaunlich hübsch für ihre knapp drei Wochen – und gähnen kann sie auch schon. Sie hat überhaupt nicht geplärrt und ließ sich auch geduldig herumschleppen (ihr müßt bloß mal sehen, wenn Uwe die Kleine nimmt – sie verschwindet in seiner Riesenhand). Sie hat lange schwarze Haare, und wir fanden alle, daß sie schon richtig wie ein Mädchen aussieht. Spätzchen war zuerst ein bißchen bockig, wahrscheinlich verwirrt durch den Besuch; wir waren früher auch nicht anders, jedenfalls erinnere ich mich, daß Mu sagte, wenn Besuch da war, hätten wir uns immer »von unserer besten Seite gezeigt«. […]

Unsere Maler waren übrigens nicht mitgekommen – schade, denn ich hatte ihnen von Dorli erzählt, und sie hätte sich auch wirklich vor Maleraugen sehen lassen können; auch Jon findet, daß ihr das Kinderkriegen gut bekommt und sie immer hübscher macht (wenn sie jetzt auch noch über ihre Taille jammert). Wir waren nachts gegen eins zu Hause […]. Ich war den ganzen nächsten Tag noch zerschlagen, denn morgens – als ich eigentlich ausschlafen wollte – wurde ich vor Tau und Tag aus dem Bett telefoniert, von Jons Betrieb, der anrief, warum Jon noch nicht auf der Baustelle sei. Er wollte die zweite Schicht übernehmen, aber sie stellten sich an, als ob der ganze Kraftwerksbau zusammenbricht, wenn er nicht sofort kommt […]. Gestern habe ich den ganzen Tag mit Hausarbeit zugebracht und erst heute wieder am Buch gearbeitet, allerdings in saumäßiger Laune, weil ich morgens einen Brief von der Deutschen Post bekam, die mir mitteilte, daß Lutz' Paket mit den Schallplatten beschlagnahmt und eingezogen worden ist, weil wir uns gegen die Postbestimmungen vergangen haben. Ich darf gar nicht daran denken, sonst fange ich an zu heulen. Fünf Platten mit Negerspirituals! Es ist nicht zu fassen. Und wer, bitte schön, bekommt die beschlagnahmten Platten? […] Ich habe nur einen Hoffnungsschimmer: Morgen ist Vorstandssitzung in Berlin, und ich will versuchen, das Sekretariat zu bewegen, daß es mit dem Zollamt über Rückgabe verhandelt, vielleicht unter dem Vorwand, daß ich die

Platten für eine Arbeit über Mahalia Jackson brauche. Und wenn Otto Gotsche da ist, falle ich ihm damit auch auf die Nerven und werde sogar, wenn nötig, ein paar Tränen vergießen – was mir übrigens sehr leicht fallen wird. […]

Mit Neubr. ist noch immer alles in der Schwebe – was mir recht ist, denn ich hätte jetzt sowieso kein Geld zum Umzug. […]

Das war's für heute. Laßt es euch gut gehen, ihr Lieben, bleibt gesund und seid ganz herzlich gegrüßt und geküßt von
eurer Tochter Brigitte

Hoy, 12. 10. [66]

Liebe Mu, lieber Vati,

[…] ich mußte hart arbeiten, weil ich morgen Ablieferungstermin habe, und ich wollte doch unbedingt das angefangene Kapitel noch schaffen. Daraus ist aber doch nichts geworden: ich gab es Jon zu lesen, und er sagte, ich müßte die letzten Seiten noch einmal schreiben, sie seien nicht gestaltet, und man merke ihnen die Eile an. Leider hatte er recht, ich habe also das Zeug weggeschmissen und versuche jetzt anders zu schreiben. Ist ja auch blöd, sich hetzen zu lassen, als ob es auf die paar Tage ankäme – wenn man bedenkt, daß es ja doch noch mindestens ein Jahr dauern wird (optimistisch geschätzt), bis das Buch fertig ist. Jon meint, wenn ich so weiterschriebe wie bisher – und das muß ich natürlich –, dann wird es ein Buch von wenigstens 600 Seiten. Schöne Aussichten, was? Jetzt habe ich 270.

Morgen fahre ich also nach Berlin und bringe Lewerenz das Manuskript, und wenn es ihm gefällt, läuft das Stipendium weiter. […] Wenn das nicht klappt, ist Holland in Not. D. h. ganz schlimm kann es nicht werden, denn neulich sprach ich mit Alexander Abusch und erwähnte auch meine finanziellen Schwierigkeiten, und er bot mir seine Hilfe an. Vorerst habe ich natürlich darauf verzichtet, […] aber wenn alle Stricke reißen, wende ich mich doch an Abusch. […]

211

Die nächsten Wochen werden ziemlich schlimm, und ich fürchte mich jetzt schon – ein Haufen Lesungen (die habe ich nur angenommen, um mir nebenbei ein bißchen Geld zu verdienen), und gleich anschließend an die Woche des Buches die Jahreskonferenz vom Schriftstellerverband, vier Tage, du lieber Gott! Auch dort eine repräsentative Lesung, in der neuen Kongreßhalle, unter dem Motto: »Meine liebste und wichtigste Seite«. Ziemlich schwierig, aus einem dicken Manus die liebste Seite rauszusuchen. Vor allem versteht ja kein Mensch den Zusammenhang. Mehr als drei Minuten darf man nicht lesen, weil die ganze Elite der Literatur für diesen Abend aufgeboten ist, um ihre Lieblingsseiten an den Mann zu bringen. Das Ganze dient aber einem guten Zweck – dem Vietnam-Konto –, und vielleicht ist es auch ganz reizvoll, einen Haufen Schriftsteller zu hören.

Wegen der beschlagnahmten Schallplatten habe ich mit der Kulturabteilung des ZK gesprochen, und die meinten, sie könnten die Platten wieder loseisen, aber bis jetzt habe ich nichts wieder gehört […]. Meine schöne Musik ... Außerdem habe ich jetzt erfahren, daß man sich beim Rat des Bezirkes eine Sonder-Zollgenehmigung geben lassen kann; das werde ich nächstens versuchen […].

Meinen lieben Mann bekomme ich kaum noch zu sehen, er macht jetzt andauernd Überstunden und kommt oft erst nachts nach Hause. […]

Mit vielen lieben Grüßen – und einem Schmatz – eure Tochter Brigitte

Hoy, 8. 11. 66

Liebe Mu, lieber Vati,

[…] Heute habe ich wieder zu arbeiten begonnen – bis gestern war ich einfach tot; kein Wunder nach der Woche des Buches und dem anschließenden Jahreskongreß. Über den Kongreß will ich euch nicht berichten; die Reden habt ihr ja sicher in der Zeitung gelesen. Allzu viel Neues gab es nicht, dafür aber ein paar nette Begegnungen mit Freunden – übrigens auch mit Daniel, mit dem ich abends ein paarmal zusammensaß. Die Fremdheit – wie letztesmal in Rostock – war weg, Gott sei Dank [...]. Seine Geschichten sollen sehr schön sein, und vielleicht hat er diesmal mehr Erfolg als mit dem »Karrenmann«. [...]

Was aus meiner Burg-Reise wird, weiß ich noch nicht; [...] Anfrage an Väterchen (für den Fall, daß ich komme): Hast Du alte Flaschen? Dann schmeiß sie, bitte, inzwischen nicht weg. Ich sammele nämlich seit einiger Zeit Schnapsflaschen, natürlich nur interessante, mit einem hübschen Etikett, und wenn mich nicht alles täuscht, müßten bei Dir noch Asbach Uralt, Dujardin oder sonstige Dinge zu finden sein (leer, versteht sich). [...] Ein blödes Hobby, was?, aber mir macht es Spaß. Wenn Du noch andere Leute kennst, die mal zu Whiskyflaschen oder dergleichen kommen, dann hau sie an und laß Dir die Pullen geben [...]. Hoffentlich kann ich ordentlich bei Dir abstauben!

Jon ist schon bald drei Wochen krankgeschrieben; eine geheimnisvolle Halsentzündung [...]. Es bestand Diphterie-Verdacht [...]. Eine heitere Zeit – nach jedem Kuß mußte ich mit Gargarisma (oder so ähnlich) gurgeln ...

Das Auto ist immer noch in der Werkstatt und kostet so einen Haufen Geld, daß mir schwindlig wird. Aber das hilft nun nichts, es muß gründlich überholt werden, neu lackiert, neue Polsterung [...] ... dann können wir unbesorgt die nächsten zwei Jahre fahren, denn Gott weiß, wann ich jemals wieder soviel Geld haben werde, mir ein Auto zu kaufen.

Auf Wiedersehen, ihr Lieben, [...]

eure Tochter Brigitte [...]

Hoy, 22. 11. [66]

Liebe Mu, lieber Vati,

[...] Vorige Woche konnte ich nicht schreiben, weil ich in miesester Stimmung war, natürlich wegen des Buches. Ich bin jetzt sehr mutlos, weil gar kein Ende abzusehen ist. Manchmal frage ich mich, warum ich diese langwierige Arbeit eigentlich auf mich nehme – als ob auf der Welt nicht genug andere und bessere Bücher geschrieben werden! Aber freilich, ohne Schreiben kann man auch nicht mehr leben, wenn man sich einmal darauf eingelassen hat. Und nachher, wenn es fertig ist, wenn man sich drei oder vier Jahre geplagt und auf alles mögliche verzichtet hat, dann liest es irgendein Mensch in drei Tagen durch, klappt es zu und sagt: Na, das ist vielleicht ein Mist ... Eine schöne Vorstellung, was?

Das Geld wird beängstigend knapp. [...] für die neue Vorschuß-Zahlung mußte erst ein Vertrag angefertigt und unterschrieben werden, so daß ich im November noch kein Geld bekommen habe. Und ausgerechnet jetzt sind die ganzen Reparaturen am Auto. So wird man zum Sklaven seiner Besitztümer. Übrigens ist ein Wunder geschehen: Jon darf sich heute wieder seine Fahrerlaubnis abholen. D. h. ein Wunder vom Himmel ist es natürlich nicht; er ist halt begnadigt worden, und das ging um ein paar Ecken, die ich euch aber nicht erzählen werde – kurz und gut, es war so ähnlich wie mit meinen Schallplatten (ich schrieb euch doch, daß ich sie bekommen habe, nicht wahr?) Wunderschöne Aufnahmen. Ich habe sie alle auf Band geschnitten – aber leider saß ein Teufel im Tonbandgerät, und als ich meine neuen Errungenschaften stolz vorspielen wollte, war bloß ein Krächzen zu hören. Also wieder eine Reparatur fällig ... Jetzt beobachte ich voller Mißtrauen meinen Kühlschrank, der wäre ja wohl als nächster dran – wenn schon die ganzen Lebensstandard-Requisiten ihren Dienst aufkündigen wollen. [...]

Aus der Bemerkung im FRS habe ich entnommen, daß ihr euch entschlossen habt, zu Weihnachten nach Hoy zu kommen. Ich suche schon in meiner vollgestopften Wohnung nach einem hübschen Platz für den Weihnachtsbaum und mache mir Gedanken, ob ich nicht doch einen größeren Tisch kaufen sollte. Na, zur Not muß sich einer (also ich) mit seinem Tellerchen auf die Heizung setzen. Besteck braucht nicht mitgebracht zu werden! Ich freue mich schon darauf, den Baum anzuputzen. Diesmal müssen die Eltern draußen bleiben und warten, bis sie ins Weihnachtszimmer reingelassen werden. So ändern sich die Zeiten ... [...]

Daß es mit den Lesungen in Burg nicht geklappt hat, habt ihr gemerkt. Einen Tag vorher rief eine nölige, äußerst burgensisch sprechende Person (*Kultur*haus!) an, um mir mitzuteilen, daß Herr T[...] Dorfclubs gründet, unsere Veranstaltung also zurückstehen muß. Na, schön. Die Burger wissen mich eben nicht zu würdigen. Die werden sich wundern, wenn sie mir später die Ehrenbürgerschaft antragen und ich stolz und kühl »nein, danke« sage.

[...] Ist Mutti mit Mandeln und Rosinen versorgt? Hier gibt es momentan genug.

[...] seid ganz lieb gegrüßt von eurer Tausend-Seiten-Bekritzlerin Brigitte

Hoy, 10. 12. 66

Liebe Mu, lieber Vati,

habt schönen Dank für den FRS. Ich muß dieser Einrichtung immer mal wieder Lob spenden. Man ist immer unterrichtet, was Eltern und Geschwister so treiben, dank einer Nachrichtenzentrale, die das weitverzweigte Unternehmen »Familie« zusammenhält. Von den anderen hört man oft, daß sie wenig oder gar keinen Kontakt mit ihren Brüdern und Schwestern haben, und sie finden es reizend, wenn ich vom FRS erzähle. Freilich, wer hat schon einen gewandten Redakteur aufzuweisen? (Vater darf sich geschmeichelt fühlen ...)

Gestern waren wir in Berlin, zum 20. Geburtstag des Verlags Neues Leben. Eigentlich wollte ich schwänzen, weil ich vorher furchtbar gearbeitet hatte, also nervös war, und dann noch meine blöden Kopfschmerzen bekam, aber es ging dann doch gut, mein Kopf hielt durch. Wir haben eine Lesung gemacht – einige »prominente« Autoren des Verlages –, und dann gefeiert, d. h. es gab ein Stehbankett. Bei der Gelegenheit bin ich mit einigen Redakteuren zusammengekommen (man müßte eben doch in Berlin wohnen – man hat dort viel mehr Verbindungen, also Verdienst-Möglichkeiten), und da sie sich für mein neues Buch interessieren, habe ich einige Auszüge aus dem Roman rausgerückt. Die WOCHENPOST bringt im Januar einen, wahrscheinlich auch die Zeitschrift FÜR DICH, das ND bewirbt sich ebenfalls. […] so langsam muß man beginnen, sich den Lesern wieder in Erinnerung zu bringen, und außerdem brauche ich dringend Geld. Mein Stipendium für Dezember […] ist für das Auto draufgegangen. Wir hätten dreimal soviel bezahlen müssen, wenn Jon nicht die meiste Arbeit allein gemacht hätte und sich als Sattler und Autoschlosser betätigt hätte. Er kann eben mehr als Schränke auseinandernehmen (um meine liebe D-Schwester zu zitieren). Im Januar wird es also, wenn's gut geht, ein bißchen zusätzlichen Kies geben. An sich müßte der Verlag seine Prozente bekommen, zeigt sich aber großzügig. […]

Neubrandenburg hat sich wieder gemeldet. Für mich haben sie eine Wohnung, die ich im Februar beziehen könnte. Eine Hochhaus-Wohnung für Jon wird im März oder April fertig. Na, ich weiß nicht. Zu verschiedenen Zeiten umziehen, […] und Neubau schmeckt mir auch nicht. Ich schrieb euch schon, daß ich die Neubauviertel in N. entsetzlich finde, schlimmer als Hoyerswerda, man kommt also vom Regen in die Traufe. Am liebsten wäre uns ein Altbau.

[…] Mein Wintermantel ist endlich fertig, mit Pelzen am Kragen und an den Ärmeln, und Jon sagt, ich sehe wie eine russische Großfürstin aus. – Hat der Uli denn wirklich noch Hoffnung wegen Dessau? Wenn die sich immer noch nicht gemeldet haben, sieht es doch mies aus. Ich sage ja: auf nach Neubrandenburg! Für Uli findet sich dort sicher auch ein Job.

Laßt es euch gut gehen, ihr wackeren Gartenbauer, und seid ganz lieb gegrüßt von Monsieur Jon und
    eurer Tochter Brigitte

1967

Hoy, 4. 1. 67

Liebe Mu, lieber Vati,

[…] Am Silvesterabend konntet ihr uns nicht erreichen, weil wir bei Dreßlers waren. […] Wir haben ganz friedlich gefeiert, denn wir hatten nur eine Flasche Wodka, die Dieter fast allein ausgetrunken hat, mit dem Erfolg, daß er von Stunde zu Stunde optimistischer wurde, und, obgleich kein Geld im Haus war, von großartigen Ideen träumte, mit denen er in diesem Jahr zwei Millionen verdienen will (nach Mitternacht waren es schon drei Millionen, an denen er uns großzügig beteiligte). […]

Es war doch ein merkwürdiges Gefühl, als wir um zwölf Uhr aus dem Fenster sahen und uns sagten, daß das nun die letzte Silvesterfeier in der alten Heimat ist. Von Spremberg aus kann man das Kombinat sehen und hören, und die Kraftwerke begrüßten das neue Jahr, indem sie zwölfmal hintereinander Dampfstöße ausströmen ließen – das ist ein durchdringendes Geräusch, das irgendwie an Meeresbrandung erinnert. Komisch, was man so alles vermissen wird, wenn man hier erst einmal weg ist!

Eigentlich wollten wir uns am nächsten Tag voller Elan wieder in die Arbeit stürzen, aber daraus wurde nichts. Jon ist wieder krankgeschrieben, er hat Stirnhöhlenvereiterung. Das ist kein Wunder, denn er fährt wieder seine kleine Raupe, die kein Dach und keine Fahrerkabine hat […]. Die Büro-Angestellten haben zwar Pelzjacken vom Kombinat geliefert bekommen, aber für die Raupenfahrer hat es nicht mehr gelangt. Mit den Jahresprämien wird es wohl so ähnlich sein. Die Direktoren haben für die Planerfüllung zwei Monatsgehälter zusätzlich bekommen, und für die Arbeiter wird bloß ein bißchen Kleingeld abfallen – wenn überhaupt.

Na, und mir ging es auch nicht glänzend. [...] Ich muß noch nachträglich um Entschuldigung bitten, wenn ich über Weihnachten so oft grantig war; dieses ewige Reißen im Kopf macht einem andauernd schlechte Laune. [...] Einen Nachmittag waren wir mal in Bautzen, wo Jon mir Stiefel anmessen ließ (für die ich den Gutschein zu Weihnachten bekommen habe), richtig hohe Stiefel, bis zum Knie und gefüttert. Leider werden sie erst Ende Januar fertig. [...]

Habt viel Spaß an den nächsten Feiern, die euch bevorstehen – ihr seid wirklich unternehmungslustiger als wir Jungschen. Die neuen Generationen werden immer langweiliger und stubenhockerischer, findet ihr nicht auch? Bleibt gesund und seid ganz herzlich gegrüßt von [...]

eurer Tochter Brigitte

Hoy, 16. 1. 67

Liebe Mu, lieber Vati,

[...] Ich muß wohl letzte Woche in geistiger Umnachtung gelebt haben, woran, wie üblich, das dämliche Buch schuld war (übrigens habe ich am 18. abends, 21 Uhr, über Deutschlandsender eine Lesung aus dem Manuskript. Wer sich interessiert ...)

Also, jetzt möchte ich mich erstmal für die beiden FRS und besonders für das Paket bedanken; über die Tischdecke und die Flaschen habe ich mich sehr gefreut. Wirklich feine Stücke für meine Sammlung! [...] Jetzt sieht es bei mir aus, als wäre ich ein haltloser Säufer exquisiter Schnäpse, und ich hoffe nur, mein lieber Lewerenz kürzt mir nicht das Stipendium, wenn er mich im Besitz von Whisky wähnt. [...]

Ende Mai läuft mein Stipendium endgültig ab. Aber vielleicht findet sich dann etwas anderes. Dr. Baumgart von der Kulturabteilung beim ZK interessiert sich für den Roman, auch Abusch ist bereit, mir eine Unterstützung zu verschaffen. Leider kann ich ihnen nicht das ganze Manuskript übergeben (sie müssen es natürlich lesen, bevor sie Geld rausrücken), denn im ersten Teil – ca. 150 Seiten lang – sind allerlei politische Dinge, die ihnen gar nicht gefallen werden. Es tut mir jetzt schon in der Seele weh, wenn ich denke, daß das alles gestrichen werden muß … Im übrigen lebe ich aber in der Hoffnung, daß im nächsten Jahr, wenn mein Buch fertig ist, die Kulturpolitik wieder etwas toleranter gehandhabt wird.

[…] seid ganz herzlich gegrüßt von […] eurer Tochter Brigitte

Hoy, 6. 3. 67

Liebe Mu, lieber Vati,

[…] Von unserem Besuch in Rostock wird euch sicher die D-Schwester erzählen, wenn sie ihre hübschen kleinen Gören nach Burg bringt. Nur soviel: diesmal erschienen mir die beiden, Dorli und Uwe, nicht so heiter wie sonst, ja ich möchte sagen, sie wirkten deprimiert. Die verdammte Wohnung macht ihnen sehr zu schaffen, und der Ärger darüber ergreift, scheint's, auch andere Lebensbereiche. […] Ihr kennt ja den Ausspruch »Mit einer Wohnung kann man einen Menschen erschlagen wie mit einer Axt«. […] Sie fühlen sich jetzt auch ein bißchen einsam, weil Uli nicht mehr in der Nähe ist […]

In N. war es alles in allem sehr nett, wenn auch etwas anstrengend, weil wir jeden Tag irgendwelche Besprechungen und dann abends die Lesungen hatten. […] Von den Kollegen sind wir sehr freundlich empfangen worden, vor allem vom Helmut Sakowski (du weißt doch, Mu: der Förster, der dir damals so imponiert hat), der […] schon eine Menge Verhandlungen unseretwegen, d. h. also wegen der Wohnungen, geführt hat, und der sich auch darum kümmern will, daß ich in N. einen Förderungsvertrag oder wenigstens eine gut bezahlte Beschäftigung (Zeitung od. dergl.) bekomme […].

Wir sind auch vom Ersten Sekretär empfangen worden, der einen guten Eindruck macht, obgleich er in seinem Ländle so ein bißchen der »Zar« ist. […] Er wird uns im Mai oder Juni die Wohnungen besorgen. Wir sagten aber gleich, daß es ruhig ein bißchen länger dauern kann – Hauptsache, die Wohnungen gefallen uns dann. Jon hat sich nun doch fürs Hochhaus entschieden für eine Anderthalb-Zimmer-Wohnung. Für mich sind sie einfach zu klein, und ich kann mich nicht entschließen, einen Teil meiner Möbel oder gar meiner Bücher wegzugeben. Übrigens gab es darüber keine Diskussion, man braucht dort nicht bescheiden zu sein – Sakowski hätte uns am liebsten gleich ein Haus besorgt, aber was sollen wir damit? Das macht bloß eine Masse Arbeit. Für mich wird man eine Altbau-Wohnung besorgen, möglichst im Stadtzentrum [...] ... Hoffentlich kriege ich ein ordentlich großes Zimmer, in dem man sich bewegen und seine Sachen schön aufbauen kann, das war schon immer mein Traum. Meine Wohnung, obgleich sie im Verhältnis zu den neuen beinahe ein Palast ist, wirkt doch immer recht winzig, und das Reinemachen ist das reinste Hindernisrennen. [...] Einesteils wäre es mir lieb, wenn die ganze Sache vor Juni ausgestanden wäre [...]. Anderseits würde ich gern bis dahin noch ein bißchen Geld ranschaffen – ich weiß bloß nicht, wie [...]. Ich verschenke jetzt meine Sachen nicht mehr, sondern verkaufe sie. [...] Wie findet ihr mich? Oh ja, ich bin eine ganz geschäftstüchtige Person, wenn es sein muß. Wir haben sogar daran gedacht, den Fernsehapparat zu verkaufen, aber dafür bekommt man so wenig, daß man sich bloß ärgern würde. Dann kann man ihn ebensogut verschenken oder einfach behalten, obgleich er dem Familienleben nicht sehr zuträglich ist. Schachspielen ist besser (ich spiele nämlich jetzt Schach, und nicht mal schlecht, sagt Jon. Hoffentlich habe ich das Talent dazu von Onkel Ferdi geerbt, dann werde ich den Angeber Jon nächstens mattsetzen – bis jetzt hat er mich nämlich immer besiegt).

Von Uli habe ich neulich einen Brief (!) bekommen; ich nehme also alles zurück, was ich jemals gegen den faulen, doofen U-Bruder gesagt habe. Schön, daß wenigstens die beiden nun anständig behaust sind. [...]

Für heute ein paar müde Grüße und matte Küsse von eurer unaufhörlich gähnenden Brigitte

Liebe Mu, lieber Vati,

[...] Neulich haben wir einen ganzen Nachmittag und Abend in Spremberg vertan, weil unser gutes altes Auto plötzlich streikte [...]. Es braucht eben einen neuen Motor, aber wer hat soviel Pinke-Pinke? Ich hoffe, mir nächste Woche etwas Geld beim ND zu verdienen, mit ein paar »neuesten Seiten«, aber bis jetzt streiten wir noch um einen Absatz, den das ND rausnehmen will (aus ideologischen Gründen). [...] Ach, es ist ein Krampf.

Von uns gibt es nichts zu berichten. Wir führen mal wieder ein trauriges Familienleben – d. h. wir sehen uns kaum. [...] Dabei haben wir Verrückten noch den Plan, im Mai nach Prag zu fahren und mir »neue Augen« machen zu lassen. Ich weiß nicht, ob ich euch schon davon schrieb, daß es in der CSSR eine besondere Art von Haftschalen gibt; die will ich mal ausprobieren. Schließlich kann man nicht sein Leben lang die einzige Hübschheit, über die man verfügt, hinter einer Brille verstecken. In Prag habe ich 2 000 Kronen, davon können wir Aufenthalt und Haftschalen bestreiten. [...] Und im Herbst wollen wir nach Moskau, meine Rubel auf den Kopf hauen. Ich werde handgewebte Teppiche kaufen und sie hier verscherbeln. Ha, ich werde eine große Geschäftsfrau. Ich habe jetzt schon zwei Paar Schuhe und einen Pullover verkauft, und Jon wird manchmal bange, wenn er sieht, wie ich gierigen Blicks meine Schränke mustere. [...]

Alles Gute für euch! Grüßt die D-Schwester und [...] seid selbst ganz lieb gegrüßt von

eurer Tochter Brigitte [...]

Liebe Mu, lieber Vati,

meinen Brief muß ich gleich mit einer Entschuldigung beginnen: weil ich euch nicht mal eine Osterkarte geschickt habe. Ich [...] habe [...] mal wieder nicht mit meiner Prachtstadt gerechnet: [...] Wir sind durch die ganze Stadt gefahren, um ein Geschäft zu finden, in dem man wenigstens ein paar Flaschen Milch holen kann, ohne länger als eine Stunde anstehen zu müssen. Wir waren völlig zermürbt. Vor den Kaufhallen standen Hunderte von Menschen, die auf einen Korb warteten, vom Papiergeschäft zu schweigen: der einzige Laden muß rund dreißigtausend Leute versorgen. [...] Also nochmals, ich bitte um Verzeihung. [...] Den Ostersonntag haben wir sträflich verbummelt; Kleines hatten uns auf ihre Datsche am Schwielochsee eingeladen, und wir konnten den ganzen Tag frische Landluft schnuppern und furchtbar viel essen. [...] Die ganze Zeit davor waren wir mächtig fleißig: Jon arbeitet zu Ehren des Parteitags Nachtschichten mit je zwölf Stunden [...], und ich schreibe an einem neuen Kapitel, das mir bis jetzt – unberufen – wunderbar von der Hand geht. Ich habe in den letzten zwei Wochen mehr geschafft als sonst in einem Monat – jeden Tag Übererfüllung des Solls um 50, manchmal um 100 Prozent! Morgen ist es mit dem Spaß vorbei, da ist endlich meine Kieferoperation fällig, vor der ich solche Angst habe, daß ich schon nächtelang davon träume. [...]

Nächste Woche wird es ganz schlimm, jeden Tag habe ich einen Termin. Am 4. ist eine große Veranstaltung der drei Künstler-Verbände, bei der ich aus meinem Buch lesen werde; am 5. kommt Dr. Baumgart vom ZK, zwecks Diskussion (aber er ist ein zugänglicher und kluger Mann, wir werden schon miteinander auskommen), und am 6. fahren wir – über Berlin, wo wir Geschäfte haben – nach Magdeburg. [...] Die Lesung am 6. wird voraussichtlich nachmittags um 16 Uhr sein, so daß wir dann am frühen Abend in Burg sind. Am nächsten Tag ist eine Lesung um 11 Uhr und die zweite, im Schwermaschinenbau, um 15 Uhr. [...]

Alsdann – bis zum 6.! Inzwischen wünsche ich euch alles Gute, Spaß an der Gartenbuddelei, die ja nun wieder feste losgeht, und vor allem Gesundheit.

Mit vielen lieben Grüßen eure Tochter Brigitte

Liebe Mu, lieber Vati,

[...] Die japanischen Quitten, die uns Sigrid abgeschnitten hat, stehen immer noch blühend in der Vase und sehen – nun, eben sehr japanisch aus vor der blauen Wand. Jetzt, wo das Wetter schön wird [...], fange ich wieder an, euch um den Balkon zu beneiden und die Ulis um ihren Park. Hoffentlich bekomme ich in Neubrandenburg eine Wohnung mit Balkon! Oder vielleicht mit einem kleinen Garten – wenn er auch Arbeit macht. [...]

Der Wagen [...] ist erst auf der Fahrt nach Berlin kaputtgegangen, und wir haben uns mühselig nach Hause geschleppt, auf drei »Töppen«. [...] Nun müssen wir uns mit Bus und Zug durch die Gegend bewegen, was ungeheuer viel Zeit kostet.

An dem Tag, an dem wir in Cottbus waren, kam Daniel nach Hoyerswerda. Er war in Dresden gewesen, zur Aufführung unseres alten Hörspiels, »Sieben Scheffel Salz«, das die Dresdener Bühne bearbeitet hat. Ich mag das blöde Ding nicht mehr sehen. Daniel machte also den Abstecher nach Hoy, [...] und es tut mir doch ein bißchen leid, daß er mich nicht angetroffen hat. [...] Na, vielleicht wäre Jon doch nicht allzu beglückt gewesen, obgleich er immer behauptet, er sei nicht eifersüchtig (anderseits droht er, meine Verehrer aus dem Fenster zu schmeißen, wenn sie hierher zu kommen wagen).

Dabei war unsere Sitzung schon zu Ende, und wir waren zu Dieter Dreßler gefahren [...]. Ich bin gerade dabei, dem Dieter ein Bild abzuluchsen, ein sehr schönes Stilleben in zarten Farben. [...] Über den Preis haben wir noch nicht verhandelt, ich sagte bloß, daß ich es bezahlen will (natürlich zu einem Preis unter Brüdern; die offiziellen Preise für Originale sind nicht zu erschwingen), und als Dieter einmal rausging, sagte seine Frau, er wird es mir sicher schenken, weil wir in den letzten Monaten so nett gewesen seien. Ich habe euch sicher geschrieben, daß [...] Dieter monatelang keinen Pfennig verdient hat; da haben wir ihnen eben ausgeholfen, so gut es ging, auch mal Kaffee und Zigaretten und für die Kinder Schokolade hingebracht [...]; erst später hörte ich, daß sich eine Anzahl seiner anderen Freunde still und leise von ihm zurückgezogen hat, solange es ihm schlecht ging.

Eben ruft Jon an, daß sein Mittagessen auf dem Herd steht. Ich muß also gleich losmarschieren, um ihn auf der Magistrale zu treffen; er kommt mir entgegen.

[...] seid ganz lieb gegrüßt von eurer Tochter Brigitte [...]

Hoy, 27. 4. 67

Liebe Mu, lieber Vati,

[...] Ich will schnell heute schreiben, damit ihr am Sonnabend einen Brief habt (in Burg habe ich gesehen, wie ihr auf Post lauert, ihr armen, alten Eltern). Vorgestern bin ich mit meinem neuen Kapitel fertig geworden, abends hatte ich eine Lesung im Klub und hab es – mit großem Erfolg – vorgestellt. Es gab eine heftige Diskussion, wahrscheinlich auch, weil sich ein paar Leute getroffen fühlten. Jon war mächtig angetan von dem Kapitel, das er bei der Gelegenheit zum erstenmal kennenlernte, und flüsterte mir zu, zu Hause werde er mir den Hintern versohlen. Ich hatte ihn nämlich wochenlang schwach gemacht mit meinem Gejammer, daß ich nur Mist schreibe. Aber so geht es mir bei jeder neuen Seite – ich finde sie unter aller Würde und bin dann erstaunt, wenn andere meinen, sie sei gut. Man hat wahrscheinlich kein rechtes Urteil über seine eigene Arbeit, jedenfalls nicht während des Produktions-Prozesses.

Die letzten Wochen waren aufreibend, ich habe jeden Tag zehn, zwölf Stunden gearbeitet und für nichts anderes mehr Interesse gehabt [...], in der Abstellkammer stapelt sich die Wäsche. [...] Großreinemachen ist auch mal wieder fällig. Das alles sehe ich jetzt erst – während der Schreiberei habe ich keinen Blick dafür [...], und es ist mir auch schnuppe, wenn Leute kommen und mich in meinen geflickten Nietenhosen und einem ollen Pullover sehen – das ist eben Arbeitszeug. Gestern haben wir gebummelt, ich hätte sowieso keine Zeile zustande gebracht. Wir waren in Spremberg und haben getrödelt, und nachmittags haben wir bei mir Kaffee getrunken und eine große Schüssel Schlagsahne aufgefressen. Die Arbeit zehrt bei mir so, daß mir meine Sachen nicht mehr passen, die Nietenhosen über die Hüften rutschen und Röcke nur noch halten, wenn ich sie mit einem Gürtel zusammenschnüre. Innerhalb der letzten zwei Wochen habe ich mindestens fünf Pfund abgenommen – daher also die Schlagsahne (der Jon bildet sich jedenfalls ein, daß ich dadurch sofort eine Speckschicht ansetze). [...]

Nächste Woche müßte ich auch mal für einen Tag nach Berlin fahren. Irmchen Weinhofen [...] kommt auf eine Woche aus Amsterdam zu ihren Eltern [...]. Wir schreiben uns seit Jahren regelmäßig Briefe, und ich mag sie sehr, sie ist eine kluge Frau und ein guter Mensch (manchmal muß ich daran denken, was aus ihrer kleinen Schwester geworden wäre, der Inge, die ich als Schülerin hatte und die so früh an Krebs gestorben ist; sie war ein wunderbares Mädchen, so klug und gut wie ihre große Schwester). Also, das Irmchen möchte ich nicht gern versäumen, werde mich also aufraffen müssen, die Leierei mit Bus und Bahn – lieber Himmel, wo ich so unselbständig bin, daß ich nicht mal Fahrpläne lesen kann! [...]

Die Dorli hat noch nichts von sich hören lassen. Merkwürdig. Wir sind dabei, eine Tauschwohnung für sie zu organisieren [...]. Das Kombinat hat uns schon eine Liste von Leuten geschickt, die aus den Nordbezirken nach Hoy tauschen wollen, aber es ist nichts Passendes dabei [...]. Na, wir bleiben dran. Außerdem können sie ja noch zusätzlich ihre jetzige Wohnung zur Verfügung stellen. Natürlich darf das Kombinat nicht wissen, daß wir für Dorli und nicht für uns tauschen wollen. Irgendwie werden wir das schon drehen. [...]

Mit töchterlichen Kampfesgrüßen zum 1. Mai
eure Brigitte

Liebe Mu, lieber Vati,

[...] Am Donnerstag war ich in Berlin und habe mit meinem Herrn Lewerenz verhandelt und bin noch ein bißchen in Berlin herumgebummelt, ehe wir zurückfuhren. Herr Kleine, der Kripo-Mann, hatte mich im Wagen mitgenommen. Die Zugverbindung ist wirklich sehr schlecht. Entweder muß man zu einer unmenschlich frühen Zeit weg, um den Bus nach Spremberg zu bekommen, oder man ist mit dem bequemeren Interzonenzug – erst mittags in Berlin. Abends muß man sich um halb sechs wieder in die S-Bahn setzen, um den Zug in Schöneweide zu erreichen, denn der nächste fährt erst um Mitternacht. Das habe ich einmal gemacht – aber nie wieder! Morgens um vier war ich glücklich zu Hause, und am nächsten Tag war ich zu müde zum Arbeiten. Der Wagen ist ja nun endlich in der Werkstatt; Jon will versuchen, nächste Woche die Kurbelwelle zum Schleifen nach Berlin zu bringen – woanders wird das überhaupt nicht gemacht, und dort dauert es auch gute vier Wochen, so daß wir den Wagen wahrscheinlich noch nicht wiederhaben, wenn wir zu Schreyer nach Ahrenshoop fahren (falls aus diesem Ferienplan was wird).

An Neuigkeiten gibt es nichts – außer, daß Jon jetzt Kuchen backen kann. [...] Vorige Woche hat er sein Gesellenstück geliefert: eigentlich sollte es ein Bienenstich sein, war aber als solcher nicht zu erkennen. Trotzdem schmeckte diese harte Dauerbackware mit Krokantguß sehr gut. Als nächstes hat er einen Marmorkuchen gebacken, der schon recht nett war, bloß einen Klitschstreifen hatte, dann einen ohne Streifen, und gestern ein wahres Prachtstück (den hatte ich aber gerührt, bin also am Erfolg beteiligt). [...] wie ich ihn kenne, wird er erbarmungslos weiterbacken, alle zwei Tage ein Kuchen, bis er reife Meisterschaft erlangt hat. Ich muß zwar lachen, wenn ich ihn so in seiner Miniatur-Küche herumwirtschaften sehe, aber ich bewundere ihn doch sehr, wie gelassen er sich lukullisches Neuland erobert. [...] Jetzt hat mich der Ehrgeiz gepackt, und eines Tages werde ich ihn auch überraschen […].

Ansonsten leben wir vergnügt und glücklich miteinander, und wenn wir noch dazu einen Haufen Geld hätten, wär's vor lauter Wohlsein gar nicht auszuhalten.

Apropos Geld. Jetzt kommt ein Abschnitt für meinen Banker-Vater: Lieber Vati, ist es technisch möglich, daß Du für mich und auf meinen Namen dort in Burg ein Sparbuch anlegst? […] Ich habe nämlich […] eine Eiserne Reserve für den Notfall, einen Teil meines Heinrich-Mann-Preises. Die muß ich mir unbedingt aufheben für den Fall, daß ich krank werde und nicht mehr verdiene, dh. auch nicht arbeiten kann (jetzt arbeite ich ja noch wie ein Kümmeltürke). Ich sehe bei manchen Kollegen, […] daß sie manchmal für Monate […] oder länger »ausfallen«. Dann ist Holland in Not. Für eine bestimmte Roman-Arbeit gibt man mir sicher eine Beihilfe, aber nicht für Krankheit […]. Ein Schriftsteller ist hierzulande leider ziemlich ungesichert, selbst wenn er ein paar Bücher herausgebracht hat – es wird immer schwerer, Nachauflagen zu bekommen.

Ich kenne Leute, deren Buch auf der Messe sofort verkauft war und die trotzdem erst 69 oder später mit der nächsten Auflage rankommen. Und die schlimmste Möglichkeit muß man auch einkalkulieren: daß mein Buch nicht gedruckt wird oder daß ich aus irgendeinem Grunde doch noch daran scheitere. Dann habe ich nicht nur jahrelang umsonst gearbeitet, sondern bin auch für lange Zeit seelisch fertig und aus dem Rennen geworfen […]. Es wäre mir also lieber, das Geld in einiger Entfernung zu wissen, so daß ich nicht leicht herankann. Wenn mir etwas passieren sollte, könnt ihr, bezw. Jon davon die Beerdigung bezahlen. Das klingt wie ein Witz, ist es aber nicht. […]

Ich hoffe, ihr habt, wenn ihr den Brief bekommt, schöne Pfingsttage verlebt. Grüßt die Geschwister und seid selbst ganz herzlich gegrüßt von

eurer Tochter Brigitte

Hoy, 23. 5. 67

Liebe Mu, lieber Vati,

[…] Lieber Vati, gestern habe ich das Geld, wie abgemacht, auf Dein Konto überwiesen. […] Nun muß ich zusehen, wie ich ohne »Rückendeckung« zurechtkomme. Ab und zu wird sich schon Gelegenheit finden, ein paar Mark zu verdienen. Jetzt habe ich ein Porträt geschrieben (für ein Bändchen, das der Bezirk anläßlich der Wahlen herausbringt); offen gestanden, hatte ich nicht viel Lust, weil ich für solche Sachen immer zuviel Zeit aufwende, die meinem Roman verlorengehen, aber dabei springen immerhin 400.– heraus, die wir jetzt dringend brauchen (für das blöde Auto). Mit Stipendien sieht es mau aus. Der Verlag hat keine Mittel, und der Bezirk, der mir zuerst so dringend Geld angeboten hatte (vielleicht auch in der Hoffnung, mich dadurch hier zu halten), macht neuerdings auch Zicken. Sie trauen meinem Buch nicht … Aus irgendeinem Grund denken sie, ich schreibe was Gefährliches, was man nicht auch noch durch Gelder unterstützen darf. Natürlich erfahre ich solche Dinge bloß hintenrum, sonst würde ich Theater machen, da fallen dann so Äußerungen wie »grau in grau« oder »zu intellektuell« … Dabei kennt keiner das Buch, nur ein paar Ausschnitte habe ich mal vorgelesen, die nun wirklich harmlos waren. Außerdem scheint sich der Bezirk auch in unsere Neubrandenburger Angelegenheit gemischt zu haben; […] sie sollen uns politisch angeschwärzt oder wenigstens die Neubrandenburger vor solchen schwierigen Kunden wie uns gewarnt haben. D. h. damit bin vor allem ich gemeint – Jon macht hier seit einiger Zeit geradezu Karriere, und die Funktionärinnen hängen sozusagen an seinen Lippen, wenn er spricht. Er ist jetzt Leiter der Arbeitsgemeinschaft Junger Autoren geworden (ein Witz – er selbst ist nicht mal Mitglied, weil er keine Lust hat, Fragebogen auszufüllen und einen Lebenslauf zu schreiben), und unsere Vorsitzende hält große Stücke auf ihn […]. Und jahrelang haben sie ihn als Provokateur und Intelligenzler und arroganten Burschen bezeichnet. Vielleicht imponiert er ihnen auch, weil er nicht nur so klug, sondern auch so unnahbar ist (in den leitenden Kultur-Funktionen sitzen nämlich Frauen, und ein unnahbarer Mann hat für Frauen nun mal einen großen Reiz). Einige fangen sogar an, ihm schöne Augen zu machen, und ich sitze daneben und griene mir eins, weil ich weiß, daß er bloß »uff mir steht«. Manchmal kommt es mir vor, als ob wir erst ein halbes Jahr zusammen sind, nicht sechs Jahre – ich meine, weil wir so verliebt sind. Komisch, was?

[...] Neulich hat [Jon] im Schweiße seines Angesichtes den Motor nach Berlin geschafft. Hier war es völlig aussichtslos, die Leute kümmern sich um nichts und haben es auch nicht nötig, weil ihnen die Kunden nachlaufen. Ich weiß nicht, ob es in Burg auch so ist – in Hoyerswerda jedenfalls gibt es ungeheuer viele Autos, und sonntags ist mächtiger Betrieb auf den Straßen, und alle Parkplätze sind gestopft voll. [...]

Ich drücke euch den Daumen, daß ihr noch ordentlich viele Sonnentage erwischt und auch mal baden könnt. Laßt es euch gut gehen und erholt euch und seid ganz lieb gegrüßt von
eurer Tochter Brigitte

Hoy, 29. 5. 67

Liebe Mu, lieber Vati,

[...] weil ich denke, daß ihr angesichts der Wetterbesserung doch noch nicht eure Zelte abbrecht, will ich noch schnell ein paar Zeilen schreiben (zwischen zwei Lesungen: eben hatte ich eine in meiner »Patenbrigade«, bei den jungen Mädchen, die schmeichelhafterweise ihre Brigade nach mir benannt haben, und in einer Viertelstunde holt mich der Wagen ab, der mich zur Parteischule Cottbus bringen soll. Also, für heute reicht's.)

Ihr habt sicher gedacht, daß eure scheene, aber doofe Tochter Vaters Geburtstag verschwitzt hat, bezw. – wie in den meisten Jahren – vom 26. auf den 27. verlegt. Und so war es auch

beinahe. Ich wußte am Freitag das Datum nicht; erst abends
[…] erinnerte mich Jon daran, daß wir am nächsten Tag, den
27., unseren zweieinhalbjährigen Hochzeitstag haben, und da
bekam ich einen Schreck wegen Vatern. Wer kann denn ahnen,
daß der Mai so schnell vorübergeht. Ich rief gleich bei der Post
an, um ein Telegramm aufzugeben, aber bei der Telegraphie
meldete sich niemand mehr, und so mußte ich bis zum nächsten Morgen warten (natürlich nicht die ganze Zeit am Telefon sitzend und mit dem Hörer in der Hand). Das Schmuck-
blatt hat das Fräulein vom Amt ausgewählt – das sage ich für
den Fall, daß es gräßlich war. Sie fragte, ob sie ein Telegramm
mit Rosen nehmen sollte, und ich sagte, na, Rosen, es handelt
sich um einen älteren Herrn … darauf schlug sie Lilien vor,
und erst später fiel mir ein, daß Lilien ja wohl auch mehr für
unbescholtene junge Mädchen gedacht sind als für einen
sturmerprobten Familienvater. […]

Jetzt muß ich mich rüsten, um in die Höhle des Löwen zu
marschieren. Da man mir parteiseits vorgeworfen hat, mein
Buch sei zu intellektuell, bin ich natürlich ein bißchen aufgeregt und auf allerhand gefaßt heute abend.

[…] seid ganz lieb gegrüßt von eurer Tochter Brigitte […]

Hoy, 13. 6. 67

Liebe Mu, lieber Vati,
habt schönsten Dank für den FRS mit dem Ferienbericht
und den guten Familiennachrichten. Am meisten freue ich
mich, daß es nun doch in absehbarer Zeit eine Wohnung für
die D-Schwester geben wird. Falls es auch bei uns irgendwann mit dem Umzug klappt, läßt sich von hier aus etwas
dafür tun, daß sie auch noch das dritte Zimmer bekommen.
Wir haben festgestellt, daß ab und zu Leute eine Einzimmer-
wohnung (in der Südstadt) gegen eine hier in Hoy zu tauschen versuchen. […] und wenn alles gut geht, bekommen
wir auf diese Weise – im Tausch gegen Jons oder meine Woh-

nung – ein Zimmer für die Frau in Rostock. Aber das werden wir demnächst mit den Herrmännern selbst besprechen. Wir haben uns nämlich doch noch entschlossen […], für eine Woche nach Ahrenshoop zu fahren. […] Das Auto ist auch wieder da (die Rechnung habe ich noch nicht bekommen, es steht aber soviel fest, daß ich nach Bezahlung buchstäblich keinen Pfennig mehr habe […]).

Eine Woche ist freilich ein bißchen knapp, aber besser als gar nichts. In der darauffolgenden Woche ist Verbandstagung in Neubrandenburg, und wir wollen das schlau verbinden, weil wir auf diese Weise einen großen Teil vom Benzingeld zurückkriegen. […]

Für heute also nur viele liebe Grüße […].

Herzlich eure Brigitte […]

Ahrenshoop, 19. 6. 67

Liebe Mu, lieber Vati,

hier ist also der versprochene Brief aus A. – […] das erste Mal, daß ich meine Schreibmaschine benutze, die ich vorsorglich und voll der besten Vorsätze mitgeschleppt habe. […] Während der ganzen Reise goß es in Strömen – bis ungefähr nach Rostock rauf, von dort ab war fast blauer Himmel, und hier kamen wir gerade zurecht, die Sonne im Meer versinken zu sehen. Wir haben wunderbares Wetter mitgebracht, kein Wölkchen am Himmel, es ist heiß, sogar für See-Verhältnisse, und wir schmoren allmählich dunkelbraun. […]

Wolfgangs Gästehaus ist wirklich reizend, ganz schlau in der Garage untergebracht (die Garage ist mehr Attrappe), hübsch und komfortabel eingerichtet, genug Platz für zwei oder auch drei Personen. Wir haben ein Schlafzimmer unterm Schilfdach, eine Frühstücksstube, eine Küche mit Wascheinrichtung und ein eigenes WC, alles gekachelt. Wir kommen uns wie reiche Leute vor … Es ist wirklich angenehm, Geld zu haben, ein Wochenendhaus zu besitzen und so Zeugs. Na, wenn erst mein Buch fertig ist, werde ich auch ein wohlhabender Bürger und siedele mich im Freien an, zwischen Seen und Wäldern. Vor dem Häuschen ist eine »gasteigene« Liegewiese mit Stahlrohrmöbeln, und hier sitze ich jetzt in der Sonne und tippe. Ich glaube, ich könnte ganz gut so im Freien arbeiten [...]. Wir sind zwar nicht solche begeisterten Wanderpiepser wie ihr, marschieren aber doch jeden Tag ein ganzes Stück am Strand entlang, und hinterher sind wir hungrig wie die Wölfe. Ich hoffe, daß uns die paar Tage Ferien gut tun werden. Ich war wirklich zu nervös, als wir abfuhren, völlig überarbeitet, und finde, ich bin jetzt schon bedeutend ruhiger. [...]

Drückt uns die Daumen, daß wir die paar Tage noch so gutes Wetter wie bisher haben und uns im Strandkorb aalen können. Falls immerzu die Sonne scheint, werde ich mein Buch nicht anfassen. Ich habe mich dazu überredet, daß ich es schon verdient habe, mal ein bißchen auszuspannen. Wer weiß, wann wir es wieder mal so gut treffen und billige Ferien geboten bekommen. Wir brauchen hier wenig Geld – eben bloß fürs Essen, und das können wir uns auch nach Geschmack einrichten und sind nicht an bestimmte Essenszeiten gebunden und müssen uns nicht – wie damals in dem gräßlichen Kurhaus – zu jeder Mahlzeit umziehen, sondern können herumschlampen, ohne daß jemand Anstoß nimmt. Das empfinde ich beinahe als das Angenehmste bei der ganzen Sache, auch, daß man nicht gezwungen ist, wenigstens dreimal am Tag mit affigen Intelligenzlern am Tisch zu sitzen.

[...] Grüßt auch alle FRS-Teilnehmer von uns.

Herzlich eure Tochter Brigitte

Hoy, 9. 7. 67

Liebe Mu, lieber Vati,

[...] Offenbar genügt eine Woche Urlaub doch nicht, um einen fürs nächste halbe Jahr fit zu machen. Es geht entsetzlich langsam voran, und manchmal möchte ich kapitulieren, wenn ich mir vorstelle, wieviel ich noch zu schreiben habe – tausend Jahre lang, kommt es mir vor. Den Bescheid wegen meines neuen Stipendiums habe ich noch nicht bekommen; [...] es scheint, der Vorsitzende vom Schriftstellerverband hat seine Nase in die Angelegenheit gesteckt, und ich mußte nun doch ein paar Kapitel zwecks Besichtigung (oder Kontrolle) rausrücken und hoffe nur, daß niemand ideologischen Unrat in meinem Buch wittert. Das Verrückte ist, daß der Verband letztes Jahr zigtausende Mark an Stipendienmitteln zurückgegeben hat, weil es einfach kein förderungswürdiges Manuskript gibt.

Jon wird wahrscheinlich für ein, zwei Monate nach Boxberg gehen, wo ein neues Kraftwerk gebaut werden soll. Er wird Raupe fahren und nebenbei Stoff für eine Reportage sammeln, und vielleicht gehe ich für eine Weile mit [...]. Ich brauche Boxberg sowieso für mein Buch, wenn auch bloß für ein paar Passagen, und eventuell kann ich das Angenehme mit Nützlichem verbinden und mir ein bißchen Geld nebenbei verdienen. Höpcke vom ND fragte mich nämlich schon voriges Jahr, ob ich nicht für seine Zeitung eine Boxberg-Reportage schreiben möchte. Aber erst sollen sie mal meine »neuesten Seiten« bringen, auf deren Abdruck ich heute noch warte (seit Anfang März, wie ihr wißt). Hoffentlich wird Jon nicht auch in B. wohnen, sonst werde ich hier krank vor Alleinsein. [...]

Inzwischen grüßt alle Geschwister von Jon und mir und seid selbst ganz lieb gegrüßt von

eurer Tochter Brigitte

Hoy, 23. 7. 67

Liebe Mu, lieber Vati,

zuerst möchte ich euch schönsten Dank sagen für euer Geburtstagspaket [...]. Ich habe mich sehr gefreut über [...] die FRS-Mappe (sobald ich ein bißchen Zeit habe, werde ich die zweihundert Rundschriebe aus meiner Truhe kramen, sie ordnen und einheften) und über den Kuchen, von dem leider bloß noch ein Kanten übrig ist [...]. Von Uli bekam ich am 21.

einen Brief, aber die anderen Geschwister haben sich nicht gemeldet, wie ich mit leiser Betrübnis mitteilen muß. Aber Lutz und Dorli sind ja nicht die Eifrigsten, was Briefeschreiben angeht. […]

Wir […] sind zu zweit nach Dresden gefahren […], es war nicht so heiß, daß das Herumspazieren zur Strapaze wurde, und es hat nicht geregnet – wie sonst immer, wenn wir in Dresden sind. Nach dem Essen im feinsten Restaurant (wo ich mein letztes Geld auf den Kopf gehauen habe), besichtigten wir Schaufenster, unbelastet durch Auswahl-Sorgen, weil wir sowieso nichts kaufen konnten, und den ganzen Nachmittag verbrachten wir im Zwinger in der Gemäldegalerie, wo wir unsere Lieblinge besuchten, und auf den Terrassen über dem wunderschönen Zwingerhof. Wir sind jedesmal wieder ergriffen vor Bewunderung, wenn wir diese herrliche Architektur sehen, und können uns von dem Anblick nicht trennen. Vielleicht das Schönste, was jemals in Deutschland gebaut worden ist. Dresden ist überhaupt eine bezaubernde Stadt, sehr viele der zerstörten Gebäude sind restauriert worden, und der Altmarkt und die Hauptstraße haben, obgleich sie neu sind, etwas vom alten Dresdener Stil und Charme. Wir hätten in den vergangenen Jahren viel öfter hinfahren sollen; nun ist es ja bald vorbei, und es wird uns sicher leidtun, daß wir so geizig mit unserer Zeit waren. […]

Übrigens macht [Jon] rasante Fortschritte als Chefkoch der Familie. Letzten Sonntag hättet ihr hier sein müssen … es gab gebackenen Blumenkohl und einen sensationellen Rehrücken, der, in Paprikaspeck gewickelt, in der Backröhre geschmort war, und zwar in einer Art Aluminiumblatt, das wie ein Kästchen gefaltet wird und in dem der Braten im eigenen Saft schmort und butterzart wird. Diese Blätter gibt es bis jetzt nur über den Versandhandel, sie heißen, glaube ich, Papilloten (sicher falsch geschrieben), und bis vor kurzem kannten wir sie nur aus amerikanischen Filmen. Liebe Mu, wenn du sowas mal bekommst, mußt du es unbedingt ausprobieren – du staunst! Jon hat mir zum Geburtstag eine alte Uhr geschenkt (bezahlt ist sie allerdings noch nicht), ein prächtiges Monstrum im Jugendstil, französisches Werk, Zifferblatt aus Emaille – und sie geht sogar richtig und hat einen hübschen Schlag. Zugegeben, wir sind leichtsinnige Leute, und ihr habt völlig recht, wenn ihr jetzt sagt: Kein Hemd am Hintern, aber alte Uhren kaufen!

Habe ich euch eigentlich schon geschrieben, daß ich nun doch ein Stipendium vom Schriftsteller-Verband bekomme? Für das nächste halbe Jahr bin ich also gerettet – und mit dieser erfreulichen Nachricht möchte ich schließen. [...]

Mit lieben Grüßen

eure Tochter Brigitte (nunmehr 34 Jahre alt, aber entschlossen, für die nächsten drei Jahre 33 zu bleiben)

Hoy, 3. 8. [67]

Liebe Mu, lieber Vati,

da euch eure Gören so schändlich im Stich lassen, was Post betrifft, sollt ihr wenigstens von eurer *vorbildlichen* Tochter einen Brief zum Sonntag bekommen.

Die Karte hat euch ja schon gemeldet, daß das Schreiben in der letzten Zeit eine Qual war; gestern abend hat es endlich mal ein tüchtiges Gewitter gegeben, und heute morgen wehte halbwegs kühle Luft ins Zimmer; jetzt, am Mittag, ist es aber schon wieder glühend, und ich liege schweißgebadet vor meiner Maschine. Nachher muß ich zum Arzt marschieren und mir meine hitzige Spritze geben lassen; na, Hauptsache, sie hilft. Tatsächlich sind in den letzten Tagen meine Kopfschmerzen besser, ich meine: schwächer geworden. Neulich war es so schlimm, daß ich heulen und mich übergeben mußte, und ich dachte tatsächlich, ich werde auf der Stelle sterben. [...]

Eure Entrüstung kann ich verstehen – über die bummeligen Kinder –, und teile sie auch. [...] Allerdings verschwitze ich auch die Geburtstage der Verwandtschaft, und deshalb möchte ich einen Verbesserungsvorschlag unterbreiten und den FRS-

Redakteur bitten, für jede Familie eine kleine Liste zu tippen, die man sich ins Notizbuch kleben oder einlegen kann und auf der die Geburtstage der Angehörigen vermerkt sind [...]. Der Groschen für eine Blümchen-Karte findet sich dann bestimmt in einer Hosentasche.

Einstellung des FRS wird hierorts gar nicht erst erwogen! Daß meine »neuesten Seiten« erschienen sind, habe ich euch geschrieben. Ha, das gibt wieder Geld! Und ich will tüchtig sparen, weil mir eingefallen ist, daß ich in N. ja keine Küche habe [...]. Mit meiner Boxberg-Reportage wird es leider nichts; die Wirtschaftsexperten im ND haben abgeraten, wegen der Situation in unserer Energie-Wirtschaft. Das heißt, man ist jetzt gar nicht scharf auf neue Objekte, sondern darauf, daß die Reserven in den schon bestehenden Objekten ausgenutzt werden. Also nix Publizistik über ein Werk, das möglicherweise nicht weitergebaut oder zurückgestellt wird. [...]

Wenn die Hitze ein bißchen nachläßt, werde ich im August für zwei Tage nach Hause kommen und, wie angekündigt, ein bißchen Nähkram mitbringen [...]. Vielleicht läßt es sich so einrichten, daß man die Ulis dabei zu sehen kriegt.

[...] Grüßt die Geschwister, auch die Bummelanten und Verräter – Verzeihen ist die erste Christenpflicht.

Mit vielen lieben Grüßen eure Brigitte

Hoy, 23. 8. 67

Liebe Mu, lieber Vati,

[...] Als Vati vorige Woche anrief, habe ich natürlich in meiner Zerstreutheit den Hauptgrund dafür vergessen, weshalb aus dem 20. nichts werden konnte. Ich war ja noch krankgeschrieben, mußte mir jeden Tag meine Spritze geben lassen und zur Massage gehen. Ich verstehe selbst nicht, warum ich nicht daran dachte – da es doch seit drei Wochen meine Hauptbeschäftigung ist.

[...] Die vorläufig letzte Spritze bekomme ich Montag früh, anschließend kann ich losgondeln. Die Massagen gehen noch ein paar Wochen weiter, aber es ist kein Beinbruch, wenn sie mal drei Tage ausfallen. Länger als drei Tage kann ich nämlich nicht bleiben, weil ich mein Kapitel nicht geschafft habe [...]. Zu schweigen von der Boxberg-Reportage, die nun doch steigen soll. Rin in die Kartoffeln, raus aus die Kartoffeln ... Na, Vater kennt das vermutlich noch von seinem Journalisten-Dasein, alle diese Manöver aus aktuellem Anlaß. Leider habe ich inzwischen die Lust verloren, will es aber doch versuchen, [...] vielleicht kommt der Appetit beim Essen. Ich erfahre schon viel durch Jon. Er arbeitet in der Technologie und [...] hat auch viel Spaß an der Arbeit, weil sie Denken erfordert. Er wohnt in der Zwischenbelegung und hat vorläufig noch eine ganze Wohnung für sich allein – sogar mit Kühlschrank.

Kurz und gut, ich wollte Montag früh abreisen [...]. Mittwoch müßte ich dann wieder losdampfen, leider, aber das ist immer noch besser als gar nichts. [...]

Inzwischen viele liebe Grüße und alles Gute!

eure Tochter Brigitte

Hoy, 6. 9. 67

Liebe Mu, lieber Vati,

[...] Ich bin schrecklich aufgeregt und in Eile, weil ich noch bis zum Sonnabend abend einen Artikel für den SONNTAG schaffen will, aber leider nicht so recht weiß, was ich schreiben soll – und natürlich, wie früher in der Schule [...] viel zu spät angefangen habe. Die letzte Woche hat mich bestimmt ein Pfund von meinem Bauchspeck gekostet, was allerdings kein Schaden ist, denn nun passen meine Röcke wieder. [...] am Montag geht es mit Lesungen los – gewissermaßen die Vorboten der »Woche des Buches«. Wenn ich mir nicht ein bißchen Geld verdienen müßte, würde ich das meiste absagen, weil Lesungen mehr Nerven kosten als die Arbeit am Buch. Auch die Sitzungszeit beginnt wieder, am Freitag mit einer Konferenz über Städtebau und Soziologie , leider schon am Mittag (großer Gott, mein Artikel!). [...]

Eine Neuigkeit: die Defa hat mir das Angebot gemacht, einen Film zu schreiben, den zwei junge Absolventen der Filmhochschule drehen sollen, als Abschlußarbeit. Ich werde das wahrscheinlich ablehnen müssen, sonst geht mein Buch dabei baden. Wie ich die Defa kenne, frißt das Unternehmen ein halbes oder ein ganzes Jahr, und das kann ich mir nicht leisten. Ich kann ja nicht mein halbes Leben lang mit einem unfertigen Roman herumziehen. Anderseits – das Geld … Nun ja, ich werde mir erstmal anhören, wie sie sich das vorstellen. Wenn es nur um literarische Mitarbeit geht, also um das Ausfeilen von Dialogen oder dergleichen, läßt sich darüber reden. Aber so oder so – mein Verlag wird einfach verrückt, wenn er das erfährt. Wenn bloß mein Buch fertig wäre! Aber ihr werdet sicher verstehen, wie wichtig es für einen Schriftsteller ist, abgesehen von allem anderen, endlich wieder »auf den Markt« zu kommen, seinen Namen aufzufrischen, überhaupt ein Buch vorzulegen, mit dem er sich selbst bestätigen kann. Das bedeutet viel, viel mehr als das Honorar und solche zwar angenehmen, aber doch bloß äußerlichen Sachen. […]

Alles Gute für euch, bleibt gesund und seid ganz lieb gegrüßt von

eurer Tochter Brigitte

Hoy, 27. 9. 67

Liebe Mu, lieber Vati,

[…] Letzten Sonnabend und Sonntag waren wir mit Jons Kollegen aus der Technologie in Dresden und Pillnitz, bei schönem Wetter. Ein netter Ausflug (Pillnitz hat ein reizendes Schloß im chinesischen Stil und einen großen Park mit Blumen-Ausstellung), auch die Leute waren ganz erfreulich, die meisten jung und gescheit. Aber so sehr viel habe ich doch nicht für Massenwanderungen übrig, […] und wir waren froh, als wir uns Sonntag morgen selbständig machen konnten und allein die Porzellansammlung im Zwinger besichtigten.

In Dresden haben wir in einer phantastischen Villa übernachtet, die jetzt dem FDGB gehört – früher sicher einem irrsinnig reichen Fabrikanten –, und die wunderschön am Berg liegt, mit Blick auf die Elbe und auf die Brücke, das »blaue Wunder«. Die verstanden schon zu leben, die Kapitalisten! Übrigens sind die Leute, die heute dort an den Hängen auf beiden Seiten der Elbe wohnen, wieder (oder immer noch) reiche Leute, das sieht man an den Villen und Autos. Eine Welt, zu der wir nie gehören werden – außer mit Nobelpreis.

Diese Woche ist nun Gott sei Dank Ruhe, und ich kann wieder an meinem Buch arbeiten [...]. Bis zum nächstenmal alles Gute für euch, bleibt gesund und seid ganz lieb gegrüßt von

eurer Tochter Brigitte

Hoy, 16. 10. 67

Liebe Mu, lieber Vati,

[...] Jetzt ist [...] eine große Hatz, jede Woche bis zum Dezember hin drei bis vier Termine; ich habe ziemlich viele Lesungen angenommen (weil ich eben Geld verdienen muß), ferner gibt es eine vorläufige Zusammenarbeit mit der Defa [...].

Sonnabend sind wir aus Neubrandenburg zurückgekommen, waren aber erst nachts zuhause, weil wir in jeder Stadt Station machten, um Dienstliches zu besprechen oder unsere Freunde zu besuchen, wozu man sonst keine Zeit hat. Inzwischen hat sich wieder eine neue Situation ergeben: wahrscheinlich ziehen wir doch noch dieses Jahr um. Allmählich habe ich dieses Theater satt, und ich wäre wirklich zum Überwintern in Hoy geblieben, wenn ich nicht die Wohnung gesehen hätte – allerdings bloß von außen –, die man mir in N. anbietet [...] – in der Gartenstraße, direkt neben der Villa des Parteisekretärs, ich werde also unter starkem Schutz, sogar Feuerschutz, wohnen (soviel ich weiß, sind die 1. Sekretäre

Waffenträger). Die Straße ist sehr schön, lauter Gärten und viele Bäume, auch die Häuser sind hübsch, ziemlich modern, meist Villen. Wir haben uns »mein« Haus angesehen, ein Einfamilienhaus, das aber geteilt ist und der Kommunalen Wohnungsverwaltung gehört (das hat seine Vorteile!). Es hat einen Vorgarten und einen sehr großen Garten, der mächtig verwildert aussieht, und meine Wohnung ist im Erdgeschoß, zwei Zimmer und Küche, zum Garten eine schöne Terrasse. Wie gesagt, konnten wir es leider nicht von innen besichtigen, weil niemand da war, aber ein Nachbar sagte uns, die Erdgeschoß-Wohnung habe kein Bad. Das wäre natürlich eine böse Falle. Auch mit Heizung ist es schlecht bestellt. […] Aber das wird sich alles historisch entwickeln; ich habe auch noch nicht fest zugesagt […]. Allerdings bin ich sehr angetan von der ganzen Umgebung […]. Hoffentlich wohnen oben keine allzu zickigen Leute, die einem das Leben vergällen. Im November fahren wir wieder hin, bis dahin wird die Wohnung ja frei sein.

[…] Ansonsten war es in Neub. wieder sehr nett, und der Käseladen ist immer noch so gut versorgt wie vor einem halben Jahr, was schon an ein Wunder grenzt. In Hoy halten die neuen Läden und Gaststätten nur vier Wochen lang ihr Anfangs-Niveau, dann vergammeln sie genauso wie die alten.

[…] [Ich] bleibe mit vielen lieben Grüßen eure Tochter Brigitte

27. 10. 67

Liebe Mu, lieber Vati,

[…] Eure guten Wünsche hinsichtlich meiner Zähne, dieser Schmerzenskinder, sind nicht in Erfüllung gegangen. Unterwegs, gerade als ich in eine von Mus schönen Stullen biß, ist meine Brücke gebrochen, und auf einmal hatte ich den Mund voller Gold und Metallbrocken. Es war sehr angenehm. Aber die Stullen sind nicht schuld, muß ich bemerken; mein Zahnarzt sagte mir, die Brücke sei sowieso fällig gewesen. Leider ist auch der Zahn mit abgebrochen, an dem sie befestigt war.

Ihr könnt euch vorstellen, daß ich ziemlich deprimiert war, zumal ich jetzt überhaupt nicht mehr kauen kann [...]. Am Montag wird erstmal die Wurzel rausgezogen. Seht ihr, so hat man immer was, worauf man sich freuen kann!

Nach Petzow, also ins Schriftstellerheim, muß ich fahren [...], weil Annemarie Auer – eine Literaturwissenschaftlerin – mit mir ein »Werkstattgespräch« für den SONNTAG machen will, und anschließend arbeite ich eine Woche mit den beiden Defa-Regisseuren an dem Exposé für ihren Film. Mehr werde ich dann wahrscheinlich nicht für sie tun, weil das Buch vorgeht, und weil außerdem der Verlag nicht gerade entzückt ist von diesem »Seitensprung«. Aber ich kann mir, wenn wir unsere Arbeit schaffen, in diesen acht bis zehn Tagen etwa 800.– bar verdienen, und die brauche ich dringend für meinen Umzug. Falls ich im nächsten Jahr keine Stipendien mehr bekomme, also völlig mittellos bin, werde ich doch mit der Defa weiterarbeiten, um mir mein täglich Brot zu verdienen. Das ist zwar bitter, aber nicht zu ändern, und ich habe bloß Angst, daß ich bei dieser Doppelbelastung eines Tages doch mal durchdrehe und zusammenbreche. [...]

Heute abend habe ich nochmal eine Lesung, hier in Hoy, und dann ist für eine Weile Schluß. Es war doch mächtig anstrengend, diese Herumreiserei und die ständige Anspannung (immer vor fremdem Publikum) und die späte Heimkehr jedesmal; immerhin habe ich auf diese Weise Geld verdient, um unsere Versicherung bezahlen zu können, und ein Kleid vielleicht, und was alles so anfällt. Leider dauert es immer drei bis vier Wochen, bis die fälligen Honorare eintreffen, und so kann man zwischendurch doch in die Klemme kommen. Nun ja, andere Leute bekommen ihr Geld auch nicht geschenkt.

Und nun muß ich auf Wiedersehen sagen, ich bin schon etwas aufgeregt. Bleibt schön gesund und ärgert euch nicht über eure Kinder und seid ganz lieb gegrüßt – natürlich auch von Jon –

von eurer Tochter Brigitte

Liebe Mu, lieber Vati,

[...] P. ist also überstanden, wir haben in drei Tagen ein Wochen-Pensum an Arbeit geschafft und waren fix und fertig. Zwischendurch, am Sonnabend, mußte ich auch noch nach Berlin rüber, zum Literatur-Festival. Gestern habe ich den ganzen Tag mit Reinemachen zugebracht und mit Zimmersuche für meine beiden Defa-Leute, die morgen hierher kommen [...]. Ich kann euch gar nicht sagen, wie mir diese ganze Hetzerei zum Halse raushängt. [...] Ich möchte so gern wieder in Ruhe an meinem Roman arbeiten ... [...] Nicht mal meinen Zähnen kann ich mich widmen. [...] Vorläufig laufe ich noch zahnlos durch die Gegend, habe ich mich aber so an Haferflocken-Suppe gewöhnt, daß es mir nichts mehr ausmacht. Bloß richtig lachen kann ich nicht mehr, d. h. ich traue mich nicht. [...]

In einer Stunde muß ich zu einer Architektur-Diskussion. Der Dieter holt mich ab, weil Jon heute wieder in Boxberg bleiben muß. Eben hat er angerufen, das ist wenigstens etwas, aber doch ziemlich wenig für ein liebendes Weib. Na, hoffentlich können wir wenigstens den Sonntagnachmittag für uns retten; bis Mittag werde ich wohl noch mit meinen Regisseuren arbeiten, dann reisen sie wieder zurück nach Babelsberg. [...]

Mit vielen lieben Grüßen eure Tochter Brigitte [...]

Liebe Mu, lieber Vati,

[...] Wir wollen nächste Woche unser Film-Exposé schaffen und dann im Januar das Szenarium schreiben. Ich habe mich nun doch auf diese umfangreiche Arbeit eingelassen, nicht nur, weil ich mir ja Geld verdienen muß [...], sondern auch, weil mir die Arbeit mit den beiden jungen Regisseuren sehr viel Spaß macht. Wir hatten, obgleich wir pro Tag an die vierzehn Stunden arbeiteten, eine sehr lustige und interessante Woche, weil die beiden so fröhliche Leute sind. [...] Sie haben hier in der Zwischenbelegung gewohnt, waren aber den ganzen Tag bei mir, und ich muß sagen, man kann sich keine besseren Gäste wünschen. Sie [...] kümmern sich darum, daß ich esse, decken den Tisch und stellen sich noch spätabends in die Küche, um die Abwäsche zu machen, und dabei singen sie Volkslieder und Opernarien und geben richtige Konzerte, und morgens gehen sie einkaufen ... Also, es ging wunderbar mit uns dreien, und da sie ebenfalls finden, daß man mit mir sehr gut arbeiten kann, wollen wir – falls wir mit dem Film überhaupt so weit durchkommen beim Studio – auch das Drehbuch zusammen schreiben. Allerdings fahren wir dazu nach Petzow, wo wir uns nicht um Essen und Reinemachen zu kümmern brauchen. Vielleicht tut es meinem Roman auch ganz gut, wenn ich ihn ab und zu mal ein paar Wochen links liegenlasse. [...]

Heute oder morgen schicke ich ein kleines Päckchen ab. Ich habe schwarze Spitze für die Unterröcke gekauft, die Mu mir und Dorli zu Weihnachten nähen will (merkste was? eine kleine Erinnerung!); sie muß für zwei Unterröcke reichen, da sie ja eng sind. [...]

Laßt es euch gut gehen, bleibt gesund, und seid ganz lieb gegrüßt von

eurer Tochter Brigitte [...]

Hoy, 27. 11. 67

Liebe Mu, lieber Vati,

zuerst einmal allerschönsten Dank für das Geburtstagspaket [...]. Ich bedanke mich in Jons Namen, denn wie ich meinen lieben Mann kenne, wird er – wenn überhaupt – sich erst nächstes Jahr zu einem Brief aufraffen. [...] Allerdings hat er auch kaum jemals eine ruhige Stunde [...]; die Fahrerei nach Boxberg und die Überbelastung dort macht ihm ganz schön zu schaffen. Auch heute, an seinem (und unserem) Feiertag werden wir uns nur am Abend mal sehen; dafür haben wir gestern, als meine Defaleute abgereist sind, einen Schluck getrunken und auch schon »Bescherung« gemacht. […] ich muß gestehen, daß ich ihm die schöne Decke am liebsten gleich wieder ausgespannt hätte. […] Gerade jetzt, als ich meine Gäste im Haus hatte, habe ich wieder festgestellt, daß ich nur eine einzige richtige Tischdecke habe, die ich zum Frühstück oder Abendessen auflegen kann – die anderen sind bloß Zierdeckchen. Am liebsten wär mir natürlich, ich bekäme auch so eine rotweiß karierte, aber eine andere Farbe ist mir auch recht. […] Ich habe eben meinen Tisch nachgemessen: er ist 45 mal 90.

Die Arbeitswoche habe ich ganz gut überstanden, […] und mein guter Eindruck von meinen beiden Kompagnons hat sich bestätigt. Heute früh war ich richtig traurig, […] weil ich nun wieder allein im Zimmer herumsitze und unsere Gespräche vermisse – vor allem mit dem einen […]. Ich habe erst in dieser Woche erfahren, daß er, bevor er zum Film ging, fünf Jahre Theologie studiert hat. Ein merkwürdiger Berufswechsel, was? Der andere, der Hübsche, war vorher Erzieher in einer Kadettenanstalt. Größere Gegensätze kann man sich kaum denken, und trotzdem sind sie gute Freunde. Allerdings gab es in der letzten Woche manchmal eine kleine Spannung, denn sie fingen beide an, mir den Hof zu machen […]. Am letzten Abend sind wir noch einträchtig durch die Altstädter Kneipen gezogen und haben unser Exposé gefeiert, das wir ganz gut finden. Hoffentlich findet die Defa das auch […]. Andernfalls werden wir versuchen, einen neuen Film zu entwickeln – nach eigenen Ideen, nicht, wie jetzt, nach einem Buch (das übrigens sehr nett ist, von einem jungen Schriftsteller […], der sein Buch nicht mehr zuende schreiben konnte; er ist voriges Jahr beim Baden ertrunken, und mein Lewerenz hat das Buch, so gut es ging, zu Ende gebracht). […] Jon […] meint, ich brauchte mal wieder andere Menschen um mich, eine neue Sphäre, Gespräche, auch Lustigkeit. Nun, und das Geld käme mir auch sehr zustatten. […] Jetzt

werde ich erst mal meine Zähne in Ordnung bringen lassen,
ein bißchen am Roman basteln und viel lesen. [...]

Überanstrengt euch nicht in eurem Garten. Bäumesägen ist
zwar ein gesunder Sport, aber er darf nicht in Arbeit ausarten.
Laßt es euch gut gehen; [...] viele liebe Grüße von [...]
eurer Tochter Brigitte

Hoy, 6. 12. 67

Liebe Mu, lieber Vati,
heute ist endlich wieder ein FRS gekommen. [...] Ein Geschenk zum Nikolaus-Tag, den wir natürlich verschwitzt haben vor lauter Arbeit am sozialistischen Aufbau. Unser Familienleben ist völlig zerrüttet, d. h. es findet praktisch nicht
mehr statt – aber dafür macht Jon eine schwindelerregende
Karriere in Boxberg. Wenn ich das geahnt hätte, als ich immer
versuchte, seinen Ehrgeiz anzustacheln! Jetzt sitze ich allein
zuhaus und jammere, und Jon denkt nur noch an Daten,
schlägt sich die Nächte um die Ohren und hat es nun zum
stellvertretenden Leiter der Gruppe Planung und Bilanzie-
rung gebracht – drei Monate, nachdem er als Hilfstechnologe
in B. angefangen hat. Das ist wirklich eine reife Leistung.
Und gerade jetzt kommt der Ruf aus Neubrandenburg ...
Wir sind ein bißchen in der Zwickmühle. Vorgestern rief uns
der Mann von der Wohnraumlenkung an und sagte, daß
meine Wohnung frei geworden ist (in dem hübschen Haus in
der Gartenstraße – mit der Terrasse!!!) Kohlen sind bereits
im Keller ... Was nun? Für Jon ist allerdings noch keine Wohnung da [...]. Allein mag ich aber auch nicht ziehen, außerdem ist bestimmt eine Menge in dem Haus zu renovieren
(wenn ich mir vorstelle: kein Bad!) Nächste Woche wollen
wir erstmal rauffahren und die Sache genau besichtigen.
Außerdem muß ich ja auch im Januar mit der Defa arbeiten,
habe also gar keine Zeit zum Umziehen. Allerdings steht unsere Defa-Sache auf der Kippe. Eben haben meine Compañeros angerufen und mir gesagt, daß die Defa von unserem

Exposé nicht so begeistert ist wie wir, und daß wir eine Menge ändern müssen, wenn wir den Stoff retten wollen. Das war ein Schlag in die Magengrube.

[...] manchmal bin ich ganz verzweifelt, weil ich nicht weiß, wo ich anfangen soll: Neubrandenburg, Umzug, bezw. tausend Rennereien wegen Renovierung, der Roman, der Film, [...] ferner ein Interview, mit dem ich furchtbaren Ärger habe, und Abschriften für Vorabdrucke, und die Sitzungen beim Zahnarzt ... und zu alledem kein Geld. Ich fürchte nämlich, wir werden, wenn wir das Exposé nochmal neu schreiben, umsonst arbeiten müssen (laut Vertrag: Änderungen müssen unentgeltlich gemacht werden), das ist nun mal Berufsrisiko, und es wäre dumm – und auch nicht anständig gegen meine Compañeros –, wenn ich mich jetzt zurückziehen würde. [...]

Soweit also meine nicht gerade fröhlichen Nachrichten. Vorläufig lasse ich noch nicht die Ohren hängen, weil mir mein Buch gerade wieder Spaß macht, ich meine die Szene, an der ich eben schreibe. Jon hat gestern in dem Buch gelesen und gesagt, daß es ihm sehr gefällt, und der Herr Warneke (der eine von meinen Defa-Männern, der ehemalige Theologe) sagte mir am Telefon, er habe, als wir hier arbeiteten, heimlich in meinem Manuskript gelesen und fände es hochinteressant. Das hat mir gleich wieder Aufschwung gegeben; manchmal braucht man dringend ein ermunterndes Wort. [...]

Laßt es euch gut gehen und seid ganz lieb gegrüßt von eurer Brigitte. [...]

Hoy, 28. 12. 67

Liebe Mu, lieber Vati,

[...] Heute will ich nur meinen herzlichen Dank sagen für euer schönes Paket, [...] das gerade noch auf die letzte Minute kam. Wir können alles wunderbar gebrauchen (mit W-C-Papier sind wir jetzt ein halbes Jahr versorgt!), die Decken passen, auch der Unterrock; die Kerze auf dem hübschen Leuchter haben wir gleich am Heiligabend brennen lassen, die Stolle haben wir uns geteilt, und von dem Subrowka (für den Jon einen Extra-Dank sagt, weil er schon lange scharf drauf war – aber hier gibt es keinen) haben wir sofort ein Glas getrunken, während wir Beethoven-Musik hörten. Eben so Junggesellen-Weihnachten … Leider habe ich Weihnachten im Bett verbringen müssen – das erstemal in diesem ganzen Jahr, daß ich freiwillig ins Bett gegangen bin. Etwas Fieber habe ich immer noch, bin aber heute aufgestanden, weil ich morgen nach Berlin fahren muß, um Irmchen Weinhofen zu besuchen, die bis Silvester in B. ist. Am Sonnabend schreibe ich dann einen richtigen Brief. Zur Vorsicht aber heute schon: unsere allerbesten Wünsche für das neue Jahr, Glück, Gesundheit und artige Kinder!

Mit vielen lieben Grüßen (auch von Jon)
eure Tochter Brigitte

1968

Liebe Mu, lieber Vati,

[...] Ich war inzwischen in Berlin, bei Irmchen, und wir haben uns einen Nachmittag lang über Amsterdam und alles mögliche unterhalten. Ich bekomme nächstens eine Nietenhose von ihr (meine ist ja völlig zerfetzt), und sie wollte mir sogar einen Trenchcoat besorgen, was ich aber abgelehnt habe. Das erscheint mir doch zu unbescheiden, selbst wenn ich dafür Bücher schicke. Das Lustige dabei ist, daß die Trenchcoats – denen ich hier seit langem vergebens nachjage – aus der DDR stammen und bei Brenningmayer verkauft werden (in Amsterdam), jede Sorte, mit und ohne Futter ... Na, vielleicht komme ich doch mal nach A. Frederik, Irmchens Mann, übersetzt nämlich die »Frau am Pranger«, und wenn ein Verlag anbeißt, kann ich nach Holland reisen und meine Gulden verjubeln – leider ohne Jon, der gewissermaßen als Bürgschaft hierbleiben muß, damit ich auch ja heimkehre. Es ist lächerlich. Wozu sollte ich in einem Land bleiben, in dem sich nicht mal die »eingeborenen« Schriftsteller mit ihren Büchern über Wasser halten können? Und überhaupt ...

Bei meinem Verlag war ich auch, aber ich konnte die Burschen leider nicht zu einem Vorschuß überreden. [...] meine Defa-Arbeit habe ich schon in den Kamin geschrieben. Ich treffe mich zwar nochmal mit meinen Regisseuren, will aber doch aussteigen, weil die Sache keine Zukunft hat. Die Defa hat ja doch kein Interesse an einem Film, wie er uns vorschwebt, und irgendwas machen, woran ich keinen Spaß habe, nein. Dazu ist mir meine Zeit zu schade. Ich möchte doch zu gern dieses Jahr mit dem Buch fertig werden, damit es nächstes Jahr endlich erscheinen kann. [...]

Wir haben uns in N. also die Wohnung angesehen, die sehr

hübsch ist oder jedenfalls werden kann. [...] Eine Menge Fenster [...] (ich brauche also einen Haufen neue Gardinen!), nur ein Ofen in der ganzen Wohnung und kein Bad. Die beiden Zimmer waren früher eins und sind durch eine Wand geteilt worden – sehr ungeschickt, weil das eine Zimmer nun unendlich lang und schmal ist. Der Parteisekretär, der mit uns die Wohnung besichtigte, schlug gleich vor, die Wand rauszunehmen und ein Stück nach rechts zu versetzen [...], damit das Erkerzimmer – zum Arbeiten – schön groß wird. Auch ein Bad soll eingebaut werden, dazu nehmen wir ein Stück von der Küche, die dann immer noch groß genug für mich ist. Das Ofen-Problem wird auch gelöst. [...] Allerlei teure Späße, aber die wird ja wohl die Wohnungsverwaltung bezahlen. Das Haus ist ein West-Grundstück und wird von der Stadt verwaltet, und ich will gern ein bißchen mehr Miete bezahlen, wenn die Wohnung richtig in Ordnung kommt und dadurch auch im Wert gesteigert wird. [...] Ein Stück Garten und drei Obstbäume gehören mir auch. Von dem Garten hat mir der Wohnungsamtsmann (der übrigens auf die ganze Wohnung scharf war – aber ich habe mich natürlich taub gestellt) gleich ein Stück abgehandelt. Da es aber keine Garagen gibt, werde ich ihm vermutlich im Herbst sein Gartenstück wieder wegnehmen und – falls ich das Geld dazu auftreibe – eine Fertigteil-Garage hinsetzen lassen; es muß ja nicht sein, daß der Wagen noch schneller vergammelt als so schon. In welchem Tempo die Umbauten nun vor sich gehen, weiß ich nicht. Ich hoffe, der Partei-Chef wird ein wachsames Auge darauf haben. Jon hat schon (in Boxberg gibt es alles!) eine Badewanne besorgt, denn in N. sind Badewannen ein Engpaß, und er will auch einen Zentralheizungsofen organisieren. Das sind so die Vorteile, wenn man auf dem Bau arbeitet.

Daß ich Weihnachten im Bett liegen mußte, schrieb ich schon, nicht wahr? Auf einmal hatte ich 39,5 Fieber, was ewig nicht mehr vorgekommen ist [...]. Von Jon habe ich eine Menge Bücher geschenkt bekommen und von meinem Freund

Dieter ein Gemälde, ein sehr schönes Stilleben, auf das ich schon lange scharf war. [...]

Dies also sind unsere Neuigkeiten. Mein lieber Mann ist heute wieder nach B. gefahren – das Arbeitsjahr hat begonnen, und ich hoffe, wir werden tüchtig was schaffen.

Alles Gute für euch! Seid ganz lieb gegrüßt (auch von Jon) von eurer Tochter Brigitte

Hoy, 18. 1. 68

Liebe Mu, lieber Vati,

[...] Ich war schon in Sorge, weil man so lange nichts von euch gehört hat, und dachte, ihr seid eingeschneit bzw. neuerdings überschwemmt und müßt eure Lebensmittel in einem Körbchen auf den Balkon raufziehen. Hier war es auch ziemlich arg, wenn auch nicht so schlimm wie in den Nordbezirken. Da wir höfliche Männer im Haus haben, brauchte ich nicht Schnee zu schippen – bloß einmal, und da habe ich es freiwillig getan, um die schöne Winterluft zu genießen. Wir haben unsere Garage ausgegraben, und ich hatte zwei Tage lang Muskelkater. [...] Ein paar Tage konnte man nicht nach Cottbus oder Spremberg – aber die Straße nach Boxberg, ausgerechnet, war halbwegs passierbar [...]

Habe ich euch geschrieben, daß ich Krach mit meinem Verlag hatte? Die rücken kein Geld raus, ums Verrecken nicht, und ich mußte wieder einen Stipendienantrag stellen. Den Januar kann ich noch mit dem restlichen Defa-Honorar überbrücken, aber im Februar wird es ganz übel. Die Kommission tritt nämlich erst im Februar zusammen [...]. Wenigstens ist es schon so gut wie genehmigt, das hat mir mein Kollege Görlich geschrieben, der die Stipendienkommission leitet. Trotzdem bin ich mit meinem Verlag sehr böse und bastele schon seit Tagen an einem groben Brief.

[...] Von Neubrandenburg haben wir noch nicht wieder Nachricht [...]. Übrigens habe ich neulich auf dem Ostbahnhof in Berlin festgestellt, daß es eine ganz günstige Verbindung zwischen Hoy und N. gibt, mit Zwischenstation in Berlin – seit einiger Zeit verkehren Triebwagen zwischen verschiedenen Städten und der Hauptstadt, Züge, in die man nur mit Platzkarte reinkommt. Die Fahrt mit dem Wagen dauert viel länger (das ewige Geleier durch Berlin und die vielen Vororte!) und ist außerdem dreimal so teuer [...].

So, und nun [...] laßt es euch wohl ergehen und sammelt in aller Ruhe eure Kräfte für den Frühlings-Sturmangriff auf den Garten. Mit vielen lieben Grüßen [...]

eure Tochter Brigitte

Hoy, 16. 2. 68

Liebe Mu, lieber Vati,

den Brief schicke ich per Eilboten, damit ihr noch eine Sonntagspost habt. Jetzt kann ich euch ja ruhig schreiben, warum ich solange geschwiegen habe; ich war nämlich völlig zerschmettert, und sicher hättet ihr das am Ton des Briefes gemerkt und euch wunder was für Gedanken gemacht. Ich habe ein paar schlimme Tage hinter mir – nicht nur wegen der Arbeit, die über zwei Wochen fast ganz stagnierte, [...] sondern weil ich dachte, ich habe Krebs. Mutti kann sicher verstehen, was das für eine Frau bedeutet, wenn sie plötzlich so ein boshaftes kleines Gewächs entdeckt [...]. Ich habe eine mörderische Angst vor Krebs und achte auf jedes Anzeichen, und als ich merkte, daß ich so einen häßlichen Knoten in der Brust habe, war ich natürlich halb verrückt. Auf einmal ging die Arbeit wieder großartig voran – aus lauter Angst, denke ich, aber jedesmal, wenn ich von meiner Schreibmaschine aufblickte, mußte ich gleich wieder nachgrübeln und heulte wie ein Schloßhund. Nun habe ich die Untersuchungen hinter mir; der Chirurg, bei dem ich auch sonst in Behandlung bin, zieht zwar ein bedenkliches Gesicht, sagt aber, es könne sich um eine hormonelle Störung handeln, und der Frauenarzt, von dem ich auch noch untersucht wurde, meint, es sei ein gutartiges Gewächs – vorläufig

251

noch. Es muß regelmäßig kontrolliert werden, und wenn sich irgendwelche Veränderungen oder Entzündungen zeigen, wird eine Gewebeprobe entnommen und eingeschickt. Falls ihr noch an den lieben Gott glaubt, könnt ihr ab und zu ein gutes Wort für mich einlegen. [...] Als ich gestern nachmittag vom Arzt kam, war ich richtig albern und mußte über alles lachen wie ein blödes Gör. Brustkrebs ist nicht unbedingt lebensgefährlich, wenn er frühzeitig erkannt wird, aber sehr unangenehm, weil einem sofort, wenn sich bloß ein kleiner Herd zeigt, die ganze Brust abgenommen wird. Brutal, was? Ich werde also in Zukunft scharf aufpassen und alle paar Wochen zur Untersuchung gehen.

Übrigens hat sich bei der Gelegenheit – ich bin auch geröntgt worden, herausgestellt, warum ich ewig Kopfschmerzen habe. Ein Halswirbel ist lädiert [...] und malträtiert die Nervenstränge. Vielleicht steckt bei unserer Familien-Migräne so was dahinter [...]. So, das waren schon alle Neuigkeiten – na, mir haben sie jedenfalls gereicht. Ich komme mir schon vor wie der arme Vater Hiob ... Scheußlich, wenn man andauernd mit seinem Körper zu kämpfen hat, um sich Arbeitsleistungen abzuringen. Manches ist auf der Welt sehr ungerecht verteilt, ich finde, das Hinken allein reichte schon aus für einen Menschen.

Neulich habe ich Daniel in Berlin getroffen, bei einer Vorstandssitzung. Wir waren nachher noch ein paar Stunden zusammen [...] und quatschten. Zuerst war er furchtbar vornehm und exclusiv (er hält sich immer noch für den einzigen richtigen Schriftsteller der DDR), aber mit der Zeit taute er ein bißchen auf und benahm sich beinahe normal, aber leider nur beinahe. Ich wundere mich, wie ich solange mit einem Grafen in einer Wohnung hausen konnte. Dieses Jahr kommt sein Band Kurzgeschichten endlich raus, aber zu einem Roman wird er sich wohl nicht entschließen, dazu reicht sein Atem nicht aus. Eine Stunde waren wir auch allein, [...] und da gab er nicht mehr so schrecklich an – aber trotzdem war ich froh, als ich später mit meinem ganz unvornehmen, proletarischen

Herrn K[...] nach Hause fuhr. Die Aristokraten liegen mir wohl doch nicht so. Er spricht in einem herablassenden Ton von allen möglichen Leuten, als ob es lauter Idioten wären, und sowas geht mir auf die Nerven. Es gibt eine ganze Menge Leute, die ich gern habe oder bewundere und deren Schwächen ich einfach übersehe (weil ich selbst genug hab), und ich bin nun einmal überzeugt, daß ein Schriftsteller die Menschen lieben sollte, nicht bloß sein eigenes kostbares Ich – sonst wird er nie was Rechtes zustande bringen. [...]

Von Neubrandenburg gibt es noch nichts zu berichten. Inzwischen beschäftige ich mich damit, Papiermöbelchen in einem Papierzimmer herumzuschieben ... Laßt es euch gut gehen, ihr Lieben, grüßt die Familie im nächsten FRS und seid selbst ganz herzlich gegrüßt von eurer

wieder frohgemuten Tochter Brigitte

Hoy, 26. 2. 68

Liebe Mu, lieber Vati,

[...] schönen Dank für Muttis Brief! Ihr braucht euch keine Sorgen zu machen. Diese Woche gehe ich wieder zum Arzt, um mir das Ergebnis von Blutsenkung, Blutbild etc. anzugucken; dann wird sich auch zeigen, ob es nötig ist, eine Gewebeprobe zu entnehmen und untersuchen zu lassen. Ich habe volles Vertrauen zu meinem Chirurgen, der sich immer viel Mühe mit mir gibt [...]. Falls in dieser Richtung nichts vorliegt, werde ich erstmal meinen Halswirbel reparieren lassen, soweit sich das machen läßt (ich glaube, man kann ihn ein bißchen zurechtrenken, indem man eine Weile einen Gipsverband oder sowas trägt); ich verliere zuviel Arbeitszeit durch die blöden Kopfschmerzen.

Mein lieber Mann ist wieder genesen und nach Boxberg heimgekehrt [...]. Er wird nächstens einen Verbesserungsvorschlag einreichen; ich habe, offen gestanden, nicht begriffen, worum es sich handelt und weiß nur, daß es mit der Programmierung von Rechenautomaten zusammenhängt. Wahrscheinlich hat Lutz auch mit diesem Zeugs zu tun; das beste ist, wir nehmen Jon zu dem Treffen mit – dann können die beiden einen Erfahrungsaustausch machen, und Lutz wird von seiner Ostpolitik abgelenkt.

[…] Wir fahren […] am Sonnabend oder Sonntag nach Neubrandenburg und kommen erst am Donnerstag (also nächster Woche) zurück […]. Wir sind zu den »Festtagen« des Bezirks eingeladen worden, das heißt, ich habe mehrere Lesungen (jeden Tag zwei), und das ist eine furchtbare Anstrengung, zumal sie in verschiedenen Ortschaften des Bezirks stattfinden. Jon wird sich derweil um meine Wohnung kümmern, damit die Sache endlich in Gang kommt. Einerseits wäre ich froh, den Umzug hinter mir zu haben, anderseits bin ich doch ziemlich bange, weil Jon ja noch eine Weile hierbleiben wird. Und die erste Zeit in einer fremden Stadt, allein … Na, ich brauche bloß daran zu denken, wie oft ich in den ersten Wochen hier in Hoy geheult habe. Man hat dann eben doch schreckliches Heimweh, auch wenn man sich auf die neue Heimat gefreut hat, und man kennt kaum jemanden und muß erst alles erforschen und langsam aufbauen, was hier schon richtig funktioniert. Und meine Kollegen wohnen alle in Neustrelitz, so daß man nicht mal schnell am Abend rüberhuschen kann, wenn man Trost braucht. […]

Grüßt auch die Uli-Familie; wir gratulieren zur neuen Wohnung und wünschen ihnen, daß sie bald einziehen können und sich behaglich fühlen. Und euch beiden alles Gute, […]

mit vielen lieben Grüßen
eure Tochter Brigitte

Hoy, 19. 3. 68

Liebe Mu, lieber Vati,
entweder habe ich wirklich schon eine Ewigkeit nicht mehr geschrieben, oder die Zeit kommt mir nur so lang vor, weil sie mit soviel Zeug ausgefüllt war […], ich habe noch nicht mal vom letzten Besuch in Neubr. erzählt. Er fing mit einem tüch-

tigen Schock an. Wir fuhren natürlich zuerst bei »meinem« Haus vor, bloß mal um zu gucken, und da sahen wir Gardinen am Fenster – mein Schreck! Zum Glück wohnt ja der Kreissekretär gleich nebenan, und wir sausten zu ihm und störten ihn bei der Mittagsruhe. Er war genauso ärgerlich wie wir (nicht wegen der Störung). Als er von seiner Kur zurückkam, sah er, daß er den falschen Nachbarn bekommen hatte – einen Musiker, der dem Wohnungsamt einfach die Pistole, bezw. den Möbelwagen auf die Brust gesetzt hatte. Er war tatsächlich mit dem Möbelwagen vorgefahren (und einer schwangeren Frau), und da mußten sie ihn eben unterbringen und setzten ihn in meine Wohnung. Genosse Müller hat natürlich sofort dafür gesorgt, daß dem Mann eine andere Wohnung zugewiesen wird, und offenbar hat der Mensch vom Wohnungsamt eins auf die Nase bekommen, denn er gab mir sofort die Zuweisung, die er mir trotz Müllers Anordnung seit Dezember vorenthalten hatte (und ich habe ihn heute noch im Verdacht, daß er irgendeinen Dreh suchte, um selbst in die Wohnung zu kommen). Mitte März soll also der Musiker entschwinden, und dann sollen die Umbauten im Haus beginnen. [...]

Nach diesem ersten Schreck ging dann alles gut in N.; ich hatte mehrere Lesungen, die sehr erfreulich ausfielen, übrigens auch eine im Centrum-Warenhaus, und da die Handelsbrigade so von mir angetan war, habe ich gleich Beziehungen zum Handel angeknüpft, die einem ja von Nutzen sein können. Natürlich war die Herumreiserei mit all den Lesungen [...] ziemlich aufreibend [...]. Dann hatte mich mein Arzt zur Universitätsklinik überwiesen – zur Vorsicht, wegen des blöden Knötchens –, und dann stellte sich heraus, daß der zuständige Professor nur Privatpatienten annimmt (also 50 DM dafür, daß man sich bloß mal vorstellt), und das ärgerte mich auch, und meinen Arzt hier ebenfalls, und er sagte, ich sollte zu einem anderen gehen [...].

Im übrigen geht es uns ganz gut, und wir arbeiten unverdrossen am Aufbau des Sozialismus und sind auch sonst brave Kinder. [...]

Ich habe schon fleißig getischlert für meine Wohnung, einen kleinen Tisch und zwei Bücherregale gebaut, die fast gar nicht wackeln, und etliche Sachen wieder zusammengeleimt und -genagelt. Ich bin selbst überrascht von meinen handwerklichen Fähigkeiten.

Und mit diesem Selbstlob möchte ich schließen [...]
eure Tochter Brigitte

Hoy, 4. 4. 68

Liebe Mu, lieber Vati,

[...] Ich hätte schon eher geschrieben, aber ich lag ein paar Tage im Bett, halb wahnsinnig vor Kopfschmerzen, die sich durch kein Betäubungsmittel mehr bekämpfen lassen. Wahrscheinlich war das die Reaktion auf zwei Tage in Berlin, wo wir Vorstandssitzung hatten (Jon war auch eingeladen) und den zweiten Abend bei Strittmatters verbrachten – übrigens einen schönen und interessanten Abend; beide, Erwin und Eva St., sind sehr herzlich und anregende Gesprächspartner. Aber ich bin eben schon seit langem in einem Zustand, daß mich jede Reise, jede kleinste Aufregung einfach umwirft; manchmal traue ich mich nicht mehr rauszugehen, aus Angst – ich weiß selbst nicht, wovor – oder fange auf der Straße an zu heulen. Ich denke mir, das liegt zum großen Teil an den Sorgen wegen meines Buches, an der Beanspruchung durch irgendwelche Pflichten, denen man sich nicht entziehen kann (Schriftsteller sind nun mal »öffentliche Personen«); dazu kommt die Warterei auf den Umzug [...] ... Zum Teil liegt es auch an physischen Schwächen; ich habe nun mal so einen jämmerlichen Körper, und gegen einen lädierten Halswirbel und dergleichen Zeug kann man nicht immer durch Willensstärke aufkommen. Ich glaube auch nicht, daß eine Verschnaufpause viel Zweck hätte; ich muß erst mein Buch fertigschreiben – das ist gewissermaßen ein Wettlauf mit einer möglichen ernsten Krankheit. Ende April gehe ich für eine Woche ins Krankenhaus, zu meinem netten Chirurgen, der mich neulich untersucht hat und ein bißchen besorgt ist, weil er ziemlich heftige Durchblutungsstörungen festgestellt hat. Inzwischen hat er mir strengstes Alkoholverbot auferlegt (aber das trifft mich nicht, ich trinke sowieso keinen Schnaps und Wein, um für die Arbeit immer einen klaren Kopf zu haben) und angeordnet, daß ich jeden Tag ein bis zwei Stunden spazierengehen muß, und daran halte ich mich auch. Während der ersten Tage habe ich es gleich übertrieben, weil ich so einen Schreck bekommen hatte über seine dunklen Andeutungen: ich bin soviel herummarschiert, daß ich einen tüchtigen Muskelkater hatte.

Na, genug von diesen blöden Krankheitsgeschichten. Am meisten tut mir dabei der Jon leid, der die Plackerei mit seinem Weib hat (aber immer von einer Engelsgeduld ist) und aus Sorge so oft von Boxberg rüberkommt, daß er dann nachts die liegengebliebene Arbeit nachholen muß. Er behauptet zwar, er brauchte wenig Schlaf, aber ich finde doch, daß er sich übernimmt, und wundere mich, daß ihm nie die Nerven durchgehen. Die meisten Frauen sagen, ihre Männer wären furchtbar empfindlich und bei jedem Schnupfen gleich todkrank und trostbedürftig, aber Jon läßt es sich nie anmerken, wenn es ihm mal schlecht geht, und schon gar nicht läßt er sich bedauern.

Wißt ihr schon Näheres über das Treffen mit Lutz? [...] In der Woche vor dem Treffen müssen wir wieder mal nach Neubrandenburg – da sind gleich wieder drei Tage futsch. Mein armes Buch! [...] Ich habe jetzt das 10. Kapitel begonnen, aber es hat Wochen gedauert, bis ich den Anfang hatte. Die Hälfte seiner Zeit verbringt man mit Zweifeln an sich selbst ...

Vor der Begegnung mit Lutz habe ich eigentlich nicht soviel Bange, aber die kommt vielleicht noch, ein paar Tage vorher. Trotzdem denke ich, daß wir irgendwie übereinkommen werden, wenn nicht in politischen, so doch in privaten Fragen. Was ich für wichtig halte: nicht das Pakete-Schicken erwähnen, überhaupt nicht andeuten oder durchblicken lassen, daß man irgendwas Materielles von »drüben« erwartet oder sich wünscht. Wir sind keine armen Verwandten, und selbst wenn wir dies oder das hier nicht bekommen und gern haben möchten – auf keinen Fall von Lutz, dem wir (ob wir es nun noch aussprechen oder nicht) einen Vorwurf daraus machen, daß er nach drüben gegangen ist. Versteht ihr, wie ich das meine? Wir sind eben nicht bloß Familie, sondern auch Bürger von zwei verschiedenen Staaten, da hilft alle Liebe nicht.

Für heute will ich schließen. […] seid ganz lieb gegrüßt von eurer Tochter Brigitte

Hoy, 10. 4. 68

Liebe Mu, lieber Vati,

heute morgen ist das Päckchen und Muttis lieber Brief angekommen. […] Wie ich uns kenne, hätten wir uns ja doch nicht dazu aufgerafft, selbst ein paar Eier zu färben; wenn wir Kinder hätten oder zusammenleben würden, täten wir es vielleicht, aber […] mit der Zeit vernachlässigt man all die schönen Bräuche aus seiner Kinderzeit. Aber etwas Österliches wollen wir doch unternehmen und uns ein Schauspiel ansehen, das einem nur in dieser Gegend hier, in der Lausitz (oder Sorbei vielmehr) geboten wird: das traditionelle Osterreiten. In Wittichenau, einem erzkatholischen Dorf in der Nähe von Hoy, werden die Osterreiter auf dem Marktplatz gesegnet, reiten dann singend und prächtig aufgeputzt, mit Zylinder und Gebetbuch, zum Kloster Rosental, hören die Messe, und zur selben Zeit reiten die Rosentaler los und haben ihre Messe dann in Wittichenau. Das also wollen wir uns ansehen, vielleicht auch […] am Hochamt teilnehmen (das habe ich schon seit Jahren nicht mehr erlebt, bloß noch in dunkler Erinnerung, und merkwürdigerweise übt ja die katholische Kirche eine Anziehung auf mich aus, trotz Atheismus). Im übrigen werden wir arbeiten, Jon will endlich mal wieder »was für sich« tun, das heißt, ein bißchen an seinem Buch oder an seiner Reportage schreiben. Dazu kommt er sonst gar nicht mehr, so sehr hat er sich in seine Technologen-Arbeit verbissen.

Gestern abend hatte ich Besuch von einem Ehepaar, mit dem ich mich anfreunden würde, wenn ich jetzt nicht bald wegziehen würde. Sehr, sehr nette Leute, die Frau sanft (ein bißchen christlich, glaube ich) und klug, Germanistin, die jetzt aber Krankenschwester werden will, und der Mann ist ebenfalls klug, ungemein belesen und, wie mir scheint, auf allen Gebieten zu Hause, Musik, Malerei usw. Die beiden haben einen Freundeskreis um sich geschart – Privatinitiative gegen die Langeweile in dieser Stadt –, und in diesem Kreis hatte ich vorige Woche eine Lesung aus meinem Buch [...]. Es war ein schöner Abend, lauter aufgeschlossene, gesprächsfreudige Leute. Die Schmidts brachten gestern auch den Bruder der Frau mit, einen jungen Mann aus Hamburg, der Ökonomie und Soziologie studiert und, soweit ich verstanden habe, auch Laienprediger ist [...]. Wir haben natürlich sehr viel über West- und Ostdeutschland gesprochen [...]. Ich komme ja öfter mit Westdeutschen zusammen, meist Intellektuellen, und finde, daß die meisten vernünftig und tolerant sind und uns auch respektieren, wenn ihnen manches hier nicht gefällt oder einfach fremd erscheint. Jedenfalls kann man miteinander reden ohne fanatisches Geschrei oder unduldsame Zankereien. Natürlich hat es mich auch gefreut, daß der junge Mann von meinem Sibirienbuch angetan war (ihm gefiel vor allem die Begeisterung, mit der es geschrieben ist – im Gegensatz zu Lutz, der mir gerade das angekreidet hat) und von meinem neuen Manuskript, das er auch in der Sprache sehr schön fand. Sowas macht einem gleich wieder ein bißchen mehr Mut zum Arbeiten.

[...] Inzwischen wünsche ich euch ein fröhliches und gesundes Osterfest mit viel Sonne für Garten und Balkon. Und falls ihr nach Oranienbaum fahrt, grüßt, bitte, die Uli-Familie von uns.

Mit vielen lieben Grüßen
eure Tochter Brigitte

Lieber Vati, liebe Mutti,

der Eilbrief kommt nur als Ergänzung des Telegramms […].
Ich komme also mit dem Eilzug […]. Ganz begeistert bin ich
von dieser Verbindung nicht, weil ich so früh aufstehen muß.
D. h., sonst stehe ich auch so um fünf auf, aber an Reisetagen
mag ich das nicht, weil ich meist am Abend vorher zu spät
einschlafe. Trotz der Übung im Reisen habe ich immer wieder schreckliches Reisefieber, sogar wenn's bloß bis Berlin
geht. Vielleicht liegt das auch an diesen ganzen blöden Herz-
geschichten und Kreislaufstörungen, die immer schlimmer
werden; sobald ich aus dem Haus gehe, bin ich wie aus dem
Wasser gezogen. Scheußlich. Den Triebwagen kann ich aber
nicht nehmen, ich habe sofort angerufen, aber es gab für
Sonnabend keine Platzkarten mehr. (Hoyerswerda hat eine
»Zuteilung« von jeweils 16 Platzkarten – das ist einfach ein
Witz für eine fast 50 000-Einwohner-Stadt).

[…] Letzte Woche, als wir in N. waren, gab es ein richtiges
Drama wegen der Wohnung, aber davon werde ich euch in Berlin ausführlicher erzählen. Nur soviel: der Mann, der vorüber-
gehend dort eingewiesen war – wegen angeblicher Schwanger-
schaft seiner Frau –, will nicht wieder raus. Da er beim Min. f.
Staatssicherheit war (als Musiker), drohte er uns mit dem MfS,
mit Ulbricht und Gotsche (da kann ich bloß lachen! Gotsche
kenne ich zehnmal besser als er, dieser Angeber). Jetzt ist den
Neubrandenburgern der Geduldsfaden gerissen. Da der Mann
mehrere gute Wohnungen einfach abgelehnt hat – noch dazu
unter allerlei Schwindeleien –, wird er am Sonnabend exmit-
tiert. Ein Möbelwagen fährt vor und lädt seine Sachen auf, und
da kann er schreien, soviel er will – das Recht ist auf unserer
Seite. Daß uns die ganze Sache sehr unangenehm ist, könnt ihr
euch denken. Ohne Jon hätte ich mich vielleicht auch überfahren lassen, aber Jon ist energisch geworden. […]

Und ihr wartet auf mich, nicht wahr? auf dem Bahnhof
Schöneweide. Bis dahin […] viele herzliche Grüße von
eurer Tochter Brigitte

Liebe Mu, lieber Vati,

es war sehr, sehr lieb, daß Mu mir gleich eine Karte geschrieben hat und versucht, mich ein bißchen zu trösten – obgleich ihr doch selbst genug zu knabbern habt an dieser Geschichte. Es stimmt schon, ich war mächtig deprimiert und bin es auch heute noch. Ich habe lange mit Jon und mit den Dreßlers darüber gesprochen, um meinen Standpunkt zu überprüfen. Ihr wißt, wir sind auch kritische Leute, durchaus keine Hurra-Schreier, aber wir waren uns darin einig, daß wir nun mal unseren Staat vorziehen, was immer man für Einwände haben kann. Wenn man erst anfängt, sich das Unrecht vorzurechnen, das der eine und der andere Staat (und alle Länder der Welt) jemals in ihrer Geschichte begangen haben … du lieber Gott, das führt zu keinem Ende. Jedenfalls kann ich Lutz nicht das »Resümee« schreiben, das er erwartet; seine drei Grundbedingungen – die ihr ja auch gehört habt – akzeptiere ich nicht, und wenn's mich meinen Bruder kostet. […] Es ist schlimm, daß sich die Standpunkte so verhärtet haben […]. Er sagte mir, ich habe euch auch Kummer genug gemacht. Das stimmt, aber inzwischen bin ich älter geworden und habe manches eingesehen (mit zwanzig Jahren rebelliert man immer gegen die Älteren), und ich wünsche jetzt von Herzen, euch keinen Kummer mehr zu machen. […]

Ich glaube, ich habe euch schon von den Schmidts geschrieben, die diesen Freundeskreis in Hoy gegründet haben. Was sind das für gute Menschen! Sie kommen nie ohne einen Strauß oder ein Buch oder irgendeine Aufmerksamkeit. Heute morgen war ihr kleines Mädchen hier und hat mir zum 1. Mai Blumen gebracht. Ich habe mich so darüber gefreut …

In diesem Zusammenhang noch etwas: ich erzählte euch auch von dem Bruder von Fr. Schmidt, dem »Faun«, der ebenfalls in Hamburg wohnt. Gestern sagte sie mir, daß sie mir dankbar wären für die drei Abende, die ich mit ihnen und ihrem Bruder verbracht habe. Er war wohl sehr beeindruckt von mir, ich weiß auch nicht, warum; jedenfalls […] gerade durch unsere Gespräche und durch das, was er von mir gelesen hat, ist ihm unser Land näher gekommen. Die letzten Tage seines Besuchs waren friedlicher, [...] weil der »Faun« fand, daß an diesem Staat was dran ist, wenn ein Mensch wie ich dafür ist (merkwürdig, was? er findet mich klug und charmant, und ich höre das mit Vergnügen). Ich war richtig froh, als Fr. Schmidt mir davon erzählte, aber anderseits auch bekümmert, weil ich bei meinem eigenen Bruder so gar nichts ausrichten kann. [...] Er hat eine ganz falsche Vorstellung von meinem Leben, aber das wird man ihm nicht ausreden können. [...]

Nun schreibe ich die ganze Zeit von Lutz, was gar nicht meine Absicht war, aber das liegt eben daran, daß es mich so sehr beschäftigt. [...] Versucht, trotzdem nicht traurig zu sein, sondern denkt an eure anderen Kinder, die euch lieben und auch ziemlich brav sind.

[...] Der nächste Brief wird also auf sich warten lassen, aber ihr wißt ja, warum. Und bei meinem Doktor bin ich gut aufgehoben und kann viel schlafen und essen.

Mit vielen lieben Grüßen –
eure Brigitte

Hoy, 13. 5. [68]

Meine lieben Eltern,
diese Karte nur als Lebenszeichen [...], ich bin zwar am Sonnabend aus dem Krankenhaus gekommen, fühle mich aber noch so schwach und elend, daß ich doch lieber im Bett bleibe (was ich sonst nicht ausstehen kann). Aber macht euch keine Sorgen um mich. Jon [...] kümmert sich um alles und versorgt mich, und da ich eine zähe Natur bin, werde ich sicher bald wieder auf die Beine kommen – muß ich ja auch, wegen des Buches.

Also, bis bald!
Mit vielen lieben Grüßen
eure Brigitte

Hoy, 17. 5. 68

Meine lieben Eltern,

ihr seht, ich bin wieder halbwegs fit, jedenfalls genug, um meine Maschine zu bedienen [...]. Die letzten Tage war ich etwas fiebrig, irgendeine Infektion, aber nachdem mein Doktor mir eine tüchtige Penicillin-Spritze in die Pobacke gegeben hat, geht es mir besser. Bis Montag will ich mir noch Faultage gönnen und viel lesen (die netten Schmidts haben mich mit Büchern, auch Krimis, versorgt), und ab Montag, hoffe ich, kann ich wieder arbeiten. Ich habe richtig Appetit auf mein Buch (na, der wird mir schon vergehen, wenn ich erst dransitze!).

Den Brief von Lutz schicke ich euch zurück. Er klingt ja ein bißchen freundlicher als unser Gespräch in Berlin. Aber daß er hofft, ich sei »ähnlich frohgestimmt wie er« nach Hause gefahren ... der Junge hat Nerven! Natürlich hat er vieles bloß so hingequatscht, nehme ich an [...], und ich will nicht jedes Wort ernstnehmen, sonst wäre wirklich Schluß. Er ist mir ja doch recht ähnlich; ich rede auch öfter dummes Zeug, das mir fünf Minuten später leid tut. Bloß, ihm scheint es fast Spaß zu machen, wenn er mich verletzen kann – auf diese beinahe gutmütige Tour, wie man mit unzurechnungsfähigen Leuten umgeht. [...] Nun ja, vielleicht sollte man sich wirklich öfter sehen und sprechen [...]. Die Hauptsache ist, ihr seid nicht mehr so niedergeschlagen und habt wieder etwas Mut und Hoffnung geschöpft für den weiteren Umgang mit dem verlorenen Sohn. (Verloren, das dürfte er nicht hören!)

Von uns gibt es nichts Interessantes zu berichten. Meine Wohnung »schwebt« immer noch, d. h. alles ist so ungewiß wie vor Wochen und Monaten. [...] Einmal hieß es, der Herr K[...] habe sich der Zwangsexmittierung entzogen, indem er nach Berlin gefahren sei, um seine »Hebel« in Bewegung zu setzen. Der blöde Hund. Ich habe mich bei einem Kollegen erkundigt, einem ehemaligen Staatsanwalt, der mir sagte, daß dieser Mensch überhaupt keine rechtliche Handhabe hat, und wenn er tausend Hebel betätigt. – [...] Soll man da lachen oder weinen? Na, ich kümmere mich jetzt gar nicht mehr [...]. Wenn wir zur nächsten Schriftstellertagung nach N. fahren – ev. Ende Mai – werden wir ja wohl endlich hören, was sich so tut. [...]

Bleibt gesund, ihr beiden, [...] und seid ganz herzlich gegrüßt und geküßt von eurer wieder auferstandenen

Unkraut-Tochter Brigitte

Hoy, 21. 5. 68

Liebe Mu,

hab schönsten Dank für Deinen Brief. Auch über Deine Nachricht, daß Du so fleißig an meinem Krämchen arbeitest, habe ich mich sehr gefreut (sonst wird ja immer die doofe Dorli mit ihren Sachen vorgezogen!!!) Bitte, mach die Decke ruhig in der ganzen Stofflänge (also nicht an die angegebenen Maße halten) und, wie Du vorschlägst, mit einer weißen Litze.

Ich schicke Dir also den Mantel und die Strickjacke. Übrigens kannst Du die Jacke doch behalten; weißt Du, ich ziehe sie so selten an, daß sie sich für Dich doch mehr lohnt – ich kann ja Pullover tragen, und einen Trenchcoat habe ich nun auch.

Mit vielen lieben Grüßen und einen Schmatz

Deine Brigitte [...]

[zum 26. 5. 68]

Lieber Vati,

ich wünsche Dir von Herzen alles Gute, vor allem Gesundheit und noch viele fröhliche Lebensjahre (und, wie üblich: artige Kinder!).

Mutti hat mir Deinen Wunsch verraten. Du bekommst also den ersehnten Reisewecker. Er hat mir gehört, aber ich wache sowieso immer von selbst auf, kann mich auch durch Telefon wecken lassen oder mir einen von Jons drei Weckern ausborgen, die zwar nicht elegant sind, dafür aber so laut wie eine Alarmsirene.

Hoffentlich hast Du Spaß an dem Dingelchen.

Mit tausend herzlichen Grüßen – auch von Herrn K. –

Deine Tochter Brigitte

Hoy, 17. 6. 68

Liebe Mutti, lieber Vati,

[…] Inzwischen habe ich ein Telegramm aus Neubr. bekommen: »Wohnung frei. Bitte einziehen.« Aber nicht, bevor der Umbau fertig ist, möchte ich hinzufügen. Mit Sack und Pack zwischen Maurern und Klempnern leben – nein, da werde ich verrückt. Aber Ende nächster Woche fahren wir nach N., dort wird [sich] ja alles klären […]. Ich will bei der Gelegenheit auch nach Berlin, zur Untersuchung in die Universitätsklinik. Der Knoten wird allmählich lästig, fängt auch an, wehzutun, und mein Doktor meint, es sei mit ziemlicher Sicherheit kein Krebs, sondern irgendein Fremdkörper, der sich eingekapselt hat. Wenn es an dem ist, lasse ich ihn hier noch rausschneiden; das ist nur eine kleine Operation.

[…] für heute nehmt mit den paar Zeilen vorlieb […] – ich drücke die Daumen, daß ihr noch die ganze Zeit schönes Wetter habt. Und viele Grüße an die Herrmann-Familie, vor allem an meine sündhaft schreibfaule Schwester.

Mit lieben Grüßen und einem Ferien-Schmatz für jeden – eure Tochter Brigitte […]

Hoy, 4. 7. 68

Meine lieben Eltern,

[…] bei dem schönen Wetter und der Hitze und wegen Neubr. hab ich das Schreiben immer wieder hinausgeschoben. Zweimal war ich in Boxberg und habe in der Kiesgrube gebadet und mich schwärzlich brennen lassen, während mein armer Mann in seiner Baracke schuftete. Die Landschaft dort ist wüst, nur Sandberge und Kies, aber das Wasser ist wunderbar grünblau und klar, wenig Leute, nur zum Schichtwechsel fahren ein Dutzend Dumper an, und die Bauleute springen ins Wasser. Ich hatte immerzu Gesellschaft; die Erdarbeiter sind zwar rauhe Burschen, aber wenn man sie dazu bringt, von ihrer Arbeit und ihrer Wanderschaft über alle Baustellen der DDR zu erzählen, dann sind sie wie umgewandelt, und man erfährt eine Menge interessanter Dinge.

Das Letzte aus N.: Wir waren also vorige Woche dort; Genosse Müller hatte alle zuständigen Leute auf die Beine gebracht, und wir machten Tatortbesichtigung. […] Wir haben in allen Einzelheiten besprochen, was umgebaut werden soll; auch die Möglichkeit, eine Zentralheizung einzubauen bezw. die vorhandene wieder in Gang zu setzen, wird überprüft. Allerdings kann der Mann von der Wohnungsverwaltung nur mit Feierabendbrigaden arbeiten, außerdem ist die Finanzfrage noch nicht geklärt, weil es sich um ein Westgrundstück handelt (ev. muß die Bank einen Kredit geben, der dann, vermute ich, mittels erhöhter Miete abgezahlt wird). Na, immerhin ist die Sache ins Rollen gekommen, und da Müller ordentlich Druck macht, werde ich vielleicht doch im August oder September umziehen können. […] Der Garten ist jetzt im Sommer ganz reizend, der Jasmin blüht, »meine« Kirschen sind reif (und werden leider von anderen geerntet), und der Steingarten unterhalb der Terrasse ist auch noch in Ordnung. Nun, im nächsten Jahr werde ich tüchtig buddeln und anpflanzen, vor allem Blumen und ein paar Obststräucher. […]

Zum Glück geht es mir körperlich jetzt besser, auch die Depressionen haben sich verabschiedet (bis auf gelegentliche Rückfälle), weil ich nun doch ziemlich überzeugt bin, daß es sich bei dem verdammten Knoten um eine relativ harmlose Sache handelt. Vorige Woche habe ich die Röntgenbilder und einen informatorischen Brief meines Arztes in Berlin abgeliefert, in der Universitätsklinik, und Prof. S[…] hat mir gestern geschrieben, daß ich mich am 15. in seiner Sprechstunde vorstellen kann. Ein teurer Spaß […], aber ich muß ihn mir leisten, um ganz sicher zu gehen. Wenn es sich wirklich nur, wie mein Arzt annimmt, um einen eingekapselten Fremdkörper handelt, ist alles gut, und ich will froh und dankbar sein. Das Herausschneiden ist bloß eine Kleinigkeit, und ich brauche nicht mal im Krankenhaus zu bleiben, sondern kann nach Erwachen aus dem »Rausch« wieder nach Hause gehen.

Hoyerswerda hat nun auch ein Centrum-Kaufhaus. Am ersten Tag soll die Hölle los gewesen sein, zumal sofort die Rolltreppe kaputt ging und die Klimaanlage ausfiel, und Fenster sind nicht drin. Die Leute haben seit Monaten gespart – ihr könnt euch vorstellen, wie sie das Kaufhaus gestürmt haben. Wir waren zweimal dort, sind aber bald wieder getürmt, weil es nicht auszuhalten war. Na, das wird sich auch normalisieren [...]. Jetzt kommt nochmal eine schlimme Zeit, denn dieser Tage gibt es Bergmannsgeld; das sind bei den meisten Leuten ganz erkleckliche Summen, und das Geld will ja ausgegeben werden. Wenigstens habe ich nach Monaten vergeblichen Suchens ein Paar weiße Schuhe bekommen, und heute, bevor der neue große Run einsetzt, will ich noch eine Handtasche erobern. Endlich gibt es Schaufenster, an denen man vorbeibummeln kann, und das ganze Gebäude ist wirklich sehr elegant mit seiner Aluminium-Fassade, die schon von weitem wie Silber leuchtet. Man merkt, daß ganz Hoyerswerda stolz darauf ist – jetzt sieht man sogar abends auf der Magistrale eine ganze Anzahl Leute, die um »ihr« Kaufhaus herumziehen.

Laßt es euch wohl ergehen, [...] und seid ganz herzlich gegrüßt von eurer Tochter Brigitte

Hoy, 25. 7. [68]

Liebe Mu, lieber Vati,

[...] nochmals ein herzlicher Dank für das Kissen und die Decken (verbunden mit einem zarten Hinweis auf den Kragen ...) und für den Kuchen, der leider alle ist. Ich habe Jon die Hälfte abgegeben, bezwungen durch sein Kompliment, der Kuchen sei so gut, als habe er ihn selber gebacken. (Dabei hat dieser eitle Mensch seit Wochen, beinahe Monaten, seine Backkünste nicht mehr erprobt – und auch das wegen seiner verdammten Daten.) Der Geburtstag ging sehr still vonstatten; die Schmidts waren da und gratulierten, und mittags war ich bei Jon eingeladen, zu einem erstklassigen Entenbraten (Anmerkung für die kochenden Männer in der Familie: Entenbrust und -beine mit geriebenen Nüssen und Mandeln paniert und zusammen mit Pfirsichen in der Backröhre – wie immer in Aluminiumfolie verpackt – gar geschmort. Ein Gedicht!)

[...] Mir ist ein Stein vom Herzen! Nun muß ich bloß nochmal einen Tag opfern, um mir bei Dr. Marquardt den Knoten rausschneiden zu lassen. Dieser Montag war ein richtiger Glückstag. Wir waren dann noch beim Verlag, und auch dort ließ sich alles gut an; eine neue Auflage ist erschienen, durch die ich für einige Monate finanziell wieder gesichert bin (im September läuft ja mein Stipendium ab) [...]. Inzwischen habe ich tüchtig gearbeitet, gewissermaßen beflügelt; jetzt graust mir bloß davor, die vielen zerkritzelten Seiten Roh-Manuskript ins Reine abzuschreiben, weil sich dabei meistens herausstellt, daß alles viel schlechter geschrieben ist, als man so im Eifer des Produzierens sich einbildete. [...]

Laßt es euch gut ergehen, habt viel Spaß mit der kleinen Imke und seid ganz lieb gegrüßt von

eurer Tochter Brigitte

Hoy, 5. 8. 68

Liebe Mu, lieber Vati,

den Brief muß ich ganz eilig hinhauen – entschuldigt das, bitte, [...] aber in den nächsten zwei Tagen kann ich vielleicht nicht schreiben, denn morgen früh wird der Knoten rausgeschnitten, und wahrscheinlich muß die Stelle dann genäht werden, und es gibt ein bißchen Fieber und dergleichen kleine Unannehmlichkeiten. Schönen Dank für Muttis Brief. An Lutz habe ich heute schon geschrieben, dh. an Margret als diejenige, die diese Leistung vorrangig erbracht hat. [...] Florian ist ein

268

bißchen altmodisch, aber warum nicht? Außerdem ist der Heilige Florian für Feuer und Brände, bezw. für deren Verhütung zuständig, also ein ganz sympathischer Schutzpatron. Habe ich euch geschrieben, daß Lutz für Uli und mich Bücher geschickt hatte? Da sie über den Schriftsteller-Verband kamen, sind sie anstandslos durch den Zoll gegangen [...] (für Uli z. B. war ein Buch über den Israel-Krieg dabei). [...]

Ferner: Es wäre mir ganz lieb – falls es euch keine Umstände macht –, wenn Vati auch die zweiten 500,– überweisen würde. Es wird jetzt Ernst, will heißen: man hat mir versichert, daß die Wohnung im August fertig wird. Wir waren ja zum Wochenende in Neubr. – in der Wohnung war nichts getan. (Aber wenigstens saß auch kein anderer drin.) [...] Im Schriftsteller-Verband gab es einen ungeheuren Krach, Sakowski hatte einen dramatischen Ausbruch, die Bezirksleitung wurde kritisiert wegen ihrer Bummelei in Fragen »Schriftsteller-Unterbringung«, der Bürgermeister eilte herbei und versicherte, daß alles getan wird, und zwar schleunigst [...] Nun ja, abwarten. Das Mecklenburger Tempo ... [...] ich habe das Warten satt bis obenhin.

[...] Außerdem wollte ich eine bescheidene Anfrage an Mutti richten, ob sie eventuell mal eine Strickarbeit übernehmen würde, genauer gesagt: eine Umstrick-Arbeit. Ich habe einen Pullover, mit dem ich nicht mehr ganz zufrieden bin (vielleicht liegt es nur daran, daß ich das Bedürfnis habe, mal wieder was »Neues« zu tragen), und da er aus schöner Wolle ist, hätte ich gern ein Jäckchen, kurzärmlig, das man über eine Bluse ziehen oder auch so tragen kann. Läßt sich sowas mal einplanen? Ich glaube, ich bin das einzige Kind (»Kind« ist gut!), das Du noch nie und nie und nie bestrickt hast – aber die anderen werden ja immer vorgezogen ... Und mit diesem Seufzer will ich schließen. [...] Gesundheit für unseren Vater und unsere lädierte Mutter (ich hab's ja schon immer kommen sehen, wenn Du so auf Deinem Fahrrad durch die Stadt gegaukelt bist ...).

Mit vielen lieben Grüßen eure Tochter Brigitte

Liebe Mu, lieber Vati,

wie ich Muttis Brief entnehme [...], habt ihr meine Karte noch nicht bekommen [...]. Ich hatte auf der Karte auch gemeldet, daß tatsächlich, unglaublicherweise, am vereinbarten Tag der Bürgermeister von Neub. angerufen und mitgeteilt hat, daß am 15. September die Wohnung bezugsfertig ist. Jetzt geht also die Rennerei erst richtig los. [...] Zum Glück läßt sich einiges telefonisch erledigen, wenn ich alle nötigen Wege zu Fuß oder per Bus machen müßte, würde ich zusammenbrechen. [...] – hoffentlich wird es nun wenigstens annähernd so, wie wir ausgemacht haben, ich meine, was die Maße, das Wändeverrücken etc. betrifft. [...] Immerhin habe ich vorsichtshalber eine Woche zugegeben und den Möbelwagen für den 23. Sept. bestellt, statt für den 16. Es muß nämlich ein Montag sein, wegen der Bücherkisten, die mir nur unter dieser Bedingung zwei Tage vorher ins Haus geliefert werden. Und das muß sein, denn wenn ich meine zweitausend oder mehr Bücher erst einpacke, während der Wagen schon vor der Tür steht ... [...]

Ferner hatte ich auf der Karte mitgeteilt, daß die Knoten entfernt worden sind. Ich hatte Lokalbetäubung, konnte also alles verfolgen, was nicht immer schön war (das Geklapper mit Messern und Häkchen etc.), aber interessant war es auch. Leider stellte sich während des Operierens heraus, daß noch mehr Knoten im Gewebe sind, die nun wirklich nicht alle verkapselte Fäden sein können; daher war es auch ein bißchen schmerzhaft, weil Dr. Marquardt, der ja selbst überrascht war, tiefer schneiden mußte als beabsichtigt. Er zeigte mir nachher die häßlichen Dinger, bohnengroße harte Gebilde. Er hat sie nun doch ans Pathologische Institut eingeschickt [...]. Die Wunde ist gut verheilt, allerdings bleibt eine ziemliche Delle, aber die ist auch bei großzügigem Dekolleté nicht zu sehen. [...] Hofft mit mir, daß die Pathologen was Harmloses feststellen.

[...] Nur noch einige Zeilen an Mutti: Nächstens schicke ich Dir den Pullover und ein Muster, damit Du weißt, wie das Dings aussehen soll. Ich muß aber ebenfalls energisch widersprechen: sicher hast Du mal einen weißen und einen gelben Pullover gestrickt – aber nicht für mich! Das hätte ich bestimmt behalten. Meine Pullover sind alle fertig gekauft, bis auf den, den ich Dir schicken will, und den hat Dorli mal gestrickt, und wir haben getauscht (gegen ein Kleid, glaube ich). [...] Ich habe Dich (dies wiederhole ich mit tränenerstickter Stimme) immer nur an Pullovern für Deine Herzekinder stricken sehen ... So, und jetzt will ich schließen. [...]

Mit vielen lieben Grüßen eure Tochter Brigitte

Ich habe jetzt sämtliche FRS geordnet und abgeheftet. (Keine Nummer fehlt!) Unser Redakteur hat ja schon einen ganzen Roman geschrieben! Falls ihr weiter so fleißig seid, braucht ihr euch nicht den Kopf zu zerbrechen wegen Weihnachtsgeschenken: meine FRS-Mappe ist stoppenvoll – Band II muß her!

Hoy, 28. 8. 68

Liebe Mu, lieber Vati,

heute habe ich den langen FRS bekommen und bedanke mich herzlich für die – meist erfreulichen – Nachrichten über unsere weitverzweigte Familie. Ich muß schon an den Fingern nachrechnen, wievielfache Tante ich jetzt bin ... Ich freue mich auch zu hören, daß Vati nun wirklich in den Ruhestand getreten ist und nächstens zur Kur gehen wird [...].

Nach Neubr. fahren wir erst nächste Woche. Der vorgesehene Reisetag (in der letzten Woche) fiel mit dem Tag zusammen, als die Paktstaaten die CSSR »betraten«. Die ganze Nacht hörte man die Panzer rollen, und morgens waren die Düsenjäger so munter wie selten. Das schlug mir ziemlich aufs Gemüt, wie übrigens die ganze Angelegenheit; ich konnte nicht mehr arbeiten, hörte andauernd Nachrichten und mußte oft an Lutz denken. Falls Mutti mit ihm darüber spricht, kann sie ihm mitteilen, daß seine psychopathische Schwester in diesem Fall seine Meinung teilt. Erst am Freitag raffte ich mich dazu auf, wenigstens nach Berlin zu fahren und Irmchen Weinhofen zu besuchen, die für ein paar Tage zu Hause war. (In diesem Zusammenhang: wundert euch nicht, wenn mal ein Paket aus Amsterdam kommt, Irmchen hat sich für den Fall, daß sie mir was schickt, Muttis »Rentneradresse« geben lassen – d. h. sie wußte sie noch aus dem Kopf, obwohl es schon soviele Jahre her ist, seit sie aus Burg weggegangen ist.) Da Irmchen über Devisen verfügt, sind wir in den Intershop gegangen. Märchenhafte Preise – gewissermaßen Pfennigbeträge für alle möglichen netten Dinge, allerdings auf Dollarbasis. Irmchen drängte immerzu, ich sollte mir alles Mögliche aussuchen, aber ich […] kam mir einfach blöd vor in diesem Laden und entschloß mich dann bloß zu französischen Zigaretten – eine unglaubliche Sorte, die sich mein alter Freund Caspar von seinen französischen Autoren mitbringen läßt, und die kein anständiger Mensch raucht: sie sind noch eine Nummer schärfer als Karo, also wirklich großartig […]. Wir machten einen richtigen Weiber-Schwatz-Tag; Irmchen hat jetzt einen guten Job als Übersetzerin, aber ihr Mann hat es schwer, Arbeit zu bekommen, obgleich er in sechs oder sieben Sprachen korrespondieren kann – er ist mit seinen ungefähr 45 Jahren »zu alt« für die Firmenleute. Irmchen hat mich wieder dringlich eingeladen, nach Amsterdam zu kommen, und möchte mich am liebsten ein paar Monate dabehalten. Sie hat neulich ein ganzes Museum voller van Goghs entdeckt … Ich hatte schon mal beim Verband angefragt, aber da sagte man mir, Ausreise sei nicht möglich, weil die drüben mit ihrem Travelboard Schwierigkeiten machen. Na, vielleicht wird's doch mal. Bloß – den Jon darf ich nicht mitnehmen, und das ist der halbe Spaß. Alle unsere schönen Reisen, die wir uns vorgenommen haben … In Prag ist Geld (dort sind vor ein paar Wochen die »Geschwister« erschienen), und in Moskau habe ich noch eine Menge Rubel. Und immer steht mir das blöde, verdammte, langweilige, längst überfällige Buch im Wege! Der Jon lacht bloß noch, wenn ich sage: Aber nächstes Jahr fahren wir bestimmt nach Leningrad, wenn die

272

weißen Nächte sind. Das Schlimme ist ja, daß Reisen für mich keine Erholung sind (sonst hätte ich vielleicht doch schon was unternommen), sondern eine schreckliche Strapaze, ich weiß auch nicht, warum.

Wegen der Knoten habe ich noch keinen Bescheid; mein Doktor kommt erst im September aus dem Urlaub zurück. Ja, und ansonsten gibt es nichts zu berichten [...]. Ich bin gespannt, wie meine Wohnung aussieht ... [...] Die Leitungen sollen gelegt sein, aber zur Zeit gibt es keine Öfen. Wenn ich mich in dieser Sache auf die Wohnungsverwaltung verlasse, kann ich bloß um einen milden Winter beten.

Und jetzt muß ich Schluß machen, ich bin zum Umfallen müde, habe heute eine Menge Wege gemacht (zu Fuß) und außerdem mein Pensum geschafft, habe also ein Recht darauf, müde zu sein. Grüßt alle Geschwister von uns, bleibt gesund und fröhlich und seid ganz lieb gegrüßt

von eurer Tochter Brigitte

Hoy, 10. 9. 68

Liebe Mu, lieber Vati,

[...] Ich will versuchen, in aller Kürze (denn die Arbeit wächst mir jetzt über den Kopf) ein bißchen von der Wohnung zu erzählen. Also, die Wände sind tatsächlich versetzt worden, wenn auch nicht ganz geschickt, und ein Badezimmer ist nun vorhanden, sogar eine Badewanne, die gerade groß genug ist, daß ich drin sitzen kann. Elektroöfen sind noch nicht vorhanden, immerhin aber die elektrische Leitung. Übrigens, was den Kachelofen betrifft, Mutti: den konnte man nicht auch noch reinsetzen, es hätte Schwierigkeiten mit dem Schornstein gegeben, und man hätte ein häßliches Rohr durch das ganze Zimmer ziehen müssen [...], und außerdem hätte er mir noch eine kostbare Wand ruiniert – ich habe so schon sehr wenig Stellfläche, weil es im Arbeitszimmer einen Haufen Türen, Fenster und eine Balkontür gibt, so daß ich gar nicht weiß, wohin mit meinen vielen Bücherschränken, und ohne die Diele wäre ich aufgeschmissen. Natürlich hat es allerhand idiotische Pannen gegeben. Im Badezimmer ist ein Riesen-Elektro-Durchlauferhitzer, aber nur ein Hahn, so daß man das Wasser nicht mischen kann und sich verbrüht. Außerdem ist keiner auf den einfachen Gedanken gekommen, an dieses Monstrum ebenfalls den Hahn vom Waschbecken anzuschließen und – wie wir es vorgesehen und hundertmal gesagt hatten – gleichzeitig damit die Küche zu bedienen, dh. den Hahn überm Abwaschbecken. Irgendwie muß das noch geändert werden […]. Zwischen Küche und Bad ist ja bloß eine Wand aus Preßspan (die übrigens schnellstens faulen wird, wenn sie nicht mit Plaste verkleidet wird).

Der Vorgarten ist ein einziger Müllhaufen, sämtliche rausgerissenen Leitungen, Mauerbrocken, Ofenteile und Gott weiß was liegt dort […] … Die Maler haben die Deckenfarbe und die Tapeten aus den letzten dreißig Jahren abgekratzt, und nun weigerten sie sich, ihre eigentliche Malerarbeit zu beginnen, bevor die Wohnung saubergemacht ist. Das hätte mich mindestens drei Tage gekostet […]. Wir haben schließlich eine Frau gefunden, die als »Feierabendbrigade« die Wohnung säubert (kostet eine Stange Geld!), und mit den Malern habe ich mich geeinigt (mit ein bißchen Flirt und einer Flasche Kognac …) Sie wollten Tapete kleben – grauenhafte Dinger. Aber es gibt wirklich keine andere, sie können nichts dafür. Palmen oder Blümchen … Mir hat sich der Magen umgedreht. Da sie noch nicht angefangen hatten, konnte ich das Schlimmste verhindern. Mit obengenannten Mitteln habe ich sie also dazu gebracht, selbst Ideen zu entwickeln, und schließlich ist der eine darauf gekommen, die scheußlichen Tapeten einfach umzudrehen, also mit der Rückseite nach oben aufzukleben, und dann sollen sie gestrichen werden, in irgendeiner hübschen Farbe, blau und elfenbein oder sowas. Am Donnerstag gehen sie an die Arbeit, und mir wird nun nichts anderes übrigbleiben, als am Freitag nochmal nach N. zu fahren und aufzupassen, daß keine Bollchenfarben herauskommen. Es ist auch sonst noch allerlei zu erledigen […].

Überall stecken eiserne Haken in der Wand, die gesägt werden müssen, und ich hoffe, mit einer weiteren Flasche und noch schöneren Augen werde ich die beiden Burschen herumkriegen, daß sie auch solche Sachen beseitigen und sich überhaupt ein bißchen Mühe geben. Ferner mußten wir alle Fenster vermessen; ich muß die Gardinen hier nähen lassen, was trotz Messen ein Glücksspiel ist (sowas ist ja Zentimeterarbeit). […] Nun, vertrauen wir auf Gott! Und ich kann ja ganz schön ranklotzen, wenn ich auf mich allein angewiesen bin – das hilft gegen Heimweh. Leider habe ich jetzt wieder eine arge Bandscheiben-Zeit, der Rücken und der Kopf tun weh […]. Mit meiner »richtigen« Arbeit wird es nun wohl ein paar Wochen nichts werden. Schade, das Kapitel lief gerade ganz gut. […] Am 21. kommen die Bücherkisten, bis dahin muß die ganze andere Packerei erledigt sein, und am 23. früh geht's los. […].

[…] Bleibt schön gesund und seid ganz lieb gegrüßt
von eurer Tochter Brigitte
Wann fährt Mutti nach Hamburg?

Hoy, 11. 9. [68]

Meine lieben Eltern,

der Jon hat mir zwar geraten, euch nicht zu schreiben, aber irgendwie wäre euch ja doch aufgefallen, wenn ich nicht nach N. ziehe, jedenfalls in den nächsten Wochen nicht. Bitte, bitte, bekommt keinen Schreck und macht euch keine Sorgen – ihr würdet mir am meisten weh tun, wenn ihr Kummergedanken meinetwegen habt. Heute war ich bei Dr. Marquardt. Kurz gesagt: es handelt sich doch um eine bösartige Geschichte, und ich muß sofort ins Krankenhaus. Wir müssen den Umzug aufschieben […]. Ich werde mich hier in Hoy operieren lassen, da habe ich meinen lieben Jon in der Nähe, der mich trösten kann, wenn ich mal die Nerven verliere. Zur Zeit bin ich ziemlich ruhig oder meinetwegen schicksalsergeben; außerdem habe ich einen Haufen Arbeit am Halse, weil ich ja nun eine

Menge Dinge rückgängig machen muß [...]. Jon wird alles regeln, was mit Neubr. zu tun hat – ich meine: damit mir nicht inzwischen meine Wohnung wieder entzogen wird. [...]

Ihr dürft euch das nicht allzu schlimm vorstellen. Da ich rechtzeitig zum Arzt gegangen bin, hat sich die Geschwulst noch nicht sehr ausgebreitet, und es besteht keine Lebensgefahr. Natürlich ist es scheußlich, so halbiert zu werden, aber ich kenne andere Frauen, die auch solche Operation hinter sich haben, und denen man nichts ansieht. Man bekommt eine künstliche Brust, das fällt gar nicht auf. Heute früh habe ich mächtig geheult, aber jetzt bin ich schon ruhiger. Der Jon war sehr lieb und hat mir Mut gemacht. [...] Ich bin mit der Kinderlähmung fertiggeworden; ich werde auch mit dieser Sache fertigwerden. Ich habe den festen Willen, mich nicht »hängen« zu lassen und so schnell wie möglich gesund zu werden. [...] Und ich bitte euch nochmals: kein Mitleid. Wenn ihr mir ein Wort dazu sagen wollt, dann tut es später, wenn ich wieder gesund und munter bin. Erwähnt in den Briefen an mich nicht, daß ihr es wißt – wegen Jon [...]. Für die Nächte habe ich ein starkes Schlafmittel, damit ich gar nicht erst dazu komme, mir abends im Bett den Kopf zu zerbrechen. Tagsüber bin ich ja »ausgelastet«, ich habe die Absicht, noch ein bißchen zu schreiben, auch einiges zu verpacken, damit nicht nachher allzu viel auf mich zukommt, denn eine Zeitlang werde ich den rechten Arm nicht richtig gebrauchen können. Na, zur Not kann man auch mit der linken Hand tippen, bloß Packen und Schleppen kann ich dann noch nicht. Aber der Jon ist ja da, der wird alles besorgen. Er ist sonst so pingelig mit seiner Arbeit in Boxberg, aber in diesem Fall, sagt er, ist ihm der Betrieb schnuppe, jetzt gehe ich vor [...]. Es wird schon alles gut gehen, und ich versuche, die Nase nicht hängen zu lassen. Besser so, als wenn ich es zu spät gemerkt hätte (ihr seht, ich habe die Reimannsche Fähigkeit, aus allem noch das Beste zu machen).

Bevor ich ins Krankenhaus marschiere, schreibe ich nochmal ein Briefchen. Und wehe, wenn ihr meinetwegen auch bloß Herzklopfen habt! Ich bin zäh, auch wenn ich nicht so aussehe, und ich möchte auf jeden Fall, daß ihr – wie ich – unseren Familien-Optimismus bewahrt.

[…] Laßt es euch wohl ergehen und seid ganz lieb gegrüßt von eurer Tochter Brigitte

Hoy, 15. 9. [68]

Meine lieben Eltern,

[…] Inzwischen habt ihr sicher meinen Brief bekommen. Ihr könnt euch denken, was für Sorgen ich mir euretwegen mache. Ich werde erst ruhig sein, wenn ihr mir schreibt, daß ihr es euch nicht so sehr zu Herzen nehmt. Ich selbst bin schon über das Schlimmste hinweg, wie mir scheint, d. h. über den Schock der Wahrheit, und versuche jetzt, nach vorn zu denken […]. Es ist auch gar nicht so arg, wie man sich das als Außenstehender vorstellt, ich meine die Operation (die unter Chirurgen als »Standardoperation« gilt) und das ganze Drumherum. Natürlich ist es unangenehm, hinterher nicht richtig arbeiten zu können […], aber dann kann ich immer noch um Hilfe schreien, und Mutti wird dann sicher mal für ein paar Tage nach N. kommen und mir einrichten helfen […]. Wir wollen aber zusehen, daß in Anbetracht der Umstände der Jon sofort eine Wohnung bekommt (ihr seht übrigens aus dem eben Gesagten, daß ich immer noch entschlossen bin, umzuziehen […]: Arbeit ist die beste Medizin, und ein Umzug wird mich auf andere Gedanken bringen). Wir müssen das nun mit Neubr. bezw. mit Sakowski ausknobeln. Wenn wir merken, daß die Kollegen da oben Bedenken haben, verzichten wir. Aber das wäre blöd – von den Kollegen, denn in ein paar Monaten bin ich wieder »ein vollwertiges Mitglied der menschlichen Gesellschaft«.

Der Jon ist sehr, sehr lieb. Er verbringt jetzt jeden Abend mit mir und schleppt mich, wenn irgend möglich, in der Gegend herum. Vorgestern waren wir in Boxberg und Cottbus, und gestern sind wir nach Dresden gefahren und haben natürlich auch die Gemäldegalerie besucht. Wir leben wie die Fürsten. Der Jon sieht sich geduldig das – oft dämliche – Fernsehprogramm mit an, bis tief in die Nacht. Ich gehe nämlich nicht gern schlafen, jetzt, habe aber zum Glück starke Schlaftabletten bekommen, so daß ich rasch einschlafe und nicht anfange, im Dunkeln herumzugrübeln. Jon hat mit seinem obersten Chef gesprochen und ihm gesagt, daß er in der nächsten Zeit öfter freinehmen wird. Er mußte ihm ja auch den Grund sagen, und da kam heraus, daß die Frau von seinem Chef dieselbe Krankheit gehabt hat. Also ist schon mal Verständnis und Hilfsbereitschaft von dieser Seite gesichert. Übrigens erzählte der Chef, daß seine Frau schon nach dreizehn Tagen entlassen werden konnte, und nun habe ich natürlich den Ehrgeiz, das auch zu schaffen, und da ich eine gute »Heilhaut« und einen starken Willen habe, werde ich den Rekord vielleicht noch überbieten bzw. unterbieten. Mein guter Dr. Marquardt, der […] sich alle Mühe gibt, mich zu trösten, sagte, daß schon nach zehn Tagen die Fäden gezogen werden können. Man muß ungefähr drei bis höchsten vier Wochen behandelt werden, dann gibt es eine Pause (während dieser Pause könnten wir umziehen!), und etwas später beginnen die Bestrahlungen. Die könnte ich in N. bekommen, weil jedes Bezirkskrankenhaus über so eine Kobalt-Kanone verfügt, und wenn Jon in N. arbeitet, ist es schon gar kein Problem, denn er kann mich dann immer zur Bestrahlung bringen und nachher zurückbringen (diese Behandlung soll nämlich etwas schwächend sein, so daß man wahrscheinlich nicht allein nach Hause gehen kann). […]

Finanzielle Schwierigkeiten habe ich bis Weihnachten jedenfalls nicht. Der Verlag, also mein lieber Walter Lewerenz, hat mir eine Beihilfe aus dem Entwicklungsfonds verschafft (dem Walter habe ich es mitgeteilt, das ist klar, und wir sind ja alte Freunde), außerdem bekomme ich zu meinem – allerdings höchst bescheidenen – Krankengeld ein Zusatz-Krankengeld von täglich acht Mark. Ich habe (mein sechster Sinn!) Anfang dieses Jahres eine Zusatz-Versicherung abgeschlossen, von der ich früher immer nichts wissen wollte. Die Leute werden nicht gerade begeistert sein, so ein Schäfchen in ihren Akten zu haben – aber das ist ihr Risiko [...]. Bei Dieter Dreßler habe ich eine Frau kennengelernt, die ebenfalls Krebs hatte. Ich wäre nie darauf gekommen, denn man sieht ihr nichts an – auch was die Figur betrifft. Wenn es darum geht, einen netten Ersatz zu beschaffen, wird mir nichts zu teuer sein. Der Jon sagt, ihm macht es gar nichts aus, und das meint er auch wirklich. Ihr dürft mit keinem davon sprechen; ich möchte nicht, daß soviele Leute wissen, daß ich etwas »beschädigt« bin.

Liebe Eltern, nach einer Pause von einer halben Stunde (während der wir ein paar Stück Kuchen verputzt haben): Jon war hier, und ich habe ihm nun doch gestanden, daß ich euch von dem Malheur berichtet habe, und nach einigem Zögern hat er eingesehen, daß es richtig ist. [...] Laßt es euch gut gehen, ihr Lieben, und seid ganz herzlich gegrüßt von
eurer Tochter Brigitte

Hoy, 18. 9. 68

Meine lieben Eltern,
eben habe ich euren Brief bekommen. Mutti hat sich ja in dem Brief, der dem Päckchen beilag, schön verstellt. [...] Nicht mal ich habe gemerkt, daß ihr es schon wußtet. Ich bin sehr froh, daß ihr es so aufnehmt und euren guten Mut nicht verliert.

Ich schreibe euch in allergrößter Eile, denn morgen früh fahren wir nach Berlin, wo ich mich mittags Prof. Gummel vorstellen soll. Ja, nach Berlin, ihr habt richtig gelesen. Eigentlich sollte ich morgen in Hoy operiert werden, [...] aber als ich das Krankenhaus sah, bin ich völlig zusammengebrochen. So einen schmutzigen, düsteren, vergammelten Kasten habe ich noch nicht gesehen. Ich wäre einfach gestorben darin. Ich habe andauernd geheult, und weil Jon merkte, daß ich nicht wegen der OP heulte, kam er mir drauf, daß ich so verzweifelt bin wegen der gräßlichen Umgebung. Er fand, es sei nicht nötig, wenn man so schon nicht gerade selig ist, sich zusätzlichen Kummer einzuhandeln, und setzte einige Hebel in Bewegung. Ich hätte ins Regierungskrankenhaus gehen können, aber dann ergab sich eine noch bessere, eine geradezu ideale Variante: Ich rief Henselmann an und fragte ihn um Rat, und er war ganz erschrocken und auch aufgebracht, weil ich nicht schon längst einen Pieps gesagt habe. Er rief sofort seinen Freund an, eben diesen Prof. Gummel, der eine weltbekannte Kapazität für Geschwulstkrankheiten ist und das Forschungsinstitut in Berlin-Buch leitet. Innerhalb einer Stunde war alles klar: morgen nimmt mich Prof. Gummel in seine Klinik auf, sogar, wie Henselmann sagte, in seine Privatstation. Ich bin also in den besten Händen Europas, und wenn einer was retten kann, dann ist es dieser Mann. Natürlich wage ich nicht auf Wunder zu hoffen, aber jedendenfalls ... Zuerst bekam ich einen Schreck (wegen Privatstation) und sagte H., daß ich sowas gar nicht bezahlen kann, aber da wurde er ganz wild und sagte, ich solle nicht so unpraktisch sein, die Sache wird in Ordnung gebracht, und außerdem leben wir in einem sozialistischen Land, wo man Gesundheit nicht kauft. Kurz und gut, auch von der Seite her scheint alles gut zu stehen. Ich schreibe euch das extra, damit Mutti, wenn sie in Hamburg von dieser Klinik erzählt und Lutz irgendwelche Bemerkungen macht (von wegen Bonzen oder so, die sich die besten Ärzte leisten können), damit sie also stolz darauf hinweisen kann, daß mich das nichts kostet. Vielleicht sagt er dann was von Beziehungen ... Nun ja, ich hatte einfach Glück, daß Henselmann mit Gummel befreundet ist, [...] aber als »Beziehung« kann man das kaum bezeichnen. [...] Ich hatte wirklich Glück im Unglück. [...]

Inzwischen geht beruhigt auf eure Reisen – eure Tochter ist geradezu zu beneiden, soweit das in solchem Fall möglich ist. [...]

Mit vielen herzlichen Grüßen
eure Tochter Brigitte

Liebe Eltern, wie ihr seht, bin ich schon wieder in Hoy. [...] Prof. G. hat mich untersucht, kann aber noch nichts unternehmen; er will sich erst selbst die Gewebeprobe ansehen. Die ist aber in Cottbus, und so konnte ich nochmal nach Hause fahren und habe eine Galgenfrist bis Dienstag. [...] Das mit dem »Galgen« ist nicht wörtlich zu nehmen, ich bin ganz vergnügt und genieße mein Leben, indem ich Krimis lese und noch ein bißchen Vorarbeit für den Umzug leiste. Sakowski hat gestern abend angerufen und gesagt, daß die Neubrandenburger mich nach wie vor »mit offenen Armen« erwarten, egal in welchem Zustand. Sie haben sich sogar schon wegen Bestrahlung etc. gekümmert. [...] viele liebe Grüße
von eurer Brigitte

Meine lieben Eltern,
[...] Prof. Gummel rief gestern an und bestellte mich postwendend her. Ein Wunder ist leider nicht geschehen; ich muß doch operiert werden. Aber Prof. G. macht's selbst, das ist noch ein Trost. Die Station ist sehr freundlich; ich habe sogar ein Einzelzimmer. Draußen wird gebaut, und es geht lebhaft zu. Eine Ablenkung.
[...] Mit lieben Grüßen eure zur Zeit etwas geknickte, aber mit Krimis versorgte, also bald wieder fröhliche Tochter Brigitte

Liebe Mu, lieber Vati,
[...] Muttis Brief hat mich teils erfreut (wegen des Berichts von den schönen Tagen in Hamburg), teils betrübt (wegen Vati, der sich also doch nicht recht erholt hat). [...] Schafft euch doch einen Fernsehapparat an; das Geld habt ihr dazu,

und es muß ja keine Riesen-Luxus-Kiste sein. Wenn der Winter kommt, mit den dunklen Nachmittagen und den langen Abenden, hat Vati seine Zerstreuung, und Mutti wird – wie ihr Bruder – während der Programme sanft schlafen. Wirklich, Fernsehen ist eine ablenkende und äußerst bequeme Beschäftigung, die ich für junge Leute unpassend finde (man bekommt alles vorgesetzt und braucht bloß zu schlucken), aber bei Älteren … Ihr braucht nicht mit eurer Zeit zu geizen, keine anstrengenden Bücher zu lesen, euch mit politischen oder literarischen Problemen herumzuschlagen – also gönnt euch diesen Spaß. […]

Da ihr sicher wissen wollt, wie es mir ergeht: Körperlich fühle ich mich recht gut, die Narbe zwickt zuweilen, aber nicht schlimm, und nur morgens ist es unangenehm, weil das ganze Gewebe noch unter Spannung steht (tagsüber reibe ich mich immer mit einer Salbe ein), so daß ich beim Aufwachen das Gefühl habe, in einem Eisenpanzer zu stecken. Aber das hat mir Prof. G. gleich gesagt, daß diese Spannung ein Viertel- bis ein halbes Jahr anhalten kann. Der Arm ist wieder ganz schön gelenkig, aber noch ziemlich schwach. Hausarbeit ist mir vorläufig verboten; natürlich mache ich sie doch, allerdings bloß das Nötigste, wozu man nicht viel Kraft braucht. Am ärgsten ist eben die seelische Wirkung so einer Operation. Man hat so seine Schwierigkeiten mit dem Anziehen, und ich bilde mir immer ein, jeder sieht, daß ich auf einer Seite ausgestopft bin, und dadurch habe ich noch mehr Hemmungen als sonst. Und in den Spiegel mag ich schon gar nicht sehen. Jon beruhigt mich immer und versucht mich aufzuheitern, aber wenn ich allein bin, kriege ich doch manchmal das »ärm Dier«. Neulich war ich in einem Fachgeschäft in Dresden und habe mir ein paar Corsagen anpassen lassen; vielleicht fühle ich mich dann sicherer, wenn ich etwas anhabe, was nicht jeden Moment verrutschen kann. Na, was soll das erst im Sommer werden! Meine Bikinis kann ich einmotten und muß zu irgendwelchen keuschen Badeanzügen greifen. Vielleicht finden andere solche Sorgen eher komisch, aber für den Betroffenen sind sie gar nicht komisch. Schließlich bin ich noch eine halbwegs junge Frau, muß in der Öffentlichkeit auftreten und bin bei Konferenzen und dergleichen fast nur mit männlichen Kollegen zusammen. Nun ja, man gewöhnt sich an alles, warum also nicht auch an so eine Halbierung.

Ich habe mich nun trotz allem entschlossen, Mitte November umzuziehen – voraussichtlich am 18. […] Leider kann Jon nur ein paar Tage oben bleiben; erstens hat er keinen Urlaub mehr, und zweitens – was wichtiger ist – muß er jetzt unbedingt in Boxberg sein, um sein Programm durchzukämpfen und seine Umsetzung nach Lubmin vorzubereiten (es wäre natürlich gut, wenn er im Glanz seines Erfolges dort anmarschieren würde). Unter diesen Umständen würde ich ganz gern Muttis Hilfsangebot annehmen […]. Zum gröberen Reinemachen, Fensterputzen etc. habe ich eine Frau in N.; sie hat schon, nachdem die Maler rauswaren, die Wohnung saubergemacht […] und ist so großzügig bezahlt worden, daß sie bestimmt wiederkommt. Wir beide brauchten uns also nur mit Einräumen und solchen Dingen zu beschäftigen. […]

Mit vielen lieben Grüßen
eure Brigitte […]

Hoy, 4. 11. 68

Liebe Mu, lieber Vati,
heute gibt's nur einen kurzen Brief […]. Immerhin ist heute in 14 Tagen der Umzug, und da ich nur langsam arbeiten kann, um meinen Arm möglichst zu schonen, dauert es vermutlich eine ganze Weile, ehe ich Porzellan verpackt, meine Bücher geordnet, Teppiche gereinigt habe und was sonst noch zu tun ist […], ferner geht es los mit den Abmeldungen bei tausend Stellen – ach, ich […] habe eine Riesenliste von Besorgungen – und zwischendurch muß ich oder müßte ich auch noch die Korrekturen meiner Erzählungen machen, die der Verlag noch mal rausbringen will. Keine Ahnung, wie ich das schaffen soll. […]

Schönen Dank für den FRS und besonders herzlichen Dank

für das Päckchen von Mutti [...]. Alles, was an Eß- und Trinkbarem darin war, schmeckte wundervoll, bezw. schmeckt noch, [...] und auch den – ausgezeichneten – Kaffee haben wir noch nicht alle gemacht. Die Preise, ihr Lieben, die Preise! Wenn ich denke, daß solche Gläserchen hier für 18 Mark verkauft werden ... Natürlich kaufe ich sie nicht, obgleich ich mich zu einer verrückten Kaffeetante entwickelt habe, seit ich keinen Schluck Schnaps mehr zu mir nehme (wenigstens ein Laster, das ich abgestoßen habe; wenn ich nun auch noch das Rauchen aufgeben könnte –!) Nur mit dem Pullover haben wir Pech gehabt, Mutti. Er ist tatsächlich gut und gern eine Nummer zu klein, aber da man ihn nicht umtauschen kann und da ich mir auch nicht mehr leisten kann, alles zu verschenken, [...] werde ich ihn ins Wasser stecken [...] und hinterher tüchtig recken [...]. Ich habe obenrum nun mal unbestreitbar die Größe 42, und die ist auch durch die Operation nicht geringer geworden, zumal ich in den Schultern sehr breit bin und auch nicht gerade einen elfenhaft schmalen Rücken habe. [...] jedenfalls freue ich mich trotz der kleinen Mängel über einen weißen Pullover, den ich wirklich schon lange brauchte.

Am Freitag war ich bei Prof. Gummel, der sehr zufrieden mit meinem Zustand ist. Die Narbe ist gut verheilt. Vorläufig trage ich noch einen kleinen Verband, damit die frisch nachgewachsene Haut nicht aufgerieben wird, aber in ein paar Wochen werde ich den vielleicht nicht mehr brauchen. Der Arm wird wohl nie wieder so kräftig werden wie früher, dafür fehlt halt ein wichtiger Muskel, der mit anderem entfernt worden ist. Neulich hörte ich, daß andere Frauen, die dieselbe OP hatten, dafür »entschädigt« worden sind (wie für einen fehlenden Finger oder sowas – jedes Glied hat seinen bestimmten Preis) oder sogar Rente beziehen. Ich muß mich mal erkundigen, unter der Hand, denn ich möchte nicht, daß zuviele Leute davon erfahren. Aus irgendeinem Grund hat sich mein Krebs schon rumgesprochen, obgleich ich nur ganz wenigen Leuten, auf die ich mich verlassen kann, davon erzählt habe. Aber wahrscheinlich haben die Frauen bei der SVK, die ja meinen Krankenschein gelesen haben, nicht den Mund gehalten. Wenn ich gefragt werde, sage ich immer, es sei ein Lymphdrüsen-Krebs gewesen. Auch Daniel, der vor ein paar Tagen hier war, wußte schon davon, und dem habe ich dasselbe gesagt. Wahrscheinlich hat er es geglaubt, denn ich habe gelernt, mich so geschickt anzuziehen, daß man tatsächlich nichts sieht. [...] Zur nächsten Vorstandssitzung werde ich mit einem herausfordernden Busen marschieren, der jedem prüfenden Blick standhält. Übrigens ist D. sehr verändert, vor allem in seinen politischen Ansichten (er hat mir lauter aufklärende, belehrende Vorträge gehalten), dabei immer noch der alte Hochmut ... Man verkehrt nur noch mit Wissenschaftlern, vom Professor aufwärts. Nun ja. Er hat jetzt wieder ein Auto, einen Saporoshez, und fühlt sich seitdem als vollwertiger Mensch. Entschuldigt bitte, daß ich so höhnisch daherrede, aber er hat mich tüchtig geärgert, am meisten durch sein Urteil, daß in meinem Buch (er kennt bloß ein paar Zeilen) alle Menschen verrückt sind – wie die Autorin, versteht sich. Ich war so niedergeschlagen, daß ich gleich zu ein paar Bekannten und Freunden gegangen bin, um mir sagen zu lassen, ob ich wirklich verrückt bin. Aber sie finden mich normal und nett – und ihr hoffentlich auch. [...]

Mit vielen lieben Grüßen eure Tochter Brigitte
(er ist doch lang geworden!)

Hoy, 9. 11. 68

Liebe Mu, lieber Vati,
das ist eigentlich nur ein Beruhigungsbriefchen für Mutti, die sich wegen des Pullovers so betrübt. Er paßt! Ich habe ihn gewaschen und tüchtig an ihm herumgezerrt, und das ist ihm sehr gut bekommen. [...] Übrigens läßt er sich wunderbar leicht waschen (offenbar synthetisches Material) und wird vollkommen glatt, wenn man ihn feucht auf einen Bügel hängt. Das ist was nach meinem Herzen; ich kann es nicht vertragen, wenn Sachen knittern, und bügle sonst auch meine Pullover. Also, liebe Mutti, Du kannst wieder ruhig schlafen!

Ansonsten sitze ich hier in einer himmelschreienden Unordnung [...]. Heute früh habe ich vier große Bücherkartons vollgepackt – und im Bücherschrank ist kaum eine Lücke zu sehen! Lieber Vati, ich bin froh, daß Du kommst. Mein Arm macht mir allerhand Sperenzchen. [...] wenn irgend möglich, hole ich Dich von der Bahn ab (schließlich muß ich ja auch mal frische Luft schöpfen). Und verwechsele das Datum nicht. *Übernächster* Freitag – also 22. Nov. [...]
    Mit vielen lieben Grüßen
    eure Tochter Brigitte

                                        Neubrandenbg., 7. 12. 68
Liebe Mu, lieber Vati,
nun will ich mich doch noch [...] zu einem Brief aufraffen, – schon um Mutti zu trösten. Ich war auch sehr, sehr traurig, als Du abgefahren bist, und kam mir schrecklich verlassen vor. [...] Du – dh. ihr braucht euch jetzt aber keine Sorgen mehr zu machen, allmählich kommt alles in Ordnung, man gewöhnt sich an diese Dinge, die anders sind als in Hoy (und dort war eben manches bequemer). [...] Waschen ist hier ein Abenteuer, weil im Badezimmer nichts trocken wird; erst heute bin ich auf die Idee gekommen, im kleinen Zimmer eine Wäscheleine zu spannen, die ich dann, wenn die Sachen trocken sind, spurlos verschwinden lassen kann, denn ich habe sie sehr schlau befestigt, ohne irgendwo Nägel einzuschlagen. Es gibt so tausend Kleinigkeiten, für die man sich erstmal Tricks ausdenken muß; z. B. weiß ich nicht, wo ich mein Bügelbrett auflegen soll, und muß mich mal umschauen, ob es so einen kleinen Bock gibt, wie Mutti ihn hat (im Centrum-Kaufhaus gibt es welche, aber nur mit Plättbrett, und dann noch ganz unpraktisch befestigt, so daß man kein Kleid über das Brett streifen kann). Die Diele ist nun endlich eingerichtet und sieht ganz lustig aus [...]. Ich werde versuchen, noch ein paar Strohmatten aufzutreiben (leider ein rarer Artikel), die sind praktisch, weil man sie beim Reinemachen leicht

aufnehmen kann, und halten außerdem schön warm. Auch für die Küche werde ich mir jetzt Fußbodenbelag kaufen, so eine Sorte Linoleum, aber auf Leinen und mit Selbstglanz. Nicht gerade billig, aber eine einmalige Gelegenheit, Import, und außerdem brauche ich nur knapp vier Meter, das reicht. Mutti weiß ja, wie scheußlich der Fußboden in der Küche aussieht, und vor allem ist er so, bloß mit diesen Steinen, so entsetzlich kalt, daß man keine fünf Minuten darauf stehen kann, ohne sich die Zehen abzufrieren. Lieber gebe ich ein bißchen mehr Geld aus, ehe ich mich hier kaputtfriere. Und da ich gerade bei Geld bin: vielleicht kann Vati mir doch noch im Dezember die Zinsen schicken [...]. Allerdings habe ich noch kein Konto hier [...]. Es gibt so schrecklich viele Wege zu laufen, und jetzt in der kommenden Woche sind erst mal die Handwerker dran und die SVK und die Poliklinik. [...] Einen Schwerbeschädigten-Ausweis habe ich schon beantragt, dh. nun muß ich erstmal zum zuständigen Arzt gehen und mich untersuchen lassen, aber ich nehme doch an, daß er mir zugebilligt wird bei meiner jämmerlichen Doppel-Lädierung.

Die Elektriker, die die Infrarotstrahler anbringen sollten, waren bis jetzt auch noch nicht da. Gestern bin ich nun selbst zur PGH gegangen und habe meine traurigsten Rehaugen gemacht (statt mich wie bisher auf die Wohnungsverwaltung zu verlassen), und siehe, da war ein netter Mann, dem ich das Herz gerührt habe. Am Montag vormittag kommt er und befestigt die Strahler im Badezimmer und in der Küche (oder vielleicht – mal sehen – in der Diele, denn heute habe ich endlich spitzgekriegt, daß man die Küche ganz schön durchwärmen kann, wenigstens für kurze Zeit, indem man das Gas in der Backröhre anmacht), und eine Klingel wird auch angebracht. Die war nämlich abgeknipst, und ich habe mich schon immer gewundert, weshalb hier alle Leute an die Tür klopfen oder ums Haus gehen und ans Fenster klopfen – was vor allem abends nicht sehr angenehm ist, weil man einen tüchtigen Schreck kriegt. [...] Bloß mit dem Badezimmer habe ich noch Kummer [...] (inzwischen ist sogar schon schwärzlicher

Schimmel an den Wänden). Die Rohre sind nicht richtig verschweißt und so undicht, daß es im Keller durchläuft – dort steht schon eine richtige Pfütze –, und die ganze Kellerdecke, genau nach den Maßen des Badezimmers, völlig durchnäßt ist. Wahrscheinlich werde ich mich auch in dieser Angelegenheit selbst aufraffen müssen und zu dem Herrn Klempner gehen, ehe das Badezimmer völlig ruiniert ist. [...] Das letzte Problem ist dann noch ein Warmluftwerfer, nach dem ich mir die Hacken ablaufe. Die Dinger sind wirklich wunderbar, ganz klein, etwa wie eine Reiseschreibmaschine, lassen sich in der ganzen Wohnung herumtragen und schmeißen eine tüchtige Hitze raus. Sie werden auch mächtig propagiert – bloß zu bekommen sind sie nirgends. Wahrscheinlich sind sie inzwischen ein Export-Schlager geworden. Im Centrum war eine Sendung angekündigt, und ich marschiere auch treu und brav jeden Tag hin, um mich zu erkundigen, aber allmählich verlieren auch die Verkäuferinnen ihren Optimismus und wagen einen schon kaum noch zu vertrösten. [...] Mutti hat ja gesehen, wie lange die Elektro-Öfen vorhalten – was soll das erst im Winter werden? [...] Wenn nicht anders, muß Jon sich dahinterklemmen; der hat in Boxberg so einen Mann [...], der alle Welt kennt, zu allen Leuten Beziehungen hat und so ziemlich alles »an Land ziehen« kann, auf mehr oder weniger gerade oder krumme Touren, ich weiß nicht. Jedenfalls, wenn ihr Weihnachten vorbeikommt, hoffe ich, euch eine gemütliche Wohnung vorführen zu können. Manches ist eine Geldfrage (oder vielmehr das meiste), aber auch die wird sich regeln. Soviel ich weiß, bekomme ich hier eine bestimmte Förderungssumme wie die anderen Schriftsteller auch (für Arbeiten, die eigentlich zum 20. Jahrestag fertig sein sollen [...]). Bis jetzt habe ich mit meinen Kollegen noch nicht darüber gesprochen; [...] mein Freund Sakowski, der schon ein paarmal hier war, ist in solchen Dingen ein bißchen weltfremd, was vielleicht daran liegt, daß er eine Menge Geld verdient; außerdem ist er jetzt immer sehr abgespannt und mit seinen Gedanken woanders, weil er – nach dem Erfolg mit seinem Fernsehspiel – von einer Diskussion und Zuschauer-versammlung zur anderen geschleppt wird.

Meine Korrekturen habe ich auch geschafft, buchstäblich in letzter Minute. Mein Lewerenz, der mir so furchtbar ge-droht hatte, war mit einem Blumenstrauß hier; natürlich hat der Verlag wieder mal geschwindelt, was den Drucktermin angeht, und das nur, um seinen armen Autoren anzutreiben. Die reinsten Sklavenhalter! Aber sie kennen eben ihre Pap-penheimer ... Aber nun ist mir bis Mitte nächsten Jahres ein bescheidenes Monatsgehalt gesichert, von dem freilich in der Winterzeit das meiste für die Stromrechnung draufgehen wird. [...] Freuen wir uns halt auf den Sommer!

Es ist schön, daß ihr Weihnachten mal vorbeikommen werdet. [...] Und vielleicht ist auch der Jon nicht da; jeden-falls sagte er, daß er zwischen Weihnachten und Neujahr nochmal nach Boxberg muß [...]. Wir telefonieren manch-mal miteinander, und ich gehe dazu ins Interhotel, wo eine nette Frau in der Zentrale sitzt und mir die Gespräche ver-mittelt. Ende der Woche kommt Jon hierher, und am Montag fährt er dann weiter nach Lubmin. Wir konnten am Telefon nicht so ausführlich darüber sprechen, aber ich nehme an, er hat dort eine Stellung in Aussicht, die ihm zusagt. [...] Habe ich schon gesagt, daß wir den Wagen wiederhaben? [...] Ich habe geheult, als ich ihn sah. Statt schwarz oder dunkelblau, wie bestellt, ist er himmelblau gespritzt worden. Eine Boll-chenfarbe, von der einem die Augen tränen. Ich war ja dafür, daß wir ihn zurückgeben, aber das hätte natürlich einen Hau-fen Scherereien gemacht, und so werde ich eben in Zukunft mit zusammengekniffenen Augen ins Auto einsteigen.

Und noch zwei Dinge: Erstens fragte Mutti wegen eines Weihnachtsgeschenks für uns und schlug eine Schallplatte vor. Ja, das wär schön. Jon sagte, vor kurzem sei eine sehr gute Platte rausgekommen, das Violinkonzert von Brahms. Ich muß gestehen, daß ich es nicht kenne und mich über-haupt noch kaum mit Brahms beschäftigt habe [...]. Also, wenn ihr die Platte bekommt ... [...]

Und zweitens – wir sprachen schon darüber, Mu –, wäre ich sehr froh, wenn Du Dich im Winter von der weißen Strickjacke trennen könntest, die ja schon mal »meine« war, und die ich so leichtsinnig zurückgegeben habe. Wenn Du dann in Urlaub fährst, bekommst Du sie wieder. Jetzt jammere ich um alle meine schönen dicken Pullover, die ich so einfach verschenkt habe ... [...] Euch beiden wünsche ich alles Gute, eine schöne Adventszeit, viel Spaß beim Fernsehen und Gesundheit, vor allem unserem nervösen Vater.

Mit vielen lieben Grüßen und einem Schmatz für jeden – eure Brigitte

Neubrndenbg. 16. 12. 68

Liebe Mu, lieber Vati,

heute habe ich das Geld von Vati bekommen. [...] Wie willkommen es mir war, könnt ihr euch denken. [...]

Einen Tag später. Gestern bin ich unterbrochen worden; eine Dame vom Fernsehfunk war da, aber ich mußte ihr einen Korb geben; ich komme ja nicht mal mehr zu meiner »richtigen« Arbeit. Jetzt, während ich euch schreibe, sind wieder die Elektriker da, und die Wohnung sieht beinahe so chaotisch aus wie am Anfang. Der Elektro-Ofen im großen Zimmer wird nämlich abgerissen und in die Diele umgesetzt, und ins Zimmer kommt morgen ein Gasofen (dafür muß die Wand durchgestemmt werden, denn er braucht ja Außenluft), und ihr könnt [euch] vielleicht vorstellen, wie es dann erst hier aussehen wird. Aber nun habe ich schon dreimal ein- und wieder ausgeräumt und immer von neuem gefegt und gescheuert (die Klempner! Ein Rohr war gebrochen; offenbar ist auch das Klobecken gerissen, und morgen wird ein neues gesetzt), nun kommt es auf das vierte Mal auch nicht mehr an. Wenn ich euch ein paar Tage früher geschrieben hätte, dann hättet ihr euch bestimmt wieder Sorgen gemacht; jetzt kann ich ja sagen, daß ich in der letzten Woche beinahe erfroren wäre. Mutti hatte recht: Kachelofen bleibt Kachelofen. Wir hatten hier schon eine ganz hübsche Kälte, und während dieser Zeit war es so eiskalt, daß ich es schließlich nicht mehr aushalten konnte [...]. Die Öfen waren morgens bloß lauwarm und ab Mittag kalt, und wie es abends in der Wohnung war, trotz Heizsonne und allen möglichen Geräten, das ist einfach nicht zu beschreiben. Ich habe mir tatsächlich die Zehen erfroren, so unglaubhaft das klingt, sie sind voller Frostbeulen und so geschwollen, daß ich in keinen Schuh mehr reinkomme. Ich weiß nicht, ob ich euch schon geschrieben habe, daß eine Kommission hier war, die in Mänteln rumsaß und feststellte, daß es so kalt ist wie auf der Straße. Die Partei hat also eingegriffen, d. h. mein Nachbar Müller, der Kreissekretär, und hat angeordnet, daß ich bis Weihnachten gerettet sein soll. So kam man auf die Idee mit dem Gasofen [...]; irgendeine neue Konstruktion. Wenn nun noch der eine Elektro-Ofen in der Diele steht, sind auch die Nebenräume halbwegs durchwärmt, und ich brauche keine Angst mehr vor dem Winter zu haben. Jetzt kann ich schon darüber lachen, aber in den Tagen vorher war ich richtig verzweifelt [...]. Dieser Eispalast! [...] sogar Jon, der nicht so frostelig ist wie ich, wäre bald umgekommen und war erst froh, wenn er abends im Bett lag (eine Steppdecke habe ich inzwischen auch gekauft; bis jetzt hatte ich ja nur meine Wolldecke, in Hoy hatte sie vollkommen ausgereicht). [...] Zum Glück ist der Jon in der Nähe und kann mir helfen [...]. Er ist gestern, nach seinem Sonntagsbesuch bei mir, weitergefahren nach Lubmin, um im Atomkraftwerk einen Vortrag zu halten (über Programmierung – er wird jetzt in Boxberg als »Kennziffern-Ingenieur« geführt; da staunt ihr, was?) [...]. Wenn die Wand durchgestemmt wird, müssen wir vielleicht die Gardinen abnehmen und die Möbel wegräumen. Die Diele, die ich so hübsch hergerichtet hatte, habe ich heute schon demontiert [...] Hauptsache, ich habe es dann warm; ich konnte nicht mal Maschine schreiben, weil mir die Finger zu klamm waren. Drei Kreuze, wenn das jetzt alles über die Bühne gegangen ist!

Aber ansonsten gefällt es mir in N. sehr gut, die Stadt und

die Leute. Neulich, als N. zur kreisfreien Stadt gemacht wurde, war Otto Gotsche hier, und abends gab es einen kleinen Empfang in einem Weinkeller. Da war die ganze Bezirksprominenz versammelt, und es hat einen Heidenspaß gemacht. Ihr wißt ja, daß ich mit den Funktionären in Cottbus andauernd Ärger und Streit hatte (falls ich sie überhaupt mal zu sehen bekam, denn sie kümmerten sich einen Dreck um ihre Schriftsteller – außer wenn einer, wie ich, unangenehm auffiel durch Kritik oder so). Aber hier ist das ganz anders. Es gab eine fröhliche Sauferei, alles kloppte Skat, […] keiner wurde ausfällig in irgendeiner Art, und Jon und ich fühlten uns so wohl wie schon lange nicht mehr. Mit den Leuten hier kann man reden, auch wenn man mal verschiedener Meinung ist, und sie kümmern sich um einen und tun wirklich alles, um zu helfen und das Leben angenehm zu machen (siehe Wohnung und solche Dinge). Also, in der Beziehung sehe ich ganz rosig. Und mit diesem freundlichen Ausblick […] will ich für heute schließen und mich meinen Handwerkern widmen. […] Mit vielen lieben Grüßen
    eure Tochter Brigitte […]

Neubrandenburg, 21. 12. 68
Liebe Mu, lieber Vati,
[…] Wahrscheinlich habt ihr meinen anderen Brief […] gar nicht mehr bekommen, und nun denkt ihr vielleicht, ich sei inzwischen erfroren (viel hätte nicht mehr gefehlt). Die Infrarotstrahler, von denen Mutti so freundlich sprach, taugen nicht viel, obgleich sie mit tausend Watt laufen. Da sie oben an der Wand angebracht sind, bekommt man zwar eine warme Rübe, aber die unteren Regionen bleiben kalt – jedenfalls in meinem Badezimmer, das ich immer noch nicht trockengelegt habe. […] vielleicht ist es Schwitzwasser, außerdem liegt das Bad an der Außenwand (der kältesten im ganzen Haus) – jedenfalls kriecht aus allen Ecken das Wasser. Zudem ist der Boden, früher Steinfußboden wie in der Küche, mit Ölfarbe gestrichen worden, und wenn ich wische – übrigens vergeblich,

denn die Farbe ist nun mal zerlatscht und scheußlich und widersteht jedem Reinigungsmittel – wird es den ganzen Tag nicht mehr trocken. […] Sakowski hatte mir einen Warmluftwerfer besorgt (und sogar geschenkt: statt Blumen, sagte er), aber mit dem konnten wir auch bloß das kleine Zimmer lauwarm kriegen. Abends war es die Hölle. Nein, ein falscher Vergleich – in der Hölle ist es ja heiß. Als Jon zu Besuch war, sind wir ins Kino oder ins Bett geflüchtet, in der Wohnung war es nicht auszuhalten. […] im großen Zimmer steht nun dieser moderne Gasofen. […] Bis jetzt bin ich ganz begeistert von dem Ding. Er wärmt fabelhaft, ich kann den ganzen Tag die Tür zum kleinen Zimmer offenlassen, und dabei lasse ich ihn, trotz Frost draußen, nur auf kleiner Flamme laufen. Wenn man auf »Groß« dreht, schmort man einfach. Die Stromrechnung für den ersten Monat war katastrophal, aber das wird sich ja nun geben […]. (Sakowski sagte schon: Brigitte lebt wie auf dem elektrischen Stuhl.) […]

Ich muß noch ein paar Lobesworte zu den Handwerkern sagen. Erstens sind sie – wie übrigens erstaunlich viele Leute hier – sehr freundlich und höflich, und zweitens haben sie schnell und solide gearbeitet, vor allem der Klempner […], auf den ich zuerst so böse war wegen des Bads – aber er konnte wirklich nichts dafür. Er kam selbst, sprach ein Platt, von dem ich kein Wort verstand, und sagte, daß seine Leute kein Trinkgeld, auch keine Zigaretten oder sowas nehmen; sie werden von ihrem Meister anständig bezahlt, und daß sie auch ohne Trinkgeld anständige Arbeit leisten, versteht sich von selbst. Und so war es dann auch […], sie arbeiteten mit mecklenburgischer Ruhe und Bedachtsamkeit, und nachher baten sie um Handfeger und Schippe und räumten selbst den unvermeidlichen Dreck weg. Kaum vorstellbar, was? Richtig altmodisch. Am nächsten Tag kam der Meister nochmal vorbei, um zu fragen, ob ich zufrieden bin mit seinem Ofen, gab mir noch ein paar Tips und freute sich über die warme Wohnung beinahe so sehr wie ich selbst. […] Von wegen stur! Jedenfalls komme ich mit allen, Handwerkern, Verkäuferinnen, meiner Postbotin, den Funktionären etc. schnell ins Gespräch, und wir schwatzen über alles mögliche. Man hat es hier nicht so eilig, die Leute lassen sich noch Zeit für Gespräche und wirken nicht so abgehetzt wie in Hoy oder in Berlin, wo man alle zwei Minuten auf die Uhr blickt. Eben ein kleines Sibirien …

Es ist wirklich jammerschade, daß ihr nun nicht nach R. fahrt, und daß ich euch nicht »meine« Stadt zeigen kann. Mutti hat ja wenigstens einen schwachen Eindruck bekommen – von dem Stadtwall, den Türmen und Toren und den bezaubernden alten Gäßchen. Jetzt sieht auch der Garten reizend aus, es hat ein bißchen geschneit, und der Blick aus dem Fenster ist genau das, was ich mir all die Jahre in Hoy gewünscht habe. Und dazu eine himmlische Stille. Meine Nachbarn sind sehr freundlich und rücksichtsvoll, und man hört weder ihr Radio noch ihren Fernsehapparat (wenn ich denke, wie oft mich meine Nachbarn in Hoy mit ihren brüllenden Radios zur Weißglut gebracht haben!), und neulich haben sie mich zum Essen eingeladen und mich in elektrische Hausschuhe gesteckt, damit ich mal ein bißchen auftaue. Und wenn ich mit irgendwas nicht Bescheid weiß, kann ich zu Müller gehen […] und um Rat fragen, und er sagt mir die hübschesten Wege in die Stadt und die Läden, wo man am besten einkauft. Essen und Trinken wird hier ganz groß geschrieben, und die Partei-Leute schwärmen nicht bloß von der großen Perspektive, sondern auch von Schinken, von gutem Bäckerbrot und von Schnaps – natürlich dem Neubrandenburger Schnaps, »Stammarke extra«. Eine muntere Gegend, in der man noch was übrig hat für die handfesten Freuden des Lebens.

[…] Ich weiß nicht, ob wir nach R. rauffahren werden. Jon kommt ohne den himmelblauen Wagen (so eine Fahrt wird doch sehr teuer, während er bei der Eisenbahn auf Arbeiter-Rückfahrkarte spottbillig fährt), und ich möchte mich nach der ganzen Rennerei und der Anspannung der letzten Wochen am liebsten über Weihnachten still in eine Ecke setzen und schmökern und ein bißchen Musik hören. Ich freue mich schon auf das Violinkonzert. Allein habe ich es mir noch nicht angehört [...]. Für den Fall, daß ihr auch die Karte nicht mehr bekommen habt, möchte ich mich nochmal allerschönstens bedanken für euer wunderbares Paket. Die Weihnachtsdecke lege ich erst Heiligabend auf (die hast Du wirklich schön gemacht, Mutti), aber die süße Tüte habe ich schon ziemlich leer gefuttert [...]. Und besten Dank auch für die Jacke! Jetzt kann ich auch mal was Leichtes anziehen und mir, wenn's ein bißchen kühl wird, die Jacke umlegen. [...]

Die Weihnachtspäckchen für euch und für die Oranienbaumer sind wahrscheinlich nicht zur rechten Zeit angekommen. Verzeiht, daß sie dieses Jahr ein bißchen dürftig ausgefallen sind. [...] Ab Januar bekomme ich für ein paar Monate einen Zuschuß vom hiesigen Schriftsteller-Verband, denn meine Kollegen haben sich auch ausgerechnet, was meine elektrifizierte Wohnung an Geld verschlingt, (der Umzug selbst ist übrigens vom Bezirk bezahlt worden; es war gar nicht so arg: etwas über 500 Mark – und ich hatte das Doppelte gerechnet). Ihr seht, man sorgt hier schon für seine Schriftsteller, und verhungert ist noch keiner. Trotzdem war es zu Weihnachten halt ein bißchen knapp ...

Mein lieber Mann [...] hat sich einen schönen Wahnsinn geleistet und mir einen japanischen Regenschirm gekauft, ein süßes Ding, ganz bunt, mit Blumen, die einem sogar den Regen angenehm machen, und aus Nylon und so klein zusammenzufalten, daß man ihn im Handtäschchen tragen kann. Über den Preis wollen wir lieber nicht reden. Aber so ist der Jon nun mal; lieber wartet er mit dem längst fälligen neuen Wintermantel bis zum nächsten Jahr.

So, und nun will ich endlich schließen, schon deshalb, weil mein Arm Protest anmeldet. Zu blöd. Schon nach einer Stunde Tippen stellt er sich an, als ob er zehn Fenster geputzt hätte. Ich wünsche euch allen, Vati und Mutti, Uli und Sigrid und dem Imke-Kind, ein fröhliches Weihnachtsfest und überhaupt alles Gute und Erfreuliche.

[...] eure Tochter, Schwester, Schwägerin, Tante Brigitte

1969

Herzlichen Glückwunsch zum neuen Jahr 1969 – und alles Gute für euch, vor allem Gesundheit und Spaß am Leben.

Liebe Eltern, ich hoffe, ihr hattet ein fröhliches Weihnachten in O. Dorli ist einen Sonntag hier gewesen. Sie [...] hat uns sehr gefallen und nicht bloß, weil sie so hübsch ist und wie ein junges Mädchen aussieht, sondern wegen ihrer Vernunft. Sie will noch einmal studieren. Alle Achtung!

Weihnachten haben wir still (und faul) verbracht. Am Heiligabend tranken wir einen Kognac und hörten uns die schöne Brahms-Platte an. Jon läßt auch herzlich grüßen [...]. Am 28. mußte er schon wieder fort [...], und nun bin ich allein und ein bißchen traurig. [...] So schön meine Wohnung ist und so freundlich die Stadt – ohne Jon ist es »man alles bloß halben Kram«. Silvester werde ich arbeiten – ich habe ja genug nachzuholen. [...] Nochmal: alles Gute und Schöne für euch – und viele Grüße und einen Kuß von
eurer Tochter Brigitte

Neubr. 10. 1. 69

Liebe Mu, lieber Vati,
eben ist euer FRS gekommen, mit all den netten und erfreulichen Nachrichten. Am meisten Spaß hat mir der Auszug aus Olivers Brief gemacht; der ist so drollig – samt seiner Orthographie –, daß man ihn, als Erwachsener, bei aller Phantasie nicht so reizend erfinden könnte. [...]

Von mir gibt es nicht viel zu berichten, außerdem werde ich mich heute kurz fassen, denn ich muß in einer halben Stunde aus dem Haus, weil ich zum Zahnarzt bestellt bin (übrigens ein netter Zahnarzt, der sich mit Elan daranmacht, mein Gebiß zu restaurieren [...]. Ohne diesen Termin wäre ich wahrscheinlich nicht aus dem Haus gegangen und bin's auch schon seit zwei Tagen nicht mehr [...]. Es ist schrecklich glatt draußen; mein Weg in die Stadt, der sonst so reizend ist – am Wall entlang [...] – hat im Winter seine Tücken. In diesen Villenstraßen und Anlagen wird meist nicht gestreut, und so habe ich immer Angst zu fallen. Das fehlte mir noch zu allem Unglück, daß ich mir irgendwelche Knochen breche; es ist so schon kaum noch was ganz an mir. Übrigens habe ich einen Schwerbeschädigten-Ausweis beantragt, aber noch nicht gewagt, mich wegen einer Rente zu erkundigen. Ich weiß nicht, irgendwie geniert mich das. Wenn man noch eine junge Frau ist und dabei schon invalid ... Vielleicht kann Vati sich mal unverbindlich (ich meine: ohne mich dabei zu erwähnen) erkundigen, was für Rechte man da hat, wieweit die Versicherung zuständig ist und dergleichen. Der Jon wird sich dann schon kümmern, wenn ich mich nicht traue.

Er ist jetzt wieder für zwei Tage dagewesen, aber erstens mit einer Stirnhöhlenvereiterung [...], zweitens ging der erste Tag schon für die Reise drauf, weil die Züge sagenhafte Verspätungen hatten, so daß er seine Anschlußzüge nicht erwischte [...]. Mir unbegreiflich, warum bei ein paar Frostgraden sofort der Fahrplan zusammenbricht. Wie machen die das bloß in Sibirien, bei minus 40 Grad? Aber in zwei Wochen will er richtige »Heimreise« nehmen, wie das beim Bau heißt; da stehen ihm ein paar Tage zu, und jeder Reisetag, falls die Fahrt acht Stunden dauert, wird wie ein Arbeitstag bezahlt. [...] Im März kann Jon eine Einzimmer-Wohnung beziehen, allerdings in einem Haus, das ihm nicht zusagt (so ein vierstöckiges wie die in Hoy) [...]. Na, Hauptsache, er ist erstmal hier. So allein – das ist bloß das halbe Leben, noch dazu, wenn man in seinen Mann verliebt ist (meine Kollegen hier wundern sich tot, was für eine treue Ehefrau ich geworden bin; sie kennen mich ja noch aus Magdeburg, und damals war ich eine ziemlich wilde Hummel).

Ansonsten geht es mir gut, ich arbeite wieder tüchtig am

Buch, esse zwar nicht viel, aber üppig (pfundweise Sahne-quark!) und habe so zugenommen, daß ich meine Silastik-hosen nicht mehr zuhaken kann.

[...] bleibt gesund und munter, grüßt alle Geschwister und seid selbst ganz lieb gegrüßt von

eurer Tochter Brigitte

Nbg., 29. 1. 69

Liebe Mu, lieber Vati,

endlich wieder ein Brief von zu Hause! Er wird gleich beant-wortet, [...] d. h. der Brief an euch schließt diesen Tag ab. Die letzte Tasse Kaffee, die (hoffentlich!) letzte Zigarette heute ... Draußen liegt ein großer Stapel auf der Kommode: wenn man bedenkt, daß man einen ganzen Tag seines Lebens für Briefe verbraucht hat, kommen einem die Tränen. [...] Ich sollte wirklich rücksichtsloser werden und auf manche Schreiben gar nicht oder verspätet antworten, aber das bringe ich ja doch nicht fertig ... Mit euch, seid beruhigt, ist es natürlich was anderes.

Jedenfalls hat mich der heutige Tag mehr geschafft, als wenn ich eine oder zwei Seiten an meinem Buch geschrieben hätte. Zur Erholung habe ich zwischendurch gewaschen, was meinem Arm zwar nicht gefällt – aber anderseits gefällt mei-nem Popo das ewige Stillsitzen vor der Maschine nicht, und ich muß einfach zwischendurch aufstehen und was Hand-festes tun. Bloß gut, daß meine Fenster nicht zu öffnen sind, sonst hätte ich mich noch an denen vergriffen, aber so kann ich mir Zeit lassen bis zum Frühling.

Über Muttis Brief habe ich mich teils gefreut [...], teils hat er mich betrübt – wegen der »Tante Leila«. [...] sie ist doch gewissermaßen ein Stück Kindheitserinnerung, und mir sind die alten Fotos eingefallen [...]. Gibt es nicht sogar noch ein Bild, auf dem der alte Onkel Leila zu sehen ist? Irgendsowas habe ich in Erinnerung – und zwei kleine Bälger und ein Drei-rad sind auch dabei, und die Bälger sind natürlich Lutz und ich … Bei solchen Nachrichten kriegt man immer einen Schreck, weil man plötzlich merkt, wieviel Zeit vergangen ist – und dann tut einem so ein unnützer, vergeudeter Tag besonders leid. Ein Bücherschreiber müßte mit seiner Zeit viel geiziger sein. Kein Tag ohne eine Seite! Na gut, ab und zu muß man sich auch mal »durchhängen« lassen, aber dann richtig – so wie wir, Jon und ich, in den letzten Tagen […]. Wir waren so unverschämt faul, daß wir uns kaum bis in die Küche schleppen mochten, um ein Brot abzuschneiden, und fast die ganze Zeit – d. h. wenn wir nicht ausgiebig schliefen – lagen wir in unseren Sesseln herum und verkonsumierten eine Unmenge Bücher. […]

So, und jetzt will ich doch lieber schließen, denn ich bin zum Umfallen müde; außerdem habe ich ein bißchen Wehweh (merkwürdigerweise nicht so sehr im Arm, sondern in den Rippen), und ich bin jetzt schrecklich ängstlich, sobald irgendein Teilchen an meinem Korpus aufmuckt. […] Ansonsten geht es mir gut, die Wohnung ist jetzt beinahe zu warm, seit wir ein paar Grad über Null haben, denn ich wage diesen Gasofen nicht abzustellen, weil ich ihn nicht wieder in Gang kriege – […] grüßt alle Geschwister […], und seid selbst ganz lieb gegrüßt und geküßt von eurer

Tochter Brigitte

Nbg. 20. 2. 69

Liebe Mu, lieber Vati,

gestern habe ich das Beruhigungskärtchen an euch abgeschickt, und heute früh kam Muttis Brief mit der besorgten Anfrage […]. Es lag eben an der Arbeit, ich habe ein neues Kapitel begonnen, und das [ist] immer so eine Quälerei, daß man alles andere einfach vergißt […]. Na, und das Schneeschippen hat auch ganz schön Zeit gekostet. Die Gartenstraße ist zugeschneit. Meine Nachbarn, also die Leute, die über mir wohnen, sind sehr nett, und sicher wären sie für mich eingesprungen […] (wir haben ausgemacht, daß wir uns einen um den anderen Tag mit Schippen und Fegen abwechseln), aber natürlich war es mir peinlich, zu sagen, daß mein Arm nicht recht mitmacht, und so habe ich mich tüchtig geschunden und konnte manchmal nur noch unter ziemlichen Schmerzen Maschine schreiben. Na, vielleicht war es doch Training, und der restliche Muskel kräftigt sich wieder ein bißchen.

[...] Mein Werkstattgespräch in Neustrelitz [...] ist sehr gut verlaufen (ich hatte sogar großes Glück, insofern, als ich bequem nach Hause kam und nicht bis Mitternacht auf dem Bahnhof herumsitzen mußte: der Kultur-Chef vom Bezirk hat mir seinen Wagen zur Verfügung gestellt, und so kam ich zu einer annehmbaren Zeit nach Hause und bin heute halbwegs fit für unsere große Schriftsteller-Verbands-Feier, das zehnjährige Jubiläum hier in N. [...]), die Zuhörer waren sehr angetan von dem Buch, fanden allerdings, daß es anspruchsvoll ist und an manchen Stellen – beim ersten Lesen – schwer verständlich, aber das war eher als Lob gemeint. [...] Mein lieber Jon ist vor vierzehn Tagen das letzte Mal dagewesen. [...] Nun macht er Ende des Monats seine »große Heimreise« [...] und bleibt fast eine Woche. Bei der Gelegenheit will er sich auch hier in N. nach einer Arbeit umsehen, für den Fall, daß aus Lubmin nichts wird [...]. Auch eine Wohnung – also ein Zimmer – hat er in Aussicht; das Haus ist noch im Rohbau, und wir haben es uns letztens angesehen. Na, die Zimmer werden auch immer kleiner ... Eine richtige Zelle. [...] Im Sommer wird er ja doch meistens bei mir sein, wir werden uns im Garten aalen – oder vielmehr: arbeiten. Inzwischen habe ich schon soviel Blumensamen angeschafft, daß ich einen ganzen Park ausstatten könnte, aber ich habe gesehen, daß eine Menge Blumen dabei sind, die erst im nächsten Jahr blühen und in diesem Jahr bloß im Saatbeet aufgezogen werden. Na, ich habe keine Ahnung von Gartenbau und lasse mich überraschen von dem, was da wächst oder nicht wächst. Wenn bloß die verdammten Krähen mir nicht alles wieder rauspicken. Die Biester sind wirklich zu frech.

[...] Wir haben noch Vorhänge für die Diele – d. h. für die

300

Tür – gekauft, die man ganz zuziehen kann, und ich habe die Möbel umgestellt und trotz des Elektroofens, der ziemlich Platz wegnimmt, eine hübsche Eßecke geschaffen. Die Diele ist ganz süß geworden, und wenn nun noch die Tür verdeckt ist, wird man sich sehr wohl darin fühlen [...]. Alle Leute [...] finden es sehr gemütlich, und sogar mein alter Meckerkopp Lewerenz sagte, er würde am liebsten jede Woche von Berlin herkommen, weil es ihm bei mir so gut gefällt. [...]

Und nun muß ich mich rüsten [...].

Mit vielen lieben Grüßen eure Tochter Brigitte [...]

Nbg., 11. 3. 69

Liebe Mu, lieber Vati,

[...] Heute ist endlich mal ein Tag, an dem ich keine Lesung und keine Sitzung habe – erst morgen muß ich wieder fort, nach Waren, und am Donnerstag ist dann die letzte Lesung im Rahmen der »Festtage«. Manche haben viel Spaß gemacht, draußen auf den Dörfern, wo die Leute sehr nett und aufgeschlossen sind, ganz familiär, und einen mit Kaffee und Kuchen traktieren. Aber es ist eben immer eine schreckliche Anstrengung – ich meine, wegen der Aufregung vorher (es ist ja immer ein Risiko, und man weiß nie, was einen erwartet, und ob man mit seinem Buch »ankommt«), und weil es dann abends sehr spät wird, so daß man – obgleich man mit dem Auto von diesen entlegenen Dörfern heimgebracht wird – nicht vor zwölf ins Bett kommt, und das ist für mich katastrophal. Außerdem hat der Verlag mir gerade jetzt eine harte Arbeit aufgebrummt, die anderseits allerdings auch erfreulich ist: ich muß die Fahnen lesen und korrigieren – für mein Buch, die Sammlung von drei Erzählungen, die dieses Jahr nochmal im »Neuen Leben« erscheinen. [...] Die gute alte »Frau am Pranger« ist auch dabei. Nun ja, das Buch wird sich wohl verkaufen, und ich komme dieses Jahr über die Runden, zumal mir der Rat des Bezirks noch eine Beihilfe gibt, so daß ich bescheiden, aber gesichert leben kann, und was will man mehr verlangen, wenn man sich schon den Luxus leistet, vier oder fünf Jahre lang an einem Riesen-Roman zu arbeiten? Kurz und gut, […] unser Vater weiß ja, was für eine pingelige Arbeit das ist, gewissermaßen Buchstaben um Buchstaben zu lesen und, wenn man noch sprachliche Verbesserungen anbringen will, darauf zu achten, daß die Zeilen nicht umgesetzt oder gar die ganze Seite noch einmal gesetzt werden muß, weil auf einmal die Abschnitte und Absätze nicht mehr stimmen.

Aber das nebenbei. Ich schwatze wahrscheinlich bloß deshalb soviel davon, weil es mir sehr schwerfällt, euch einiges zu Muttis Karte zu sagen, das heißt, zu der armen Tante Trudchen, die vielleicht […] schon gestorben ist, während ich diese Zeilen schreibe. Ich muß euch nämlich sagen, daß ich nicht sicher bin, ob ich zur Beerdigung kommen werde. Es ist sogar ziemlich unwahrscheinlich, und ich will versuchen, es euch zu erklären […]. Ich wollte euch eigentlich nicht damit belasten […], und ihr müßt euch immer vorstellen, daß eine Menge Einbildung dabei ist, und daß eure Tochter schon immer eine zu lebhafte Phantasie hatte. Soviel ich weiß, habe ich euch in letzter Zeit immer ganz muntere Briefe geschrieben, aber in Wirklichkeit ist mir meistens nach allem anderen als nach Munterkeit zumute. Die Krebs-Folgen stellen sich jetzt erst richtig ein. Nicht körperliche (das bißchen Schmerzen wollen wir gar nicht rechnen), sondern seelische, und die sind die schlimmsten. Ich weiß gar nicht, wie ich das ausdrücken soll … ich habe eine wahnsinnige Angst, demnächst wieder krank zu werden, und manchmal sitze ich abendelang da und heule vor Verzweiflung. Irgendwie ist mir diese Bemerkung von Prof. Gummel – daß es eine gewisse Anfälligkeit für bösartige Geschwulste gibt – langsam aber sicher so sehr ins Bewußtsein gedrungen, daß ich nicht mehr von der Vorstellung loskomme, ich werde irgendwann an Krebs sterben, und ich hoffe bloß, ich schaffe noch mein Buch. Sicher klingt das ganz verrückt, und ihr sollt auch nicht viel darüber nachdenken. Nun versuche ich mir das Rauchen abzugewöhnen, das Prof. G. als glatten Selbstmord bezeichnet hat, und es ist eine scheußliche Quälerei. Ich habe es mit Bonbons und Lakritze und Äpfeln versucht, und manchmal gelingt es mir auch, ein paar Tage lang mit dem Zigaretten-Verbrauch ganz schön weit runterzugehen. Aber dann kommt wieder eine Zeit, wo man sich überschlägt, Termine hat, aufgeregt ist – na, und dann raucht man doch wieder zuviel und zündet sich einfach aus Nervosität eine Zigarette nach der anderen an. Mit dem Erfolg, daß ich dann am Abend ein schlechtes Gewissen und noch größere Angst als sonst habe […] und stundenlang nicht einschlafen kann.

12. 3.

Liebe Mu, lieber Vati,
gestern mußte ich aufhören zu schreiben, weil ich es vor Kopfschmerzen nicht mehr aushalten konnte. Es war so schlimm, daß ich am hellichten Tag ins Bett ging. Heute früh, also eben, als ich wieder an die Maschine ging, bekam ich euer Brieftelegramm mit der Todesnachricht. Ja, und nun bin ich doch in Zweifel … Ich wollte euch nämlich erklären, warum ich nicht oder nur höchst ungern käme, deshalb hatte ich diesen langen Anlauf genommen. […] Es ist einfach so, daß ich jetzt, unter dieser seelischen Belastung, eine Scheu davor habe, mit irgendetwas in Berührung zu kommen, was mit Sterben zu tun hat. Vielleicht empfindet ihr das als brutal in einem solchen Fall, wo es sich um eine Tante handelt, bei der ich früher so gern war – aber es ist auch eine Art von Selbstschutz. Ich brauche mir bloß die Atmosphäre auf einem Friedhof vorzustellen, und schon fange ich an zu heulen. Entschuldigt, daß ich soviel von mir rede, statt jetzt an Tante Trudchen und an Ursel und Vati zu denken, die am meisten Betroffenen, aber ich werde mit meiner Geschichte innerlich einfach nicht fertig. Und, wie gesagt, ich zeige es sonst auch niemandem, ich habe versucht, euch damit zu verschonen […]. Nur Prof. Henselmann habe ich einmal ausführlich darüber geschrieben […], und seitdem ruft er mich manchmal abends an und redet eine halbe Stunde lang am Telefon, um mir Mut zu machen, oft mit ziemlich finsteren Witzen, aber eben doch auf eine Art, daß ich wieder für

ein paar Tage auf der Höhe bin. Er redet mir sogar zu, zu rauchen, solange ich noch an dem Buch arbeite, weil er meint, es sei eine unzumutbare Schinderei, gerade jetzt in der dicksten Arbeit so eine Entwöhnungskur zu machen, und er sagt: wenn Du dein Buch geschafft hast, kannst Du ja dann ruhig sterben. Das sage ich mir auch, aber wenn das Buch fertig ist, habe ich den Plan für ein neues, und dann werde ich wohl nicht so einverstanden sein damit, nun beruhigt von der Bühne abzutreten. Ach, das ist schon eine Schweinerei … Kurz und gut, ich weiß nicht, ob ich das ertragen kann, an einem Grab zu stehen, ohne daß ich einen Nervenzusammenbruch kriege oder einen Schreck, der wieder monatelang anhält und mir das Leben noch mehr versauert. Nun habe ich euch doch zu all euren Sorgen und eurem Kummer noch dieses ganze Zeugs aufgeladen … Ein richtiger Held, der zur richtigen Zeit schweigen kann, werde ich wohl doch nicht mehr.

[…] Und seid mir nicht böse, daß ich »ausgepackt« habe […]. Vielleicht lerne ich allmählich, die Todesangst zu vergessen, wenn der Frühling kommt und mein Garten bestellt werden muß, und vor allem: wenn der Jon endlich hier wohnt, so daß man abends nicht allein ist. […]

Mit vielen lieben Grüßen
eure Brigitte

Nbg., 14. 3. 69

Liebe Mu, lieber Vati,
eben ist euer Eilbrief gekommen, und ich möchte euch von ganzem Herzen Dank sagen dafür, daß ihr soviel Verständnis habt und überhaupt so wunderbare Eltern seid. In gewisser Weise bin ich sogar erleichtert, weil Vati auch solche Zustände kennt, solche seelischen Bedrückungen, die Angst vorm Alleinsein und sowas. Und es stimmt auch, was Mutti schreibt: daß ich schon immer eine Abneigung gegen Friedhöfe und Beerdigungen hatte. Vielleicht hängt das mit unserem Beruf zusammen. Ich habe von meinen Kollegen gehört, daß sie

während einer größeren Arbeit sehr oft Todesgedanken haben, d. h. Angst zu sterben, bevor sie mit dieser Arbeit fertig sind. Warum? Ich weiß nicht, kann nur vermuten: weil wir bei jeder Arbeit denken, dies sei unser bestes und wichtigstes Buch, das nicht so schnell vergessen wird, und in dem wir etwas sagen, was unbedingt die anderen Menschen wissen sollen; oder weil wir eine so lebhafte Phantasie haben und uns unser eigenes Begräbnis so überdeutlich ausmalen können.

Vielleicht wird sich mein Zustand wirklich bessern, wenn der Jon hier ist. Die nettesten Leute können einem nicht darüber hinweghelfen, nicht so, meine ich, wie der eigene Mann. Ich habe ziemlich viel Besuch, aber dann zeige ich nicht, wie mir zumute ist, und selbst wenn ich mal jammere (bei jemandem, der mir ein bißchen nähersteht), dann weiß ich, daß es dem anderen zwar leidtut, daß es ihn aber im Innersten doch nicht berührt, und daß es für jeden Menschen etwas gibt, womit er ganz alleine fertigwerden muß. – Kann sein, es wird mich auch ein bißchen beruhigen, wenn ich mir das Rauchen soweit abgewöhnt habe, daß ich unter der »Selbstmord-Dosis« bleibe. Henselmann hat mir versprochen, daß er mich, wenn ich mit dem Buch fertig bin, wieder bei Prof. Gummel unterbringt, damit ich gründlich untersucht und auseinandergenommen werde. Das ist auch eine Beruhigung, aber nicht eine Garantie […]. Wenn ich damals, mehr als ein halbes Jahr vor der Operation, mit meiner Krebsangst ernstgenommen worden wäre, dann hätte man es noch mit Strahlen heilen können. Na ja, hätte … Henselmann erzählte mir, daß eine seiner Mitarbeiterinnen auch auf diese Art geheilt wurde, weil ihre Krankheit im Frühstadium erkannt wurde. Allerdings sagte er, Prof. Gummel habe ihm erklärt, es sei bei mir wirklich nicht festzustellen gewesen, und er selbst habe bei der ersten Untersuchung noch gedacht, es handele sich um eine gutartige Geschwulst. Aber genug von diesem Thema! Was nützt es, jetzt noch jemandem Vorwürfe zu machen … Ich bin eben ein Pechvogel, was meinen armen Körper betrifft. […] Wißt ihr, daß da so ein Wissenschaftler den

Krebserreger gefunden hat, daran glaube ich nicht. Solche Nachrichten werden alle Naselang gebracht und haben sich bisher immer als Irrtum oder Sensationsmache erwiesen.

An Ursel werde ich ein Briefchen schreiben, und wenn ihr beide ihr noch zu erklären versucht, warum ich solchen Graus habe, wird sie es sicher verstehen und mir verzeihen, daß ich Tante Trudchen nicht begleite. Wichtiger ist ja, daß man jemanden in Erinnerung behält [...] – und das werde ich bestimmt, denn ich kann mich noch ganz genau daran erinnern, wie oft ich bei Niemanns geschlafen habe – sogar noch an die Zeit, als ihr damals in Tirol wart (den Eierbecher, den [ihr] mir damals mitgebracht habt, besitze ich immer noch). Merkwürdig, wie scharf die Erinnerung gerade an so weit zurückliegende Erlebnisse ist! Ich könnte jetzt noch genau die Wohnung in der Bahnhofstraße beschreiben, sogar das Stilleben mit den Früchten im Eßzimmer, und das Bild im Schlafzimmer: zwei Kinder, die sich am Feuer wärmen, und an den Vorratsschrank unterm Fenster in der Küche und an tausend andere Kleinigkeiten, auch an meinen ersten Schwips, als Tante Trudchen mir ein Glas Eierlikör gegeben hatte. Irgendwann wird das sicher mal in einem Buch auftauchen ...

[...] hier ist wieder tiefster Winter, es ist kalt, und heute nacht hat es so stark geschneit, daß der Schnee fast einen halben Meter hoch liegt. Kein Gedanke an Frühling. Gestern abend sind wir beinahe steckengeblieben; ich sollte zu einer Lesung – Gottseidank der letzten während der »Festtage« – auf ein abgelegenes Dorf, und wir gerieten in einen Schneesturm, so daß der Fahrer nur im Schrittempo fahren konnte. Wir kamen viel zu spät an, und die drei Frauen, die sich heldenhaft durch den Sturm zum Gemeindeamt gekämpft hatten, waren inzwischen wieder nach Hause gegangen. Aber daß sich überhaupt drei Frauen aufgemacht haben, das fand ich bewundernswert. Ich wäre an diesem Abend freiwillig keinen Schritt aus dem Haus gegangen. Da draußen, auf dem platten Land, ist ein Schneesturm wirklich schlimm. Innerhalb einer Stunde waren die Landstraßen zugeweht, und wir kamen uns vor wie in Sibirien und warteten bloß darauf, auch noch Wölfe heulen zu hören. Tatsächlich sind vor zwei Jahren hier acht Wölfe geschossen worden, die von Polen herübergekommen waren, und wer weiß, vielleicht treiben sich immer noch welche herum. Die Margarete Neumann, meine Schriftstellerkollegin, hat in ihrem Wald sehr merkwürdige Spuren entdeckt. [...] Auch Sakowski, der ja mal Förster war, kannte die Fährte nicht. Es kann sich nur um einen Luchs oder einen Wolf handeln. Und die Margarete marschiert in tiefer Nacht munter durch ihren Wald, bis zu ihrem einsamen Haus! Sie hat überhaupt keine Angst, während meine Kollegen Männer sagen, sie würden lieber in der Stadt im Rinnstein schlafen, statt nachts durch diesen Wald zu gehen.

Ich wollte euch aber noch sagen, weshalb ich schwarz sehe wegen Ostern. Es ist wegen Jon, den man einfach nicht mehr in menschliche Gesellschaft bringen kann. Er ist total überarbeitet und so nervös, daß ich manchmal Angst habe, er kriegt einen Nervenzusammenbruch. [...] Wenn er sich mal eine Aufgabe vorgenommen hat, dann kriegt ihn kein Mensch der Welt dazu, sie nicht mit aller Kraft und Konsequenz bis zuende durchzuführen. Und er steht dort ziemlich allein; die Ingenieure, die als Datenverarbeiter eingestellt werden sollten, sind nicht gekommen, und so lastet alles auf ihm. Manchmal bin ich beinahe böse auf ihn, weil er nie eine Zeile schreibt, aber wenn ich ihn dann hier bei mir erlebe, dann verstehe ich es. Man hat jeden Augenblick das Gefühl, jetzt könnten seine Nerven reißen und irgendwas Schreckliches passieren. Aber zum Glück äußert sich seine Erschöpfung nicht – wie bei mir – in Wutausbrüchen, sondern in einer irrsinnigen Müdigkeit. Er braucht sich bloß in den Sessel zu setzen, und schon ist er eingeschlafen. [...] Und beim letzten Besuch hat er sich auch noch einen Haufen Arbeit mitgebracht! Am Reisetag saß er schon morgens um vier über seinen Tabellen und Zeichnungen. Natürlich ist es gut und schön, daß er solchen Fleiß und ein so starkes Verantwortungsgefühl entwickelt, aber ich finde, jetzt übertreibt er es, und es wird höchste Zeit, daß er aus seinem Laden da wegkommt [...]. Aber er will ja unbedingt vorher sein Programm fertigmachen, nach dem jetzt schon andere Baubetriebe arbeiten. Der materielle Gewinn, der daraus für ihn entspringt, steht in gar keinem Verhältnis zu dem Verschleiß. Aber ich glaube, er braucht so etwas als Selbstbestätigung, nachdem er soviele Jahre vertan hat und doch nicht seiner Intelligenz entsprechend genützt hat [...]. Ich hoffe nur, daß [er] die Arbeit bald geschafft hat [...]. Früher konnte ich mich bei ihm ausheulen, aber sowas kann ich ihm heute nicht zumuten, muß vielmehr versuchen, meine eigene Nervosität zu unterdrücken und nicht gereizt zu sein, wenn er über einem Buch oder einem Aufsatz einschläft, über die ich gern mit ihm sprechen wollte. Na ja, später ... wenn wieder die Sonne scheint, und wenn die Blumen im Garten blühen, und wenn er eine Arbeit hat, die ihn nicht auffrißt ... Heute abend oder morgen früh wird er hoffentlich kommen, dann kann er wieder ausschlafen, und ich werde höchstens sauer sein, wenn er meine Sonnenblumen nicht bewundert, die ich in Töpfen ausgesät habe, und die jetzt schon fast handhoch sind. Schließlich habe ich die Sonnenblumen ja seinetwegen gezüchtet; er mag sie so gern, daß er imstande ist, in fremden Gärten welche zu klauen.

[...] Also, meine lieben Eltern, bleibt gesund und gebt gut acht auf euch. Ich bin euch wirklich sehr, sehr dankbar für euer liebevolles Verständnis. Drückt mir den Daumen, daß meine Seele wieder heilt und daß ich mein Buch schaffe, und macht euch nicht zuviel Sorgen. Manchmal halten die angeschlagenen Töpfchen am längsten. [...] Und wenn ihr am Montag Blumen mitnehmt, dann gebt Tante Trudchen eine davon in meinem Namen mit. [...]

Mit vielen Grüßen und Küssen
eure Tochter Brigitte [...]

Liebe Mu, lieber Vati,

eigentlich sollte ich heute abend nicht mehr schreiben, denn ich bin gar nicht gutgelaunt – aber wer weiß, wie ich mich morgen fühle. […] Da habe ich erst vor zwei Tagen auf der Karte so angegeben, wie gut ich mich in mein Kapitel reingefitzt habe, und heute hänge ich wieder fest und kaue den ganzen Nachmittag an einem Satz. Zwischendurch habe ich – gewissermaßen vor Wut – eine ganze Menge Fenster geputzt (es dauert eine Weile, ehe man hier so rum ist […]), und die meisten mußte ich erst mit Hammer und Meißel und brutaler Gewalt öffnen. […] Leider geht's auch mit dem Putzen ein bißchen mühselig, das heißt, ich bin zwar noch eine ganz Flinke, aber nach einem Doppelfenster schon sieht der Arm märchenhaft aus, das Lymphzeug staut sich – meist in der Ellenbogengegend – und bildet Schwellungen, die aber gefährlicher aussehen, als sie sind. Wenn ich mir ein paar Stunden lang eine feste Binde ums Handgelenk wickele, verteilt sich das Zeug wieder. Jedenfalls bin ich jetzt sehr stolz auf meine Fenster, die ordentlich blitzen (stellt euch mal vor: seit dem Umzug sind sie nicht … nein, das wagt man ja gar nicht auszusprechen!) Auch die Terrassentür ist nun auf, und nachdem ich den Lack von den diversen Haken und Schlössern geschabt habe, kann man sie sogar verschließen – immerhin ein beruhigendes Gefühl. Nun fehlt bloß noch Sonne und Wärme, damit ich mich mal draußen hinlegen kann (zwei Liegestühle habe ich auch schon gekauft; später werde ich mir noch ein paar nette Gartenmöbel zulegen. […]) Dieser verdammte Winter will wohl gar kein Ende nehmen […]. Und meine in hundert Töpfchen ausgesäten Blumen sprießen und wachsen und wollen endlich ins Freie …

Wißt ihr, es ist doch ganz gut, daß ich damals nicht gekommen bin. Ihr hattet zwar vorher nichts davon geschrieben, aber ich hatte schon geahnt, daß Tante Trudchen an Krebs gestorben ist. […] Diese dunkle Ahnung hätte sich also in Burg bestätigt und mich wirklich seelisch erledigt. […]

Und jetzt will ich nicht mehr von Tod und Begräbnis sprechen und überhaupt versuchen, mich nicht daran zu erinnern, denn ich bin heilfroh, daß ich mich in den letzten zwei Wochen wieder halbwegs gefangen habe. Ich weiß selbst nicht, wieso … vielleicht weil ich jetzt ziemlich oft Besuch habe, mal von Kollegen, mal von Verehrern (ja, die habe ich hier auch, aber deswegen braucht unsere moralische Mutti nicht gleich eine strenge Miene zu ziehen, denn es sind nette und intelligente Männer, die mir zwar den Hof machen, aber vor allem einen Gesprächspartner suchen), und wenn mir die Decke auf den Kopf fällt, verabrede ich mich mit jemandem, und wir setzen uns in eins der netten Cafés und schwatzen und sehen uns andere Leute an. Das ist es ja, was ich in Hoy so vermißt habe: solche Restaurants mit Fenstern zur Straße, und auf der Straße eine Menge Menschen … Am liebsten bin ich im Galeriecafé; das ist im Kultur-Hochhaus, also direkt an der belebten Hauptstraße, und es ist ganz modern, dabei gemütlich (immerhin ein seltener Fall, daß modern und gemütlich unter einen Hut gebracht werden), man unterhält sich dort leise, es ist nicht überlaufen, aber auch nicht zu leer – kurz und gut, ich hätte Lust, dort mein Stammquartier aufzuschlagen und öfter die Nachmittage zu verbringen, schreibenderweise, versteht sich, denn mir scheint, man kann dort ganz gut arbeiten. Ein einzelner Mensch im selben Zimmer, auch wenn er sich ganz still verhält, kann einen furchtbar bei der Arbeit stören, während einen das Stimmengesumm in einem Lokal überhaupt nicht ablenkt. Manche Schriftsteller haben ihre Bücher von A bis Z in einem Restaurant geschrieben. […]

Im Mai, denke ich, läßt sich mal eine Spritztour nach Burg einplanen. Zu Vatis Geburtstag […] wird es allerdings nichts werden; erstens habt ihr ja das Haus voll, und zweitens muß ich zu unserem Ganz Großen Schriftstellerkongreß, der gerade in diesen Tagen stattfindet. […] So, […] inzwischen ist das Badewasser eingelaufen, was hier immer eine gute halbe Stunde dauert, wegen des schwachen Wasserdrucks, und dann werde ich ins Bett marschieren, damit ich morgen frisch bin und mich wieder auf das geliebte, verdammte Buch schmeißen kann. Und wehe, es wird wieder so ein Gezerre! Dann bleibt mir bloß noch übrig, irgendwelche Kleider aufzutrennen oder Röcke umzunähen, denn ansonsten fällt mir keine Haushaltsarbeit mehr ein.

Laßt es euch gut gehen, ihr Lieben, seid gesund und fröhlich [...]

eure Tochter Brigitte [...]

Nbg., 16. 4. 69

Liebe Mu, lieber Vati,

[...] ich habe die ortsübliche Grippe aufgegabelt und schleiche ganz mies durch die Gegend [...]. Für morgen bin ich beim Arzt angemeldet und will vor allem meinen Hals untersuchen lassen, der schon wochenlang Faxen macht (und ihr wißt ja, welche Sorte Angst bei mir immer dahintersteckt). [...]

Was das Wetter betrifft, ist es hier abscheulich – immer abwechselnd Regen, Schnee und Hagel. Im Steingarten blühen Veilchen und Zilla, die tun mir leid, die armen Kerlchen. Und vor zwei Wochen war es noch so herrlich, und wir dachten, nun wäre endlich der Frühling ausgebrochen. Ich habe schon auf der Terrasse gearbeitet (deshalb bin ich so braun gebrannt, nicht von Höhensonne, liebe Mu), wenn auch etwas unbequem, weil ich die Maschine auf einen wackligen Hocker stellen mußte. Allerdings lenkt die Sonne von der Arbeit ab, auch der Straßenlärm, denn die Ringstraße, auf der starker Autoverkehr ist, führt nahe am Haus vorbei. Jetzt habe ich mir von dem Geld, das ich mit Lesungen verdient habe, ein paar Campingmöbel gekauft, vorerst einen Stuhl, einen Sessel, einen Tisch und natürlich einen Sonnenschirm. Und jetzt ist es vorbei [mit] der Sonnen-Herrlichkeit [...]. Über Ostern waren wir ziemlich fleißig, haben gerodet, und Jon hat umgegraben, aber fast die Hälfte des Gartens liegt noch brach. Da müssen erstmal die Quecken rausgezogen werden, und mit Umgraben allein ist es in diesem besonders verwilderten Teil nicht getan.

Ich habe auch noch gar nichts gesät oder gepflanzt. Meine Bestellung beim VEB Saatzucht (oder wie der sonst heißt) war umsonst – keine Ziersträucher. Ich war sehr enttäuscht. Nun hat Jon aber in Hoy einen Gärtner gefunden, bei dem er Kletterrosen und einen Fliederstrauch bekommt, und meine Schriftsteller-Kollegin hier in N., die Margarete Neumann, will mich aus ihrem üppigen Garten mit allerhand Knollen und Sträuchern versorgen. Die Erdbeerbeete sind leider völlig vergammelt, nur eins von den vieren ist noch zu retten. […] sonst bin ich mit Obst gut versorgt. Bei den Äpfeln wird wirklich die Herrmann-Familie helfen müssen, d. h. beim Ernten und Heimschleppen und Einkellern.

Dorli hat euch bereits geschrieben, daß wir Ostersonntag in R. waren. […] Jon ist ganz vernarrt in Tinchen, er findet, sie sei ein »Extrakt unserer Familie« (die er bekanntlich mit einem wilden Indianerstamm vergleicht), und er würde sie am liebsten mit nach Boxberg nehmen. Na, das wär ein Gespann! Der würde sich aber wundern, wenn er diese lebhafte junge Dame den ganzen Tag um sich herum hätte …

Liebe Mu, zu dem Morgenrock: 1. ist Deiner nicht mehr so sehr gut, finde ich (und in meinem kannst Du sogar Gäste empfangen), 2. wird er wahrscheinlich doch passen, denn so dick bist [Du] nun auch wieder nicht, und 3. habe ich das Gefühl, Du willst bloß nicht, daß ich wieder was weggebe und Geld ausgebe für was Neues. Das tue ich aber doch – Geld ausgeben, meine ich. Wer weiß, wie lange man zu leben hat – und dann hinterbleibt das Gesparte den lachenden Erben. Nee. Ich habe mir jetzt sogar einen Rock im Exquisit gekauft, und der Jon ist begeistert, daß ich endlich »vernünftig« werde. Ja, so nennt er es, und er hat recht. Warum denn sparen? Irgendwie wird es schon weitergehen, und wenn ich mich so im Spiegel besehe mit meinem jämmerlichen Brustkorb, dann denke ich mir: amüsier dich, altes Mädchen, solange Du es kannst, und kauf Dir auch mal was Überflüssiges, das ist wenigstens ein kleiner Ausgleich zu den Gemeinheiten, die dir widerfahren sind. So, jetzt wißt ihr, was ich für eine bin.

[…] Bleibt gesund, ihr Lieben, grüßt die neuen Nachbarn im Haus und seid selbst ganz lieb gegrüßt von
  eurer Tochter Brigitte

                                        Nbg., 1. 5. 69
Liebe Mu, lieber Vati,
zuerst möchte ich Mutti meinen allerschönsten Dank für ihren langen Brief sagen. So gut unsere Einrichtung mit dem FRS ist – man freut sich eben doch besonders, wenn zwischendurch mal ein echt handgeschriebener Brief kommt. […] Daß ihr ein Stück vom Garten abgegeben habt, kann ich verstehen, seit ich selbst einen Garten habe. D. h. ich würde wahrscheinlich kein Stück abgeben, obgleich meiner mindestens so groß ist wie eurer […]: wo die Hecke verläuft, denkt man, da ist er zuende – aber von wegen!, er geht noch in einem unmöglichen Winkel bis zum Bach runter […] Aber bis jetzt macht mir die Arbeit Spaß, und ich nütze jede Stunde, wenn mal die Sonne scheint […], die frische Luft tut mir gut, draußen rauche ich nicht – das ist schon ein Gewinn! –, und die Rückenschmerzen werden sich wohl mit der Zeit geben, wenn man sich an die Gartenarbeit gewöhnt hat. Wir haben ein Rondell angelegt – das klingt nach was, aber so richtig rund ist es nicht geworden –, und die ganze vordere Gartenhälfte ist oder wird mit Blumen bestellt, Goldmohn, Akelei, Lilien und so was. Mein Nachbar ist sehr nett, gibt mir gute Ratschläge und hat mir eine Menge Staudengewächse aus seinem Garten geschenkt, die auch alle gut angewachsen sind. Gemüse und dergleichen Nützliches kommt in die andere Hälfte, hinter eine Wand von Wicken. […] Leider bin ich, weil ich den Garten so künstlerisch aufgeteilt habe, etwas durcheinander gekommen und habe an verschiedenen Stellen gleich zweimal gesät. Na, macht nichts. Soll der liebe Gott blühen lassen, was und wie er will. – Freilich, viel Zeit kostet der ganze Spaß, und ich habe wenig an meinem Manuskript gearbeitet. […] es gibt eben so Zeiten, wo einem so ein langes

Buch zum Halse raushängt. Da ist man im Inneren froh über die gute Ausrede, daß man in den Garten muß …

Morgen kommt mein lieber Jon. Habe ich euch schon geschrieben, daß er im Atomkraftwerk anfangen kann? Er soll mit zwei Mathematikern aus dem Kombinat nach Lubmin delegiert werden, wo er sich am R 300 (ein Rechenautomat, falls ihr das nicht wißt) ausbilden kann. Bloß immer noch diese Wohnungsfrage … Morgen nachmittag haben wir endlich mal wieder eine Beratung mit unserem Parteichef, aber die wird auch nicht viel ergeben, und ehe alles seinen Lauf genommen hat […], ist inzwischen wohl auch »sein« Haus fertig geworden […]. Ich habe das Alleinsein jedenfalls gründlich satt. […] Wenn er alle zwei Wochen kommt, brauchen wir immer einen ganzen Tag, um uns wieder aneinander zu gewöhnen, tatsächlich – die ersten Stunden sind wir richtig schüchtern und fremd. Und beim Abschied gibt es dann große Heulerei […]. Wenn man so einen kleinen »Knacks« hat, braucht man mehr denn je seinen liebsten Menschen in der Nähe.

Heute bin ich ziemlich wütend, weil ich eine unvorhergesehene Arbeit habe. Am Montag ist eine große Veranstaltung des Schriftsteller-Verbandes, bei der unsere Texte von Schauspielern gelesen werden. Manfred Krug kommt, die Ursula Karusseit und andere Größen. Und ausgerechnet mein Manuskript ist […] angeblich nicht angekommen in Berlin, bei Frau Karusseit, die es lesen sollte. […] Leider habe ich keinen Durchschlag, und nun muß ich mich heute hinsetzen und alles nochmal machen, damit das Manus morgen mit dem Wagen nach Berlin gebracht werden kann. […] Laßt es euch gut gehen, ihr Lieben, bleibt gesund, […] und seid ganz lieb gegrüßt von

eurer Tochter Brigitte […]

Liebe Mu,
nun hänge ich doch noch ein Zettelchen an, wegen des Morgenrocks. Wenn Du in H. unbedingt Dein Geld loswerden willst – dafür fällt mir dann auch noch was ein (ich brauche

bloß an die Schuh-Frage zu denken ... ich finde einfach keine Schuhe, die mir passen, schön weich und dabei elegant sind). Weißt Du, ich muß jetzt in nächster Zeit mehrmals auf Reisen gehen: die Christa Wolf hat mich zu sich eingeladen, dann findet der Schriftsteller-Kongreß statt, bei dem wir ja mehrere Tage im Hotel wohnen – kurz, ich brauchte jetzt und nicht später einen leichten Morgenrock, der sich bequem im Handköfferchen transportieren läßt. Natürlich, im Exquisit sind sie teuer – bis zu 240.–, aber die ich dort gesehen habe, gefallen mir nicht mal, sind zu dunkel und zu dick und eben auch nicht für Reisen geeignet. Aber im Centrum habe ich dieser Tage hübsche Mäntel gesehen, in Gelb und Weiß und Lila (ich »stehe auf« Gelb), sie sind aus Dederon und kosten 98.– Das ist doch annehmbar. Ich bekomme in diesen Wochen eine Steuer-Rückzahlung, da kann ich es mir leisten. Also, keine Widerrede! Und am besten ist, Du gibst dein Geld hübsch für Dich aus, denn sicher hast Du eine ganze Menge Wünsche. Und damit Du gar nicht erst herummosern kannst, gehe ich gleich morgen früh los und angele mir so ein Mäntelchen [...]. Punkt.

[...] die Strickjacke bringe ich mit – die ist ja nun das Hin- und Herreisen schon gewöhnt. Erinnerst Du Dich eigentlich noch, daß Du sie mir abgetreten hast? Aber ich brauche sie gar nicht, weil es nun warm genug ist in meiner Wohnung, und da soll sie also wieder den Heimweg antreten und Dich wärmen. Das ist schon richtig zum Lachen mit dieser Jacke. [...]
Küßchen
Deine Brigitte

[10. 5. 69]
Meine lieben Eltern,
ich schreibe euch, während ich auf einer großen Sitzung, d. h. Konferenz bin – der hundertsten in dieser Woche. [...] Du lieber Himmel, wenn wir bloß erstmal den Mai und den Schriftsteller-Kongreß hinter uns haben! [...] morgen, Sonntag, und am Montag ist wieder Konferenz, außerdem [...]

fahre ich am nächsten Tag zu Christa Wolf [...], sie hat mich dringlich eingeladen, und ich möchte sehr gern mit ihr und einigen Kollegen sprechen, bevor ich zum Kongreß fahre. Ich will mich jetzt nicht weiter darüber auslassen – es sind eben so heikle Schriftsteller-Probleme, die einem mächtig an die Nieren gehen, und da braucht man dringend das Gespräch mit anderen, sonst kann einem die eigene Arbeit vergällt werden.

[...] Übrigens möchte ich noch sagen (falls ich schon öfter wegen meines Halses gejammert habe), daß es wahrscheinlich eine Schilddrüsengeschichte ist – so ein Knoten zwischen Luftröhre und Speiseröhre. Ziemlich unangenehm, (Schluck- und Atembeschwerden), aber nicht gefährlich. Ich glaube, an mir geht keine Krankheit vorüber ... [...]

Und wißt ihr, wen ich diese Woche kennengelernt habe? Den Manfred Krug – den kennt ihr doch sicher auch. Wir haben uns gleich angefreundet, er ist ein sehr netter, kluger, gebildeter Mann, auch sehr witzig, aber kein bißchen affig oder so auf Filmstar zurechtgemacht. Wirklich eine erfreuliche Bekanntschaft.

Und nun will ich [...] mal wieder artig zuhören. [...] seid ganz lieb gegrüßt von
   eurer Tochter Brigitte

Nbg., 22. 5. 69

Liebe Mu, lieber Vati,
heute fällt es mir schwer, euch zu schreiben, [...] weil ich schrecklich aufgeregt bin, denn heute nachmittag muß ich zu meinem Arzt, um zu erfahren, was bei der Untersuchung rausgekommen ist. Um diese leidige Geschichte schnell zu erzählen: Vorige Woche war die erste gründliche Untersuchung, nach der Dr. S[...] sagte, es handele sich höchstwahrscheinlich nicht um eine Schilddrüsenerkrankung und sehr wahrscheinlich auch nicht um irgendwelche Krebs-Ableger, sondern um einen physischen Ausdruck von hochgradiger Nervösität, die sich, da im Hals irgendwelche Nerven zusammenlaufen, eben

durch Schmerzen, Schluckbeschwerden und Atemnot äußern kann. [...] Diese Nerven-Geschichte ist eigentlich ganz einleuchtend, tatsächlich merke ich, daß mir bei jeder Aufregung der Hals zuwächst, und ich bin seit Wochen in einer Verfassung, die man schon hysterisch nennen kann. Ich will gar nichts mehr sagen von all den Sitzungen und Terminen und der qualvoll langsamen Arbeit am Buch – am meisten, glaube ich, geht mir die Trennung von Jon an die Nieren, jeder Abschied nach unseren jämmerlichen zwei Tagen ist eine Katastrophe; außerdem bin ich – vorsichtig ausgedrückt – aufs tiefste beunruhigt und besorgt wegen all der Dinge, die sich bei uns in der Kulturpolitik tun. Wahrscheinlich verfolgt ihr das nicht so genau in der Zeitung (außerdem stehen die meisten Sachen, die einen so fertigmachen, gar nicht in der Zeitung), und ich will jetzt auch nicht davon schreiben. Also, davon ein andermal, am besten mündlich.

[...] Ich habe immer noch nicht das Programm vom Kongreß, weiß nur, daß wir am Dienstag in Berlin sein sollen, hörte aber, daß wir vorher noch einmal Vorstandssitzung haben (das wird ja wohl meine letzte Sitzung sein; in den neuen Vorstand werde ich ganz bestimmt nicht mehr gewählt – aus verschiedenen Gründen, die ich jetzt auch nicht des langen und breiten erörtern will). Am Freitag ist hier noch einmal eine Parteiversammlung, zu der ich gehen will in der Hoffnung, endlich etwas wegen Jons Wohnung zu erreichen, damit diese schreckliche Trennung mit all ihren Nebenerscheinungen aufhört. Ich bin todsauer [...], ich war jetzt manchmal so böse, daß ich an einen neuerlichen Umzug dachte. Ihr seht, ich bin ganz schön down. [...] Ich bin schon soweit, daß mich solche Kleinigkeiten in Schrecken versetzten: Gepäck für eine ganze Woche (der Kongreß dauert bis Wochenende), die Schlepperei (kein Taxi-Fahrer ist zu bewegen, einen von der Gartenstraße zum Bahnhof zu fahren) und solche dummen Dinge. Und leider muß man allerhand mitschleppen, ich meine: schon so Anziehkram, denn es sind allerlei festliche Dinge vorgesehen, ein Staatsempfang und sowas. [...] Ich weiß auch nicht, wie ich bis Sonnabend den ganzen Kram noch schaffen soll, der erledigt werden muß, damit ich nicht vom Kongreß zurückkomme [...] und hier einen Berg Arbeit vorfinde, bei dessen Anblick ich noch restlos durchdrehe. Ich habe ja nie, solange der Jon immer in der Nähe war, gemerkt, wieviel er einem an Arbeit abnimmt und wieviel schneller alle Wege zu erledigen sind, die ich jetzt immer zu Fuß machen muß, ganz zu schweigen von gewissen »Schwerarbeiten« im Garten und im Haus, die mir sehr sauer werden mit dem kaputten Arm. Gott, das ist alles so lächerlich, und trotzdem finde ich es nicht zum Lachen. [...]

Ach, ich will ja nicht jammern, und irgendwie kommt man auch immer über die Runden, und ich denke, wenn ich erstmal die seelischen Belastungen los geworden bin (soweit das in unserem Beruf möglich ist), dann wird mir alles andere nicht mehr soviel ausmachen. [...]

Ich wollte euch noch etwas ans Herz legen, falls ihr dabei helft, den Hausstand von Frau L[...] aufzulösen. [...] Paßt ein bißchen auf, daß nicht soviel zerhackt und weggeschmissen wird, altes Porzellan (auch wenn es euch »oll« vorkommt) und Glasschalen und so allerhand Krempel. [...] Ich suche alte Bücher, Kaffeegeschirr, Glasschalen (auch kitschige), Goldrahmen – bestimmt ist sowas vorhanden, und ich hoffe, man hat nicht schon rigorose Aufräumungsarbeiten geleistet. Und wenn gar eine alte Uhr vorhanden ist – legt gleich die Hand drauf! Und seid nicht schockiert, daß ich so roh von Plünderei spreche – Sammler sind nun mal ein gefährliches Volk und würden zur Not auch klauen.

Eben ist mein Wäschejunge gekommen (wir sind schon Freunde; ich gebe ihm Bücher, und er gibt mir Stauden aus seinem Garten), und da ich natürlich den Abholtermin verschwitzt habe, muß ich jetzt schleunigst die Wäsche zusammenpacken [...].

Laßt es euch gut gehen, bleibt gesund und seid ganz lieb gegrüßt von
eurer Tochter Brigitte

Meine lieben Eltern,

[...] Ich schreibe halt so vor mich hin, wie üblich viel zu langsam, bin oft im Garten, [...] und im übrigen habe ich einen schlimmen Magen, der sich auf höchst lästige Weise bemerkbar macht, obwohl ich mit Heroismus daran arbeite, meinen Zigarettenverbrauch einzuschränken. [...] Wenn ich ordentlich Magenschmerzen habe, rauche ich vor Angst so gut wie gar nicht – leider kann ich dann aber auch nicht arbeiten, d. h. mich konzentrieren, abgesehen davon, daß Magenschmerzen [...] nicht gerade die Produktionslust steigern.

[...] Liebe Mu, [...] bezüglich der Nietenhosen, die Du ja wohl nicht vergessen hast, nicht wahr? Also, meine Freunde, soweit sie Nieten-Experten (na, keine Mißverständnisse!) sind, sagen, es müßte eine Hose von der Firma Lie sein (steht auf der Hintern-Tasche oder auf so einem Lederfleck), dann hätte man garantiert so ein Schmuckstück, das man zehn Jahre schleppen kann. Und ferner: um Himmelswillen keine Damenhose! Erstens sind sie blöd, und zweitens passen mir Damenhosen nicht, mangels Hüftumfang. Zieh kein Gesicht, Mutti, ich schleppe meine Männerhosen ja nicht in Restaurants oder bloß auf der Straße. Die Maße hast du ja, nicht wahr? Also etwa die 40 (höchstens). Wenn sie ein bißchen groß ausfällt, steige ich mit ihr in die Badewanne, und hinterher paßt sie – im Wortsinne – wie angegossen. Bewährtes Rezept. Du, ich verlasse mich auf Dich; ich brauche unbedingt richtige Jeans, sonst kann ich überhaupt nicht mehr arbeiten.

So, und damit Schluß. Für eure weiteren Ferientage wünsche ich euch allen zusammen Freude und Erholung und Harmonie. Und schreibt mir mal wieder, ihr Globetrotter!

Mit vielen lieben Grüßen

eure Tochter Brigitte

Nbg., 3. 8. 69

Meine lieben Eltern,

[...] Diesmal wirklich nur ein paar Zeilen, bin völlig erledigt und in panischer Angst, daß ich mein Drehbuch nicht schaffe. Nächste Woche muß ich abliefern. Mein Regisseur war ein paar Tage da, aber wir haben kaum was geschafft, weil wir vor Hitze beinahe umkamen. Anderseits konnten wir uns nicht aufraffen, zum Baden zu fahren, weil wir eben arbeiten wollten ... Tatsächlich bin ich bei dieser Tropenglut, also in diesem ganzen Sommer, nur ein einziges Mal zum Baden gewesen ... Ich tue mir schon selber leid, und euch beneide ich von Herzen, obgleich ich natürlich für euch sehr froh bin, daß ihr einen so herrlichen Urlaub hattet. [...] Ich habe Lutz geschrieben [...], denn erstens hatte er mir sehr nett zum Geburtstag gratuliert, und zweitens wollte ich ihm bei der Gelegenheit sagen, wie nett ich es von ihm fand, daß er euch eingeladen hat. Es muß ja wirklich wirklich wunderschön in dieser Landschaft sein, nach den poetischen Schilderungen unseres Redakteurs zu urteilen. Lutz schrieb sehr besorgt wegen Vati [...]. Nun, ich hoffe sehr, daß sich Vatis Nervosität nach diesem schönen Sommer ein bißchen gegeben hat, und daß er nun, wo auch unsere Mutti zuhause ist, ruhiger und ausgeglichener wird.

Dorli ist ein paar Tage hier gewesen, und es hat uns beiden viel Spaß gemacht [...], wir haben viel geschwatzt, waren abends in Cafés und Restaurants (mit meinem kleinen Freund Jürgen), und ich hatte das Gefühl, daß dieser Besuch unserer D-Schwester recht gut getan hat. Sie hat ja doch eine Menge am Halse [...]. Vielleicht können wir uns in Zukunft öfter mal sehen (auch Uwe will mal kommen), d. h. wenn ich mit meiner Wahnsinnsarbeit fertig bin. Ich kann euch gar nicht sagen, in welch schlimmer Stimmung ich bin. Immer diese Angst, nicht fertig zu werden, und die zusätzliche Angst, daß es nicht so wird, wie wir uns das vorgestellt haben ... [...]

Und zum Schluß – eigentlich hätte das an den Anfang gehört – möchte ich mich ganz, ganz herzlich bedanken, daß ihr mir tatsächlich so eine Lee-Hose besorgt habt. Das ist geradezu eine Sensation, ich habe schon ewig davon geträumt [...]. Und wenn ihr sie bald! abschickt, dann, bitte, – wenn möglich – per Einschreiben, damit sie nicht schlimmstenfalls noch unterwegs verloren geht. Das ist zwar unwahrscheinlich, aber man muß vorbeugen. Also, ihr habt mir eine ganz große Freude bereitet und seid überhaupt die nettesten Eltern der Welt.

Gut, daß jetzt Telefon im Haus ist. Da kann [man] sich doch mal schnell verständigen, wenn »etwas anliegt«. So, und nun muß ich Schluß machen, ihr seht ja, ich vertippe mich schon die ganze Zeit, weil ich so aufgeregt bin. [...] seid [...] ganz lieb gegrüßt von

eurer Tochter Brigitte

Nbg. 12. 8. [69]

Liebe Mutti,
wie abgemacht schicke ich Dir einen BH, damit Du so ein Behälterchen basteln kannst. Laß ihn aber an einer Stelle ein Stück offen, damit man ihn waschen kann, ohne den Einsatz mit ins Wasser schmeißen zu müssen. Und schönen Dank im voraus!

Entschuldige, daß ich nur so ein paar Zeilen kritzele – bin noch mitten in der Arbeit am Drehbuch [...].

Hast Du eigentlich das Päckchen mit dem SPEE bekommen? Und brauchst Du Nachschub, oder gibt es SPEE jetzt auch in Burg?

Mit vielen lieben Grüßen für Dich und unseren Vater Willi – eure Brigitte

Nbg., 27. 8. 69

Meine lieben Eltern,
[...] Ich muß mich heute leider sehr kurz fassen, weil ich gleich nach Berlin reisen will. D. h. eigentlich müßte ich schon unterwegs sein, aber ich habe den Zug verpaßt [...].

Heute treffe ich meine Freundin Irmchen, die für ein paar Tage aus Amsterdam nach Berlin gekommen ist, und morgen arbeite ich beim Fernsehfunk, mit meinem Regisseur Scharioth. Das ist ein sehr netter und kluger Mann, er war schon ein paarmal hier, und wir haben uns ein bißchen näher kennen und – das darf ich wohl sagen – schätzen gelernt. Die Arbeit am Drehbuch ist doch zeitraubender und anstrengender, als ich zuerst dachte, aber anderseits ist mir das ganz recht. Liebe Eltern, ich habe lange überlegt, ob ich euch wenigstens andeutungsweise sagen soll, was hier los ist … aber ich denke daran, wie Vati damals schrieb, ihr seid sehr froh, daß ich offen mit euch über alles spreche. Wißt ihr, ich habe jetzt großen Kummer, und bevor ich etwas darüber sage, möchte ich euch herzlich bitten, daß ihr euch nicht ebenfalls Kummer macht. Meine Ehe mit Jon ist in Gefahr. Wir haben dieses Jahr der Trennung eben doch nicht so glatt überstanden; die Widersprüche, die sich anhäuften und die man nicht »ausdiskutieren« konnte (einfach aus Zeitmangel, weil er ja bloß mal Sonnabend und Sonntag kommt) haben einen Grad erreicht, daß es vor etwa einer Woche einen richtigen Zusammenbruch gegeben hat. Es war sehr schlimm, und ich brauche euch wohl nicht zu sagen, wie sehr ich gelitten habe und jetzt noch leide. […] Nach drei oder vier Tagen Gesprächs-Versuchen und unter vielen Tränen haben wir uns dann doch noch eine Chance für uns beide ausgerechnet, ich meine, ich [sic!] wollen versuchen, wieder zusammenzukommen, und das wird nicht leicht sein, soviel ist mir klar. Aber einfach Schluß machen … nein, ich glaube, das wäre zu schwer für mich. Ich bin ja sowieso durch meine Krankheit und die ewige Nervosität wegen meiner Arbeit in keiner beneidenswerten Situation, aber davon abgesehen: ich hänge nun mal an ihm. Bitte, […] macht keinen Versuch, von eurer Seite irgendetwas zu unternehmen. Damit müssen wir alleine fertig werden. Am Sonntag kommt er wieder, und wir wollen vernünftig miteinander sprechen. Er ist eben auch sehr nervös und überarbeitet, und wahrscheinlich bin ich eine aufreibende Frau, und ich habe die ganze Zeit nicht gemerkt, daß mein Mann, den ich für so stark hielt, auch mal einen Halt braucht. Nun ja, das ist alles sehr bitter, aber irgendwie muß man auf anständige Art damit fertigwerden. Eigentlich, wie gesagt, wollte ich es euch verschweigen, aber ihr hättet ja doch gemerkt, daß ich in arger Stimmung bin, wenn ich nach Rostock komme – falls das was wird, denn demnächst beginnen unsere Dreharbeiten, und ich will dabei sein, muß es sogar, weil ich gleichzeitig noch Texte für den Kameramann zu schreiben habe. Falls ich nach R. komme, wollen wir auch nicht ausführlich über meine Ehegeschichten sprechen, ja? Es ist alles noch in der Schwebe – besser gesagt: es sind noch alle Möglichkeiten drin.

Die Wohnungseinweisung haben wir endlich bekommen, leider erst für Oktober. Eine lange Zeit … Und dann muß er sich hier nach einer Arbeit umsehen, einer richtigen, die ihn fordert und an der er Freude hat. Jetzt in Boxberg hat er eine sichere Stellung, in der er geachtet wird, da kann ich ihn nicht einfach von einem Tag auf den anderen rausreißen. […] Ich glaube, er hatte das Gefühl, er wird hier – also von mir – einfach nicht mehr gebraucht oder sowas. […] ihr versteht schon: er kam immer wie ein Gast in eine fremde Welt.

[…] Inzwischen könnt ihr mir nur die Daumen drücken, daß wir die Krise überstehen (immerhin, wir sind, alles in allem, in dem berühmten »Siebenten Jahr«). Und nochmal: macht euch keine Sorgen, eure Brigitte wird sich schon wieder raushudeln. Und kein Wort zu den anderen, nicht wahr? Ich kann bloß immer wieder sagen: ich bin heilfroh, daß ich jetzt mit Arbeit zugedeckt bin bis über beide Ohren – das hilft.

So, und jetzt muß ich […] zum Bahnhof stürzen, damit mir nicht auch der nächste Zug vor der Nase wegfährt. […]
Mit vielen lieben Grüßen
eure Brigitte […]

Meine lieben Eltern,

ich will euch nur rasch ein paar Zeilen kritzeln, damit ihr nicht denkt, daß ich inzwischen gestorben bin. Ich stecke einfach bis über beide Ohren in der Arbeit, und zwar auf eine Weise, daß ich bald durchdrehe. Seit einer Woche sind meine Fernsehleute hier und drehen schon, und plötzlich merken wir, daß die Anlage des Films nicht stimmt. Herrlich! Jetzt sind wir dabei, alles umzuschmeißen, und ich muß neue Texte schreiben – aber obgleich es mir auf die Nerven geht, bin ich anderseits froh, weil die neue Lösung, die wir uns ausgeknobelt haben, tatsächlich viel besser ist. Gestern abend ist »der Groschen gefallen«, bei einem ausführlichen Gespräch mit Sakowski. Leider habe ich dadurch einen Abend mit Uli und Sigrid verloren, die gestern mittag auf dem Weg von Rügen hierher kamen und heute morgen wieder abfahren mußten. Aber was hilft's? An dieser Arbeit hängt eben für mich und für den Regisseur sehr viel – wir *müssen* einfach was Gutes zustande bringen. Dabei sind wir alle schrecklich nervös, denn jeder Drehtag kostet einen Haufen Geld (wegen des Farbfilms), und vor allem haben wir Angst, daß uns das Wetter im Stich läßt, und ohne Sonne sind wir aufgeschmissen. Wir haben uns schon ein paarmal angeblafft, aber meistens vertragen wir uns gut […], und ich habe die Hoffnung, wir werden auch später mal wieder zusammenarbeiten. […]

Mit vielen lieben Grüßen und einem Kuß für jeden –
eure Tochter Brigitte […]

Liebe Mu, lieber Vati,

vielleicht war es nicht gerade mein bester Einfall, am Telefon die unglückliche Geschichte zu erzählen, aber das ergab sich nun mal so, […] damals, als ihr aus Rostock kamt, wollte ich euch nicht die Ferien-Stimmung vermasseln, obgleich ich schon alles wußte, und ihr könnt euch vorstellen, wie mir zumute war, als unsere gute Mutti – die ihrer Tochter nicht von hier bis um die Ecke traut, stimmt's? – sagte, der Jon sei bestimmt eifersüchtig, und er sei ein so guter und treuer Mann … Ja, vonwegen! Natürlich hätte ich nie sowas erwartet, und auch Dorli, mit der ich öfter telefoniere, ist wie vor den Kopf geschlagen, denn sie hatte immer großen Respekt vor Herrn K.

Er ist wie verwandelt, seit dieses […] Kind unterwegs ist. Bevor er das erfahren hat, wollte er mit seinem Verhältnis Schluß machen – aber ich weiß nicht, ob unsere Ehe überhaupt noch zu retten gewesen wäre. Wahrscheinlich hätte ich ihm seine Untreue nie ganz verzeihen können. Nun ja, aber dann war ja prompt das Kind da, gerade, als er in Boxberg kündigen wollte – d. h. falls er mich nicht belogen hat. Ich habe ja schon seit Monaten gemerkt, daß er Angst vor der Veränderung hat und das Risiko scheut, hier von neuem anzufangen. In Boxberg ist er immerhin der Chef und hat eine sichere Stellung, und das scheint ihm viel zu bedeuten. Er hat mir wirklich allerhand zugemutet: am Ende forderte er sogar noch, ich sollte Mitgefühl für das »tapfere Mädchen« haben. Daß ich jetzt genau soviel Tapferkeit aufzubringen habe, scheint er gar nicht zu sehen. Er will dann auch heiraten. Er wird sich wundern – drei Kinder und Frau für einen, der bisher gewöhnt war, wie ein Junggeselle zu leben.

[…] allmählich werde ich schon darüber hinwegkommen. Es ist wirklich ein Glück, daß gerade in dieser Zeit meine Fernsehtruppe gekommen ist; dadurch war ich immer unter Menschen und hatte Ablenkung, und mein Regisseur hat sich wirklich in rührender Weise gekümmert. Auch meine Freunde und Bekannten, die ich hier habe, sind sehr nett und versuchen zu helfen, und meine Nachbarn im Haus helfen mir sogar bei der Arbeit im Garten. Neulich hat der Schwiegervater – er ist Rentner, aber noch ein rüstiger Mann –, in aller Stille meinen Keller, in den ich mich nicht reingetraut habe, weil er so wüst aussah, aufgeräumt und saubergemacht. […] Also, man ist nicht verlassen und verloren. […] Wenn Jon anruft, lasse ich mir natürlich keinerlei Schwäche anmerken, dazu bin ich nun doch zu stolz. Und außerdem hat er sich so verändert, daß ich gar nicht mehr die Achtung für ihn empfinden kann wie früher.

Bitte, liebe Eltern, macht euch keine Sorgen um mich. Ich bin viel stärker als man annimmt, vor allem, weil ich meinen Beruf habe, der mir mehr bedeutet als jeder Mann. Das beste ist, ich werde ein fröhlicher alter Junggeselle, umgebe mich mit ein paar gescheiten und lustigen Freunden und richte mir mein Leben ein, wie es mir paßt. Für den Winter habe ich schon allerhand Pläne; Weihnachten bin ich bei Dorli eingeladen, und zu Silvester fahre ich vielleicht nach Warschau, mal sehen, und möglicherweise gehe ich auch ein paar Wochen in eine Klinik, die mir Christa Wolf empfohlen hat – Schlafkur und sowas; das ist sowieso nötig, weil ich schon seit Jahren keinen Urlaub mehr hatte. Also, ihr Lieben, laßt die Ohren nicht hängen. Und keine Angst, daß ich wieder heirate – mit Ehen habe ich offenbar kein Glück, da bleibe ich schon lieber solo.

Und wehe, ihr heult. In diesem Fall ist jede Träne zu schade. Wenn ein Mann von 37 Jahren findet, es sei zu alt für eine so anstrengende Frau wie mich, dann habe ich nichts an ihm verloren. So, und nun genug von dem Thema. Ich muß mich schon wieder zu einer Feier rüsten – das geht jetzt Tag für Tag bis zum berühmten »Zwanzigsten« und wird allmählich anstrengend. [...] seid ganz herzlich gegrüßt von eurer
Tochter Brigitte [...]

Nbg., 6. 10. 69

Liebe Mu, lieber Vati,
vorhin, während ich zur Post war, um die Nato-Plane abzuschicken, ist euer liebes Päckchen gekommen [...]. Der Kuchen ist erstens gar nicht zu braun geraten, und zweitens schmeckt er ausgezeichnet – ich habe schon einen tüchtigen Kanten gegessen. Überhaupt esse ich jetzt ziemlich viel und habe auch schon beträchtlich zugenommen. Ohne Spaß – einige meiner Röcke und Hosen kriege ich in der Taille nicht mehr zu. Ich weiß nicht, ob ich euch geschrieben habe, daß

die Bezirksleitung mir gedroht hat, sie werden mich ins Krankenhaus stecken, wenn ich nicht vernünftig esse; da habe ich so einen Schreck bekommen, daß ich gleich einen Schwur abgelegt habe und nun tatsächlich vor lauter Angst jeden Tag Mittagbrot esse. [...]

Schönen Dank auch für den Kakao. Leider ist er ein bißchen ausgelaufen und hat die anderen Sachen bestäubt, aber die lassen sich ja leicht waschen. Liebe Mu, ich werde dir also so nach und nach noch ein paar BH schicken und auch geeigneten Stoff, und du kannst sie dann präparieren. Jedenfalls finde ich das sehr gut, wie du das bei dem Probestück gemacht hast; ich fühle mich gleich viel sicherer mit so einer Vorrichtung.

Jetzt sitze ich mal wieder auf der Terrasse und schreibe. Es ist geradezu sommerlich warm, und ich schwitze, obgleich ich bloß einen ganz leichten Pullover anhabe. [...]

Ich habe auch wieder eine Brigade, Bauleute vom VEB Hochbau, und der Brigadier ist ein ganz toller Mann, ein bißchen ähnlich wie mein geliebter Meister Hanke damals im Kombinat. Also, ihr seht, man kehrt wieder ins Leben zurück. Gott, und wenn ich denke, daß ich mich beinahe umgebracht hätte wegen dieser Geschichte!

Bitte, schreibt mir rechtzeitig, wenn ihr einen Termin für das Familientreffen habt. Nun beginnt wieder die Zeit der Sitzungen, und ich muß planen. Ich würde mich freuen, wenn es bald klappte. [...]

Brigitte

Nbg., 18. 10. 69

Meine lieben Eltern,

[...] Inzwischen habe ich mit einem Freund gesprochen, der Jurist ist, und er sagte, es gäbe die Möglichkeit einer »Fernscheidung«. Ich muß den Antrag stellen, daß ich [nicht] nach Hoy zu reisen brauche (das ist der Scheidungsort, weil es unser letzter gemeinsamer Wohnsitz war), ev. brauche ich dazu ein ärztliches Attest, aber das werde ich von meinem netten

Doktor bestimmt bekommen. Dann werde ich hier im Kreisgericht N. zur Sache vernommen, und das Protokoll geht nach Hoy. Da der Fall klar liegt, zumal ein Kind im Spiel ist, wird die Sache glatt über die Bühne gehen, und ich brauche den Jon nicht noch einmal zu sehen. Das würde mir wirklich auf die Nerven gehen, das könnt ihr euch vorstellen, und mein Bedarf an Herzeleid ist nun auf längere Zeit gedeckt. [...] Und damit genug von diesem Thema.

Hoffentlich kann ich bald wieder arbeiten [...]

Brigitte Huckebein alias Unglücksrabe

Nbg., 3. 11. 69

Meine lieben Eltern,

bevor ich mich in den Sturm hinauswage, um zur Bestrahlung zu gehen (denn leider ist mein Rücken immer noch nicht in Ordnung), will ich euch ein herzliches Dankeschön schreiben für den FRS [...]. Dir, liebe Mu, danke ich für den Kuchen [...]; Du hast mich in letzter Zeit so reichlich versorgt, daß ich Dir die Schuld zuschreiben muß, wenn meine Taille jetzt allmählich bedenkliche Ausmaße annimmt. [...] allerdings liegt das wohl auch daran, daß der allerärgste Kummer überstanden ist. Bloß abends wird mir noch schwer ums Herz, ich [...] liege stundenlang wach und grübele, weil ich [...] mich immerzu frage, wo meine Schuld liegt. Vielleicht kann es auf die Dauer überhaupt kein Mann mit mir aushalten – jedenfalls nicht als angeheiratete Frau, sondern bloß als Freundin, die man ab und zu besucht, und mit der man mehr oder weniger kluge Gespräche führt. Merkwürdigerweise läßt es mich völlig kalt, daß Jon mit einer anderen Frau zusammenlebt; es lohnt einfach nicht, auf sie eifersüchtig zu sein. Ich glaube, ich habe auch für Jon keine Gefühle mehr, nicht mal Haß ... Was mich am meisten bedrückt, ist, daß dieser Vertrauensbruch mich so mißtrauisch gegen andere Menschen gemacht hat und daß ich dadurch jede Beziehung von vornherein belaste oder sogar zerstöre. Ausgenommen sind ein paar sehr gute Freunde,

Schriftsteller-Kollegen, und mein kleiner Jürgen – mit dem kann ich sogar richtig lustig sein. Gestern haben wir zusammen geerntet und einen Jux daraus gemacht. Zuerst war ich schrecklich sauer gewesen: [...] andauernd lagen mir meine Nachbarn in den Ohren, weil die Äpfel und der Wein abgenommen werden müssen, und zuletzt war ich so mürbe, daß ich beinahe geheult hätte. Sie sind sehr nette Leute, aber so typisch »kleine Leute«, die alles gebrauchen können, genau ausrechnen, was ein Apfel kostet, der von irgendeinem Jungen geklaut wird (mein Zaun ist nämlich immer noch offen) und nicht mitansehen können, wenn eine Drossel sich ein paar Weinbeeren abpickt. Du lieber Gott! Dabei ist so viel von dem Zeug da, daß man hundert Drosseln und kleine Jungs damit beglücken könnte und trotzdem noch genug für sich selber hätte. Na schön, da habe ich also meinen Jürgen zum Ernten angeheuert, und wir haben uns herrlich amüsiert, weil ihn, sobald er im Baum saß, nun ebenfalls die Habgier packte, und er Kopf und Kragen riskierte, um auch noch den letzten Apfel zu fischen. Nächste Woche werde ich Dorli ein Waschkörbchen voll mitnehmen – d. h. falls der Wagen bis dahin in meinem Besitz ist. Jon will sich diese Woche melden, und hoffentlich fällt ihm nicht wieder irgendeine Ausrede ein. Ich weiß ja überhaupt nicht, woran ich bin und was ich ihm noch glauben soll. Offenbar hat er es noch nicht mal fertiggebracht, meine Manuskripte auf die Post zu bringen (er hatte ein Duplikat meines Buches), obgleich er behauptet, er habe es vor zwei Wochen oder noch länger abgeschickt.

Um aber von Erfreulicherem zu sprechen: da unser Redakteur uns zur Stellungnahme aufgefordert hat, möchte ich noch einmal nachdrücklich betonen, daß ich sehr, sehr froh war über unser filmreifes Familientreffen. Lutz kann immer noch so schöne Fratzen wie früher, das ist ein gutes Zeichen. Es sieht auch so aus, als ob beide Seiten – was die politischen Standpunkte betrifft – ein wenig weiser geworden sind, nicht mehr so schroff und absolut ... ach ja, wir kommen halt in die Jahre. Ein bißchen traurig war ich bloß, als die anderen ihre Familienbilder herumzeigten und ich als einzige [mit] nichts aufzuwarten hatte. Nun ja, ich werde halt die gute alte Erbtante werden, auf deren Uhren und Brillanten (letztere müssen noch angeschafft werden) sich die Nichten und Neffen freuen … Ferner habe ich zu bemängeln, daß wir es nicht mehr bis zu den Bukarester Törtchen geschafft haben, die ein echtes Argument für das sozialistische Lager sind. Hoffentlich haben wir bald mal wieder Gelegenheit, uns zu treffen. Wie wär's, wenn wir im nächsten Herbst eine große Weinlese in N. veranstalten?

[…] seid […] ganz herzlich gegrüßt von eurer

Tochter Brigitte

Nbg., 23. 11. 69

Liebe Mu, lieber Vati,

zuerst möchte ich Mutti meinen herzlichen Dank für ihren lieben Brief sagen – obgleich er allerhand Probleme aufwirft, z. B. das Weihnachts-Geschenk-Problem … […] Äußert euch bald dazu – schon beginnt das Gedränge in den Läden, und man muß sich ranhalten. Aber ich weiß ja, wenn man so direkt gefragt wird, fällt einem meistens nichts ein, auch wenn man das ganze Jahr über eine Menge gewußt hat, was man vermißt und gern haben möchte. Mir fällt bloß ein, daß ich keinen anständigen Büchsenöffner habe – […] aus irgendeinem Grund komme ich nie dazu, mir einen zu kaufen. Auch mit Frotté-Handtüchern ist es gar nicht mehr gut bestellt in meinem Haushalt […]. Ferner habe ich keinen Tortenheber, keine Kuchengabel, keinen Gemüselöffel … aber wann gebe ich schon mal große Essen? Nun ja, und damit wäre meine Wunschliste zuende.

Da wir schon mal bei einem Thema sind, das an Läden, Preise und Geld erinnert, möchte ich gleich unseren Vater bitten, mir finanziell mal wieder unter die Arme zu greifen. Die Zinsen werden ja wohl keine Riesensumme ausmachen, leider. Ich fürchte, ich werde […] um einen Fünfhunderter bitten müssen. Dann habe ich noch 2000.–, nicht wahr? […] Na, so oder so – bald wird man pleite sein. Wovon ich ab Januar leben werde, ist noch nicht ganz geklärt; [...] ich blicke etwas düster ins neue Jahr. Im Moment bin ich deshalb ziemlich bedrängt, weil ich erstens eine ungeheure Telefon-Rechnung habe (das meiste haben mich die Gespräche mit Boxberg gekostet, aber davon später), zweitens in diesem Monat die Rechnung für Strom und Gas bekommen werde (also den »Rest« für das laufende Jahr – na, Rest ist gut, mir wird himmelangst, wenn ich mir vorstelle, was meine Öfchen so verfressen haben), und drittens noch einige Sachen brauche, z. B. dringendst ein Paar Stiefel, denn meine alten – die wir vor Jahren in Bautzen haben anfertigen lassen – sind wirklich total runtergelatscht. [...] Und außerdem werde ich auch noch einiges für die Klinik brauchen ... Das ist nämlich die einzige erfreuliche Neuigkeit, die ich heute zu bieten haben: ich habe mich endlich entschlossen – allerdings erst nach langem Zureden durch Christa Wolf – für ein paar Wochen in das Fachkrankenhaus Mahlow zu gehen und mich seelisch und körperlich ein bißchen aufmöbeln zu lassen [...]; es gibt dort eine psychiatrische Abteilung und alle möglichen Einrichtungen, Wasserkuren etc., um einen lädierten Menschen wieder einsatzfähig zu machen. Christa ist mit dem Chefarzt gut bekannt und will dafür sorgen, daß ich ein Einzelzimmer bekomme. Man kann auch arbeiten – das ist sogar erwünscht –, und überhaupt geht es nicht wie in einem Krankenhaus zu: man ißt zusammen mit den anderen im Speiseraum, man macht viele Spaziergänge und kann immer Besuch empfangen. Christa wohnt ganz in der Nähe (in Kleinmachnow) und will mich öfter besuchen, und wenn ich Glück habe, ist mein lieber und verehrter Herr de Bruyn ebenfalls im Januar dort. Ich möchte nämlich im Januar nach M., schon damit ich nicht andauernd die widerlichen Krähen vor der Nase habe. Überhaupt kann ich den Winter nicht ausstehen, es wird viel zu früh dunkel, und ich weiß nachmittags nicht mehr, was ich mit mir anfangen soll. Vielleicht kommt es auch, weil ich so früh aufstehe – jedenfalls habe ich das Gefühl, sobald es dunkel wird, es wäre Zeit, ins Bett zu gehen. [...]

Ich werde mir jetzt schleunigst, solange meine Entschlußkraft noch vorhält, eine Überweisung nach Mahlow besorgen.
Die Scheidung wird dadurch zwar noch aufgeschoben, aber
das ist schließlich nicht meine Sorge, ob Herr K. noch rechtzeitig – also bevor er Vater wird – zum Standesamt kommt
oder nicht. Vielleicht klingt das schrecklich egoistisch, aber erstens bin nicht ich schuld an dem ganzen Schlamassel, und
zweitens wird es wirklich Zeit, daß ich mal an meinen Körper
und meine strapazierten Nerven denke. Es ist doch sinnlos,
Tag für Tag auf das Manuskript zu starren und zu hoffen, daß
ich aus mir selber noch die Kraft für meine Arbeit schöpfen
kann. Ich habe sie nun mal nicht, die Reserven sind verbraucht,
aber anderseits muß ich wieder richtig arbeiten – […] vor allem, um mein Selbstbewußtsein wieder aufzupolieren. Jetzt
komme ich mir so überflüssig vor – eben »untauglich«, wie
Herr K. so treffend formuliert hat.

Was mich außerdem bedrückt: diese blöden Rückenschmerzen, von denen ich euch schon erzählte, lassen nicht nach.
Manchmal fühle ich mich wie durchgebrochen, und alle Spritzen helfen nichts. Ich kann doch aber nicht andauernd im Bett
liegen! Neulich war [ich] beim Orthopäden, habe aber außer
der Anordnung, Bettruhe zu halten, nichts erfahren. Langsam
geht mir dieser Zustand auf die Nerven. Meine Wohnung sieht
so schlampig aus, daß ich am liebsten mit geschlossenen
Augen in die Zimmer gehen würde. Ich kann einfach nichts
tun, kann mich nicht bücken, nichts heben […]. Da ich meistens nicht mal laufen kann, bringt mir meine Nachbarin
Milch mit, oder meine Kollegin, die Margarete Neumann,
kauft was für mich ein, wenn sie in der Stadt ist […]. Sie hat
mir gestern gesagt, daß sie eine nette junge Frau kennt, die sich
gern ein bißchen Geld nebenher verdienen würde; die wird
dann mal kommen und mir im Haushalt zur Hand gehen. […]
Ja, das sind so lächerliche kleine Probleme, aber sie können
einen sehr niederdrücken. Manchmal war ich beinahe verzweifelt. Dorli wollte ich nicht anrufen, weil ich weiß, daß sie selbst
in Arbeit erstickt, und mit meinen Bekannten hier ist es ge-

nauso – alle haben ihren Beruf, irgendwelche Arbeiten nebenbei … nein, da kann man einfach nicht verlangen, daß sie sich auch noch um den Unglücksraben Brigitte kümmern.

Jetzt ist mir bloß noch bange vor der Adventszeit, das könnt ihr euch wohl vorstellen … Na, das werden wir auch überstehen, und wenigstens Weihnachten weilt man ja im Schoß der Familie. Aus meinen schönen Silvester-Plänen wird nun wohl nichts werden; ich wollte nach Warschau fahren, habe auch schon eine offizielle Einladung von unserer guten alten Sonja Marchlewska (erinnert ihr euch noch an sie? Daniels und meine Freundin, die an unserem Polterabend im Schriftstellerheim so eine flammende Rede gegen die Ehe hielt). Aber mit dem zerbrochenen Rücken kann ich nicht fahren, zu schweigen von meiner Finanz-Misere.

Margret hat ihr Versprechen gehalten und mir ein Paket voller Bücher geschickt – lauter harte Krimis. Die trösten mich wirklich, auch wenn ich mich dann abends in meiner stillen Wohnung schrecklich graule und überall Licht machen und unterm Bett suchen muß – falls sich Männer mit schwarzer Maske eingeschlichen haben –, ehe ich schlafen gehe. […] Hoffentlich klappt es mit dem Austausch und Nachschub, denn eigentlich ist es schon ein Wunder, daß diese Sendung durchgegangen und nicht beschlagnahmt worden ist.

Von Herrn K. höre ich leider gar nichts mehr, und allmählich geht meine Schafsgeduld zuende. […] Ich habe es satt, andauernd in Boxberg anzurufen und mich dann vertrösten zu lassen. Angeblich steht der Wagen immer noch in der Werkstatt, und angeblich wartet Herr K. immer noch auf seine Prämie, um ihn auslösen zu können. Wahrscheinlich werde ich ihn am Ende doch selbst bezahlen müssen – wovon? Mit dem Verkauf wird es ja auch nicht so schnell gehen. Nicht mal meine Manuskripte […] hat er abgeschickt. Ich verstehe das einfach nicht. Wenn ich diese Woche wieder nichts erfahre, wende ich mich vielleicht doch an seinen Betrieb oder zunächst an seinen Bruder. Ich hab nicht mehr die Nerven, mich wegen solcher Sachen herumzuschlagen.

Das alles klingt nicht gerade erfreulich, nicht wahr? Aber ihr habt sicher nicht erwartet, daß ich vor Lustigkeit platze. Es ist halt eine böse Zeit, und man muß sie durchstehen. Macht euch nicht zu viele Sorgen um mich; irgendwann wird die Welt wieder fröhlich aussehen. [...] Ich glaube, wenn man so richtig in der Tinte sitzt, denkt man am meisten an seine Eltern, weil sie doch die liebevollsten und zuverlässigsten Menschen sind.

Mit einem Kuß für euch beide –
eure Tochter Brigitte

1970

Meine lieben Eltern,
seit gestern bin ich also hier (der Verlag hat mir einen Wagen
geschickt), und vorläufig fühle ich mich todunglücklich und
komme mir wie eine Witwe vor. Schon wenn man gefragt
wird, wer im Notfall zu verständigen ist … Da fällt einem
wieder ein, daß man keinen Mann mehr hat. Ich habe eure
Adresse angegeben. Na, vielleicht werde ich mich nach ein
paar Tagen eingewöhnen. Aber wenn es mir zu öde ist, oder
wenn ich die strenge Ordnung nicht mehr ertragen kann,
dann reiße ich aus, mit oder ohne Genehmigung des Arztes.
Ich bin einfach kein Kur-Mensch, viel zu ungeduldig, und
überhaupt ist Arbeit die beste Medizin. Zeit zur Arbeit ist hier
ja auch, aber so ohne eine einzige Zigarette – um Gotteswillen! Die passen auf wie die Schießhunde, und ich fühle mich
schon richtig krank […]. Und ausgerechnet an dem Tag, als
das Telegramm von Mahlow kam, habe ich einen Auftrag vom
»Sonntag« angenommen, über Prof. Henselmann zu schreiben. Am 20. 1. muß ich abliefern. Aber erstmal schreiben …
Seid froh, daß ihr nie Raucher wart – ohne Spaß: es ist eine
richtige harte Strafe, wenn einem von einem Tag zum anderen
die Zigaretten entzogen werden. Außerdem habe ich natürlich wieder die ganze Nacht von Jon geträumt.
Heute nachmittag gehe ich mal ein bißchen spazieren. Der
Wald hier ringsum ist wirklich sehr schön. Vielleicht kommt
Christa Wolf heute noch vorbei (sie wohnt ja ziemlich in der
Nähe, in Kleinmachnow); sie sagte gestern abend am Telefon, die ersten Tage in der Klinik wären ihr auch immer sehr
schwer gefallen. Na also, und das ist eine so vernünftige und
ruhige Frau, die nicht so leicht heult wie eure Tochter.
Die Leute hier sind sehr nett – ich meine die Schwestern

und der Stationsarzt [...]. Aber die Hausordnung ist sehr streng. Na ja, man erwartet ja nicht, daß es eine Nachtbar im Haus gibt, aber die Ärzte hier übertreiben es schon mit dem gesunden Leben (übrigens lebe ich im Prinzip zu Hause genau so, aber freiwillig, während ich Vorschriften nicht vertragen kann), früh schlafen gehen, früh aufstehen, Trockenbürstenmassage, Duschen etc.

[...] Folgende Tips, falls ihr mich ev. mal besuchen kommen könnt: [...] Lebensmittel dürfen auf keinen Fall mitgebracht werden – also leider nichts mit Kuchen, Mutti, ist ernstgemeint. Aber falls ihr kommt und ein Büchschen Presto oder sonstigen Staubkaffee einschmuggelt, da spiele ich mit, obgleich die Hausordnung sogar Kontrollen (also Lebensmittel-Kontrollen, in Schrank und Nachttisch) androht. Übrigens ist das Essen hier auch sehr ordentlich und für meine Verhältnisse durchaus zureichend.

[...] Lieber Vati, ev. muß ich Dich mal um Geldüberweisung bitten [...], denn ich bin so gut wie völlig ohne Geld hergekommen [...]. Aber vielleicht wird nun vom Fernsehen endlich das Rest-Honorar gezahlt und hierher nachgeschickt. [...] Na, Hauptsache, der Buchhalter bezieht regelmäßig sein Gehalt; bei den Künstlern kommt es ja nicht so drauf an.

[...] seid [...] ganz lieb gegrüßt und geküßt von eurer
Tochter Brigitte
Hoffentlich könnt ihr wenigstens die Hälfte des Briefes entziffern – bin nicht mehr gewöhnt, mit der Hand zu schreiben.

Mahlow, 20. 1. 70
Meine lieben Eltern,
etwas Neues gibt es noch nicht, seit ihr hier wart – was soll in einem Krankenhaus schon groß passieren? Ich wollte euch nur nochmal sagen, wie sehr ich mich über euren Besuch gefreut habe. Ihr seid wirklich fabelhafte Eltern. Aber wißt ihr, das mit dem Geld ... Eurer Tochter, die ihr Leben lang nicht

336

imstande gewesen ist, vernünftig zu wirtschaften und ihre Honorare hübsch zusammenzuhalten, gebt ihr einen Haufen Geld, und ihr selbst nehmt, um zu sparen, nicht mal den D-Zug. Nein, das geht nicht. Wartet mal, wenn ich wieder reich bin, dann bekommt ihr, was ihr euch wünscht. Und wehe, wenn ihr euch jetzt etwas abknapst, worauf ihr Lust oder Appetit habt – schließlich habt ihr vier Kinder, von denen im Moment wenigstens zwei ganz gut gestellt sind (und die beiden anderen, Dorli und ich, kommen auch noch – oder wieder – auf die Beine). […]

Meinem Rücken geht es heute ein ganz klein bißchen besser. Hoffentlich schlägt die Kur nun doch allmählich an […]. – Laßt bald wieder von euch hören […] und seid ganz lieb gegrüßt von

eurer Tochter Brigitte […]

Mahlow, 29. 1. 70

Liebe Mu, lieber Vati,

[…] (Meinem Rücken traue ich nicht; er hat wieder angefangen, weh zu tun, und das Laufen fällt mir ziemlich schwer.) Ein Grund mehr, mich schrecklich über Jon und seine ewigen Ausreden und Lügen zu ärgern. Was ich schon für Geld vertelefoniert habe, um ihn endlich zur Abgabe des Wagens zu bewegen! Aber ihr müßt verstehen, ich kann das nicht einfach mit einer großzügigen Handbewegung abtun – dieses Auto ist mein Kapital, und ich habe keine Ahnung, wie ich mir sonst Geld verschaffen soll, außer durch Arbeit an irgendwelchem Fernsehzeugs, was mir keinen Spaß macht und, schlimmer, mich wieder auf viel zu lange Zeit von meinem Buch ablenkt. (Ganz zu schweigen von den kläglichen Honoraren, die in keinem Verhältnis zur Leistung und zur aufgewandten Zeit stehen). Ich bin jetzt so wütend – aber ich kann einfach nichts unternehmen, ich kann ihm doch nicht in Hoyerswerda auf die Bude rücken. Um Gotteswillen, wenn ich mir die Szene vorstelle! Nein, als Frau, die sowieso

die Verliererin bei der ganzen Affäre ist, bin ich da völlig hilflos. […]

Ich will nächste Woche hier abhauen, am Sonnabend. Ich
habe einfach keine Ruhe mehr, mit dem Schreiben klappt's
nicht, und die Arbeit häuft sich, leider auch zu Haus. Meine
Nachbarn schrieben, daß der Keller überschwemmt war. […]
Schade um meine Äpfel und Kartoffeln.

[…] Alles Gute für euch und viele liebe Grüße von
eurer Tochter Brigitte […]

Mahlow, 11. 2. 70

Liebe Mu, lieber Vati,

[…] Wie ich nach Hause komme, weiß ich noch nicht. […]
vielleicht klappt es mit dem Verlag. Mit dem Zug kann ich
keinesfalls fahren, weil mein Rücken so schlimm ist. Leider
hat er sich gar nicht gebessert, beinahe das Gegenteil ist der
Fall, und ich mache mir jetzt ernsthaft Sorgen, vor allem,
wenn ich an meinen Haushalt, ans Einkaufen und Wege-
machen denke. Schreiben kann man notfalls auch im Bett,
aber ansonsten – […] Am Montag werde ich zu einem Spe-
zialisten nach Babelsberg gebracht […]. Hauptsache, es ist
keine Operation nötig. Von Krankenhäusern habe ich erstmal die Nase voll, obgleich ich zugeben muß, daß M. ein sehr
nettes Krankenhaus ist und mir gut bekommen ist – das
merke ich an meinem Gewicht und den ruhigeren Nerven
und an der gesunden Haut. Ich habe dem Chef schon versprochen, nächstes Jahr wiederzukommen.

[…] Vorige Woche war ich bei Henselmann, zu einer Geburtstagsfeier. Es waren zwei ehemalige Minister da und Kurt
Maetzig, ihr wißt schon, der Defa-Regisseur, mit dem ich
eine Zeitlang befreundet war. […] Henselmann und seine
Frau waren wieder großartig und liebevoll und lebhaft – so
ein Nachmittag ist noch besser als Sanatorium.

[…] Alles Gute für euch […]
von eurer Tochter Brigitte

Der kleine Grüning ist jetzt bei meinem Verlag angestellt, als Pressechef oder sowas. Ein ganz cleverer Junge (und sehr gut aussehend – das weiß er auch!)

Nbg., 23. 3. 70

Liebe Mu, lieber Vati,

[…] Ich freue mich zu hören, daß ihr gut nach Hause gekommen und jetzt wohlauf seid. Ich hatte mir Sorgen wegen Vati gemacht, der wirklich ziemlich mitgenommen war, an diesem Tag in Rostock, und auch für Mutti war es vielleicht ein bißchen viel mit den Kindern und dem Haushalt. […] Ich würde euch aber trotzdem nicht raten, in Zukunft solche Anstrengungen zu unterlassen; ich glaube eher, dieses gelegentliche Zusammensein mit euren Kindern und Enkeln hält euch jung.

[…] Ich habe versucht, endlich wieder in mein Buch reinzufinden, was mir entsetzlich schwer fällt, schon deshalb, weil ich meistens in recht gedrückter Stimmung bin, meiner Rückenschmerzen wegen. Ich war mal wieder zum Einrenken, aber es hat nicht geklappt, und ich mußte mich mit einer Spritze begnügen, die aber nicht half. Jetzt gehe ich vorläufig nicht mehr zum Arzt, es hat ja doch keinen Zweck. Vielleicht werden Frühling und Sonne diesen Zustand etwas bessern … […] Dorli hat mir Adresse und Telefonnummer von einem Arzt auf Rügen gegeben, der der beste Chirupraktiker in der DDR ist. Henselmann hatte mir auch schon von ihm erzählt, er soll wirklich […] »goldene Hände« haben. Sobald ich den Wagen habe, fahre ich zu ihm; […] so, wie es jetzt ist, kann ich es bald nicht mehr ertragen. Meistens kann ich gar nicht laufen und bin immer auf die Hilfe anderer angewiesen, und das macht mich ganz verrückt. Vorige Woche habe ich einmal versucht, allein einkaufen zu gehen, aber dann konnte ich vor Schmerzen nicht mehr weiter, und ein freundlicher Mann, ein Lehrer, hat mich aufgefischt und nach Hause gebracht. Scheußlich. Und meine Wohnung verkommt, die

Fenster sind zum letztenmal vor Weihnachten geputzt worden, […] und meine Gardinen wage ich schon nicht mehr anzusehen. […] Wenn ich meinen Jürgen nicht hätte, wäre ich manchmal ganz verzweifelt. Er sorgt sich in rührender Weise um mich und wird sich jetzt auch des Gartens annehmen (wir haben schon einen richtigen Plan gezeichnet, wie die Garten-Architekten, um Stauden und Rosenbüsche in der elegantesten Weise zu verteilen). […] Wir sind zwar kein Liebespaar und werden es auch nie sein, aber wir hängen sehr aneinander. Ich wundere mich immer, mit welcher Geduld er meine Tränen und schlechten Launen erträgt, die ich an ihm auslasse. Früher war er ein richtiger Hans-Dampf-in-allen-Gassen, aber seit wir uns kennen, wird er geradezu sittsam, […] und alle Leute, die ihn kennen – und ganz N. kennt ihn – sagen, daß ich einen erstaunlich guten Einfluß auf ihn habe. Da wundert ihr euch, was?, daß eure Tochter so eine brave Gouvernante ist. Dafür habe ich auf meinen lieben Mann leider nicht den geringsten Einfluß. Er […] meldet sich nicht, bringt den Wagen nicht, obgleich er weiß, wie schlecht es mir geht … Ich verstehe das einfach nicht. Seine letzte Ausrede war der schlechte Straßenzustand […]. Ich finde seine Rücksichtslosigkeit ungeheuer beleidigend, aber anderseits hilft mir die Enttäuschung wegen seines schlechten Benehmens über den Kummer hinweg […]. Schade, daß Lutz nicht seine Karate-Künste an ihm ausprobieren kann! Er würde ihm gern »die Fresse polieren«, wie er in seinem Brief schreibt. Ich war sehr froh, von Lutz mal wieder einen langen und sehr netten Brief zu bekommen. Er freut sich schon auf den nächsten Familien-Treff […], und auch ich würde es sehr begrüßen, wenn wir wieder einen gemeinsamen Berlin-Trip organisieren könnten. […]

Eben kommt die Sonne raus. Na also, es wird doch Frühling. Laßt es euch [gut] gehen, liebe Eltern, und seid ganz herzlich gegrüßt und geküßt

von eurer Brigitte

Meine lieben Eltern,

habt schönsten Dank für euren Brief und – nachträglich – für das Osterpäckchen, das just am Karfreitag eintraf, gerade recht als Proviant fürs Krankenhaus. […] – Inzwischen hat euch sicher der Uwe angerufen (ich kann's leider nicht, darf nicht aufstehen und nicht mal bis ans Telefon schleichen). Bitte kommt nicht; die Reise ist viel zu beschwerlich für so einen Tag. Kommt lieber eine Woche später, wenn ich dann wieder zu Hause liege und froh bin über ein bißchen Hilfe. In den nächsten vier bis fünf Wochen soll ich überhaupt nicht aufstehen, möchte mich aber trotzdem entlassen lassen und zu Hause liegen, um wenigstens schreiben zu können. […] ihr braucht euch keine Sorgen zu machen. Ich bin zwar wütend über mein Mißgeschick, aber sonst ganz fidel. Übrigens habe ich einen prächtigen Rechtsanwalt. Die Scheidungsklage ist heute eingereicht worden, auch die Klage auf Rückgabe des Autos. Ich werde energisch! Tausend liebe Grüße von eurer B. […]

Berlin, 20. 4. 70

Meine lieben Eltern,

[…] Seit gestern bin [ich] auf der Station von Prof. Gummel, und nachdem ich während der ersten Tage hundert Tests unterworfen worden bin, wird ja nun bald die eingeleitete Behandlung losgehen. Bis jetzt ist allerdings die Ursache für dieses Wirbelzeugs noch nicht gefunden. Jedenfalls wird es mehrere Wochen dauern, und ich wäre ziemlich niedergeschlagen, wenn ich nicht das Glück gehabt hätte, hier ein Einzelzimmer zu bekommen, so daß ich arbeiten kann und mir nicht so schrecklich überflüssig vorkomme. […]

– Eben war mein Doktor hier und sagte, daß ich ab heute Radiumbestrahlung kriege, wahrscheinlich mit so einer Kobaltkanone, aber das klinge gefährlicher als es ist – Krebs liegt jedenfalls nicht vor – Falls ihr kommt […], könnt ihr mir, bitte, was mitbringen? Ich brauchte noch eine Serviette und ein oder zwei Frotteehandtücher, ferner eine Flasche Wasch-Eau de Cologne. Und, bitte, gebt euren Herzen einen Stoß und bringt mir, obgleich ihr meine Raucherei nicht leiden könnt, ein paar Schachteln Karo mit. Aber wirklich, ja? Vitamine habe ich genug, einen Haufen Äpfel.

Die kleine D-Schwester […] war vorige Woche in Neubrandenburg, hat meine wüste Wohnung ein bißchen in Ordnung gebracht und den Kühlschrank abgetaut. Sie […] ist ein sehr liebes und vernünftiges Mädchen, und überhaupt habe ich großartige Geschwister, und ich finde, ihr könnt euch alles in allem doch über eure Kinder freuen. Und wenn unsere Art zu leben in manchem anders ist als eure, so daß ihr es manchmal nicht recht versteht und uns für ein bißchen verrückt oder wenigstens leichtsinnig haltet – das ist nun mal zeitbedingt, und die Lebenshaltungen haben sich geändert. Grüßt im nächsten FRS das ganze Reimann-Volk und sagt allen, daß ich mich freue über jeden freundlichen Gedanken und über das Gefühl, nicht allein zu sein. Und zur Hölle mit den Ehemännern! (Ich meine: mit meinen Ehemännern, den gegenwärtigen und künftigen.)

Liebe Eltern, […] genießt den Frühling und die ersten Blumen und die Sonne auf dem Balkon, bleibt gesund und frohgemut und seid ganz herzlich gegrüßt und geküßt von eurer Tochter Brigitte […]

Berlin, 2. 5. 70

Meine lieben Eltern,

[…] Vor allem möchte ich euch nochmal versichern, daß ihr euch wirklich keine Sorgen zu machen braucht – die Ärzte hier werden mich bestimmt ausheilen. Und ihr habt ja selbst gesehen, wie gut ich untergebracht bin; ich kann mehr lesen als zu Hause, und rauchen und arbeiten – was kann man mehr verlangen? Die D-Schwester ist bei mir gewesen und hat Kognac gebracht, der tatsächlich gegen die Übelkeit hilft.

Ich werde hier noch ein stiller Trinker. [...] Mein verehrter Cheflektor hat mich auch besucht und äußerte sich sehr positiv über mein Buch. Herz, was willst Du mehr? Bleibt gesund, ihr beiden, habt Spaß am Garten (blühen die Tulpen schon?) und seid ganz lieb gegrüßt und geküßt

von eurer Tochter Brigitte

Muttis Primel blüht noch, auch die Forsythien sind noch üppig da. [...]

Berlin, 11. 5. 70

Meine lieben Eltern,

heute ist zum ersten Mal wieder schlechtes Wetter. Während der letzten Tage habe ich mittags nach der Bestrahlung auf der Terrasse gesessen und bin schon leicht gebräunt. Es geht mir besser, ich kann wieder laufen, wenn auch noch etwas wacklig, und habe kaum noch Schmerzen. Wenn es keine Schwierigkeiten mit den weißen Blutkörperchen gibt, werde ich sicher Ende Mai nach Hause können. Ich bekomme jetzt fast jeden Tag Besuch von Kollegen und Bekannten, arbeite viel und bin »ausgelastet«. [...] Jürgen [war] gestern hier und hat mir Sachen mitgebracht, auch [ein] Kleid. Na, Hilfe! Ich platze aus allen Nähten. Liebe Mu, bring mir das Schlankheitszeug mit, das Dorli auch immer nimmt, Fucoresin. Ist ernst gemeint! Ich fühle mich wirklich schon unbehaglich mit meinem fetten Bauch. [...] Ich freue mich schon auf euren Besuch. Bringt schönes Wetter mit [...], und seid ganz lieb gegrüßt

von eurer Tochter Brigitte

Nbg., 1. 7. 70

Meine lieben Eltern,

[...] Zur Zeit bin ich ganz besonders grantig, weil ich mich so entsetzlich mit meinem Manuskript plage. Tatsächlich muß ich das meiste von dem wegschmeißen, was ich in der Klinik geschrieben habe, [...] und das zehrt natürlich an den Nerven, und abends bin ich total erledigt. Zum Glück tut mein Rücken nicht mehr so weh, es kommt sogar vor, daß ich den ganzen Tag nichts spüre. Allerdings liege ich auch immer brav auf meiner Couch und kann dabei ganz gut tippen. Im Garten ist nicht viel Arbeit, hin und wieder startet der Jürgen eine Unkraut-Vertilgungs-Kampagne, und das Erdbeerernten ist zu schaffen, leider, möchte ich beinahe sagen, denn sehr üppig ist die Ernte nicht, wahrscheinlich wegen der Dürre. Gestern und vorgestern hat es zum erstenmal in all den Wochen geregnet, und jetzt ist es ein bißchen kühler geworden. […]

Inzwischen war ich sogar tüchtig leichtsinnig, war einmal in Berlin zur Vorstandssitzung (unser Kulturchef hatte mir seinen Wolga zur Verfügung gestellt) und habe an zwei ausgedehnten Partys teilgenommen. D. h. die eine kennt ihr ja; bei der zweiten bin ich auch erst am frühen Morgen nach Hauses gekommen, und noch dazu mit einem neuen Liebhaber. Diesmal habe ich mich tatsächlich auch verliebt – das ist sehr hübsch (ich kann mir nun wieder richtig vorstellen, wie meiner Franziska zumute ist) und ein bißchen traurig, denn wir haben beschlossen, uns nicht wiederzusehen. Der Mann ist ebenfalls geschieden, und eigentlich gäbe es keine Schwierigkeiten, und trotzdem … na, ich weiß nicht, ich glaube, ich habe einfach Angst, mich auf so eine Geschichte einzulassen, die ganz so aussieht, als ob sie ernst werden könnte. Vielleicht würde es wieder mit Jammer und Enttäuschung enden; ich bin wirklich schrecklich mißtrauisch und furchtsam geworden. Schade drum. Nun sitze ich eben da und denke ein bißchen an ihn und sage mir, daß die Träume und Vorstellungen schöner sind als die Realität, und meinem Buch kommt's zugute […]. Na ja, das sind so meine kleinen Abenteuer, und sie bekommen mir gut.

[…] Am Sonntag wird es wahrscheinlich mit dem Auto was werden […]; jedenfalls hat die PGH die Überweisung bekommen und gibt den Wagen heraus. […] seid beide ganz lieb gegrüßt und geküßt von
    eurer Tochter Brigitte

Meine lieben Eltern,

[...] Nicht tadeln wegen der Rosen! Schließlich habe ich eurem Hochzeitstag allerhand zu verdanken – jedenfalls meine im ganzen glückliche Existenz. [...]

Bis bald, ihr Lieben! Laßt es euch wohl ergehen und seid herzlich gegrüßt von eurer Tochter Brigitte

Nbg., 20. 7. 70

Meine lieben Eltern,

heute, also ganz pünktlich, ist der Geburtstagskuchen angekommen; das Nähkörbchen steht jetzt bei mir im Arbeitszimmer, und ich möchte euch meinen allerherzlichsten Dank für eure lieben Geschenke sagen. [...] Was die Gesundheit betrifft: ich brauche nicht nochmal ins Krankenhaus, jedenfalls vorläufig nicht [...]; ich soll nur nochmal hinkommen, damit Blutbild und Röntgenaufnahme gemacht werden, aber ich kann dann am selben Tag wieder nach Hause. Ich war überglücklich. Übrigens habe ich nicht geschwindelt, es geht mir wirklich viel besser, [...] bloß wenn ich was Schweres trage, habe ich so meine Schwierigkeiten.

21. 7.

Liebe Eltern,

gestern bin ich unterbrochen worden. Heute ist nun mein Geburtstag, aber ich habe keine blendende Laune, obgleich eine Menge netter Leute angerufen haben und mein Cheflektor hier war. Jetzt sitzt der Christoph hier, meine neue Errungenschaft, über die Mutti am Telefon in Schreckensschreie ausgebrochen ist – ohne Grund, möchte ich bemerken. Er liebt mich zwar, aber ich bin ziemlich immun, ich meine: überhaupt gegen Liebe. [...] Dieser verrückte Christoph hat mir einen Heiratsantrag gemacht und wollte auch zu euch kommen und um meine Hand anhalten. Ist das nicht süß? [...] Natürlich habe ich seinen Antrag abgelehnt, aber er ist entschlossen, ihn zu wiederholen [...]. Inzwischen fängt er schon an, Schmuckstücke für mich zu machen; ich glaube, ich sagte euch schon, daß er Goldschmied ist [...]. Er ist wirklich ein sehr lieber und gütiger Mensch, aber wahrscheinlich wird mir gerade das nicht bekommen. Er ist zu nachgiebig, und ich kann ihm auf der Nase herumtanzen. Na, lassen wir das Thema, es ist unschicklich – erst recht, weil er im selben Zimmer sitzt, während ich über ihn schreibe. [...] Zu allem Unglück habe ich mich noch mit Jürgen verkracht [...] – nun, vielleicht erzählen euch Uwe und Dorli von unserem schönen Ehestreit. Und sicher werden sie euch auch von dem Auto-Unglück erzählen, und ich kann mir sparen, dieses ganze Debakel zu schildern. Jedenfalls liegt das dusselige Auto jetzt irgendwo bei Ahrenshoop herum, und ich habe absolut keinen Mut mehr, es nochmal damit zu versuchen. [...] neue Reparaturen kann ich mir einfach nicht leisten. Lewerenz hat mir auch keine Hoffnung auf Geld gemacht – im Gegenteil, der Verlag schaltet auf strengste Sparsamkeit um [...].

Herr K[...] hat heute auch angerufen, allerdings nicht, um mir zu gratulieren. Vermutlich hat er schon vergessen, an welchem Tag ich Geburtstag habe. [...]

Heute kann ich euch gar nicht richtig schreiben. [...] Außerdem wollen wir jetzt gleich ins Hotel marschieren und uns mit der Margarete Neumann treffen und eine Flasche Wein mit ihr trinken. Es wird also sehr solide zugehen, und nur wenn ich morgen ganz miese Laune habe, mache ich mich selbständig und gehe heimlich zu meinem Barkeeper [...] und trinke ganz still für mich ein Glas Sekt und halte ein bißchen Einkehr bei mir selber und überlege mir mal, wie das so in meinem Leben weitergehen soll. Zur Zeit ist alles ein bißchen durcheinander, und ich sehe nur die Möglichkeit, mich mit aller Kraft meiner Arbeit zu widmen; das ist schon das Gescheiteste.

Zum Teufel mit dem ganzen Privatkram! Am Ende zählen ja doch bloß die Bücher, die man so zusammengekritzelt hat. Und damit will ich endlich schließen, sonst fange ich noch an,

Philosophisches von mir zu geben wie an einem Silvesterabend. [...]
Mit vielen lieben Grüßen und einem Kuß für jeden –
eure Tochter Brigitte [...]

Nbg., 13. 8. [70]

Meine lieben Eltern, reizende Margret, bester Lutz,
[...] nun wird es doch höchste Zeit, euch zu schreiben, sonst
liegt der Brief nicht – wie gewünscht – in H. vor, wenn ihr
aus den Ferien zurückkommt. [...] heute ist zum erstenmal
wieder prachtvoller Sonnenschein, und ich habe mich mit
meiner Maschine auf die Treppe zum Garten gesetzt (irgendwie habe ich das Gefühl, es lohnt doch nicht mehr, die Gartenmöbel in Bewegung zu setzen; die Dahlien und die ersten
Chrysanthemen blühen schon – es wird bald Herbst).
    Morgen kommt Dorli zu mir, und wir werden die letzten
Kirschen abnehmen und uns einen lustigen Tag machen, mal
ganz ohne eifersüchtige Männer, und vielleicht zerre ich sie
abends noch in meine Stamm-Bar, und wir saufen Sekt mit
Bols. Mit dem Barkeeper habe ich mich gut angefreundet, und
während ich jetzt wieder »Fiesta« lese (aus Gründen der
Sprachdisziplin), finde ich mich durch Hemingway bestätigt,
der sagt, daß Jockeys und Barkeeper die anständigsten Kerle
von der Welt sind (was er über Bars sagt, will ich hier lieber
nicht wiederholen, sonst denkt unsere empfindsame Mutter,
ich hänge jeden Abend über einem Tresen). Apropos Kirschen,
liebe Mutti: ich [...] wecke selber ein. Da staunst Du, was? Mit
»Blitz«; das geht wirklich blitzschnell und ist idiotensicher, und
man kann sich bloß die Pfoten dabei verbrennen. Jedenfalls
steht jetzt schon eine ganze Batterie von Kirsch- und Apfel-
musgläsern in der Küche – ein stolzer Anblick, bei dem Jürgen
mir sofort die Ehe angetragen hat. Tatsächlich, wir waren schon
ein paarmal auf dem Sprung, heiraten zu gehen, aber diese
schöne Idee kam uns immer gerade dann, wenn das Standesamt

geschlossen hatte. Ich darf ja nun wieder; das Urteil ist beschlossen und verkündigt, das übrigens, soweit es mich betrifft,
bedenklich nach Jagdschein klingt: Exzessive Arbeitsweise und
extreme Stimmungsumschwünge. Na, es ist ja was Wahres
daran, und so wollen wir dem leidgeprüften Herrn K[...] ein
stilles, wenn auch nicht ehrendes Gedenken bewahren. Zur
Zeit macht er mich wieder ziemlich nervös – sowohl der erinnerte Jon (denn es ist jetzt fast auf den Tag genau ein Jahr her,
seit er sich, sagen wir mal: verabschiedet hat) als auch der reale
Herr K., der [...] sehr pikiert [ist], weil er sich laut Gerichts-
beschluß an den Scheidungskosten beteiligen soll, die ich einst-
weilen allein getragen habe [...].

Inzwischen bin ich in Buch gewesen, und Prof. Gummel hat
sich sehr gefreut, daß es mir so gut geht – besser jedenfalls, als
er erwartet zu haben scheint. Ich brauche auch nicht nochmal
ins Krankenhaus, zu dieser Hormon-Umstellung [...]. Die
Anpassungsschwierigkeiten der ersten Wochen sind auch
überwunden; sie waren ziemlich schlimm, manchmal konnte
ich überhaupt keinen Menschen sehen, manchmal war ich
ganz verrückt nach Trubel und Menschenmengen; ein paar
Wochen lang [...] habe ich mich jeden Tag entsetzlich betrun-
ken, meistens allein, und ich weiß bis heute nicht, ob vor
Angst oder vor Freude – man rutscht eben so rein und muß
dann zusehen, daß man rechtzeitig bremst. Es ist schon ein
merkwürdiges Gefühl, nach einem halben Jahr Krankenhaus,
wo man doch behütet und isoliert ist, wieder ins normale Leben zu kommen und sich den alltäglichen Anforderungen zu
stellen, noch dazu ohne einen Mann oder Liebsten, der einem
wirklich seelischen Halt gibt, von dem ganzen praktischen
Kram zu schweigen. Und es ist einfach eine Sensation, nach so
langer Zeit (schließlich lag ich ja schon seit Oktober vergangenen Jahres hilflos und von Schmerzen geplagt in meiner
Wohnung herum) wieder nahezu unbeschwert über die Straße
und in Restaurants und überhaupt unter Menschen zu gehen;
das kann einen (ohnehin labilen) Menschen schon mal für
eine Weile aus dem inneren Gleichgewicht bringen. Aber jetzt

hat es sich wieder eingependelt, ich bin fleißig und rechtschaf-
fen und gehe jeden Morgen um halb sechs zum Milchwagen,
falls ich nicht die Zeit verschlafe, weil ich ziemlich oft Gäste
habe, und zwar anstrengende Gäste, große Diskutierer, Schreiber und Maler und dergleichen Gelichter, und meinen guten
Christoph, der immer dabeisitzt und über meine Tugend
wacht und mir schrecklich auf die Nerven geht. […] er […]
weiß […] lauter abwegige Dinge und kennt die Edda und den
Koran und Buddhismus und sämtliche Feldzüge von Dschingis Kahn –, und er trampt und schläft notfalls im Wald und hat
keinen Schliff und ist überhaupt unmöglich, und ich hätte ihn
längst rausgeschmissen, wenn er nicht auch in seiner Arbeit
so ein gottbegnadeter Spinner wäre. Er ist Goldschmied und
Kunstschmied, er malt auch, und wirklich interessant ist er mir
erst geworden, als ich seine Bilder gesehen habe. Ein naiver
Abstrakter, falls ihr euch diese Mischung vorstellen könnt. Ich
habe mich genug mit Malerei beschäftigt, um sehen zu können, daß er ein begabter Bursche ist, mit einem ausgeprägten
Sinn für Strukturen, Räumlichkeit, Dreidimensionalität (entschuldigt das Wort-Ungeheuer). Ein paar seiner farbigen Blätter habe ich mir an die Wand gepinnt – Städte, gewissermaßen
die Idee einer Stadt, ganz phantastische Farben. Erst recht
seine Entwürfe für Schmuckstücke haben mich stutzig gemacht. Einige sind viel zu pompös und für meinen Geschmack
einfach untragbar, aber die meisten sind skurril, märchenhaft,
beinahe böse, als ob lauter Drachen und solches Sagengetier
Modell gestanden hätte. Habt ihr Disneys »Dornröschen« gesehen? Wenn ja, dann könnt ihr euch diesen Schmuck vorstellen, von dem jeder, dem ich die Entwürfe zeige, sofort sagt:
Das wäre ja was für die böse Fee Malefiz. Jeder ist begeistert,
aber leicht übergruselt, und wir fragen uns verwundert, woher
dieser brave (oder so brav wirkende) Junge seine Einfälle hat.
Natürlich kriegt er hierzulande kein Bein auf die Erde, weder
mit seinen abstrakten Bildern noch mit diesem Schmuck, den
kaum jemand zu tragen wagt; trotzdem ermutige ich ihn […].
Er macht auch ganz verrückte Experimente mit Kupfer und

Emaille und explodierendem Silber, und manchmal kommen dabei sehr schöne Sachen heraus [...]. Oft hat er nicht mal Geld für Zigaretten, aber mir bringt er alles mögliche angeschleppt, alte Waffen, Biedermeier-Gläser, nächstens ein zwölfteiliges Meißener Service, das seltene Weinblatt-Muster (ich werde aber Dorli die Hälfte abgeben) und, wenn's klappt, eine Putte von Permoser. Zuerst wollte ich bloß einen Puttenkopf haben, zum Angedenken an mein geliebtes Dresden [...], aber ich stelle es mir ganz lustig vor, so einen dicken Puttenbengel auf der Terrasse zu haben.

Und damit genug [...], ich muß jetzt [...] mal wieder an mein Buch und das dusslige Liebespaar. Ich kann keine Liebesszenen schreiben, teils aus mangelnder Erfahrung, na, sagen wir besser: wegen Gedächtnisschwund (denn seit einem Jahr weiß ich nichts mehr von Liebe und will auch nichts wissen), teils wegen Herrn K., der sich immer wieder vor die Gestalt meines etwas dubiosen Helden Trojanowicz schiebt, mit dem Erfolg, daß jeder Satz von Skepsis vergiftet ist, und jeder Anfang schon den Abschied einschließt.

Seht mir meine Geschwätzigkeit nach. Wenn ich mit meinem Buch nicht vorankomme, schreibe ich zu lange Briefe. Ich wünsche euch alles Gute, habt noch ein paar freundliche Tage zusammen in Hamburg, grüßt Kinder und Kindeskinder, und ihr, liebe Eltern, kommt gesund nach Hause.

Sehr herzlich

eure Brigitte

Nbg., 16. 9. 70

Meine lieben Eltern,

[...] Ich weiß nicht ... die Zeit rennt einem davon, und immerzu hat man das Gefühl, eigentlich gar nichts inzwischen geschafft zu haben. [...] Von Lutz habe ich inzwischen noch keine Post bekommen, auch nicht die Bestätigung, daß das Buch, das ich ihm schickte, »Buridans Esel«, angekommen ist. [...] Ich habe jedenfalls volles Verständnis dafür, wenn berufstätige Leute nicht zum Schreiben kommen, – auch bei mir stapeln sich die unbeantworteten Briefe [...]. Zum Glück läßt sich ja vieles telefonisch erledigen; mit Dorli verkehre ich sehr lebhaft per Telefon. [...] Zur Weinlese wollen die beiden aber auf jeden Fall hierher kommen; wenn wir uns satt gefuttert haben, werde ich Trauben einwecken und vielleicht auch ein paar Flaschen Most machen. Die Ernte ist nicht ganz so üppig wie im vorigen Jahr, aber die einzelnen Trauben sind riesengroß, und ich hoffe, wir haben noch eine Reihe sonniger Tage, damit sie schön ausreifen und süß werden.

Daß die Ulis hier waren, wißt ihr sicher [...]. Jedenfalls war es sehr nett mit ihnen, wir haben viel über Bücher gesprochen, und abends kam noch der Christoph [...]. Sie fanden ihn gar nicht doof, und bei einem Streit um Malerei, bei dem ich ihn ziemlich heftig angriff, stellten sie sich beide auf seine Seite (ich hatte aber doch recht!). Uli hat bei Ch. einen Armreifen für Sigrid bestellt, den er ihr schenken will, wenn sie ihren Facharzt gemacht hat. Es soll aber eine Überraschung sein (er hat sich sogar ein sehr teures Stück vorgestellt, und ich freue mich, daß mein Bruder ein so netter und aufmerksamer Ehemann ist) [...]. Hoffentlich reißt diese erfreuliche Goldschmied-Beziehung jetzt nicht vorzeitig ab, weil ich seit einiger Zeit, was Ch. aber noch nicht weiß – ein »Verhältnis« habe. Das ist alles ziemlich kompliziert, und ich glaube, ich muß euch – und vor allem Dir, liebe Mutti – etwas von meinem verwickelten Liebesleben erzählen, damit ihr euch nicht irgendwelche falschen Vorstellungen macht. Der Chr. ist ein netter Junge, [...] und wahrscheinlich würde er, wenigstens über lange Zeit, ein anbetender und reizender Ehemann sein. Der Haken dabei ist nur, daß ich erstens nicht heiraten will, zweitens schon gar nicht so einen Jungen, aus dem man erst einen Mann machen muß, und daß ich, drittens, ihn nicht liebe. Er ist mir überhaupt nicht gewachsen, und ich habe bei Gott keine Lust, zum vierten Mal mich mit einem Mann abzugeben, der Sicherheit sucht, statt mir so etwas wie Sicherheit zu geben.

Was den lieben Jürgen angeht ... [...] Wie sag ich's meinem Kinde? Liebe Mutti, Du bist so ein harmloses Gemüt, und auch Du, Väterchen, hast ja wohl Dein Leben lang nur in Kreisen von normalen Leuten verkehrt. [...] Kurz und gut, er ist linksrum, falls euch das ein Begriff ist, oder, um es mit einem Wort zu sagen, das die »Linken« selbst immer gebrauchen: er ist stockschwul. Ich kenne eine ganze Menge seiner Freunde, und die meisten sind reizende und charmante Jungs, und wir sind gut befreundet, weil sie gegen Frauen sehr höflich sind, höflicher als normale Männer, und weil man mit ihnen auch mal wie mit einer Frau sprechen kann, über Mode und solchen Kram [...] – aber was hilft's? Für die Frauenwelt ist er nun mal verloren [...]. Merkwürdigerweise haben wir uns trotzdem sehr lieb, und er hängt sehr an mir, und ich vermisse ihn schrecklich, wenn er mal nicht in N. ist, und wir haben schon manches Mal zusammengesessen und geheult vor Kummer, weil das Schicksal es nun mal so blöde eingerichtet hat, daß wir kein Liebespaar sein können. Unter normalen Umständen wären wir es bestimmt geworden, trotz des Altersunterschiedes, der vor allem Jürgen völlig schnuppe ist [...]. Nun dürft ihr aber ja nicht, wenn ihr den Jürgen mal wieder bei mir seht, ihn schief angucken oder euch irgendwas anmerken lassen, das versprecht ihr mir, ja? [...] Übrigens benimmt er sich so, daß die meisten Leute nicht merken, was mit ihm ist, und in N. halten uns viele für ein Paar [...]; er küßt mich auch in aller Öffentlichkeit, was ich unschicklich finden würde, wenn ich nicht wüßte, daß er dadurch den Eindruck zu erwecken versucht, er sei – nun, eben normal [...]. Dies also die Beichte hinsichtlich meines Spielgefährten, Wahlbruders und Favoriten Jürgen.

Und nachdem ihr dies verkraftet habt, könnt ihr weiterlesen. Jetzt habe ich nämlich wirklich ein Verhältnis, übrigens das erste, seit ich mich von Herrn K. getrennt habe, und zum erstenmal bin ich auch etwas verliebt, [...] wenn auch mit Skepsis und Vorbehalten und tiefem Mißtrauen und einer ständigen Furcht vor Enttäuschung. Ich meine: ich wage noch nicht, wirklich ein tieferes Gefühl aufzubringen, und es ist durchaus möglich, daß diese neue Beziehung gerade daran scheitern wird, abgesehen davon, daß mein Partner auch ein schwieriger Bursche ist, auch sehr skeptisch und eigentlich überhaupt kein Gefühlsmensch und überdies ein Mecklenburger, wie er im Buche steht, langsam, dickköpfig, geizig mit netten Worten usw. Er ist Arzt und Chef der Hygieneinspektion und wir haben uns totgewundert, als wir feststellten, daß wir uns jetzt nahezu zwei Jahre lang praktisch gegenüber wohnen (die Kreisstelle für Hygiene ist nämlich in der Gartenstraße 7), ohne daß wir uns jemals begegnet wären. Wir haben uns zufällig im Hotel kennengelernt, durch einen anderen jungen Arzt, der bei mir öfter zu Hausbesuchen war und meine Bücher kennt, und haben einen Abend zusammen getrunken und geredet, wie es sich nun mal so im Restaurant ergibt, und ich dachte, damit wäre die Sache erledigt (was mir übrigens ein bißchen leid tat, denn er hatte mir gefallen). Aber am nächsten Tag kam er mich besuchen, und von da ab jeden Tag, gleich nach Dienstschluß, und wir haben halbe Nächte durch geredet und uns allmählich kennengelernt. Äußerlich ist er das genaue Gegenteil von mir – massig, blond und blauäugig –, und innerlich sind wir auch sehr gegensätzlich, aber wahrscheinlich wirkt das gerade anziehend. Zuerst hat er sich in meine Augen verguckt und vor allem in meine dunklen Haare (wenn es nach ihm ginge, müßte ich sie so lang wachsen lassen, daß sie bis zu den Kniekehlen reichen; leider hatte ich sie gerade tüchtig gestutzt), dann merkte er, daß man mit mir auch diskutieren kann ... na, und so weiter. Es fällt ihm wirklich schwer, mal was Poetisches oder gar Zärtliches zu sagen, aber wenn er es schon mal versucht, dann ist es eben eine kleine Sensation, und eine große Sensation war es, als er sich dazu durchgerungen hat, mir leicht stotternd mitzuteilen, daß er sich offenbar in mich verliebt habe. Manchmal kriegt er seine Chefmanieren und versucht zu kommandieren, aber damit hat er bei mir kein Glück, und wenn er dickköpfig wird, bin ich es erst recht, und so kommen wir ganz gut miteinander aus. Er hat sehr nett reagiert, als ich ihm gebeichtet habe, daß ich so eine halbierte Frau bin; er hat gelacht, weil ich das so tragisch nehme [...]. Ärzte denken über solche Dinge eben doch anders [...]. Er ist Junggeselle und jünger als ich, aber das weiß er nicht, weil er denkt, ich wäre höchstens dreißig. So, und damit wißt ihr nun einiges von meinem Doktor. Mal sehen, wie sich die Sache entwickelt; wie gesagt, ich bin auf der Hut. Vielleicht fahren wir Ende der Woche zu seinen Eltern, die ein Haus im Wald haben; er hat seinen geplanten Urlaub in Ungarn abgesagt und will mit mir in die heimatliche Landschaft [...]. Einerseits täte es mir sehr not, ein paar Tage auszuspannen, anderseits habe ich Angst wegen meiner Arbeit.

[...] Vorläufig braucht ihr euch also keine Sorgen um mich zu machen, ich bin ein braver Mensch, und wenn ich eine Weile mit meinem Doktor zusammenbleiben würde, wäre es sehr hübsch, und wenn es schiefgeht, dann sterbe ich auch nicht daran. [...] Man freut sich halt über jeden freundlichen Tag. [...]

Tschüs, macht's gut, laßt es euch wohl ergehen, bleibt gesund und seid ganz herzlich gegrüßt von eurer in diesem Augenblick glücklichen

Brigitte

Nbg., 6. 10. 70

Meine lieben Eltern,
ihr sollt die ersten sein, denen ich schreibe, seit wir aus Plau zurückgekommen sind, – am Sonntag und bei scheußlichem Wetter. Aber die meiste Zeit hatten wir Sonnenschein und lagen im Wald und lasen (dh. ich war sogar zu faul zum Lesen und guckte bloß so in den Himmel) oder gingen Pilze suchen, und es waren richtige Bummelferien. Die Eltern von Dr. B[...] sind sehr nett; sie stellten mir überhaupt keine Fragen und nahmen mich wie eine Tochter auf. Ich war eben die Frau, die Rudi mitgebracht hat, und damit war alles in Ordnung. Er hat ihnen nämlich sonst noch kein Frauenzimmer

ins Haus geschleppt [...]. Als ich ihn kennen lernte, war er ein richtiger Weiberfeind, und jetzt wundert er sich tot, daß es eine gibt, mit der er reden kann. Für einen Mecklenburger wird er geradezu redselig.

Nbg., 11. [10.]

Liebe Eltern, ihr seht, ich hatte wirklich einen Brief angefangen. [...] wir haben heute noch ein großes Programm: Schnitzel braten, Eis essen gehen, Margarete Neumann in ihrem putzigen Wiekhaus besuchen; [...] heute ist der letzte Urlaubstag, und morgen früh geht es für ihn gleich mit einer großen Grippe-Impfaktion los und für mich – endlich wieder – mit meinem nächsten Kapitel.

[...] Mein Jürgen ist ein paarmal hier gewesen, er ist traurig und eifersüchtig, aber da er selbst bis über beide Ohren in einer Liebesgeschichte steckt, habe ich mir nichts vorzuwerfen. [...]

Um aber endlich von uns zu sprechen ... Also, Dr. B. heißt [...] mit Vornamen Rudolf (aber den gebraucht man nur im Fall einer prinzipiellen Auseinandersetzung), [...] er findet Frauen dumm und zählt sie nicht zu den Menschen – außer mich: ich bin feierlich in die »Kategorie Eins« aufgenommen worden, zu der sonst nur Männer gehören. Ich glaube, die Frauen sind auch nicht nett zu ihm gewesen; wahrscheinlich muß man drei Ehen und allerlei Liebeskummer hinter sich haben, um so einen Mann würdigen zu können. Er ist wirklich sehr unbeholfen, manchmal schüchtern (außer als Chef – da kann er ganz schön kiebig sein), er kann Gefühle nicht ausdrücken und hat jetzt zum erstenmal in seinem Leben einer Frau gesagt, daß er sie liebt. Er hat ein nettes, vielleicht sogar hübsches Jungsgesicht, wirkt aber trotzdem viel älter, als er in Wirklichkeit ist, weil er so massig ist und wie ein dicker Bär geht. Ich finde ihn süß und wundere mich, daß ich nicht mein Leben lang in dicke, ruhige Männer vernarrt war. Was gibt es noch zu seinem Ruhm zu sagen? Er ist der zärtlichste Mann, den man sich vorstellen kann; ich muß andauernd neben ihm sitzen, und wo wir gehen und stehen, hält er meine Hand fest oder legt mir den Arm um die Schulter, und dann findet er immer noch, daß ich viel zu weit von ihm weg bin, und er bestaunt wie ein kleiner Junge meine Lippenstifte und das Band, mit dem ich abends die Haare zusammenbinde – ach, es ist einfach zum Heulen schön, und wenn mir so zumute ist, dann darf ich auch heulen, und er hält mich fest und sagt, seine Schulter sei ja dazu da, daß ich mich gehalten und gut aufgehoben fühle. Wir sind sehr glücklich – aber das muß ich wohl nicht extra versichern. Zum erstenmal habe ich vor nichts Angst; wenn ich was Schlimmes träume und ganz erschrocken aufwache, bin ich sofort beruhigt, weil der Dicke bei mir ist. Sicher hat das auch etwas damit zu tun, daß er Arzt ist und weil man mit ihm über alles ganz gelassen reden kann, und weil er über manche Dinge, die ich gräßlich finde, bloß lächelt, z. B. darüber, daß ich eine Amazone bin.

Mutti wundert sich, daß wir so ein Tempo drauf haben. Ja, darüber bin ich selbst erstaunt, wenn ich mir so überlege, daß wir erst ein paar Wochen zusammen sind und schon wie Mann und Frau miteinander leben. Dabei waren wir doch beide so ungeheuer skeptisch und keineswegs zur Liebe aufgelegt, als wir uns kennen lernten. Aber solche fallen ja zuerst herein … In den letzten drei Wochen, seit Rudi Urlaub hat, haben wir uns praktisch nicht eine Stunde lang getrennt; sogar in der Küche arbeiten wir zusammen, und Rudis Mutter konnte es gar nicht fassen, daß ihr fauler Sohn immer die Abwäsche übernahm und kochte und Birnen schälte und was so anfiel. Er hat auch das Trinken gelassen; nur manchmal, wenn wir zusammen ausgehen – meistens zu unserem Wunder von einem Barkeeper – besaufen wir uns auf durchaus freundliche Art. Ich bin ja einem tüchtigen Schluck auch nicht abgeneigt, aber in Zukunft wollen wir ein bißchen solider sein und nicht so entsetzlich viel Geld für Drinks ausgeben. Ich bin jetzt finanziell ziemlich in die Klemme gekommen; der Verlag hat mir den Kredit gesperrt, und vorgestern hörte ich, daß ich auch das Stipendium vom Schriftstellerverband, das nun schon seit Monaten aussteht, nicht bekommen soll […]. Einen Augenblick war ich mächtig erschrocken (zumal ja auch das Auto völlig zertrümmert ist und kaum noch etwas einbringen wird [...]), aber als ich Rudi davon erzählte, sagte er bloß: Kannst du mit 500 Mark wirtschaften? Für ihn ist das ganz selbstverständlich, daß er mich im Notfall ernährt, aber für mich wäre es schlimm, und ich hoffe, es läßt sich vorläufig vermeiden. Natürlich brauche ich mich um Essen und Trinken nicht zu kümmern, da Rudi bei mir wohnt, aber schließlich gibt es noch eine Menge anderer Dinge, die ich lieber allein bezahlen möchte. [...] Diese Woche werde ich erstmal die Polizei verständigen, damit ich zu meinen Wagenpapieren komme, und dann kann Uwe den Schrotthaufen verscherbeln; das wird mir über die nächsten Monate hinweghelfen.

[...] Ich wollte bloß noch sagen, daß ihr euch nicht wundern oder beunruhigen sollt, weil ich von einer möglichen Heirat nichts erwähne. Ich finde, ich war jetzt oft genug verheiratet, und man kann auch so zusammen leben, solange es eben gut geht. Natürlich weiß schon ganz Neubrandenburg, daß wir ein Paar sind, aber niemand nimmt daran Anstoß, – warum auch? Wir sind ja keinem verpflichtet, sondern freie und ledige Leute. Meine Kollegen [...] freuen sich für mich, daß ich an einen so netten Mann geraten bin, und Rudis Kollegen haben mich akzeptiert. So einfach ist das, wenn keine Unmoral im Spiel ist, ich meine: kein anderes Verhältnis, auf das man Rücksicht nehmen müßte. Vielleicht werden wir uns ein Kind anschaffen, wenn ich wieder ganz gesund bin, aber das hat noch eine Weile Zeit, und vorläufig spinnen wir bloß davon, welche Haarfarbe und welchen Namen es haben soll, und der Dicke sagt, er wäre wahnsinnig stolz, wenn er mit einer schwangeren Brigitte durch die Stadt gehen könnte. Ach Gott, wir sind völlig verrückt und verliebt, und ihr dürft nicht böse sein, daß ich all sowas schreibe: für mich ist es wie ein Wunder, daß ich nochmal eine richtige Liebe erlebe, auch auf das Risiko, daß es eines Tages kaputt geht. Jetzt jedenfalls ist es schön, und ich hoffe, das wird sich auch auf meine Arbeit auswirken. [...]

Bleibt gesund, ihr beiden, freut euch ein bißchen mit mir, habt noch sonnige Herbsttage, [...] und seid [...] ganz herzlich gegrüßt und geküßt von eurer etwas durchgedrehten
Brigitte

Nbg., 29. 10. 70

Meine lieben Eltern,
ich will versuchen, noch in Windeseile einen Brief an euch zu erstellen, ehe der Dicke nach Hause kommt [...]. Heute abend wird die Wohnung gemalt, wenigstens einige Wände, soweit unsere Künste ausreichen. Inzwischen ist hier ein ungeheuerliches Gemöhle ausgebrochen, man stolpert auf Schritt und Tritt über Möbel und Bücherberge – der Dicke bekommt nämlich sein Zimmer hier. (Wenn ich »Dicker« sage, ist das liebevoll gemeint – so dick ist er nun auch wieder nicht, und außerdem hat er die richtige Statur; er war früher Rettungsschwimmer). Wir haben uns nun also richtig zusammengetan; über feste Bindungen, ich meine juristisch anerkannte, kann man später noch reden. Ich war sehr froh und auch ziemlich erstaunt, daß ihr, vor allem daß unsere liebe Mutter ohne Aufschrei auf meine Mitteilung reagiert hat, daß wir beide zusammenleben, ohne verheiratet zu sein, und ich möchte euch sagen, daß ich euch von Herzen dankbar bin für euer Verständnis und eure liebevolle Toleranz. [...]
Bis jetzt leben wir ganz prächtig miteinander, und ich bin wirklich viel ruhiger geworden und heule nicht mehr, und wieviel mir der Dicke bedeutet, und was für ein angenehmer Partner er ist, das seht ihr ja daraus, daß ich jetzt freiwillig mein Territorium mit ihm teile (ihr wißt ja, wie nervös es mich immer gemacht hat, einen Mann, dh. einen Ehemann, in meiner Wohnung zu ertragen [...]). Aber auch der Dicke [...] ist auf seine langsame Art sehr glücklich, und er sagt, er schafft jetzt viel mehr als früher, und er freut sich den ganzen Tag darauf, nach Hause zu kommen. In gewisser Weise bekommt es mir nicht so gut, einen Mann im Haus zu haben; ich lese zu wenig,

komme kaum noch zum Briefeschreiben – ab fünf Uhr bin ich von ihm beschlagnahmt. Nun, das wird sich auch alles einspielen, wenn er sein eigenes Zimmer hat und wieder kräftig für seinen Facharzt arbeiten muß. Wir sind zwar ziemlich solide geworden, gehen aber immer noch zu oft aus, meist mit anderen Ärzten, und außerdem fressen wir zuviel. Der Dicke kocht Berge von Sülze und setzt kiloweise saure Heringe an, und dann stehen wir erschüttert vor diesen Unmassen von Lebensmitteln und wissen nicht, was wir zuerst essen sollen. Morgens frühstücken wir ganz gemütlich miteinander (er hat ja bloß zwei Minuten Weg bis zur Dienststelle), und das ist immer ein hübscher Tagesbeginn. […]

Körperlich geht es mir leider nicht sehr gut, die Narbe hat sich entzündet, und wenn ich nicht einen Arzt im Haus hätte, wäre mir manchmal ein bißchen bange. Aber so ist alles anders, und ich überlasse mich vertrauensvoll seiner Pflege. Er ist wirklich süß und wird euch sehr gefallen. Irgendwann tauchen wir mal in Burg auf […], zur Zeit geht es nicht, weil mir diese Knochenhautentzündung doch erhebliche Schwierigkeiten bereitet, Atemnot, Schmerzen und so unerfreuliche Dinge. Na, macht nichts, ich bin trotzdem guter Dinge.

Laßt es euch gut gehen, ihr Lieben, und seid ganz herzlich gegrüßt von

eurer Tochter Brigitte

Nbg. 8. 11. 70

Liebe Mu, lieber Vati,

ich kann heute wieder nur so ein Kärtchen schreiben, wegen der blöden Schmerzen. Am Freitag, als Muttis Brief kam, war ich mit Rudi in Buch […]. Also, die Narbe ist in Ordnung, und die Schmerzen in der Brust kommen von der Wirbelsäule (eingequetschte Nerven und sowas) und man kann nichts dagegen machen. Jedenfalls ist es aber nicht lebensgefährlich, und Rudi hat von Prof. G. den Auftrag bekommen, mir Spritzen zu geben, wenn es sehr weh tut. Der arme Junge hat eine reizende Frau erwischt! Er ist sehr süß und besorgt, und wenn er bei mir am Bett sitzt, sieht er gar nicht mehr wie ein kühler und gelassener Arzt aus. Ich glaube, er hat mich wirklich sehr lieb, er trinkt nicht mehr und fühlt sich restlos glücklich hier [...]. Wollte Gott, wir werden noch lange so friedlich miteinander leben! Für mich ist es wunderbar, so beschützt und behütet zu werden und mir keine Sorgen mehr machen zu müssen. Rudis Wohnung haben wir vorerst an einen anderen Arzt verborgt, aber nicht aufgegeben. [...]

Seid ganz lieb gegrüßt von eurer Brigitte

Nbg., 11. 11. 70

Liebe Eltern,
ich wollte euch nur sagen, daß am Sonntag um 13.30 im 1. Programm des Fernsehens unser Neubrandenburg-Film wieder einmal gesendet wird. Vielleicht habt ihr Lust, euch das Werkchen eurer Tochter anzusehen.

Herzliche Grüße eure Brigitte

Nbg., 17. 11. 70

Liebe Mu, lieber Vati,
zunächst herzlichen Dank für Muttis Brief und für das süße Päckchen. Du hast mit Deinen Backkünsten den dicken Rudi erobert, Mutti. Er ißt sonst nie Kuchen, nicht eine einzige Sorte, aber seitdem ich ihm einen Kosthappen aufgedrängt habe, geht er andauernd naschen und findet, Du könntest öfter mal so einen Prachtkuchen schicken. Er ist überhaupt eine schreckliche Naschkatze und frißt heimlich rohes Fleisch und Fischkonserven, aber niemals was Süßes – außer wenn ich im Bett Schokolade esse, dann muß er unbedingt was abhaben, obgleich er sich gar nichts draus macht. Aber jeden Tag tugendhafte Vorsätze, schlank zu werden! Bloß mittags hält er sich daran; er geht nicht mehr ins Krankenhaus zum Essen, sondern kommt zu mir, und wir trinken Kaffee und schwatzen

ein bißchen. Und abends holt er dann das versäumte Essen nach … Na, soll er – jetzt, wo ich an dicken Männern Gefallen finde. […] Ich hätte nie gedacht, daß ich es mit so einem gemütlichen Typ aushalten kann, der sonntags das Kinderfernsehen und Fußball ansieht. Früher war das eine schreckliche Vorstellung für mich, und auch jetzt kriege ich noch manchmal Anfälle und erhebe lauten Protest, aber das bringt ihn gar nicht aus der Ruhe, er lacht sich eins und sagt: Sträub dich nur, Katze … Oder er kitzelt mich aus, bis ich vor Schreien halbtot bin und zu allem ja und amen sage. Dieses dicke Ungeheuer! Natürlich hat das alles auch eine ernste Seite, und ich frage mich manchmal, ob ich bei diesem Leben nicht vielleicht träge, geistig satt werde und den Antrieb zum Schreiben verliere. Anderseits bekommt es mir sehr gut, so einen lieben und ruhigen Menschen um mich zu haben … Nun ja, alles hat seinen Preis, und jede Sorte von Glück kann man nicht haben.

[…] Wegen Weihnachten kann ich noch nichts sagen, das hängt ganz allein von meinem Gesundheitszustand ab. […] Immerhin könnt ihr vorsichtshalber schon ein Bettchen für mich einplanen. […] seid ganz herzlich gegrüßt von
    eurer Tochter Brigitte

Nbg., 14. 12. [70]

Liebe Eltern,
eigentlich schreibe ich den Brief nur deshalb, weil ihr gesagt habt, ich sollte mal wieder schreiben, – etwas Neues gibt es nicht mitzuteilen. Der Heiratsplan ist ja auch so neu nicht, jedenfalls kommt es mir jetzt so vor. […] Übrigens nicht wegen Baby, falls ihr sowas vermutet. Ein Kind darf ich nicht mehr bekommen, hat Prof. Gummel gesagt, und wenn jemals dergleichen passiert, soll ich sofort zu ihm kommen.

Ich hatte den Eindruck, daß ihr einen leichten Schreck bekommen habt. Aber seht mal, im Prinzip wird sich ja nichts ändern an unserem Zusammenleben, bloß daß es dann legal ist, und das hat einiges für sich. Natürlich ist es ein Risiko, aber das wäre es so oder so. Wir werden also keine Kinder haben. Der Rudi sagt, er macht sich nichts aus Kindern ... [...] Auch daß Rudi viel jünger ist als ich, macht ihm nichts aus – vorläufig, möchte ich hinzusetzen, denn ich bin skeptischer als er und sehe mehr Schwierigkeiten. [...] Erstaunlicherweise reden uns auch seine Kollegen zu und versichern immer, daß der Altersunterschied erstens nicht zu bemerken sei und zweitens bei einem Typ wie dem Dicken überhaupt keine Rolle spielte; aus irgendeinem Grund mögen sie mich alle sehr gern, obgleich ich ihnen ihren Skat- und Trinkbruder entziehe, und sie kommen oft her und schütten mir ihr Herz aus, wenn sie was bedrückt. Aber das kenne ich ja von genug anderen Leuten: immer bin ich jemandes »seelischer Papierkorb« gewesen. Die Christa Wolf hat mir neulich gesagt: mindestens so wichtig wie meine Schreiberei sei meine Art, für andere dazusein, ich hätte viel mehr Leute beeinflußt und in ihr Leben eingegriffen (und zwar positiv), als ich selbst wüßte. Und wenn die kluge Christa sowas sagt, muß ja was dran sein.

Wozu über eine Zukunft nachgrübeln, die im Dunkeln liegt? Wozu eine Menge Pläne machen, die dann plötzlich durch irgendeinen Schicksalsschlag, eine Krankheit oder sonstwas, über den Haufen geworfen werden? [...] Soviel ist jedenfalls sicher, daß euch euer neuer Schwiegersohn sehr gefallen wird. Vielleicht werdet ihr ihn erst nach der Hochzeit kennen lernen, aber ihr seid doch solche Extratouren von eurer Tochter gewöhnt, nicht wahr? [...]

Gestern haben wir lang und breit beraten: entweder schleichen wir hier ganz still zum Standesamt, oder wir fahren nach Rostock, heiraten dort und lassen uns dann bei Frau Fritze ein feines Essen servieren und gehen für ein paar Tage auf Reisen durch den Norden, ein paar schöne Städte besichtigen – vorausgesetzt, bis dahin ist der Skoda soweit in Ordnung. Aber ich habe die dunkle Ahnung, daß wir im Februar nicht allzu viel Lust auf Reisen haben werden und uns höchstens bis Rostock schleppen werden. [...] Gestern sagte er plötzlich: Ich glaube, ich werde schrecklich aufgeregt sein.

Manchmal ist er wie ein kleiner Junge, geniert sich und kriegt in Gegenwart von meinen Freunden die Zähne nicht auseinander, und dabei kann er sonst, im Dienst und im Umgang mit fremden Leuten, so streng und energisch und zuweilen sogar schroff sein.

[…] Mehr fällt mir im Augenblick nicht ein, und ich muß auch wieder an meine Arbeit eilen. Haushalt und Dichten – das läßt sich manchmal nicht recht unter einen Hut bringen, und ich bleibe bei beidem immer zurück und schaffe nicht genug. Lebt wohl, liebe Eltern, […] bringt euch nicht um mit Backen und Kochen. […] Ich grüße euch herzlich –

eure Tochter Brigitte

Der Dicke hat es geschafft, innerhalb von drei Tagen nach seinem Anruf in Boxberg die Wagenpapiere von Herrn K[…] zu bekommen.

Nbg., 18. 12. 70

Liebe Mu, lieber Vati,

eben habe ich das Paket mit der Stolle bekommen, und nun will ich es euch doch nochmal schriftlich geben, daß ihr ganz zauberhafte Eltern seid, und Mutti eine große Kunstgewerblerin, und Vati ein großer Organisator. […] Das Eierschränkchen ist bereits feierlich aufgehängt worden und nimmt sich sehr hübsch aus. Es ist wirklich so etwas wie ein Stück Kindheit für mich, nach der man sich im stillen immer zurücksehnt, weil Erwachsensein so anstrengend ist. – Hoffentlich habt ihr mit eurem Indianerstamm ein halbwegs friedliches Weihnachten. Bei uns sieht's weniger lustig aus. Ein Glück, daß ich Vati vor einer Reise gewarnt habe: der Dicke […] liegt mit 39° Fieber im Bett, und es müßte ein Wunder sein, wenn ich mich nicht schon angesteckt hätte. Na, macht nichts, wir werden trotzdem unser Ringlein aufsetzen.

Gruß an die ganze Familie! Seid herzlich gegrüßt und geküßt von

eurer Brigitte

1971

Liebe Mu, lieber Vati,

schnell noch ein paar Zeilen, bevor der Arbeitstag zuende geht;
er war heute etwas länger als sonst: am Dienstag hat Rudi immer bis 18 Uhr Sprechstunde, während er sonst um halb fünf
nach Hause kommt. Ich bin schon ziemlich müde, außerdem
habe ich letzte Nacht zu wenig geschlafen. Erstens wache ich
sowieso immer sündhaft früh auf und lese noch eine oder anderthalb Stunden im Bett, während sich der Dicke unter seinem Kopfkissen begräbt und »überduselt« [...]; zweitens hatte
der Dicke gestern seinen Schwatztag – was bei einem Mecklenburger nicht oft vorkommt, also muß man schon zuhören –
und erzählte mir bis nachts um eins von Zuhause und seiner
Kindheit und Studentenzeit [...], und was es für ihn bedeutet,
daß er meinetwegen sein ganzes Leben umgestülpt hat [...] ...
Tatsächlich wird er immer häuslicher [...]. Sonntag hat er die
Abstellkammer ausgeräumt und gestrichen und eine Lichtlei-
tung reingelegt, obgleich er dabei ein paarmal tüchtig eins ge-
wischt bekam, – aber wenn er mal eine Arbeit angefangen hat,
macht er sie mit entnervender Gründlichkeit zuende. Jetzt haben wir ganz schön Platz und können seine restlichen Sachen
gut unterbringen. Dieser Tage wollen wir seine Wohnung aus-
räumen [...]. Es wird also ernst, und demnächst wird geheiratet [...]. Ich habe ihm noch einmal alle meine Bedenken vorgetragen – weil ich krank bin und soviel älter als er –, aber er
besteht darauf, [...] und ich würde auch wieder gesund, oder
jedenfalls könnte man soweit etwas dagegen tun, daß ich kaum
noch Schmerzen habe, wenn auch der Schaden an der Wirbelsäule nicht mehr zu beheben ist. Na, hoffentlich ...

Neulich habe ich mit Dorli telefoniert und war danach
ziemlich deprimiert, weil ich den Eindruck hatte, daß sie von

einer Heirat nicht gerade erbaut ist – warum, das habe ich noch nicht genau herausbekommen […].

21. 1. Der Brief ist ein bißchen liegengeblieben, und ich will jetzt rasch abschließen […]. Lieber Vati, die ersten 400.– sind abgeschickt […]; wir werden wahrscheinlich auch meine kleine Reserve auffüllen, wer weiß, was noch kommt […]. Die Rente wird kaum mehr als 200.– betragen, soviel habe ich schon gehört. Man wird ja sehen. […] Der Wagen ist von ein paar Fahrern der Poliklinik gründlich überholt und geputzt worden und sieht wieder wie ein Auto aus. Nun warten wir nur noch auf einen Motor […].

Liebe Mu, wenn Du Dir schon ein Geschenk verbittest, dann erlaub mir wenigstens, Dir eine Handtasche von mir zu überreichen, die ich so gut wie gar nicht benutze, weil sie für mich viel zu damenhaft ist und überhaupt mehr für Vollschlanke […]. Ich schleppe doch immer bloß meine geliebte schlampige Tasche (d. h. sie sieht schlampig aus, weil sie aus so einem komischen schrumpligen Leder ist).

Ich glaube, ich wollte noch irgendwas schreiben, es geht aber nicht. Der Dicke hat mir eine Spritze gegeben, und jetzt ist mir ganz ulkig im Kopf, und ich will lieber aufhören, ehe ich über der Maschine einschlafe. Also, nächstens mehr. […] seid ganz lieb gegrüßt und geküßt von

eurer Tochter Brigitte

Nbg., 4. 2. 71

Meine lieben Eltern,

[…] Ich kann euch nur ein paar Zeilen schreiben; seit einer Woche liege ich fest im Bett und habe schauderhafte Schmerzen […]. Wahrscheinlich werde ich nun doch eher als geplant nach Buch gehen müssen; heiraten können wir vorher sowieso nicht mehr; wir haben jetzt zu unserem Schrecken erfahren, daß man sich einen Monat vorher beim Standesamt anmelden muß. Ausnahmen werden nicht gemacht. […] Der Dicke pflegt mich wie eine Mutter; während der Arbeitszeit kommt er immer mal rüber, und abends macht er den ganzen Haushalt, kocht und wäscht und ist noch glücklich darüber, daß er für mich sorgen kann und tröstet mich, wenn ich die Ohren hängen lasse. Er ist wirklich ein Goldschatz, und man muß ihn sehr lieb haben. Ich versuche im Bett zu arbeiten, und manchmal geht es auch ganz gut. Macht euch also keine Sorgen, wenn ihr in der nächsten Zeit keine Post bekommt. [...]

Bleibt gesund und seid ganz lieb gegrüßt und geküßt von eurer Brigitte [...]

Berlin, 13. 2. 71

Meine lieben Eltern,

nun bin ich also wieder mal in Buch (diesmal eine andere Station), habe ein Einzelzimmer und fühle mich soweit ganz gemütlich und kann auch arbeiten. Gegen die Schmerzen gibt es Spritzen, und so sind auch die Nächte auszuhalten. Natürlich wäre ich lieber bei meinem dicken Schatz, aber das ist nun mal nicht zu ändern. Heute kommt er mich besuchen, [...] es tut mir sehr leid, daß er es so schwer mit mir hat. Wahrscheinlich werde ich doch operiert, es wird wohl das beste sein. Ich schreibe euch, sobald ich Genaues weiß, damit ihr mich vorher noch besuchen könnt. Unmittelbar nach einer Operation bin ich ja wohl kein erfreulicher Anblick. Ihr braucht euch aber überhaupt nicht aufzuregen [...]. Und im Frühling ist alles wieder gut, dann wird geheiratet und der Garten bestellt. Bleibt gesund, ihr Lieben, [...] und seid ganz lieb gegrüßt und geküßt

von eurer doofen Brigitte

Berlin, 26. 2. 71

Meine lieben Eltern,

nun ist schon fast eine Woche vergangen, seit ihr hier gewesen seid (aber die Alpenveilchen blühen noch in voller Pracht). Der Dicke hat ein paarmal nachmittags seinen Lehrgang geschwänzt und ist nach Buch gekommen. Hoffentlich habt ihr einen einigermaßen guten Eindruck von ihm, obgleich er ja nicht sehr redselig war. Aber es ist natürlich eine etwas blöde Situation, wenn man so zum erstenmal seinen Schwiegersohn (und dazu den 4.!), bezw. seine Schwiegereltern sieht, und ausgerechnet in einem Krankenzimmer. Übrigens hat sich der Dicke, kaum wart ihr weg, über Muttis Käsegebäck hergemacht [...]. Von mir gibt es noch nichts weiter zu melden, als daß ich ab nächste Woche wieder Bestrahlungen bekomme, kein begeisternder Gedanke. Wieder diese ewige Übelkeit und als Heilmittel Schnaps, auf den ich gar keinen Appetit mehr habe. Offenbar ist jetzt ein anderer Wirbel kaputtgegangen. Diesmal weiter oben, zwischen den Schulterblättern. Hoffentlich dauert es nicht solange wie voriges Jahr, sonst lasse ich doch die Ohren hängen [...]. – Liebe Eltern, ich muß euch beiden nochmal sagen: paßt auf euch auf, eßt vernünftig, erspart euch Aufregungen [...]. Ihr saht beide nicht überzeugend aus; macht uns ja keinen Kummer!

Seid ganz lieb gegrüßt von eurer

Brigitte

                                        Berlin, 8. 3. 71

Meine lieben Eltern,
der erste Gruß geht an Mutti, weil heute Frauentag ist. Vor allem wünsche ich Dir (und uns allen, ich meine: auch in unserem Interesse), daß Du ein bißchen vernünftiger wirst und Dich mehr an Deine Diät hältst. Mutti, wir haben jetzt zwei Ärzte in der Familie, und sie finden beide (Sigrid war ja am Sonnabend da), daß Du Dich unmöglich benimmst und wissentlich Dein Leben verkürzt. [...]

Von mir gibt es nur Erfreuliches zu berichten: die Strahlen helfen, die Schmerzen lassen nach, und ich hoffe nur, daß Prof. Gummel mir bald, möglichst noch diese Woche, den Bauch aufschneidet, damit ich schnell wieder nach Hause kann. [...]

[...] Liebe Eltern, haltet euch wacker, ich hoffe, wir sehen uns demnächst wieder. [...]
Küßchen von eurer Tochter Brigitte

Berlin, 25. 3. 71

Meine lieben Eltern,
ich habe kein Briefpapier mehr, darum muß ich euch so einen herausgerissenen Bogen zumuten. Heute will ich nur verkünden, daß ich am Sonnabend entlassen werde – vorläufig, d. h. ich muß [mich] in zwei Wochen wieder einfinden, möglicherweise auch wieder eine Weile hierbleiben, und soll überhaupt in kurzen Abständen kontrolliert werden. Abgesehen davon, daß es der Arbeit nicht gerade zuträglich ist, ist nichts dagegen einzuwenden. Die Zwischen-Behandlung übernimmt, wie abgesprochen, der Dicke, der übrigens langsam durchdreht. Die paar Tage allein zuhaus haben ihn völlig geschafft, er ruft andauernd an [...] und fleht und droht, er werde mich einfach entführen. Und das war mal ein so vernünftiger Mann! [...] Wenn alles gut geht, können wir am 2. heiraten und anschließend unsere Fahrt nach Hoyerswerda und Dresden unternehmen. Hauptsache, das Auto bricht nicht unterwegs zusammen!
   Von Margret und Lutz habe ich ein süßes Päckchen bekommen – mit Krimis und Bananen und Naschzeug und mit einer Flasche von meinem Lieblingsparfüm. Ist das nicht lieb? [...] natürlich freue ich mich darauf, endlich wieder zuhaus zu sein (der Dicke sagt, er wird mich buchstäblich auf Händen tragen). Nun habe ich bloß noch eine Sorge: woher ich eine federleichte Reisemaschine bekommen kann, die ich beim Arbeiten auf den Knien halten kann. Hoffnungslos. Ich habe schon mit allen möglichen Stellen telefoniert. Im äußersten Notfall muß ich Lutz fragen (irgendwie kann man ihm das Geld – umgerechnet – zukommen lassen), und mit der Zollstelle kann man sich auch einigen. Na, mal sehen.
   [...] Habt nochmal schönsten Dank dafür, daß ihr sooft

den beschwerlichen Weg hierher gemacht habt, und [...] seid ganz lieb gegrüßt und geküßt von
eurer Brigitte [...]

Liebe Eltern,
eben, eine halbe Stunde, nachdem ich euch geschrieben habe, erfahre ich, daß ich doch noch hierbleiben muß. Beide Nieren sollen noch operiert werden. Sicher ist es gut und vernünftig, aber jetzt im Moment bin ich sehr deprimiert und möchte nur heulen. Noch ein paar Wochen ... Bitte, kommt nicht her. Wenn ich Glück habe, werde ich schon Montag an der einen Seite operiert, ein paar Tage später an der anderen. [...]
Man muß eben die Zähne zusammenbeißen. Mein armer Liebster wird ganz außer sich sein. [...] Alle hübschen Pläne mal wieder im Eimer ... Zum Glück heilt bei mir alles sehr schnell. [...]
Tschüs, macht's gut, ich lasse wieder von mir hören.
Eure Tochter Brigitte

Berlin, 2. 4. 71
Meine lieben Eltern,
heute kann ich endlich etwas aufsitzen und euch ein paar Zeilen schreiben, u. a. wegen des Osterbesuchs. Es hat manchmal seine Nachteile, wenn man untertreibt, und als ich im FRS von der »kleinen hormonellen Behandlung der Nebennieren« las ... Es war furchtbar, und wenn ich vorher gewußt hätte, wie furchtbar, dann wäre ich wahrscheinlich in letzter Minute ausgerissen. Erstens wurde außer der Nebenniere auch eine Rippe entfernt, was schon einen fabelhaften Wundschmerz ergibt, und dann passierte noch ein Unfall während der Narkose [...] – ich kann euch das jetzt nicht so medizinisch erklären, jedenfalls brach die Atmung zusammen, und ich hing dann zwei Tage herum mit Schläuchen in der Nase und Kanülen in den Armen, kriegte kaum Luft und hatte außerdem noch diese mörderischen Schmerzen, so daß ich

am liebsten gestorben wäre. Die Eierstock-Op. war ein Spaß dagegen. Na, nun habe ich mich ja wieder hochgerappelt, und das Schlimmste ist überstanden, jedenfalls auf der linken Seite. Nächste Woche kommt die rechte dran, und diesmal werde ich wirklich mit Zittern und Zagen in den Op.-Saal gehen, obgleich es nicht ganz so arg werden soll – rechts braucht keine Rippe abgesägt zu werden, man kommt dort auch so an die Niere heran. Und danach soll ja dann alles phantastisch und großartig werden ...

Wahrscheinlich komme ich am Dienstag oder Mittwoch dran. Das würde also bedeuten, daß ich zum Wochenende noch nicht geradezu puppenlustig bin. Außerdem werde ich nicht gerade hinreißend schön aussehen, sondern heiß und verschwitzt. Dies nur zur Warnung für die Hamburger, die ich natürlich sehr, sehr gern sehen würde – aber sie werden ja wohl auch kein Mannequin im Bett erwarten. Also, sagt ihnen ja nicht, sie sollen nicht kommen; ich wäre sehr enttäuscht. Und vielleicht ist die 2. Nieren-Op. wirklich sehr viel leichter, und ich bin Ostern wieder sehr gut in Form. [...] Ende April soll ich dann aber wirklich hier rauskommen. Sobald ich laufen kann, rufe ich an. [...]

Oh Gott, ich bin eine Schlampe! Beinah hätte ich versäumt, mich ganz herzlich für euer Päckchen zu bedanken. Die Apfelsinen kamen gerade recht; nach einer Bauchoperation darf man ja zwei bis drei Tage nichts essen, aber solche Vitamine kriegt man schon rein.

Bitte, liebe Mu, schicke [...] mir ja nichts zu essen! Nächste Woche ist ja wieder dasselbe Theater. [...] Ich glaube, ich habe auch nicht erzählt, daß wir vorigen Sonnabend Urlaub hatten und in Berlin waren (mit dem Dienstwagen von Rudi), es war sehr schön, aber doch anstrengend, und ich schwitzte schon beim Anblick der vielen Leute. So, [...] ich werde müde und kann nicht mehr sitzen. [...] Grüßt alle Geschwister von mir und seid selbst ganz lieb gegrüßt und geküßt von

eurer Tochter Brigitte

Meine lieben Eltern,

der erste Brief, den ich von hier aus schreibe, soll an euch gehen. Na schön, eigentlich ist es ja bloß eine Karte, aber das Briefeschreiben werde ich mir auch wieder angewöhnen, und für heute geht es mir darum, daß ihr nicht beunruhigt seid […]. Die Rückenschmerzen, die in den ersten Tagen wieder auftraten, lassen immer mehr nach, und oft bin ich jetzt schon ganz schmerzfrei, obgleich ich (wenn der Dicke nicht in Sichtweite ist) im Garten herumkrieche und Unkraut zupfe – einfach, weil es mir Spaß macht bei diesem herrlichen Sonnenschein. Der Dicke hat Bett und Couch so umgebaut, daß ich es wunderbar bequem habe; an die täglichen drei Tabletten-Mahlzeiten habe ich mich gewöhnt und vergesse sie nie; die Narben sind gut verheilt (bloß auf der einen Seite ist der Bauch noch lächerlich unförmig angeschwollen, aber das wird sich ja auch mal geben), und wenn ich einen mutigen Tag habe, zupfe ich büschelweis meinen kräftig wuchernden Schnurrbart aus (ein anderes Mittel, das nicht gleichzeitig die Haut angreift, gibt es leider nicht). Also, alles steht zum Besten. Der Dicke ist unverändert lieb und gut und glücklich, weil er sein Weib wieder zu Hause hat. […]

An Lutz und Uli werde ich heute auch noch schreiben; ein guter Grund, mich vor der Arbeit am Buch zu drücken, denn heute bin ich mal wieder steckengeblieben. Ja, und dann will ich euch noch ganz offiziell, wenn auch ohne Feierlichkeit, mitteilen, daß wir beide am Freitag, dem 14. 5., zum Standesamt marschieren. Das ist nun der dritte Anlauf … Morgens um ½9 müßt ihr an uns denken […], ja? Ein Programm für den Festtag haben wir noch nicht; vielleicht setzen wir uns einfach ins Auto und gondeln in der Gegend herum. […] Inzwischen seid ganz lieb gegrüßt und bleibt gesund und munter.

Eure Tochter Brigitte […]

Meine lieben Eltern,

da der Herr Familienvorstand Karten drucken ließ, sollt ihr auch sowas Offizielles bekommen – und gleich dazu ein herzliches Dankeschön euch und den Beschs für die schönen Nelken. Die Trauung hat ganze 10 Minuten gedauert, und wir waren sehr verblüfft, als wir in unseren schwarzen Anzügen so schnell wieder auf der Straße standen. [...]

Seid ganz lieb gegrüßt von eurer Brigitte
und dem Dicken

Nbg., 24. 5. 71

Meine lieben Eltern,

der erste Gruß in diesem Brief soll unserem Vater Willi gelten, dem ich von ganzem Herzen Glück wünsche zu seinem Geburtstag. Vor allem, lieber Vati, bleib gesund, genieß Dein Leben in Ruhe, laß Dich [nicht] nervös machen durch all den Hauskram [...], und versuch gelegentlich mal zu denken: Nach mir die Sintflut!

Außerdem hast Du ein wohlerworbenes Recht auf Ruhe (auch auf innere Ruhe, meine ich), denn Du hast wahrhaftig genug geschuftet und viele Schwierigkeiten gemeistert, und Du hast ein paar ganz wackere Kinder in die Welt gesetzt und so erzogen, daß Du ein bißchen stolz auf sie sein kannst (leider muß ich mich zur Zeit davon ausnehmen, aber wenn mein endloses Buch mal fertig ist, reihe ich mich wieder in die Erfolgs-Truppe ein, hoffe ich).

[...] Ich fürchte, auch in Zukunft werde ich nicht mehr so oft schreiben wie früher [...]. Ich kann zwar anderen gute Ratschläge geben [...], aber ich selbst bin furchtbar nervös und lebe in ständiger Angst, meine Arbeit nicht zu schaffen [...], die Manuskriptarbeit geht quälend langsam vor sich, weil ich mich nicht konzentrieren kann, und der Haushalt macht mir zu schaffen, als ob ich eine Riesenfamilie hätte. Natürlich ist das meiste bloß Einbildung, und gerade wegen

dieser ewigen Panik werde ich mit nichts richtig fertig [...].
Zur Zeit ist es wirklich ekelhaft, und der arme Dicke hat sehr
zu leiden, weil ich andauernd in Tränen aufgelöst bin. Ein
Glück, daß er so geduldig und gelassen ist und mir vieles
nachsieht, was einem anderen Mann auf die Nerven gehen
würde. Im Krankenhaus war ich jedenfalls viel mutiger und
energischer; jetzt machen sich die ganzen Nach- und Neben-
wirkungen bemerkbar, und die finde ich schlimmer als die
Operationen. Ich bin ja gewissermaßen vorfristig und künst-
lich in die Wechseljahre versetzt worden, und soviel ich von
anderen Frauen weiß, gibt das immer nervöse Beschwerden
und Angstzustände. Angeblich soll dieser Zustand bei mir
etwa ein halbes Jahr andauern; alles andere freilich wird lebenslang so weitergehen, z. B. diese äußerliche Vermännli-
chung, die mich manchmal sehr deprimiert. Immerzu rupfe
ich an meinem Bart herum, [...] und da ich sowieso einen
dichten Haarwuchs habe, sprießt mir nicht nur ein Schnurrbart, sondern die verdammten schwarzen Haare wachsen
lang und munter am Hals, an der Kehle und von den Schläfen
abwärts über die Wangen, und manchmal habe ich schon
Hemmungen, unter die Leute zu gehen. Außerdem verursa-
chen die Spritzen, die ich jede Woche einmal bekomme
– ebenfalls lebenslang wie das Tablettenzeug – einen Haut-
ausschlag, der so gut wie gar nicht zu bekämpfen ist, lauter
Pickelchen, die sich entzünden, im Gesicht und am meisten
auf den Armen und auf dem Rücken, und das ist für eine
Frau ja auch nicht gerade sehr lustig. Na, vielleicht wird man
sich an den ganzen Quatsch gewöhnen, und vielleicht wird es
irgendwann Mittelchen dagegen geben. Merkwürdigerweise
stört das alles den Dicken gar nicht – aber ich sagte euch ja
schon ein paarmal, daß Ärzte eine andere Art zu sehen haben, und wenn ich wegen meiner Häßlichkeit herumjammere
(denn schließlich hat er mich in einem attraktiveren Zustand
kennen gelernt), dann fragt er, ob ich ihn verlassen oder ab-
stoßend finden würde, wenn er z. B. durch einen Unfall
einen Arm verlieren würde.

Über unsere Hochzeit gibt es nichts weiter zu berichten. Daß das Ganze zehn Minuten dauerte, schrieb ich euch schon. Wir kamen uns ein bißchen blöd vor, als wir auf der Straße standen und nicht mal Eis essen gehen konnten, weil die Restaurants noch zu hatten.

Allerdings warteten dann zu Hause schon Leute auf uns, Mitarbeiter von Rudi, die gratulieren kamen, und gegen 12 Uhr gingen wir ins Hotel und aßen zwei Stunden lang ein Riesen-Menü. Unsere kleine Reise, die wir geplant hatten, mußte ausfallen, weil Rudi bloß einen Urlaubstag hatte. Wir [...] sind nur mal für den Sonntag nach Plau rübergefahren, zu Rudis Eltern, und haben uns einen kleinen Schäferhund mitgebracht. Na, ich weiß nicht ... es war wohl doch eine Schnapsidee. Der Rudi hat allerdings Hunde sehr gern, und sie hatten zu Hause auch immer einen Schäferhund, aber hier fehlt ihm die Zeit, sich richtig mit ihm zu beschäftigen und ihn zu erziehen. [...] Wir haben ihm eine Hütte zusammengebaut, aber noch keinen günstigen Standort gefunden, so daß er auf den Beeten herumtanzt und meine schönen Tigerlilien gefressen hat. Eben war ich gerade wieder draußen (es regnet in Strömen – das erstemal seit fünf Wochen mindestens) und habe ihn aus seiner Kette rausgewickelt; er ist einfach noch zu dumm und verheddert sich immerzu in Sträuchern oder wickelt sich um einen Baum und findet nicht zurück. Aber er wird's schon lernen; der Dicke behauptet, er sähe intelligent aus. Jedenfalls ist er ein ganz hübscher kleiner Bursche – d. h. [...] wenn er ausgewachsen ist, wird er ein sehr stattlicher Herr sein – nein, eine Dame, ich vergesse immer, daß es eine Hündin ist. Hoffentlich haben uns bis dahin die Nachbarn nicht verrückt gemacht mit ihrem Gemecker darüber, daß der Hund sich untersteht, ab und zu zu bellen, was aber gerade seine Aufgabe sein soll, jedenfalls wenn fremde Leute kommen, denn seit längerer Zeit schleichen hier irgendwelche finsteren Gestalten ums Haus, die uns in die Fenster gucken; einmal hätte der Dicke beinahe einen Mann zu fassen gekriegt, der auf der Terrasse war, aber er konnte entwischen, und uns wird die Sache langsam unheimlich. [...]

Lieber Vati, wir haben diesen Monat nur 200.– Mark geschickt, weil wir wieder mal in Schwierigkeiten gekommen sind (was wir allerdings meistens sind). [...] Wenn wir unsere Schulden erstmal los sind, sparen wir auf eine kleine Möbelwand für den Dicken. In diesen beiden Zimmern, von denen das eine doch recht winzig ist, wird alles zu einer Platzfrage, sonst kommen wir nie aus dem Gemöhle raus. Und die Wohnung war nun mal bloß für eine Person gedacht und eingerichtet [...].

Und jetzt muß ich wirklich endlich schließen; heute ist Brieftag, und die anderen kriegen bloß Karten, sonst komme ich nie durch. Laßt es euch gut gehen, ihr Lieben, feiert fröhlich Vaters Geburtstag [...], und seid ganz lieb gegrüßt von eurer Tochter Brigitte.

Nbg., 29. 5. 71

Liebe Mutti,
gestern habe ich Dein Briefchen und das Plumol bekommen. Schönen Dank dafür!

Ich habe das Zeug gleich ausprobiert und tatsächlich meinen Schnurrbart wegradiert, und wenn es sich bewährt, werde ich dabei bleiben. Der Dicke und auch der Hautarzt (der jetzt meine verschandelte Haut ziemlich erfolgreich mit irgendeinem greulichen Schwefelzeug bekämpft) sind allerdings dagegen; sie behaupten, bei öfterer Behandlung mit Plumol gäbe es Entzündungen und Hautschäden. Tatsächlich hat es ziemlich gebrannt, [...] aber jedenfalls sah ich zum erstenmal nicht wie ein Halbstarker aus. Mal sehen, wie es sich bewährt: Jeder Mensch reagiert ja anders auf solche Mittel. Der Dicke hat neulich eine große Auszupfaktion gestartet und Hals und Kehle gründlich bereinigt. Na, das war nicht gerade ein Spaß.

Gestern war ich endlich mal beim Nervenarzt, und er hat mir allerlei Beruhigungszeug gegeben. Er meinte aber, vor allem müßte ich mit meiner Arbeit fertig werden, das wäre die beste Beruhigung – und damit hat er auch recht. – Unsren kleinen Schäferhund haben wir meiner Kollegin Margarete gegeben; dort im Wald hat er wenigstens Auslauf und darf nach Herzenslust bellen. Hier sind alle Nachbarn böse geworden [...].

Mit vielen lieben Grüßen für Dich und unsern Vater – Deine, d. h. eure Brigitte [...]

Nbg., 21. 6. 71

Liebe Mu, lieber Vati,

unseren sogenannten Urlaub haben wir nun hinter uns gebracht; heute ist Rudi wieder zur Arbeit gegangen, und ich habe den ganzen Tag am Buch gearbeitet. Die zwei Wochen waren glatt verschenkt, wir konnten überhaupt nichts unternehmen, weil es immerzu regnete und schauderhaft kalt war (wir haben unsere Gasöfen wieder in Betrieb genommen).

[...] Von Lutz habe ich, d. h. haben wir einen Hochzeitsbrief bekommen, über den ich sehr glücklich bin, so lieb und verständnisvoll hat er geschrieben – eben richtig wie ein großer Bruder. Ja, und damit wären die Neuigkeiten schon erschöpft – bis auf einen erfreulichen Bescheid aus Buch, den mir die nette Frau Dr. Matthes auch privat geschrieben hat: die Untersuchungsergebnisse sind alle recht gut ausgefallen. Na, also – man fällt wie eine Katze immer wieder auf die Füße. Jetzt läuft meine Badewanne gleich über, und ich verabschiede mich schnell von euch.

Bleibt gesund und seid ganz herzlich gegrüßt von eurer Brigitte und von Rudi

Nbg., 20. 8. 71

Liebe Mu, lieber Vati,

heute war ein irrsinnig heißer Tag, und auch jetzt, am Abend, ist es noch so drückend schwül, daß man andauernd unter die Dusche gehen möchte (was sich in unserem primitiven

Badezimmerchen leider nicht machen läßt). Der Dicke sitzt nebenan und spielt mit seinem Kollegen Schach, und nach der nächsten Partie wollen wir zusammen nach Neustrelitz fahren und einen Krimi ansehen – ich weiß nicht, warum; wir sind alle zum Umfallen müde. Aber vielleicht ist es auch ganz gut, sich mal diese winzige Entspannung zu gönnen; neuerdings fühlt sich sogar mein ruhiger Herr Rudi […] überarbeitet; er liest bis in die Nacht hinein seine wissenschaftlichen Wälzer, die er für die Arbeit über theoretische Medizin braucht, die er mit zwei Kollegen aus Berlin zusammen für das Gesundheitsministerium schreiben wird, und die sich über zwei Jahre erstrecken soll. Hübsche Aussichten.

21. 8. Heute ist wieder so ein verrückter Hitzetag, und wir liegen herum wie die toten Fliegen. Nicht mal Lust, zum Baden an den See zu fahren […]. Vorhin habe ich versucht, ein bißchen zu arbeiten, aber es klappte nicht recht […]. Die letzten Wochen waren mörderisch, ich habe von morgens bis in die Nacht geschuftet (und dazwischen natürlich immer Haushalt und Wäsche und Einwecken, wobei allerdings Rudi tüchtig mitgeholfen hat, er hat auch endlich einen richtigen Weckapparat besorgt); ich kam mir schon vor wie die arme Tante Liesel (denn diese neurotischen Zustände sind eine wirkliche Krankheit), traute mich nicht mehr über die Straße, konnte nicht lesen, teils weil ich überhaupt nichts aufnahm, teils wegen Sehstörungen. Letzte Woche konnte ich es vor Terminangst einfach nicht mehr aushalten und habe Lewerenz angerufen […], er hat mich ein bißchen beruhigt und gesagt, auf ein, zwei Monate Terminverzug käme es nicht mehr an; sie haben einen Blindband im Plan (Vati weiß, was das ist) und werden mich auf jeden Fall nächstes Jahr noch in der Druckerei unterbringen, so daß das Buch […] doch noch im letzten Quartal 72 erscheinen kann. Das ist zwar nur eine kleine Galgenfrist, aber eben doch eine Frist; trotzdem muß ich in scharfem Tempo weiterarbeiten, denn ich habe noch eine Unmenge Stoff zu bewältigen, eigentlich genug für einen zweiten Band. Gelegentliche

Rückenschmerzen und allerlei andere Beschwerden werden einfach nicht beachtet – dafür ist immer noch Zeit, wenn das Buch fertig ist.

[…] Von Lutz habe ich noch nichts wieder gehört; schade, ich hätte gern eine Karte aus Venedig gehabt, wenn man schon selber nicht hinreisen kann. Habe ich geschrieben, daß Irmchen inzwischen für ein paar Tage hier war? Sie hat mich wieder dringend nach Amsterdam eingeladen, aber an eine solche Reise ist zur Zeit nicht zu denken. Na, vielleicht wird meine Invalidität um ein Jahr verlängert, dann kann ich immer noch reisen, falls ich den Mut dazu aufbringe, denn wenn ich so in Filmen sehe, wie es drüben zugeht – der Verkehr, diese ganze moderne Welt –, wird mir himmelangst, und ich denke, ich werde mich überhaupt nicht zurechtfinden und immerzu etwas falsch machen, obgleich Irmchen beteuert, in Amsterdam könne man sich kleiden und benehmen, wie man wolle, davon nimmt kein Mensch Notiz. […]

Wir haben jetzt öfter mal Streit, dh. meistens versinken wir dann in Schweigen, und jeder zieht sich in sein Zimmer zurück. Wahrscheinlich liegt es einfach daran, daß wir beide so überarbeitet sind – oder ist es in jeder Ehe so, wo beide Partner arbeiten und dann noch den Haushalt zu bewältigen haben? […] Meistens trägt die Frau ja doch die Hauptlast, weil die Männer die tausend Kleinigkeiten des Alltags einfach nicht sehen […]; sie merken gar nicht, daß wir die Heinzelmännchen sind, die ihnen andauernd nachräumen oder so. Vielleicht kommt auch dazu, daß einem bestimmte Gewohnheiten des anderen, die man zuerst bloß komisch fand, allmählich auf die Nerven gehen – von der Überschwemmung im Badezimmer bis zur Einstellung in Geldfragen. Es ist überall dasselbe. […] Oder seine Begeisterung, mit der er einen Haufen Werkzeug kauft, das wir gar nicht brauchen. […] Na, vielleicht müssen Männer so sein, und die Bastelei ist immer noch besser, als wenn er wieder oder immer noch trinken würde […] – aber schwierig ist es schon, mit so einem alten Junggesellen fertigzuwerden, das könnt ihr glauben, zumal wenn man selbst jahrelang wie ein Junggeselle gelebt und seine lieben Gewohnheiten hat. Aber denkt ja nicht, daß ich mich beklage oder enttäuscht bin – es handelt sich um ganz normale Schwierigkeiten, die es in jeder Ehe – und sicher auch bei euch – zu bewältigen gibt. […]

Liebe Mutti, Du schreibst, daß Du jetzt so schlank geworden bist. Weißt Du, ich habe doch immer noch das französische Kostüm aus dem tollen Teststoff, den es irgendwann mal zu kaufen gab. Verkaufen möchte ich es nicht, schon deshalb, weil ich die Jacke gebrauchen kann (denn ich habe eine passende Hose aus demselben Stoff dazu), aber den Rock ziehe ich doch nie an, weil ich mich völlig auf Hosenmode umgestellt habe. Er ist zwar eng (damals war ich bloß eine halbe Portion), hat aber noch Stoff in den Seitennähten. Vielleicht würde er Dir passen? Absolut knitterfrei. Ich hätte auch noch ein Paar weiße tschechische Schuhe zu bieten, die ich nicht brauche, weil Irmchen mir ein Paar weiße Schuhe hiergelassen hat. […] Ich finde, ich habe viel zu viel anzuziehen – und dabei laufe ich den ganzen Tag bloß in meinen Nietenhosen und irgendeinem geliebten alten Pulli rum. Am besten, ich packe mal was zusammen und schicke es Dir, und wenn's nicht paßt, kannst Du es ja […] für mich verkaufen […]. Ich weiß nicht, warum, aber ich mache mir gar nicht mehr soviel aus Kleidung wie früher; ich habe eben meine Lieblingsstücke, die ich immer wieder trage, wenn sie auch schon ein beträchtliches Alter erreicht haben, aber ich fühle mich wohl darin, und damit basta.

An Neuigkeiten habe ich sonst nichts zu bieten; es ist eben jeden Tag dieselbe Plackerei, und alles dreht sich um das Buch […]; wenn diese verrückte Arbeit abgeschlossen ist, werde ich wieder anders leben und Zeit und Gedanken für anderes als für meine Franziska haben. […] amüsiert euch gut mit Susanne, grüßt die Beschens […] und seid selbst ganz lieb gegrüßt und geküßt

von eurer Tochter Brigitte

Meine lieben Eltern,

heute wirklich nur ein paar Zeilen, um mich zu bedanken
[...] für das schöne Päckchen [...]. Der Dicke hat noch nie
ein Hemd mit der schwarzen Rose gehabt, und er hat es
gleich am nächsten Tag angezogen, als wir nach Buch fuhren,
und war so stolz auf seine Rose, daß er immer die Jacke bei-
seiteraffte, damit man sie auch ja richtig sehen kann. Außerdem wurde es Zeit, daß er mal ein anständiges Hemd bekommt; er hat immer noch dieses Perlonzeug, und wir sind
durch alle unsere Raten und Schuldenabzahlungen und dergleichen noch nicht dazu gekommen, ihn mal ein bißchen
moderner einzukleiden. [...] Ich sollte eigentlich nochmal
ein Stipendium vom Rat des Bezirks kriegen, aber da rührt
sich nichts; wahrscheinlich denken die Leute, daß ich es nicht
nötig habe, weil ich ja einen Mann habe, der für mich sorgen
kann. Die Schriftsteller-Männer indessen kassieren fleißig,
trotz ihrer hohen Einnahmen, aber dafür sind sie eben Männer, und überhaupt sind die ganzen Stipendien-Geschichten
hier völlig undurchschaubar. Die Verteilung wird offenbar
am Skattisch geregelt, und leider spiele ich nicht Skat ...

Neues gibt es von hier nicht zu berichten, und wenn, dann
könnte ich es nicht schreiben, ich bin immer noch im Halb-
schlaf, hab letzte Nacht zuviele Tabletten geschluckt, um
endlich mal richtig schlafen zu können, aber es hat nichts
genützt, ich war wieder vor fünf wach und habe nichts weiter
als einen Kopf wie ein leerer Ballon. Ein scheußlicher Zustand. Ich bin jetzt wirklich restlos erschöpft, und manchmal
möchte ich das ganze Buch aufgeben. Sogar dem Dicken
wird allmählich angst, wenn er sieht, wie ich auf Schritt und
Tritt halb bewußtlos durch die Gegend taumele, mit Leuten
spreche, ohne zu verstehen, was sie sagen – nein, es ist bald
nicht mehr auszuhalten. Dabei bin ich körperlich ganz gut in
Ordnung; die Kontrolle in Buch, Blutsenkung und Röntgen-
aufnahmen, hat recht gute Ergebnisse gezeigt, aber was hilft
das meinem armen verrückten Kopf, der einfach nicht mehr

denken kann? Und immer die Angst, die Leute könnten merken, daß ich nicht mehr ganz »da« bin ... [...]

So, und damit Schluß. Ich muß trotz allem versuchen, ein paar Zeilen an meinem Manuskript herauszuschinden. Morgen ist wieder der ganze Tag hin, weil wir Verbandssitzung haben. [...]

Seid nochmals ganz herzlich bedankt, [...] grüßt die Beschs und seid selbst ganz lieb gegrüßt und geküßt von eurer Tochter
Brigitte.

Schönste Grüße natürlich auch vom Dicken mit der schwarzen Rose.

Nbg., 21. 9. 71

Meine lieben Eltern,

ich weiß gar nicht, wie lange es her ist, seit wir telefoniert haben – ich lebe nur noch in diesem scheußlichen Zustand von Erschöpfung und Hindämmern und kann keine einzige Zeile am Buch schreiben. Und die Zeit vergeht und der Termin der Ablieferung rückt näher ... Die Angst wird größer und damit die Unfähigkeit, zu schreiben. Ein Teufelskreis.

Mein Dicker ist jetzt für eine Woche in Berlin, zu einer Hygieniker-Konferenz, und ich vermisse ihn sehr. Und ihm geht es genau so; er sagt, wenn er mich einen Tag lang nicht gesehen hat, sei er richtig krank. Merkwürdig, wir sind schon wie ein altes Ehepaar, und dabei ist es jetzt im September erst ein Jahr her, seit wir uns kennen gelernt haben. Am 28. v. J. hat er mich mit nach Plau zu seinen Eltern genommen. [...] Ein Jahr – das muß euch »Vierzigjährigen« ja geradezu lächerlich vorkommen. Vielleicht scheint's uns so viel Zeit, weil wir schon soviel miteinander durchgemacht haben, vor allem diese blöden Krankheiten, während der er mir so wunder[bar] zur Seite gestanden hat.

Ich hab mir für jeden Abend dieser Woche ein paar Leute eingeladen, damit mir nicht die Decke auf den Kopf fällt. Heute abend kommen zwei Ärzte, mit denen man auch mal über was anderes reden kann als über Krankheiten, Skat und Fußball. Der eine sammelt Antiquitäten (die er auch selber restauriert); und der andere ist ein Jazz-Anhänger, und wir wollen uns ein paar schöne alte Platten anhören.

[...] Liebe Eltern, bleibt gesund, drückt mir die Daumen, daß ich bald arbeiten kann, und seid ganz lieb gegrüßt von
   eurer Tochter Brigitte

Nbg., 15. 10. 71

Meine lieben Eltern,
[...] Wir haben es zur Zeit ziemlich schwer miteinander, der Dicke und ich; er wird jetzt auch nervös (eine Reaktion auf meine Nervosität), wir haben ein paar Tage nicht miteinander gesprochen, aber heute abend wollen wir versuchen, halbwegs ruhig und vernünftig die Lage zu analysieren und einen Ausweg für uns beide zu suchen. Wenn ich bloß wieder richtig arbeiten könnte – dann wäre ich viel ausgeglichener. Na, auf jeden Fall versuche ich es, langsam wieder reinzukommen in dieses verdammte Buch. Bitte, macht euch keine Sorgen; es müßte doch mit dem Teufel zugehen, wenn wir nicht über diese schlimmen Runden kommen. [...] Inzwischen seid ganz herzlich gegrüßt und geküßt von eurer Brigitte [...]

Nbg., 27. 10. 71

Liebe Mu, lieber Vati,
[...] ich bin jetzt viel zu aufgeregt zum Briefeschreiben, das Buch macht mir wahnsinnig zu schaffen. Ich probiere hundert Varianten, um das abgebrochene Kapitel weiterzuführen – ich war eben zu lange aus dem Stoff raus und habe völlig den Überblick verloren [...]; vorläufig muß ich immerzu nachlesen, damit ich nicht etwas schreibe, was schon längst in einem anderen Kapitel steht. Die kleinen und auch die nicht ganz so kleinen Probleme unserer Ehe haben wir inzwischen

ausdiskutiert, und die Spannungen sind erstmal beseitigt. Wißt ihr, ich glaube, der Dicke ist eifersüchtig auf meinen Beruf und alles, was damit zusammenhängt: die Kollegen, unsere Diskussionen, meine etwas männliche Art. Das ist alles ziemlich schwierig zu analysieren – allerdings kenne ich das ja schon von meinen anderen Männern. [...] Bis bald, ihr Lieben [...] seid ganz herzlich gegrüßt von

eurer Tochter Brigitte

1972

Meine lieben Eltern,
heute habe ich endlich mal einen klaren Tag und kann euch
schreiben; Rudi sitzt drüben mit zwei Kollegen und spielt
Skat und trinkt dabei TEE (ihr werdet gleich erfahren,
warum das wichtig ist), und heute früh haben wir ein
Päckchen für Mutti abgeschickt, wirklich nur eine Kleinigkeit. Eigentlich wollte ich noch einen Pullover mitschicken,
den ich mir in einem Anfall von geistiger Umnachtung irgendwann mal im Exi gekauft habe (nicht im letzten Jahr –
solche Scherze erlauben mir meine Rente nicht mehr) und
nie getragen habe, weil er mindestens zwei Nummern zu
groß ist. Gestern habe ich mal Inventur gemacht [...], und
dann hat ihn Rudi anprobiert, denn es ist außerdem noch ein
Männerpullover, aber R. war er doch etwas zu klein, und
Mutti wird er zu groß sein (obgleich sie immer behauptet, sie
wäre viel dicker als ich – was jetzt allerdings stimmen mag,
denn ich wiege bloß noch knapp neunzig Pfund), und da
habe ich mir ganz schlau gedacht, ich könnte ihn zu einem
Geschenk für Vati ernennen. [...] Ich muß jetzt furchtbar
sparsam werden, mein Taschengeld ist gekürzt worden, und
wenn ich meine stille Reserve nicht hätte ... Die ist auch
schon tüchtig angeknabbert, ich muß mir eben doch ab und
zu was Neues anschaffen (die meisten meiner Kleider, die ich
zu Kasacks umgearbeitet habe, stammen noch aus der Hoyerswerdaer Zeit), ich brauche auch mal ein Paar warme Hosen, und die gibt es nun mal leider nur im Exi (das heißt, auch
dort gibt es keine, und ich muß zwei Paar Strumpfhosen anziehen, weil es auch keine dicken Strumpfhosen gibt [...]).
Außerdem rauche ich jetzt wieder ziemlich viel, zu viel, und
trinke gern Presto (auch zu teuer); Kaffee gibt es nur noch

ganz selten bei uns, wir sind auf Tee umgestiegen, zuerst aus Sparsamkeit, nun aus Überzeugung. Aber ich muß mir Bücher kaufen, schon aus Berufsgründen, brauchte unbedingt Schuhe (die werde ich wohl doch im Exi kaufen müssen, denn hier gibt es nur dieses steinharte SML-Zeug) … ein Glück, daß der Rudi gar nicht merkt, wenn ich mal was Neues habe, oder nicht mitkriegt, wenn ich einen viel billigeren Preis als in Wirklichkeit nenne. Ja, es ist eine Schande, daß man sich so durchschwindelt, aber was hilft's? Wir haben ein strenges Sparsamkeitsprogramm eingeführt, […] aber da wir dabei immer mit dem Honorar für mein Buch rechnen, glaube ich weder an den Saporoshez (Wartburg wäre ja sowieso nicht drin), noch an neue Möbel, obgleich wir sie dringend benötigten – die Wohnung ist einfach zu klein und unpraktisch für zwei Leute, wir wissen nicht, wohin mit unseren Sachen, Kleidung, Büchern, Schreibkram, und können nur im Notfall mal jemanden bei uns unterbringen […]. Man müßte also völlig umräumen, aber das kostet ein irres Geld – zum Glück, hätte ich beinahe gesagt, hat Hellerau mit seinen praktischen Anbaumöbeln mindestens zwei [Jahre] Lieferzeit, falls man überhaupt angenommen wird.

[…] Nun ist uns auch noch eine Garage angeboten worden, das reine Wunder, denn natürlich gibt es sonst überhaupt keine Garagen, aber sie soll 1500.– kosten und damit wären unsere Ersparnisse sofort wieder hin. […] Und wer weiß, ob sich ein Garagenkauf in unserer Straße lohnt – über kurz oder lang soll sie ja doch abgerissen werden, Gott weiß warum – jammerschade um all die hübschen Häuser. Aber die Stadtplaner haben es nun mal in ihrem Programm […]. Allerdings, wie ich so unsere Programme kenne … […]

Wie schon angedeutet: mit meinem Buch ist vorläufig nicht zu rechnen. Ich schinde mich wie eine Verrückte, aber ich schaffe trotz stundenlanger Arbeit immer nur ein paar Zeilen. Meist bin ich noch in diesem ekelhaften Zustand, wo ich einfach nicht denken kann, Sehstörungen habe, Angst ausstehe – vielleicht ist es Angst vor dem Versagen, vor der

Aufgabe, diesen Riesenschinken doch noch zu bewältigen, obgleich ich keine Beziehung mehr zu dem Buch und zu seinen Problemen habe. Und leider, das muß ich nun endlich mal gestehen, ist auch der Rudi schuld, daß ich immer wieder abrutsche. Ich glaube, ich habe euch das bis jetzt immer unterschlagen: er ist ein krankhafter Trinker. [...] Seit wir [...] zusammen waren, und vor allem in der Zeit, als er mich hier pflegte, war er sehr brav, aber nachdem ich aus Buch zurück war, fing es wieder an. Andauernd kreuzen seine verdammten Kollegen hier auf, bringen Kognac mit oder treffen sich mit ihm im Hotel, und dann versackt er hoffnungslos. [...] Zwei Tage vor Heiligabend haben wir eine große Aussprache gehabt, und da hat er endlich begriffen, daß sein geliebtes Weib sich wirklich davonmachen wird [...].

Wenn er nicht in die Flasche fällt, ist er rührend lieb zu mir, schafft sogar Ordnung (das war ihm auch schwer beizubringen – halt so ein schlampiger Junggeselle, [...] und ich bin nun mal leider besonders pingelig). Erst dieser Tage hatte er wieder einen Rückfall, aber was für einen! [...]

Deshalb also habe ich gestern am Anfang des Briefes das Wort Tee groß geschrieben. Als gestern seine lieben Kollegen anrückten (ausgerechnet die beiden Obersäufer), wurde mir schon schwach, aber Rudi hat durchgehalten; sie haben den ganzen Nachmittag Schach gespielt und dann noch geskatet, und es gab nichts anderes als Tee zu trinken. [...] Überhaupt wird unter den Ärzten getrunken, daß es schon nicht mehr schön ist. Drückt uns bloß die Daumen, daß er standhaft bleibt. So, nun wißt ihr, was für Probleme so bei uns anliegen [...]. Ach, daß ich immer solche schwierigen Männer erwische ...

Genug von dem Thema [...], ich habe mir vorgenommen, wenigstens noch einige der Briefe zu beantworten, die schon wochenlang hier herumliegen, zum Teil sogar ungeöffnet (sowas ist mir früher nie passiert), aber dieses entsetzliche Manuskript frißt mich auf, abends bin ich schon um acht so todmüde, daß ich kaum noch imstande bin, mir mal einen

Fernsehfilm anzusehen, und zum Lesen komme ich kaum noch. Vielleicht wird es ein bißchen besser, wenn die Tage länger werden und nicht mehr so deprimierend dunkel sind, und wenn ich wieder ein bißchen Land sehe mit meinem Buch und überhaupt mein Kopf einigermaßen in Ordnung ist. Ich kann mir nicht helfen, ich glaube, diese blöden Medikamente bekommen mir nicht, die ich immer nehmen muß, aber sie sind nun mal lebensnotwendig, und wir müssen jede Woche eine Blutprobe abliefern, ob sich auch ja nichts verändert hat, und jede Woche spritzen. Jetzt gehen mir von diesem Scheißzeug auch noch die Haare aus, und ich bin bald soweit, daß ich eine Perücke brauche, ganz im Ernst. Und der blöde Bauch kommt auch nicht wieder in Ordnung, da hilft alles Turnen nichts. Bei einer Operation sind die Nerven durchtrennt worden, und nun ist er für meine Begriffe ganz unförmig, und gerade jetzt, wo ich so mager geworden bin, sehe ich aus wie schwanger. Wenn das ginge, wäre ich glatt imstande, mich nochmal operieren zu lassen, aber ich glaube, da läßt sich nichts machen.

[...] wenn ihr nächstens wieder für eine Weile mit Kärtchen abgespeist werdet, dann seid nicht böse, [...] und seid ganz lieb gegrüßt von eurer Tochter

Brigitte

Nbg., 17. 3. [72]

Liebe Mu, lieber Vati,

[...] ich habe den ganzen Tag gerackert wie verrückt, mehr als mein Pensum geschafft, aber nun bin ich so tot, daß ich kaum noch geradeaus denken kann. Und so geht das Tag für Tag, aber ich kann nicht anders, und wenn ich dabei draufgehe – ich muß weiterschreiben und in absehbarer Zeit fertigwerden (wir haben jetzt so eine freundliche kulturpolitische Strähne, und ich habe mir doch allerhand in dem Buch geleistet), aber natürlich bin ich mir darüber klar, daß es die reinste Selbstzerstörung ist, was ich jetzt betreibe, nur noch rauchen, so gut wie gar nicht essen, höchstens mal eine kurze Ruhepause im Liegestuhl auf der Terrasse. Ist bei euch [auch] so herrliches Wetter? Direkt unheimlich – warm wie im Mai, ich laufe schon längst in Sommerpullis rum, brauche die Heizung nicht mehr anzustellen ... aber der Garten! Oh je, der wäre überreif zur Säuberung und Bestellung (bei meinen tüchtigen Nachbarn sieht es schon fabelhaft gepflegt aus, sie haben sogar schon gesät)

[...] das Auto ist hinfällig; am 17. – also heute – hätten wir den Kaufvertrag abschließen müssen und sofort zwei Drittel der Gesamtsumme auf den Tisch legen, und die hatten wir natürlich nicht, hätten sie auch nicht zusammenborgen können – und damit ist der Vertrag erloschen, und wir werden weiter unseren braven alten Skoda fahren, der jetzt, nach dem Unfall, wieder ganz manierlich aussieht und wacker läuft.

[...] eine alte Liebe von mir ist wieder aufgetaucht, ein phantastisch begabter Dichter, und wir haben uns wieder wunderbar verstanden, eine ganze Nacht und den folgenden Tag diskutiert, geredet und geredet, über Schreiben natürlich, und das hat mir so gut getan ... endlich mal wieder ein Partner, mit dem man wirklich über unsere geliebte, verfluchte Arbeit sprechen kann und über alle möglichen Dinge, für die mein Dicker einfach zu irdisch ist, ihr versteht schon – er hält Schriftsteller ein bißchen für Spinner (sind wir ja auch, zugegeben). Bloß, jetzt wird mir selbst ein bißchen bange, weil der andere mir zwar wunderschöne, aber beunruhigende Liebesbriefe schreibt, und weil er nächste Woche wiederkommen will ... na, Hilfe, ausgerechnet, wenn R. von seinem Lehrgang zurückkommt. So war das ja nun nicht gemeint, ich finde mein Leben schon so kompliziert genug, ohne uneingeplante, zusätzliche Liebhaber. Irgendwie muß ich die Geschichte abbiegen, obgleich mir sehr daran gelegen wäre, wieder mit meinem Freund zu schwatzen ... und für Rudi wär es ganz gut, wenn er mal Grund zur Eifersucht hätte; bloß schade, daß er weiß, was für strenge Prinzipien ich habe, und daß ich ihn nicht betrügen würde. [...] So eine häßliche alte Person, bloß

Haut und Knochen, und geistig meist weggetreten – und trotzdem fallen alle möglichen Knaben auf mich rein, und wenn ich allein wär wie vor Rudi-Zeiten, hätte ich wieder an jedem Finger einen Verehrer. Auf der Straße pfeifen mir die jungen Männer nach, im Hotel sitze ich keine fünf Minuten allein – und da soll man mit Würde altern und sich endlich bewußt werden, daß man wacker auf die Vierzig zumarschiert! Männer sind schon ulkige Geschöpfe. Der Gerd – also was meine einstige Liebe ist – ist so verrückt, daß er mich sogar um mein Hinken beneidet und sich wünscht, er würde auch hinken. Aber vielleicht hängt das alles mit meinem Beruf zusammen: weil ich zuhören kann und für so vieles Verständnis habe – anders kann ich es mir nicht erklären.

Na, ich schwatze da wieder ein Zeug zusammen ... die pure Übermüdung. Übrigens scheint der Kram, den ich da jetzt schreibe, doch was zu taugen (ich dachte doch die ganze Zeit, ich schreibe bloß noch – Pardon – Scheiße); wir haben neulich eine Lesung gemacht, im kleinen Kreis, und Jürgen hat gejubelt: das ist Literatur!, und der Dr. K[...] fand's ungeheuer anspruchsvoll, [...] und ich habe wieder ein bißchen Mut geschöpft: offenbar liefere ich da ein ganz ordentliches Stück Arbeit. Schade, daß der Dicke nie mein Manuskript liest [...], sonst würde er sein Weib auch von dieser Seite schätzen lernen – aber nein, er will ja, wie gesagt, nicht »mit Frau Reimann, sondern mit Brigitte verheiratet sein«. Als ob sich das trennen ließe! Wißt ihr, ich denke, er ist auch deshalb so eifersüchtig auf meinen Beruf, weil er selbst in seinem Beruf nicht die richtige Erfüllung findet, während er bei mir täglich sieht, wieviel Freude und Qual eine wirklich geliebte Arbeit bedeuten, wie sehr sie einen Menschen ausfüllen kann. [...]

Werdet gesund, ihr beiden, [...] rackert euch nicht zu sehr ab, genießt den herrlichen Frühling [...], gedenkt eurer armen Schreiberlingstochter und betet für mein Buch.

Seid ganz lieb gegrüßt und geküßt von
eurer Tochter Brigitte

Meine lieben Eltern,

[...] Erstens möchte ich mich herzlich für Muttis lieben
Brief bedanken (ehe ich es vergesse: ja, ich habe einen langen
Lebensbericht an Veralore geschickt und warte nun mit
Spannung auf ihren Bericht), zweitens bin ich immer noch
bestürzt darüber, daß ich drei Wochen lang nicht geschrieben
haben soll [...], und drittens habe ich am Telefon natürlich
geschwindelt [...]. So schön in Ordnung war hier alles gar
nicht. Mir ging es körperlich mal wieder so schlecht, daß wir
zu Morphium greifen mußten – [...] ich bin so abgearbeitet,
daß ich mittags über der Maschine einschlafe, abends nicht
mehr ausgehen mag, mir nicht mal mehr ein blödes Fernseh-
stück ansehe und am liebsten um acht ins Bett gehe, und um
diese Zeit ist Rudi natürlich noch ganz wach [...].

Habe ich euch eigentlich geschrieben, daß er seine Fahrerlaubnis losgeworden ist? [...] Nun können wir gerade jetzt
im Sommer keine Ausflüge machen, und unser aufgehübsch-
tes Auto steht ungenutzt in der Garage. Ich habe nicht weiter mit ihm geschimpft, weil er mir leid tat [...].

Heute ist er abgereist zu seinem Reservisten-Lehrgang
(oder Militärschule – jedenfalls irgendwas Spezielles für
Ärzte, zur Erlangung eines Offiziersgrades). Er sieht wahnsinnig ulkig aus mit einer Dienstmütze über dem kugelrun-
den Gesicht. Er wird zwei Monate wegbleiben und vermutlich bloß einmal Urlaub bekommen. Ich will die Zeit nutzen,
um möglichst viel an meinem Buch zu schaffen, und hoffentlich bin ich vernünftig genug, nicht bloß andauernd vor der
Maschine zu sitzen, sondern auch mal in den Garten zu gehen. Schwerere Arbeiten will mir Jürgen abnehmen, der jetzt
mit seiner Examensarbeit (Journalistik) fertig ist [...]. Na, es
wird schon irgendwie gehen.

[...] Das letzte Kapitel, an dem ich so geschuftet habe, ist
aus politischen Gründen so gut wie gestorben – da habe ich
meine Nase doch zu vorwitzig in Dinge gesteckt, die vorläufig tabu sind. Na, das war nicht gerade erbaulich, sowas vom

Verlag zu hören, aber ans Überarbeiten – falls ich mich darauf einlasse – gehen wir erst nach Abschluß. Wer weiß, was bis dahin ist … […] Ich hoffe, ihr genießt den Balkon und Garten und den sommerlichen Sonnenschein und seid beide so halbwegs gesund (wir sind eben nicht mehr zwanzig …)
Seid ganz lieb gegrüßt von
eurer Tochter Brigitte

Nbg., [11.] 5. [72]

Meine lieben Eltern,
[…] Rudi ist unerwartet über Sonnabend und Sonntag nach Hause gekommen. Wieder zwei Tage ohne Arbeit. D. h. bis Sonnabend mittag war ich tüchtig am Schaffen, und als R. klingelte, lag gerade mein lieber Jürgen seelenruhig schlafend auf dem Teppich (er hatte mir Milch und Brot gebracht), ungestört durch das Maschinengeklapper. Komisch, Jürgen ist der einzige Mensch, in dessen Gegenwart ich arbeiten kann (allerdings auch bloß, wenn er schläft). Zum Glück ist R. nicht mehr eifersüchtig auf ihn. Aber – was schlimm hätte ausgehen können –, mein Freund und Anbeter aus Leipzig war ebenfalls in N., ebenfalls unerwartet gekommen[…]. – Inzwischen kann ich, wenn auch unter Schmerzen, wieder ein bißchen laufen und war am Freitag schon (mit Wagen) mit J. in der Stadt. Man ist eben nicht totzukriegen, und mit allerlei Betäubungsmitteln komme ich ganz gut über die Runden. Wenn ich schreibe, ist mir alles andere egal.

Unser liebender Dichter ist hartnäckig und bleibt in N. […] Wir verstehen uns wirklich glänzend, weil wir beide so vernarrte Schreiber sind – aber, wer weiß, wahrscheinlich ist das auch das einzige, was uns – von mir aus gesehen – verbindet.

Der Dicke macht mich wieder mal völlig nervös, weil er keinen Respekt vor meiner Arbeitszeit hat; außerdem ist er sofort eingeschnappt und mürrisch, wenn die Rede auf Schriftstellerei kommt und auf den Egoismus der Schreibenden, den

wir – ich hatte neulich ein langes Gespräch mit Sakowski darüber – für eine Tugend halten. Na, genug davon. [...]
    Seid ganz lieb gegrüßt von eurer Brigitte

                                                    Nbg., 12. 5. 72

Liebe Mu, [...] einen Tag, nachdem Rudi abgereist war, hatte
ich einen neuen Anfall – weiß der Teufel, was da im Rücken
kaputt gegangen ist –, furchtbare Schmerzen, konnte überhaupt keinen Schritt mehr laufen, und den ersten Tag war ich
ziemlich verzweifelt. Aber am zweiten Tag stellten sich
meine Freunde und R.s Kollegen ein, und seitdem wurde ich
rührend versorgt, mit Lebensmitteln und mit Medikamen-
ten. Eigentlich sollte ich ins Krankenhaus, aber da habe ich
mich geweigert, weil ich schließlich arbeiten muß und die
Maschine nicht mit in ein Krankenzimmer nehmen kann. Ich
bin froh, endlich mal allein und ungestört zu sein, und dann
passiert so ein Mist ... Dann wollten sie Rudi von der Armee
zurückholen, aber da habe ich ebenfalls gepaßt, und ebenfalls wegen der Arbeit. Spritzen kann mir auch ein anderer
geben, und im übrigen kümmern sich Jürgen und Frau Lindemann um mich, auch meine Nachbarin [...], und überhaupt eine Menge Leute, von denen ich das gar nicht erwartet hätte.
    Inzwischen kann ich wieder ein bißchen herumhumpeln,
und meine Laune ist beträchtlich gestiegen, zumal ich jetzt
sehr viel schaffe. Beinahe stört mich die Vorstellung, daß der
Rudi schon am Donnerstag seinen Pfingst-Urlaub antritt ...
Ach, das ist sicher brutal, wirst Du finden, aber ich habe nun
mal nichts anderes mehr im Kopf, und Lewerenz will unbedingt das Buch haben, und ich bin auch ziemlich ermutigt,
seit unser Dr. Crepon (der hier das Zentrum für Literatur leitet) das Buch gelesen und mir gesagt hat, es gehörte zum besten, was er kennt [...]. Hoffentlich kriege ich nun auch den
Schluß so gut hin und verschludere ihn nicht durch die Het-

zerei. [...] Wenn R. wieder hier ist, wird meine Arbeitszeit eben doch wieder knapper [...].

Morgen wollen wir – d. h. Jürgen – endlich Bohnen und Gurken legen. Der Garten sieht zum Erbarmen aus, weil ich nun die ganze Zeit nichts darin tun konnte. Es hätte auch nicht viel Spaß gemacht: es ist hundekalt, der Himmel ist grau, es regnet immer mal zwischendurch, und ich friere mehr als im Winter. [...] Sind halt die Eisheiligen – hoffentlich sind sie bald durch, das Wetter geht einem aufs Gemüt.

[...] seid beide ganz lieb gegrüßt von eurer
trotz allem sehr optimistischen Tochter Brigitte

Nbg., 5. 6. 72

Liebe Mu, lieber Vati,

[...] Schönen Dank für Vatis Brief; ich freue mich, daß der Pullover Anklang gefunden hat.

[...] Liebe Eltern, ich muß euch leider sagen, daß es mir wieder sehr schlecht geht. Ich kann nicht mehr laufen, komme nicht mal mehr vom Zimmer bis in den Garten, und habe wahnsinnige Schmerzen, trotz der vielen Spritzen. Zum erstenmal bin ich richtig verzweifelt. Wenn ich wenigstens arbeiten könnte … Heute will ich es doch wieder versuchen, aber es wird wohl kaum was herauskommen. Mein Dicker, der mich sonst so oft ärgert, ist plötzlich wieder wie umgewandelt, pflegt mich wie ein kleines Kind, wäscht mich, macht den Haushalt – alles wie damals, im vorigen Jahr, und wenn es mir nicht so dreckig ginge, wäre ich richtig glücklich. [...] Falls ihr noch an den lieben Gott glaubt, könnt ihr mal ein bißchen für mich beten, vielleicht hilft's. Seid ganz lieb gegrüßt von eurer Brigitte

Meine liebe Mu,

ich will versuchen, Dir mit ein paar Zeilen zu antworten (im Liegen schreibt es sich so schlecht, und ich weiß gar nicht, ob Du die Kritzelei entziffern kannst). Ihr wißt ja, daß ich genau seit dem Tag, als ihr hier wart (und für den ich mich noch einmal ganz herzlich bedanken möchte) fest im Bett liege. Die Bestrahlungen haben die gräßlichen Schmerzen leider nicht gemildert, und so werde ich wohl doch demnächst wieder in Buch einziehen. Ich darf gar nicht daran denken ... Im Garten blühen jetzt Rosen und Jasmin. Ihr könnt euch ja gar nicht vorstellen, wie schrecklich gern ich mal auf die Straße gehen möchte, aber ich komme ja nicht mal bis in den Garten. [...]

Mu, Dein Anerbieten ist sehr lieb, und der Haushalt hätte eine richtige Hausfrauenhand auch mal wieder nötig, aber ich bin doch dagegen [...] – und überhaupt finde ich, daß wir in dem Alter sind, wo die Kinder ihren Eltern helfen sollten und nicht umgekehrt:

Aber wenn ihr euch nochmal so eine Stippvisite zutrauen würdet ... d. h. falls ich nicht schon in Buch bin, aber das wird bestimmt Mitte Juli. Das war damals wirklich ein schöner Tag. Ich möchte mal soviel Mumm haben wie ihr.

Ich bin jetzt so darnieder, daß ich mich kaum noch an die Arbeit quälen mag. Auf die Dauer kriegt man es wirklich satt und wird richtig kopfhängerisch (und damals in Buch war ich so fleißig, wißt ihr noch?), und dann dieser duselige Kopf von den Spritzen ...

Na, ich will euch nichts vorjammern; es ist halt mal wieder eine schlimme Zeit, und die wird, die muß auch wieder vorübergehen. Der Dicke ist sehr lieb, bloß ab und zu büxt er mal aus und geht einen trinken (na, von wegen einen), aber man kann es ihm eigentlich nicht verdenken – immer zu Hause hocken bei einer kranken Frau, das ist ja auch nicht zum Totlachen.

[...] Seid ganz lieb gegrüßt, ihr beiden, bleibt gesund,

grüßt alle Geschwister und die Beschs und laßt euch auch einen Schmatz geben

von eurer Tochter Brigitte [...]

[eingegangen, 11. 7. 72]

Meine liebe Mu,
ich wollte Dir nur noch einmal sagen, wie sehr ich mich gefreut habe, daß Du gekommen bist, und wie gern ich an die paar Tage zurückdenke. Von einer Mutter umsorgt zu werden – darüber geht eben doch nichts. Seitdem raffe ich mich auch immer auf, mich morgens anzuziehen, aber leider fällt es mir zur Zeit wieder sehr schwer. Na, da wird natürlich das regnerische Wetter schuld sein. [...]

Laßt es euch gut gehen, Ihr beiden, geht gesund und munter auf die große Reise und seid ganz lieb gegrüßt und mit einem Schmatz bedacht von eurer Brigitte [...]

Buch, 21. 12. [72]

Liebe Eltern,
liebe S.- und U.-Familie, bevor ich hier abschwirre (offen gestanden: zitternd vor Angst vor dem Draußen), möchte ich euch doch meine Weihnachtsgrüße schicken. Sicher werdet ihr mit 1½ Kind und einem richtigen Weihnachtsbaum, ein schönes und würdiges Fest feiern, und dann denkt mal ein bißchen an eure anverwandten ollen Junggesellen, die dieses Jahr ziemlich armselig dastehen. Nun ja, wenn die sorgliche Hand des Weibes fehlt ... Laßt es euch wohl ergehen, bleibt gesund und seid ganz herzlich gegrüßt von

eurer Brigitte

1973

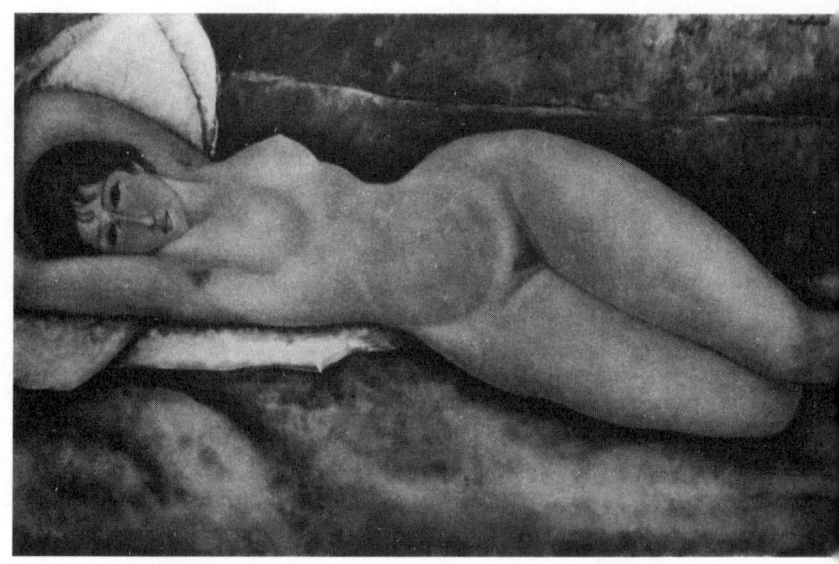

Die letzte Karte Brigitte Reimanns an ihre Eltern

[Neubrandenbg, 14. 1. 1973]

Lieber Vati, liebe Mu
(mach die Augen zu, wenn Du [die] hübsche Dame anstößig
findest. Ich wollte euch nur mitteilen, daß ich am Montag
wieder nach Buch ziehe. Für Rudi wurde es doch zu viel, und
ich habe mich hier auch nicht wohl gefühlt. Fangen wir wieder unsere Mittwoche an? Den nächsten noch [nicht] muß
erstmal [sehen], was für ein Zimmer ich kriege, und außerdem gehts gleich mit einer »Pferdekur« los. Aber dann!
  Ganz herzlich eure Brigitte

Neubrandenburg, 14. 1. 1973

Lieber Vater, liebe Mu-
... macht die Fotos fü..., ...
Du hübsche Dame anstößig
findest. Ich ... auch ...
..., daß ich am Montag wieder
nach Bück fahre. ... Rudi
... es doch zu ... ... habe
...: ... ... nicht wohl
gefühlt. Fangen wir auch ...
mit ... an? Den ... ...
... ... erst mal, was für ein ...
ich ..., ...
... ... "Perfektiv" ...
... ! Sag ... ...

Elisabeth Reimann an Irmgard Weinhofen

Burg, den 27. 2. 1973

Mein liebes Irmchen!

Als Brigittes beste Freundin darf ich Sie wohl so nennen? Wie Sie aus dem Briefbogen schon ersehen, ist unsere liebe Tochter, trotzdem wir darauf schon lange vorbereitet sein mußten, doch noch zu plötzlich heimgegangen. Als wir am Mittwoch voriger Woche nach Buch kamen, wurde uns die traurige Nachricht überbracht, daß sie in der Nacht um ½ 12°° eingeschlafen sei. Sie hatte am Sonntag noch die Freude, ihren Bruder Lutz aus Hamburg zu Besuch zu haben. Wie er uns am Telefon sagte, hätten sie sich über eine Stunde gut unterhalten. Dann bekam sie wieder Schmerzen, weinte sehr & schlief nach einer Spritze ein. […] Am Montag fühlte sie sich sehr schlecht, & am Dienstag war sie nicht mehr bei Bewußtsein & schlief dann nachts ein. Der Arzt und die Schwestern hatten nicht damit gerechnet, daß es so schnell gehen würde. So hat sie sich nicht mehr lange quälen brauchen. Wir kamen am Mittwochmorgen wie in jeder Woche dorthin & konnten es kaum fassen, denn in der Woche zuvor war sie noch verhältnismäßig munter, wenngleich sie viele Schmerzen hatte, sie hatte sich zu allem auch noch durchgelegen. Sie war so froh, daß ich gleich am nächsten Tag noch einmal zu ihr kam & Penatencreme brachte, der besonders gut ist für das Wundsein. […]

Für Ihren lieben Brief möchte ich Ihnen noch herzlich danken. […]

Brigitte hatte sich über die Perücke noch sehr gefreut, obgleich sie diese nicht gesehen hat. Sie wollte sie im Krankenhaus nicht tragen, sondern erst wenn sie wieder zu Hause ist, damit die Haare vom Liegen nicht leiden. Sie hat ja trotz ihres schweren Leidens & ihrer vielen, vielen Schmerzen immer noch gehofft, daß sie 42 Jahre alt wird. Das arme Kind! Wir haben uns ja auch immer wieder bemüht, ihr eine Freude zu machen. Neulich sagte sie im Scherz, wir müßten ständig bei ihr sein, am besten wäre es, wenn wir dort schliefen & am Tage müßte das Bett an die Decke gezogen werden. Sie war in den letzten Wochen mehr allein wegen der Grippeerkrankungen. Da ließen die Ärzte nur die nahestehenden Besucher rein.

Wir sind von allem noch ganz benommen, & nun steht uns noch die Trauerfeier in Berlin bevor. Dann sehen wir unser Kind zum letzten Mal. –

Liebes Irmchen, wir möchten Ihnen für all Ihre Liebe & Freundschaft, die Sie unserer Brigitte entgegengebracht haben, innigen Dank sagen. Der wunderschöne Ring, den Brigitte leider nur so kurze Zeit tragen konnte, wird bei mir in bester Obhut sein, & wenn ich ihn einmal trage, werden meine Gedanken immer zu Ihnen und zu Brigitte gehen. […]

Ihre Elisabeth & Willi Reimann

Anhang

Anmerkungen

Abkürzungen

B. R.	Brigitte Reimann
S. P.	Siegfried Pitschmann
DAK	Deutsche Akademie der Künste
DFF	Deutscher Fernsehfunk
DSV	Deutscher Schriftstellerverband
DSVN	Deutscher Schriftstellerverband, Bezirksverband Neubrandenburg
FDGB	Freier Deutscher Gewerkschaftsbund
FDJ	Freie Deutsche Jugend
ND	»Neues Deutschland. Zentralorgan der Sozialistischen Einheitspartei Deutschlands« (Berlin)
NDL/ndl	»Neue Deutsche Literatur« (Berlin)
SBZ	Sowjetische Besatzungszone
SED	Sozialistische Einheitspartei Deutschlands
ASV	Akademie der Künste, Berlin, Literaturarchiv, Archiv des Schriftstellerverbands
AVA	Staatsbibliothek zu Berlin – Preußischer Kulturbesitz, Dep. 38 (Aufbau-Verlag)
BArch	Bundesarchiv, Berlin
BRA	Literaturzentrum Neubrandenburg, Brigitte Reimann Archiv
DSVNA	Literaturzentrum Neubrandenburg, Archiv des DSVN
SAPMO-BArch	Stiftung Archiv der Parteien und Massenorganisationen der DDR im Bundesarchiv, Berlin

5 *Krümel-Mama* – Margarete Reimann, B. R.s Schwägerin, erwartete die Geburt ihres ersten Kindes bei den Schwiegereltern in Burg.
halskrankes Anhängsel – Dorothea Reimann, B. R.s Schwester.
fast gestorben vor Heimweh – B. R. war aus ihrem Elternhaus in der Neuendorfer Straße 2 in Burg bei Magdeburg mit ihrem zweiten Ehemann, S. P., nach Hoyerswerda in ihre erste Wohnung gezogen.
Daniel – B. R. nannte ihren Ehemann S. P. bei seinem ersten Vornamen Daniel, weil ihr der allgemein gebrauchte Rufname Siegfried für ihn unpassend erschien.
Bau-Union – Volkseigener Großbetrieb des Bauwesens, der mehrere Gewerke vereinte.

5 *Wohnungsverwaltung* – Kommunale Wohnungsverwaltung: Nach Kriegsende gebildete Verwaltung städtischer Immobilien und Liegenschaften, Treuhandverwaltung beschlagnahmter Häuser der sowjetischen Besatzungsmacht und des Eigentums von sog. Republikflüchtigen. Auch verantwortlich für die Instandhaltung des Bestands.

6 *nach Hoyerswerda fahren* – B. R. und S. P. lebten in Hoyerswerda-Neustadt, das neben dem alten Hoyerswerda als Wohnstadt für das Energiekombinat »Schwarze Pumpe« errichtet wurde.

7 *in einem Riesenhaus* – Das Haus Liselotte-Herrmann-Str. 20 hatte nur vier Aufgänge und drei Stockwerke.

Kombinat – VEB Kombinat Schwarze Pumpe: damals größtes Braunkohlenveredelungswerk Europas (auf 25 km²), bestehend aus 3 Braunkohlentagebauen, 5 Brikettfabriken, 3 Industriekraftwerken, BHT-Kokerei, Druckgaswerk, in der Industriegemeinde im Niederlausitzer Braunkohlen- und Industriegebiet zwischen Spremberg und Hoyerswerda.

im Labor – Da man zuerst nicht wusste, was man mit den beiden Schriftstellern im Kombinat anfangen sollte, hatte man B. R. und S. P. eine Hilfslaborantenstelle angeboten, damit sie ein festes, wenn auch geringes Gehalt hätten (Stundenlohn 1,56 M). (Nach: B. R., »Entdeckung einer schlichten Wahrheit«, in: ND vom 8. 12. 1962, Beilage »Die gebildete Nation«, Nr. 49.)

Wochenpost – Die »Wochenpost« (Berlin) erschien 1953–1996; auflagenstärkste Wochenzeitung der DDR.

meine Erzählung – »Das Geständnis« (in: Wochenpost, Berlin, Nr. 1 bis 9/1960).

unseres Hausvertrauensmanns – Manfred Schömann. – Hausvertrauensleute führten die sog. Hausbücher, in die jeder Mieter Besucher, die übernachteten, eintragen musste, um der Meldepflicht zu genügen.

8 *Der Zirkel* – »Zirkel schreibender Arbeiter«: Auf der 1. Bitterfelder Konferenz (24. 4. 1959) unter der Losung »Greif zur Feder, Kumpel, die sozialistische deutsche Nationalkultur braucht dich!« ins Leben gerufene Bewegung, bei der Werktätige in von Autoren geleiteten Zirkeln ihre Schreibversuche vorstellen und diskutieren konnten.

»Dichtung der Antike« – »Dichtung der Antike in klassischen und neuen Übersetzungen«, 11 Bde., hrsg. von Siegfried Müller und Hans Kleinstück, Weimar 1959.

das Hänschen – Der Kanarienvogel von B. R. und S. P.

9 *BZ* – »Berliner Zeitung«: erschien ab 1945. Die Tageszeitung firmierte nicht als Organ der SED-Bezirksleitung wie die 14 anderen Bezirkszeitungen der DDR, sondern der Berliner Verlag trat als Herausgeber auf.

9 *Radio können wir nicht hören* – Die Gemeinschaftsantenne war noch nicht funktionstüchtig.

unser Hörspiel – »Ein Mann steht vor der Tür«.

zum Wettbewerb eingesandt – Internationaler Hörspielwettbewerb der Rundfunkanstalten der Tschechoslowakei, Ungarns, Polens und der DDR.

nach unseren Romanen – B. R., »Zehn Jahre nach einem Tod«, und S. P., »Erziehung eines Helden«. – B. R. wollte die Geschichte von Menschen erzählen, die während des Zweiten Weltkriegs schuldig wurden und zehn Jahre später unter den neuen gesellschaftlichen Verhältnissen zu Einsicht und Sühne gelangten. S. P. schrieb, ausgehend von eigenen Erfahrungen als Betonarbeiter und Maschinist in Schwarze Pumpe, den Entwicklungsroman eines jungen Mannes auf dieser Großbaustelle. B. R. war wegen der Gesamtkonzeption des Romans sowie seines Figurenaufbaus, der Konfliktlösung und Sprache kritisiert worden, so dass sie die Arbeit an dem Manuskript ruhen ließ. Als man S. P. vorwarf, sein Roman wäre zu düster und pessimistisch und im Stil amerikanischer Autoren wie Hemingway und Mailer geschrieben, hatte er im August 1959 einen Selbstmordversuch unternommen. (Vgl. B. R., »Ich bedaure nichts. Tagebücher 1955–1963«, hrsg. von Angela Drescher, Berlin 1997, S. 116 ff.)

Kaderleiter – Kader: ursprünglich eine besondere Gruppe militärischer Vorgesetzter; im sowjetischen Einflussbereich ein durch politische und fachliche Kenntnisse und Fähigkeiten führender Personenkreis im Partei- und Ideologiebereich (»Parteikader«, »Führungskader«, »Leitungskader«, »Nachwuchskader«). – Ein Kaderleiter entsprach einem Personalchef.

Partei – Sozialistische Einheitspartei Deutschlands (SED).

Cottbus – Bezirksstadt, Sitz des Bezirksverbandes des DSV.

11 *Freundschaftsvertrag* – Der »Freundschaftsvertrag« wurde am 3. 2. 1960 geschlossen. Die Zentrale Klubleitung und die BGL des Kombinates Schwarze Pumpe verpflichteten sich, B. R. und S. P. Einblick in alle Betriebsteile zu gewähren; sie zu wichtigen Beratungen, die sich mit kulturellen Problemen beschäftigten, hinzuzuziehen; ihnen in Betriebsfunk und Betriebszeitung die Möglichkeit zu geben, sich zu äußern; ihnen zur materiellen Unterstützung aus dem Kulturfonds 200,– DM zur Verfügung zu stellen. Die Autoren verpflichteten sich zu Lesungen und literarischen Veranstaltungen sowie dazu, das zu bildende Arbeitertheater im Kombinat zu unterstützen und den »Zirkel schreibender Arbeiter« anzuleiten.

12 *daß mein Buch in der SU gefallen hat* – »Die Frau am Pranger« erschien auf Ukrainisch in Kiew.

13 *Lutz* – Ludwig Reimann.

Gretchen – Margarete Reimann.

13 *wie in Burg ... in einem Zimmer* – B. R. und S. P. bewohnten in Burg ein Zimmer im Erdgeschoss des Reimannschen Elternhauses. Sie teilten es durch einen Schrank und richteten so zwei voneinander unabhängige Arbeitsplätze ein.

14 *Fahnen* – Fahnen heißen die noch nicht zu Buchseiten umbrochenen Korrekturabzüge. Hier ist wahrscheinlich der Umbruch gemeint, d. h. Korrekturabzüge in Seitenform, da Fahnen nur bei Dramensatz u. ä. gelesen werden.

»Das Geständnis« – Die Geschichte eines jungen Mannes, der als Fünfzehnjähriger in den letzten Kriegstagen einen Deserteur entdeckte und anzeigte. Die Schuld am Tod des Mannes bedrückt ihn immer noch, schließlich bestärkt ihn seine Verlobte, sich selbst anzuzeigen. Da er ein vorbildlicher Arbeiter ist, wird ihm vergeben.

in der Neustadt – Vgl. erste Anm. zu S. 6.

Summavit – Vitaminpräparat.

15 *ein Mädchenbuch angefangen* – »Die Abiturienten«, späterer Titel »Ankunft im Alltag«.

das Neue Leben – »Verlag Neues Leben« (Berlin), gegr. am 2. 9. 1946, unterstand der FDJ, dem Jugendverband der DDR.

Arbeiter-Theater – Form der Laientheaterbewegung, die z. T. an die Agitpropgruppen anknüpfte. – In der DDR begann die Entwicklung von Arbeitertheatern nach der Bitterfelder Konferenz 1959. Sie sollten unmittelbar auf die Probleme und Interessen der Werktätigen eingehen. Die Bezeichnung wurde als Titel vom jeweiligen Bezirksvorstand des FDGB und dem Rat des Bezirkes an die besten Ensembles verliehen.

16 *Hausbuchmann* – Manfred Schömann. – Hausbuch: vgl. sechste Anm. zu S. 7.

Kartoffel-Zuteilung – Gemeint ist die Zuteilung von Einkellerungskartoffeln.

der »Gesunden Küche« von Dr. Krauß – Herbert Krauß, »Gesunde Küche. Anleitung zu einer gesundheitsfördernden Ernährung«, VEB Verlag Volk und Gesundheit, Berlin 1959.

17 *ein anderes Hörspiel auf Lager* – Nicht bekannt.

Jugendbrigade – Arbeitskollektiv junger Arbeiter in Betrieben, LPG usw. unter Anleitung der FDJ. Ziele: Erfüllung der Planaufgaben, sozialistische Erziehung und Qualifizierung der Mitglieder, Entwicklung sozialistischer Lebensgewohnheiten. Alljährlich wurde um den Staatstitel »Hervorragende Jugendbrigade der DDR« gekämpft.

Pitty – Motorroller (1955–1956 hergestellt), soll nach dem Sohn des Konstrukteurs benannt worden sein.

18 *Radio Luxemburg* – Das in den fünfziger und sechziger Jahren sehr populäre deutsche Programm von Radio Luxemburg startete am

15. 7. 1957. Es wurde auf Mittel- und Kurzwelle ausgestrahlt und konnte auch in der DDR empfangen werden.

18 *Vertrag mit dem Kombinat* – Vgl. Anm. zu S. 11.

unser Verband – Der DSV.

19 *sozialistische Brigade* – Brigade: kleine Arbeitsgruppe in sozialistischen Betrieben. – Die Brigade »Nikolai Mamai« aus dem Elektrochemischen Kombinat rief unter der Losung »Auf sozialistische Weise arbeiten, lernen und leben« zum Wettbewerb auf (3. 1. 1959). Daraufhin stellten Brigaden Kultur- und Bildungspläne auf, die verteidigt werden mussten, um den Titel »Sozialistische Brigade« zu erhalten.

Brikettfabrik – Anlage, in der der Rohbraunkohle die Feuchtigkeit entzogen und sie in eine Form gepresst wird. – Die Brikettfabrik in Schwarze Pumpe wurde 1959 in Betrieb genommen.

Aufbau-Verlag – Auf Initiative von Johannes R. Becher im Auftrag des »Kulturbundes zur Demokratischen Erneuerung Deutschlands« am 16. 8. 1945 gegr.; größter Verlag der DDR für zeitgenössische und klassische Werke sowie Weltliteratur.

meinen »Helden« – S. P., »Erziehung eines Helden«, Manuskript.

20 *der Krümel* – Oliver, Sohn von Margarete und Ludwig Reimann.

Vorabdruck – Vorabdruck der Erzählung »Das Geständnis« (vgl. zweite Anm. zu S. 14).

21 *Erzählung von 12 Seiten* – »Wunderliche Verlobung eines Karrenmannes«.

Geschichte erscheint nächste Woche – In: Wochenpost, Berlin, Nr. 6/1960.

in der »Reihe« – »die Reihe«: Publikationsreihe des Aufbau-Verlages 1958–1961, in der neue Autoren rasch publiziert werden konnten (u. a. Franz Fühmann, Günter Kunert, Irmtraud Morgner, Helmut Sakowski, Herbert Nachbar). – Der Erzählungsband von S. P., »Wunderliche Verlobung eines Karrenmannes« (1961), erschien nicht in »die Reihe«.

Puppa – Dorothea Reimann.

22 *der Cheflektor* – Alfred Gessler.

»Morgen-Verlag« – »Buchverlag Der Morgen« (Berlin), gegr. 1958, verlegte deutsche und ausländische Belletristik, Sachbücher, politische Literatur der LDPD.

zu meinem Roman – Gemeint ist der Roman »Zehn Jahre nach einem Tod«.

LDP – eigtl. LDPD: Liberal-Demokratische Partei Deutschlands (gegr. 5. 7. 1945); eine der Blockparteien. Partei der ehemaligen Mittelschicht.

der affige kleine Teenager – Dorothea Reimann.

23 *Neuendorfer Straße* – Vgl. dritte Anm. zu S. 5.

23 *nützt Du weder Dir noch der Bank* – Willi Reimann war Abteilungsleiter der Kreditbearbeitung der Deutschen Notenbank in Genthin.

24 *Sahna* – Margarinesorte, als Brotaufstrich entwickelt.

Auflage … mit 20 000 – Die 1. Auflage von »Ankunft im Alltag« betrug in der Tat 20 000 Exemplare. (Druckgenehmigungen Verlag Neues Leben, Brigitte Reimann, »Ankunft im Alltag«. BArch, DR 1/3547, Bl. 35.)

einen ausführlichen Brief dazu – Günter Caspar schrieb am 11. 3. 1960: »Deine Stärke ist, sehr leicht zu schreiben. Bei einem größeren Vorhaben wird die Stärke zur Schwäche. Du schreibst zu leicht. Daher rührt m. E. sowohl Deine Neigung zur Routine als auch zur Länge und Langatmigkeit.« Er kritisierte vier Hauptschwächen, u. a., dass beschrieben, nicht erzählt werde, dass manche Figur Sprachrohr des Autors sei und einen Gegenspieler brauche und dass im ersten Teil jegliche Zeitatmosphäre fehle. Er schloss: »Wie ich Dich […] kenne, kriegst Du a) einen Nervenzusammenbruch, b) einen Wutanfall und c) den heißen Wunsch, das Manuskript in den Papierkorb zu werfen. Siegfried möge Dich wenigstens vor a und c bewahren. Schriftsteller, die die Flinte rasch ins Korn werfen, sind ja keine.« (AVA, Mappe 1598.)

bei meiner Brigade – Die Brigade »10. Jahrestag« (bezieht sich auf die Gründung der DDR).

25 *sein Pumpenbuch* – Das Manuskript des Romans »Stürmische Jahre«.

26 *das Manuskript* – »Ankunft im Alltag«.

Zu Lutz möchte ich lieber nichts sagen – Lutz Reimann, Bruder von B. R., hatte mit seiner Familie die DDR verlassen.

27 *Hellerau-Haus* – Die Deutschen Werkstätten Hellerau waren das erste deutsche Unternehmen mit industrieller Möbelherstellung (seit 1898); 1946 enteignet und Hauptbetrieb des VEB Möbelkombinat Dresden. – Die modernen und qualitätvollen Möbel waren sehr begehrt.

des Staatlichen Rundfunkkomitees – Leitungsgremium beim Ministerrat der DDR, dem die Intendanzen der eigenverantwortlichen Sender nachgeordnet waren.

Nalepastraße – Sitz des Funkhauses in Ostberlin.

»Ans Weltniveau … schließ dich an!« – Verballhornung von »Ans Vaterland, ans teure, schließ dich an« (Friedrich Schiller, »Wilhelm Tell«, II/1).

2. Preis – Im Internationalen Hörspielwettbewerb für »Ein Mann steht vor der Tür«.

Edle Einfalt, stille Größe – So charakterisierte Johann Joachim Winckelmann das Wesen der griechischen Kunst in der Abhandlung »Gedanken über die Nachahmung der griechischen Werke in der Malerei und Bildhauerkunst« (1755).

27 *Meisterschüler-Sache* – Die DAK und der DSV erwogen, junge be- gabte Schriftsteller durch ältere Kollegen betreuen zu lassen ähnlich der Meisterschülerausbildung bildender Künstler. Für B. R. und S. P. war Bodo Uhse vorgesehen. (ASV, Mappe 119, Bl. 24.)

seine Frau ist nach Mexiko zurückgegangen – Bodo Uhse hatte im me- xikanischen Exil die Amerikanerin Alma Agee geheiratet, die mit ihm 1948 nach Deutschland ging. Sie trennten sich 1960.

der Verlagsleiter – Bruno Peterson.

die Cheflektorin – Meta Borst.

28 *Orden »Banner der Arbeit«* – Hohe Auszeichnung, vergeben durch den Vorsitzenden des Ministerrates der DDR.

positiver Held – Begriff der marxistisch-leninistischen Ästhetik: »Er charakterisiert einen literarisch-künstlerischen Heldentyp, dessen Handeln mit den objektiven geschichtlichen Notwendigkeiten [...] übereinstimmt und von hohen subjektiven moralischen bzw. politi- schen Beweggründen getragen ist. [...] Hauptsächliches Charakte- ristikum [...] ist seine Befähigung zum geschichtsbildenden Han- deln, sein Vermögen, nicht Objekt, sondern Subjekt der gesell- schaftlichen Kämpfe und Prozesse zu sein.« (»Kulturpolitisches Wörterbuch«, hrsg. von Dr. Harald Bühl u. a., Berlin 1970, S. 207 f.)

29 *pünktlich von der Schule abmarschieren* – Elisabeth Reimann arbei- tete im Sekretariat einer Sonderschule.

Konsum – Verbrauchergenossenschaft, die ihre Mitglieder am Ge- winn beteiligt (Rückvergütung). – Größte Handelskette in der DDR (1945 neu gegr.) neben der HO (Handelsorganisation).

unser Hörspiel – »Ein Mann steht vor der Tür«.

Aussprache mit Siegrist – »Damals war ein Schriftstellerkollege im Werk, der, mit einem hochdotierten Vertrag, die Betriebschronik schrieb. Er stand bei der Parteileitung in Ansehen, weil er schon seit vielen Jahren Genosse war. [...] wir hatten [...] bald scharfe Aus- einandersetzungen, weil er in seiner Arbeit schluderte und sich je- der Kritik verschloß, und weil er mit Zynismus über Probleme hin- wegging, die uns bewegten. Er nahm uns wohl auch als Schriftstel- ler nicht ganz ernst, bis wir [...] den Hörspielpreis bekamen. Jetzt waren wir ›seine Konkurrenten‹ [...]. Er trieb uns mit übler Ver- leumdung so weit, daß wir beinahe das Kombinat verlassen hätten: er berichtete der Parteileitung, wir seien untergekrochene Bour- geois und ständen der Partei [...] feindlich gegenüber. [...] Bei der Diskussion über das miserable, verlogene Buch des Kollegen kam es zum offenen Bruch.« (B. R., [»Brief an das ZK«], in: SAPMO- BArch, DY 30/IV 2/906/273, Bl. 259 f.)

30 *Verlagsleiter vom Komsomol-Verlag* – Genosse Potemkin vom Verlag »Molodaja Gwardija« (Junge Garde), der dem Komsomol (sowje- tischer Jugendverband) unterstand.

30 *Komsomolskaja Prawda* – Tageszeitung des Komsomol.
mein Buch – »Ankunft im Alltag«.

31 *Aussprache in Berlin* – »Wir wandten uns an den Vorstand des Verbandes, es gab eine Aussprache, der Kollege wurde streng gerügt
und mußte sich entschuldigen. Später mußte er dann auch vor dem
Büro der Kreisleitung Rechenschaft ablegen. [...] Der Schriftsteller, der auch an seiner Chronik gescheitert war, verließ das Kombinat.« (B. R., [»Brief an das ZK«], a. a. O., Bl. 261.)
neue Aufgabe – Das Hörspiel »Der junge Meister«, späterer Titel
»Sieben Scheffel Salz«, Ursendung am 17. 11. 1960 im Berliner Rundfunk.
der Chefdramaturg – Gerhard Rentzsch gehörte zu den Pionieren
des Hörspiels in der DDR.

32 *Framo* – Transportfahrzeug aus dem Frankenberger Motorenwerk.

33 *bürgerliche Plattform* – Plattform: Gruppierung innerhalb der Partei. – Die Verdächtigung, jemand habe eine »bürgerliche Plattform«
gegründet, unterstellte eine sektiererische Haltung zur Arbeiterklasse und zur Partei und war ein schwerwiegender Vorwurf. (Vgl.:
B. R., »Die Geschwister«, Berlin 1963, S. 193.)
Sektierer – Marxistischer Begriff: Vertreter der Arbeiterbewegung,
der einer dogmatischen, starren, durch scheinrevolutionäre Phrasen getarnten Politik anhängt, die losgelöst von den Interessen und
vom Reifegrad des Bewusstseins der Massen betrieben wird.

35 *Uraufführung* – Ausstrahlung von »Ein Mann steht vor der Tür«
durch das Funkstudio des Kombinates (13. 7. 60).

36 *FDGB-Literaturpreis* – Seit 1955 alljährlich am Gründungstag des
FDGB (15. 6.) für Werke der Gegenwartsliteratur vergeben. Dazu
wurden Brigaden angeregt, Bücher aus einer umfangreichen Emp-
fehlungsliste zu diskutieren und ihren Favoriten vorzuschlagen.

37 *mein Lutz im Hörspiel* – Figur des Lutz Steiger in »Ein Mann steht
vor der Tür«.

38 *den »Stillen Don«* – Michail Scholochow, »Der Stille Don«. Erster
und zweiter Teil, Roman, Berlin 1960.
Buch von Lukian – Lukian, »Vergnügliche Gespräche und burleske
Szenen«, Leipzig 1960.
Tierchen für meinen Zoo – B. R. sammelte Miniaturtiere. Die Sammlung ist nicht erhalten.
Völkerfreundschaft – »MS Völkerfreundschaft«, Hochsee-Urlauber-
schiff des FDGB (1960–1985). Die attraktiven Seereisen wurden u. a.
als Auszeichnung für hervorragende Arbeitsleistungen vergeben.

39 *für die Rundfunkzeitung eine Bildreportage* – In: FF (Berlin), Nr.
37/1960.
NBI – Neue Berliner Illustrierte, erschien seit 1945, auflagenstarke
Wochenzeitung.

39 *Titelfoto* – Als Titelfoto erschien das Bild nicht.

ein Interview von uns – Möglicherweise nicht erschienen.

Anzahl von wohlwollenden Kritiken – Rezensionen u. a. in: Tribüne (Berlin) vom 17. 6. 1961; National-Zeitung (Berlin) vom 13. 7. 1960. Weitere folgten im ND, in NDL, Berliner Zeitung, Sonntag.

1965 ... Geschichtenbändchen – Da S. P. so lange an seinen Geschichten schrieb, zog ihn Günter Caspar mit seiner Prophezeiung auf. – »Wunderliche Verlobung eines Karrenmannes« erschien 1961.

40 *Miß Lullaby* – Dorothea Reimann.

(und Oma) – Großmutter Elisabeth Reimann.

Hörspiel – »Sieben Scheffel Salz«.

Nationalpreis – Nationalpreise der DDR wurden verliehen für hervorragende wissenschaftliche Arbeiten, bedeutende technische Erfindungen, Einführung neuer Arbeitsmethoden von großer volkswirtschaftlicher Bedeutung, für die besten Werke von Kunst und Literatur. Einzel- und Kollektivauszeichnungen.

41 *Sayda* – Kleinstadt im Osterzgebirge.

42 *Volkswagen* – Automarke. – Hier ist möglicherweise der seit 1950 in der DDR gebaute IFA F9, ein Nachfolgemodell des DKW F9, gemeint.

Trabant – Automarke.

Dringlichkeitsbescheinigung – Die jahrelange Wartezeit auf ein Auto konnte verkürzt werden, wenn es nachweislich auch dienstlich benötigt wurde.

Sachsenring – Automarke.

Wolga – Sowjetische Automarke.

wahrscheinlich ... wieder drucken – Im Aufbau-Verlag sollte das gemeinsame Hörspiel »Ein Mann steht vor der Tür« in »die Reihe« als Bd. 50 erscheinen (Berlin 1960). – »Sieben Scheffel Salz« erschien in: »Hörspieljahrbuch 1«, Henschelverlag (Berlin 1961).

»Kinder von Hellas« – Erzählung, Erstauflage »Verlag des Ministeriums für Nationale Verteidigung« (Berlin 1956). Im Verlagsnachfolger Deutscher Militärverlag erschien 1961 eine Taschenbuchausgabe, Auflagenhöhe 30000 Exemplare (BRA, Nr. 290.).

43 *Hanomag* – Kleinwagen und Mittelklasse-PKW der Firma Hanomag wurden 1925–1941 gebaut.

Skoda – Tschechische Automarke.

44 *der Fernsehfunk ... einen Absage-Brief geschrieben* – Nicht auffindbar.

kleiner Dramaturg – Manfred Dorschan.

Defa – Von B. R. immer so geschrieben. DEFA: Deutsche Film-AG, 1946 in der SBZ gegr. Filmgesellschaft, seit 1952 volkseigen.

Filmskizze über Pumpe – »Zwischenstation Abenteuer«, zweiseitige Filmskizze von B. R. und S. P. Die Geschichte von drei Abiturienten, die in die Schwarze Pumpe ziehen. – B. R. griff den Stoff später in »Ankunft im Alltag« auf. (BRA Verlagsbriefwechsel 1959, Nr. 9.)

44 *Basis-Autoren* – Autoren, die, wie auf der Bitterfelder Konferenz (1959) gefordert, Verbindung zu Betrieben aufgenommen hatten, um darüber zu schreiben.

45 *seinem Pumpenbuch zuwenden* – »Erziehung eines Helden«.
einen interessanten Stoffvorschlag geschickt – Nicht auffindbar.

46 *unsere Sonja-Adoptivmutter* – Sonja Marchlewska.

47 *Hellmut Sakowski* – Helmut Sakowski, von B. R. oft so geschrieben.

48 *»Frau am Pranger« soll aufgeführt werden* – B. Rs. Erzählung »Die Frau am Pranger« (1956) handelt von der Liebe zwischen einem russischen Kriegsgefangenen und einer Deutschen. Das Fernsehspiel wurde im Februar 1962 gesendet.

49 *Dorli* – Dorothea Reimann.

50 *Rat des Bezirks* – Die DDR war seit 1952 in 14 Bezirke als territoriale Verwaltungseinheiten eingeteilt, Berlin kam als 15. Bezirk 1961 dazu; die Räte der Bezirke bildeten die mittlere staatliche Verwaltungsebene (Exekutive).
F9 – IFA F9. (Vgl. erste Anm. zu S. 42.)
wie Paul Wegner – Paul Wegener (1874–1948), Schauspieler, Regisseur, Drehbuchautor.

51 *um Lutz zu einer Wohnung und … Stellung zu verhelfen* – Lutz Reimann hatte wegen seiner politischen Überzeugungen die DDR verlassen; er war bereits während des Studiums durch oppositionelle Ansichten aufgefallen.
Hörspiel-Trilogie – Nicht realisiert.

52 *Auswertung der Kulturkonferenz* – 2. Kulturkonferenz des ZK der SED, des Ministeriums für Kultur und des Deutschen Kulturbundes in Berlin (27.–29. 4. 1960). – Die Auswertung fand am 2. 12. 1960 statt.
Aufführung … mit … »Ein Mann steht vor der Tür« – Das Stück »Ein Mann steht vor der Tür« entstand nach dem gleichnamigen Hörspiel, die erste Vorstellung war am 2. 12. 1960.

53 *eine Rheinmetall* – Die Rheinmetall AG (gegr. 1889) übernahm 1901 die Munitions- und Waffenfabrik AG in Sömmerda. Nach dem Ersten Weltkrieg wurden dort feinmechanische Geräte wie Schreibmaschinen hergestellt. Das Werk wurde 1945 enteignet, später in den VEB Mechanik Büromaschinenwerk Rheinmetall Sömmerda umgewandelt, der u. a. Schreibmaschinen produzierte, und 1959 in den VEB Pentacon Dresden eingegliedert.
mit … Hörspiel ganz schön zur Sau gemacht – »Sieben Scheffel Salz«. – »Wenn dieses Hörspiel […] den Hörer nicht allzuviel fesseln und überzeugen konnte, so liegt das daran, daß die Fabel sich als nicht tragfähig genug erweist. Auch Charakterzeichnung und sprachliche

Behandlung der Dialoge ließen zu wünschen übrig.« (In: ND vom 25. 11. 1960, S. 4.) Außerdem erschienen Kritiken im »Eulenspiegel« und in der NDL, Heft 12/1960.

54 *FRS* – Familien-Rundschrieb: Willi Reimann fasste die Briefe seiner Kinder zusammen und erstellte einen Familienbrief, den wiederum jeder erhielt, so dass jedes Familienmitglied immer über alles informiert war.

mein Buch endlich geschafft – »Ankunft im Alltag«.

Zirkel-Bändchen – »Im Schritt unserer Zeit. Unserer Sozialistischen Einheitspartei Deutschlands zum 15. Jahrestag ihrer Gründung«, hrsg. vom Zirkel Schreibender Arbeiter im Kombinat Schwarze Pumpe, 1961 (Redaktion: B. R., S. P., Hans Kerschek).

55 *mein Fernsehspiel* – »Die Frau am Pranger«.

neues Hörspiel – Wahrscheinlich ist die Idee zu »Haken im Fleisch« gemeint. (Vgl. erste Anm. zu S. 66.) – Der Rundfunk hatte mit B. R. und S. P. einen Jahresvertrag geschlossen, der sie verpflichtete, zwei Hörspiele zu liefern. (Brief von B. R. an Meta Borst vom 24. 1. 1961, in: BRA, 865, Bl. 32.)

Erika – Erika Pitschmann.

noch keine Genehmigung – Erika Pitschmann lebte in Westdeutschland. Für ihren Besuch musste S. P. eine Aufenthaltsgenehmigung beantragen.

unser neues Bändchen ..., das Hörspiel – »Ein Mann steht vor der Tür«. (Vgl. sechste Anm. zu S. 42.)

56 *Rheinsberg* – Gemeint ist Reinsberg bei Freiberg/Sachsen.

»Junge Welt« – Zentralorgan der Freien Deutschen Jugend (FDJ); erschien seit 1947, zunächst wöchentlich, ab März 1950 als Tageszeitung.

Vorabdruck – Von »Ankunft im Alltag« gab es einen Vorabdruck in: NBI, Nr. 37/1961, mit Geleitwort von Eva Strittmatter.

Titretta – Schmerztabletten.

57 *unseren Lehrgang* – Ein Lehrgang für den Zirkel schreibender Arbeiter in Reinsberg mit Referenten des DSV.

eine »Erika« – Erste deutsche Reiseschreibmaschine, ab 1910 produziert, wurde auch in der DDR hergestellt.

in dem alten Schloß – Im Schloss Reinsberg befand sich ein Ferienheim vom Kombinat Schwarze Pumpe, in das S. P. zu einem Arbeitsaufenthalt fuhr.

einen Band mit drei Erzählungen – Der Band sollte »Sieben Scheffel Salz« und eine Ost-West-Liebesgeschichte, wegen der B. R. in München recherchieren wollte, sowie eine weitere Geschichte, aus der später »Die Geschwister« wurde, enthalten. (Brief an Günter Caspar vom 26. 11. 1960, AVA, 1598.) – Keine dieser Geschichten war fertig.

58 *Jon* – Wie manchem anderen gab B. R. ihrem künftigen, dritten Ehemann einen Phantasienamen.

»Die Geschwister« – Die Geschichte der Geschwister Elisabeth und Ulrich. Als der Bruder Ostern 1961 die DDR verlassen will, gelingt es der Schwester, ihn zum Bleiben zu bewegen.

59 *Bildbericht über uns* – H. K., »Im Schritt unserer Zeit. NBI besuchte das Schriftsteller-Ehepaar Brigitte Reimann – Siegfried Pitschmann in der ›Schwarzen Pumpe‹« (in: NBI, Nr. 20/1961, S. 28/29).

Basis – Basis und Überbau: grundlegende Begriffe des historischen Materialismus, die die Beziehungen zwischen der ökonomischen Struktur der Gesellschaft und den jeweiligen ideologischen und politischen Verhältnissen, Anschauungen und Institutionen beschreiben. – Basis: Gesamtheit der materiellen ökonomischen Verhältnisse der Gesellschaft. Hier: die materielle Produktion.

60 *Wismut* – Die 1947 gegr. Wismut AG war bis 1953 in sowjetischer Hand, danach eine Sowjetisch-Deutsche Aktiengesellschaft (SDAG); sie war das größte Reparationsunternehmen des 20. Jahrhunderts; da sie einen hohen Prozentsatz des sowjetischen Uranerzbedarfs deckte, gehörte sie zum Komplex der sowjetischen Atomindustrie.

Jugendhochschule der FDJ – Jugendhochschule »Wilhelm Pieck« am Bogensee bei Bernau. Ehemaliger Landsitz von NS-Propagandaminister Joseph Goebbels.

zum Literaturpreis vorgeschlagen – Literaturpreis des FDGB (vgl. Anm. zu S. 36). Für »Das Geständnis« erhielt B. R. diesen Preis nicht.

einen Wiesel – SR 56 »Wiesel«: Motorroller (Stadtroller); 1956–1959 hergestellt, Folgemodel des »Pitty« (vgl. dritte Anm. zu S. 17).

eine Panonia – Pannonia: Motorrad ungarischer Produktion, von 1951 bis in die siebziger Jahre hergestellt.

61 *Daniels Eltern* – Die Eltern von S. P. lebten in Westdeutschland.

»Das Fest« – Vorabdruck in: Wochenpost (Berlin), Nr. 52/1960, S. 5 u. 7.

62 *auch als Hörspiel* – »Die Geschwister« sind nicht als Hörspiel realisiert worden.

Diskussion über »Schaffensprobleme« – Aussprache der Kulturabteilung beim ZK der SED mit Schriftstellern über »Schaffensprobleme« zur Vorbereitung des V. Deutschen Schriftstellerkongresses (13. 5. 1961).

wieder Kontakt aufgenommen – B. R. und Herbert Nachbar kannten sich seit November 1956 aus dem »Liselotte-Herrmann-Heim« der DEFA in Sacrow bei Potsdam.

die Maigeschichte – »Die Schwelle«, Vorabdruck in: Wochenpost (Berlin), Nr. 17/1961, S. 7, u. d. T. »Morgen ist Mai«.

63 *Schriftsteller-Kongreß* – V. Deutscher Schriftstellerkongreß (25. bis 27. 5. 1961).
Ausdruck aus der »Volksstimme« – Nicht nachweisbar.

64 *die Manuskripte abgegeben* – Das Manuskript von »Wunderliche Verlobung eines Karrenmannes«. (Vgl. zweite Anm. zu S. 21.)
unseres Bezirks – Des Bezirksverbands Cottbus des DSV.
einen Diskussionsbeitrag – B. R. hielt auf dem V. Deutschen Schriftstellerkongreß keinen Diskussionsbeitrag.
Presseclub – Club des Verbands der Journalisten in der Friedrichstraße.

65 *einen Almanach herausgeben* – »Neue Texte. Almanach für deutsche Literatur. Frühjahr 1962«, Aufbau-Verlag, Berlin 1962.
Den Vertrag ... haben wir ... noch nicht – Der Freundschaftsvertrag, der am 31. 12. 1960 ausgelaufen war, musste erneuert werden.
Telefon haben wir auch noch nicht – Auf einen Telefonanschluss musste man normalerweise jahrelang warten.

66 *das Exposé geschrieben* – »Haken im Fleisch«: die Geschichte einer Ehekrise, die zunächst als Erzählung geplant war (1958). B. R. wollte die inneren Monologe der Frau und S. P. die des Mannes schreiben. – Eine Frau (Kranführerin) verursacht einen Arbeitsunfall, bei dem ihr Mann verletzt wird. Bei der Untersuchung der Ursachen wird deutlich, dass die Frau wegen der ständigen Auseinandersetzungen in der Ehe unkonzentriert war: Der Mann erkannte nicht an, dass die Frau sich weiterentwickeln wollte und mit der Hausarbeit überlastet war, er nahm sich eine Geliebte, auch die Frau suchte daraufhin Männerbekanntschaften. Obwohl sich beide lieben, konnten sie den Zerfall der Ehe nicht aufhalten. Erst nach dem Unfall denken sie über ihre Fehler nach und wagen einen neuen Anfang. (Exposé in: AVA, 1238.)
Das Gehalt ... gesperrt – Das Fixum, das im Vertrag mit dem Rundfunk vereinbart war.

67 *mit unserem Fernsehspiel* – »Die Frau am Pranger«.
Literaturpreis in unseren Bezirk geholt – Den Literaturpreis des FDGB erhielten B. R. und S. P. gemeinsam für die Hörspiele »Ein Mann steht vor der Tür« und »Sieben Scheffel Salz«; Verleihung am 16. 6. 1961 bei den Arbeiterfestspielen in Magdeburg.

68 *zu lang für seinen Sammelband* – »Neue Texte« (vgl. erste Anm. zu S. 65). – Es wurde der Anfang der Erzählung »Die Geschwister« abgedruckt (a. a. O., S. 212–259).
d. d. D. – Oft variiertes witziges Kürzel von S. P.: vom »dünnen doofen Daniel«.
mein neues Buch – »Ankunft im Alltag«.

69 *Volksarmist* – Soldat der Nationalen Volksarmee.
daß die NBI mein Buch ... abdrucken wird – Vgl. dritte Anm. zu S. 56.

69 *Rentzsch hat ... Exposé abgelehnt* – »Haken im Fleisch« (vgl. erste Anm. zu S. 66).

70 *Philipps-Platten* – Das Philips-Plattenlabel, hervorgegangen aus dem Philips Konzern, hatte 1950 seine Langspielplattenproduktion begonnen. Sie waren in der DDR nicht regulär erhältlich.

71 *NAW* – Nationales Aufbauwerk, 1953 aus dem Nationalen Aufbauprogramm Berlin hervorgegangen; ein Wiederaufbauprogramm zur Beseitigung der Zerstörungen des Zweiten Weltkriegs durch freiwillige, gemeinnützige, unentgeltliche Arbeit der Bürger.

   Militärverlag – Zunächst »Verlag des Ministeriums des Innern« (Berlin), nach dem 18. 1. 1956, als aus der Kasernierten Volkspolizei die Nationale Volksarmee geworden war, »Verlag des Ministeriums für Nationale Verteidigung«. 1961 in »Deutscher Militärverlag« umbenannt.

   von den »Kindern von Hellas« – Siehe siebente Anm. zu S. 42.

72 *Goethe-Bände* – Familienerbstück, eine Goetheausgabe letzter Hand.

   »Das Netz« – In: S. P., »Wunderliche Verlobung eines Karrenmannes«.

   eine Sendung darüber – »Autoren kommen zu Wort« (Berliner Rundfunk am 8. 8. 1961).

   Westberlinproblem – Nach dem Gipfeltreffen zwischen John F. Kennedy und Nikita Chruschtschow in Wien (3./4. 6. 1961), bei dem keine Annäherung zu Problemen des deutschen Friedensvertrages und der Berlin-Frage erreicht wurde, steigerte sich die Krisenstimmung, und die Zahl der DDR-Flüchtlinge stieg dramatisch an.

73 *BZ* – »Berliner Zeitung« (vgl. erste Anm. zu S. 9). Statt zu »Ankunft im Alltag« schrieb Willi Lewin später zu »Die Geschwister« (»Um wessen Deutschland geht es? Gedanken zu ›Die Geschwister‹«, in: ND vom 18. 5. 1963).

   der damals mit gelähmt war – B. R. erkrankte 1947 an spinaler Kinderlähmung, in deren Folge auch ihr rechtes Bein verkürzt blieb, wodurch sie hinkte.

75 *FDGB* – FDGB: Freier Deutscher Gewerkschaftsbund (gegr. 1945); Dachverband der etwa 15 Gewerkschaften und größte Massenorganisation der DDR. Seine Aufgabe war es, die materiellen, sozialen und kulturellen Interessen der Werktätigen zu vertreten, den sozialistischen Wettbewerb zu organisieren, die Qualifizierung der Mitglieder zu unterstützen. Er leitete die Sozialversicherung und den Feriendienst, der eigene FDGB-Ferienheime unterhielt.

   Bolschewiken – Fraktion der Sozialdemokratischen Arbeiterpartei Rußlands (SDAPR). Der Begriff entstand auf dem 2. Parteitag der SDAPR, auf dem sich die Partei spaltete. Die Anhänger Lenins, die einen baldigen Umsturz in Russland forderten, stellten die Mehrheit (russ. bolschinstwo), daher Bolschewiki. Die Minderheit (russ.

menschinstwo), setzte auf Reformen. – Hier gemeint als Vokabel der Sprache des kalten Krieges.

75 *Rias* – RIAS: Rundfunk im amerikanischen Sektor, Sitz in West-Berlin.

Stellungnahme zu den Wahlen – Wahlen zu den Volksvertretungen der Gemeinden, Städte und Kreise (17. 9. 1961). – B. R., »Gedanken zur Volkswahl« (in: NBI, Nr. 37/1961, S. 24).

76 *auch diese Grenze zuzumachen* – Die Grenze zur Bundesrepublik wurde erst ab 16. 8. 1961 für DDR-Bürger gesperrt. Ab Mitte September 1961 wurde die »pioniermäßige Verstärkung« der Staatsgrenze forciert.

78 *»Datsche«* – von: datscha (russ.) Wochenendhaus.

Rotbärte – »Rotbart«, Rasierklingenmarke von Gilette.

80 *Katzhütte* – Katzhütte an der Oelze, Landkreis Saalfeld/Rudolstadt.

Erklärung der … Cottbuser Intelligenz – Nicht auffindbar.

im Zwinger die Uhrensammlung – Die Uhrensammlung ist Teil des Mathematisch-Physikalischen Salons, eines Museums der Staatlichen Kunstsammlungen Dresden, der aus den königlich-sächsischen Kunstsammlungen entstand. Er befindet sich seit 1728 im Zwinger. – S. P. war gelernter Uhrmacher.

Kindesweihe – Namensgebung mit einem kirchenunabhängigen Ritual.

81 *nach Möser* – Möser: Stadt im Landkreis Jerichower Land in Sachsen-Anhalt. – Beliebter Ausflugsort, in dem B. R. als Kind oft mit der Familie war.

82 *Wüstenschiff* – B. R. und S. P. hatten am 13. 9. 1961 einen hellgrauen Skoda (Oktavia-Super) bekommen.

83 *wegen des Themas für seine Arbeit* – Ulrich Reimann sollte im Fach Politische Ökonomie, das für alle Studenten zum Grundstudium gehörte, eine Arbeit über ein betriebliches Thema schreiben und suchte deshalb Kontakt zur Fertigungstechnologie.

Ulbrichtecken – Relikt aus dem stalinistischen Personenkult: Dekorative Zusammenstellungen von Fahnen und Bildern zum Zwecke der Erinnerung und Verehrung. Im militärischen Bereich gab es »Friedensecken«.

Schriftstellerheim »Friedrich Wolf« – Das »Schriftstellererholungsheim Friedrich Wolf« des DSV in Petzow am Schwielowsee. Es befand sich in der ehemaligen Villa von Marika Rökk.

eine Weihnachtsgeschichte – B. R., »Bei der halben Nacht« (in: Wochenpost, Berlin, Nr. 51/1961).

84 *Feuerzangenbowle* – »Die Feuerzangenbowle«, Film mit Heinz Rühmann (1944, R.: Robert A. Stemmle) nach dem gleichnamigen Roman (1933) von Heinrich Spoerl.

Daniels Buch – »Wunderliche Verlobung eines Karrenmannes«.

85 *Herr Domnik* – Günter Domnik, B. R.s erster Ehemann.

86 *Weihnachtsoratorium* – Johann Sebastian Bach, »Das Weihnachtsoratorium« (1734/35), BWV 248.

87 *Uwe-Schuft* – Uwe Herrmann.

88 *politische Bauchschmerzen* – Innenpolitisch war seit dem 13. August 1961 der Ton schärfer geworden, und die Politik der »harten Faust« begann sich nur langsam zu entspannen. Außerdem beunruhigten die außenpolitischen Entwicklungen: Auf dem XXII. Parteitag der KPdSU (17.–31. 10. 1961) rechnete Chruschtschow mit Stalin und seinen Anhängern ab, es kam jedoch auch zu Zerwürfnissen mit der chinesischen Regierung. Die DDR schwenkte nur zögernd auf den Kurs der Entstalinisierung ein.

89 *U* – Ulrich Reimann.

aus welcher … Ecke Berlins er kommt – Jens Gerlach wohnte in Prenzlauer Berg, einem Ostberliner Arbeiterbezirk, vorwiegend mit Mietskasernen.

90 *Wegen der unverschämten Kritik* – Peter Thöns, »Brigitte Reimann: Ankunft im Alltag« (in: Sonntag, Berlin, Nr. 4/1962, S. 10).

»Sonntag« – »Sonntag. Wochenzeitung für Kulturpolitik, Kunst und Wissenschaft« (Berlin), hrsg. vom Kulturbund zur demokratischen Erneuerung Deutschlands (erschien ab Juli 1946).

von der »Jungen Welt« eine Gegenaktion gestartet – Die Rezension in der »Jungen Welt« war bereits erschienen: Joachim Scholz, »Ankunft im Alltag«, mit Lesermeinungen (in: Junge Welt, Berlin, vom 8. 8. 1961). Es hatte aber viele Leserzuschriften im »Sonntag« gegeben: »Hinter dem Ofen hervorgelockt«, Leserstimmen (in: Sonntag, Berlin, Nr. 7/1962, S. 13); u. a. Anna Seghers, »Über eine Rezension«. Darin hieß es: »Meines Erachtens hat [B. R.] angefangen, ernst zu arbeiten, sie sieht sich um, sie erfindet.« (Ebd.)

Hotel Adlon – Berliner Luxus-Hotel am Pariser Platz, 1907 eröffnet. Ende des Zweiten Weltkriegs bis auf einen Seitenflügel zerstört.

91 *Katastrophe in Hamburg* – Gewaltigste Flutkatastrophe des Jahrhunderts in Deutschland am 16. und 17. 2. 1962, etwa 340 Todesopfer, Tausende wurden obdachlos, Schäden in Milliardenhöhe. Der spätere Bundeskanzler Helmut Schmidt koordiniert als Innensenator die Rettungsmaßnahmen. Der FDGB der DDR bot als Hilfsmaßnahme 500 Kur- und Erholungsplätze für die Opfer an.

Baracken im Flüchtlingslager – Behelfsunterkünfte, da Hamburg die Zerstörungen des Zweiten Weltkriegs noch nicht gänzlich überwunden hatte.

Finkenwerder – Hamburger Stadtteil, in dem Lutz Reimann mit seiner Familie damals in einem Barackenlager lebte. – Als er nachts von einem Kursus kam, bemerkte er, dass der Deich in Kürze überschwemmt werden würde. Er weckte seine Familie und die anderen Bewohner, und es gelang ihnen, sich in Sicherheit zu bringen.

im Staatlichen Kunsthandel – Größter Kunst- und Antiquitätenhandel in der DDR. – Der einzige Antiquitätenladen in Ostberlin befand sich in der Frankfurter Allee.

92 *»Buddenbrooks«* – Thomas Mann, »Buddenbrooks. Verfall einer Familie« (Roman, 1901).

93 *die ganze Geschichte* – Protagonistin der Erzählung »Die Geschwister« ist die Malerin Elisabeth, die sich gegen Dogmatismus und Ignoranz stellt und dabei Verbündete findet. Ihren Bruder Uli kann sie davon abhalten, die DDR zu verlassen.

einen … englischen Halbstarken-Film – »Bitterer Honig« (Großbritannien 1961, R.: Tony Richardson). – Die Mutter der achtzehnjährigen Jo kümmert sich mehr um ihren jüngeren Liebhaber als um ihre Tochter. Sie lässt sie allein, als Jo von einem farbigen Matrosen ein Kind erwartet. Erst als sie selbst verlassen wird, kehrt die Mutter zurück und zerstört dabei die Partnerschaft mit einem Schwulen, in der Jo inzwischen Halt gefunden hat. Milieu einer grauen englischen Industriestadt.

94 *Autorenkonferenz* – Konferenz junger Schriftsteller in Halle »als Weiterführung des Bitterfelder Weges«. Diskussionspunkte: »die Bedeutung des Arbeiters als zentrale Figur der Literatur« und »die nationale Frage«. Referat Eva Strittmatter, »Über den guten Willen und die Arbeit«, mit einer Analyse der Bücher »Beschreibung eines Sommers« von Karl-Heinz Jakobs, »Ankunft im Alltag« von B. R., »Die Hochzeit von Länneken« von Herbert Nachbar, »Herbstrauch« von Bernhard Seeger. (SVA, Mappe 271, Blatt 65.)

Wegen des Artikels … Krach geschlagen – Nicht nachweisbar.

Tribüne – Gewerkschaftszeitung; erschien seit 1945 (Berlin), ab 1947 Wochen-, ab 1952 Tageszeitung.

die Defa drängelt – B. R. sollte das Szenarium für die Verfilmung von »Ankunft im Alltag« schreiben.

ein interessanter Roman – »Franziska Linkerhand«.

Petzow – Vgl. dritte Anm. zu S. 83.

wie damals, als wir uns kennenlernten – B. R. und S. P. begegneten sich erstmals im März 1958 in Petzow.

95 *meine erste öffentliche Rede* – »Rede […] über das hohe Vergnügen des Denkens und über die heitere Landschaft der Kunst (ich hoffe, man verstand das als Angriff gegen diesen militanten ›Sturm auf die Höhen der Kultur‹).« (B. R., »Ich bedaure nichts«, a. a. O., S. 238.) – B. R. bezieht sich auf Walter Ulbrichts Rede auf der 1. Bitterfelder Konferenz (24. 4. 1959): »Ohne die Erstürmung der Höhen der Kultur kann die Arbeiterklasse ihre großen Aufgaben, den Sozialismus zum Siege zu führen, nur schwer erfüllen.«

95 *unser Maler* – Dieter Dreßler.

96 *ABV* – Abschnittsbevollmächtigter der Deutschen Volkspolizei. Zuständiger Wohngebietspolizist vergleichbar dem Kontaktbereichsbeamten.

Werder – Ein Obstanbaugebiet bei Potsdam, das berühmt ist für sein Baumblütenfest.

97 *Szenarien* – Szenarium: Übersicht über die Szenenfolge eines Films.

unseren neuen Schwager – Uwe Herrmann.

Kunstdiskussion innerhalb der Geschichte – Die Heldin der Erzählung »Die Geschwister«, die Malerin Elisabeth, hat einen Vertrag mit einem Großbetrieb. Dort begegnet sie dem Maler Ohm Heiners, einem alten Genossen mit dogmatischen Vorstellungen von sozialistisch-realistischer Kunst. Beider Kunstauffassungen prallen aufeinander.

98 *Nationalpreisträger* – Vgl. dritte Anm. zu S. 40.

Arbeiterfestspiele – Arbeiterfestspiele des Volkskunstschaffens, die vom FDGB jedes Jahr in einem anderen Bezirk veranstaltet wurden. – 4. Arbeiterfestspiele im Bezirk Erfurt. 5 000 Laien und 3 000 Berufskünstler wirkten in 250 Veranstaltungen mit (Theater, Konzerte, Kabarett und Ausstellungen).

99 *Perry Freedman* – Perry Friedman (1935–1995), kanadischer Sänger, kam 1959 in die DDR, gründete 1966 den Hootenannyclub Berlin (später Oktoberklub) und nahm regelmäßig am Festival des politischen Liedes teil.

den Literaturpreis … geholt – B. R. erhielt am 10. 6. 1962 während der Arbeiterfestspiele in Erfurt den Literaturpreis des FDGB für »Ankunft im Alltag«.

»Schlacht unterwegs« – Sowjetischer Spielfilm (1961, R.: Wladimir Bossow) nach dem gleichnamigen Roman von Galina Nikolajewa (1958, dt. 1962). – In der DDR lief eine stark zensierte Fassung, aus der alle antistalinistischen Szenen herausgeschnitten waren. (Nach: Simone Barck, Martina Langermann, Siegfried Lokatis, »Jedes Buch ein Abenteuer. Zensur-System und literarische Öffentlichkeit in der DDR bis Ende der sechziger Jahre«, Berlin 1997, S. 124.)

Vorabdruck – Nicht nachweisbar.

100 *Preisausschreiben für Jugendliteratur* – Preis im Wettbewerb um Jugendliteratur, ausgeschrieben vom Ministerium für Kultur, für »Ankunft im Alltag«.

Brief von Caspar – Nicht auffindbar.

mit der Defa … Ärger – In einem Brief der DEFA wurde eine Überarbeitung gefordert, um den Schluss klarer werden zu lassen. (BRA 865, Bl. 229.) – Im August beanstandete Konrad Wolf, dass das Treatment mehr literarisch als filmisch sei. (Ebd., Bl. 242.)

100 *Treatment* – In einem Treatment sind bereits die Schauplätze festge-
legt, die Handlung ist in filmischer Form gegliedert, Teile der Dialoge liegen vor. – Das Treatment war für die zeitgleich zum Film-
projekt entstehende Fernsehfassung von »Ankunft im Alltag«,
wahrscheinlich für die Sendereihe »Erlesenes«, in der neue Bücher
in charakteristischen Szenen vorgestellt wurden.

101 *daß die Butter … auch rationiert … ist* – Lebensmittel wurden gelegentlich je nach Versorgungslage rationiert.
der Halbstarke in der Neuendorfer Gasse – Ulrich Reimann.
Deputatbier – Ulrich Reimann fuhr in den Semesterferien für eine
Brauerei Bier aus und erhielt wie alle Beschäftigten dort täglich
sechs Flaschen Deputatbier.

102 *wegen des Ausweises* – Wegen eines Schwerbeschädigtenausweises
aufgrund der Behinderungen durch die Kinderlähmung.

103 *Karlovy Vary* – Früher Karlsbad. Kurort in der Tschechoslowakei.
Der Regisseur – Michael E[…].
Heinrich-Mann-Preis – Der Heinrich-Mann-Preis wurde seit 1953
jährlich zum Geburtstag von Heinrich Mann (27. 3.) von der DAK
für ein herausragendes Anfängerwerk verliehen.

104 *Landfilm* – Mobile Filmtechnik, die ein Kinoprogramm auch in ent-
legene Dörfer brachte.
Goldparmäen … Gravensteiner – Goldparmäne: auch Wintergoldpar-
mäne, eine der besten Tafelobstsorten. – Gravensteiner: rot-gelber
herber Augustapfel, eine der kostbarsten europäischen Apfelsorten.
so einen … Gürtel um den Bauch zu spannen – Strumpfhaltergürtel.

106 *gescheite Sachen über meine Arbeit* – »Caspar […] sagte mir, welche
Gefahren es für meine künftige Arbeit gäbe (Gefahren, die aus dem
Talent kämen), zum erstenmal erfuhr ich, daß er die ›Geschwister‹
gut findet.« (In: B. R., »Ich bedaure nichts«, a. a. O., S. 260.)
D-Schwester – Dorothea Herrmann, geb. Reimann.

107 *Aussprache im ZK* – Nicht nachweisbar.

108 *Gespräch beim ZK* – Die Diskussion muss sehr kontrovers gewesen
sein, die jüngeren Autoren widersprachen vor allem Otto Gotsche,
der von der Literatur eine oberflächliche Aktualität erwartete. (Vgl.
B. R., »Ich bedaure nichts«, a. a. O., S. 263 f.)
Brief ans ZK – B. R. wurde wie andere Autoren aufgefordert, über
ihre Erfahrungen an der Basis zu berichten. Sie hatte das relativ un-
geschönt getan. – Der Bericht wurde u. d. T. »Entdeckung einer
schlichten Wahrheit« abgedruckt (in: ND vom 8. 12. 1962, Beilage
»Die gebildete Nation«, Nr. 49).
neues Stück – Helmut Sakowski, »Steine im Weg« (Fernsehspiel,
Neufassung 1961).
unseren … Abenteuern bei Ulbricht – »Zur Vorbereitung der Erörte-
rung der Fragen der Literatur und Kunst auf dem VI. Parteitag der

SED. Aussprache mit einigen Kulturschaffenden am 30. 11. 1962«.
(BRA, 866, Bl. 252.) – Ulbricht hatte gegenüber den Künstlern
einen außerordentlich aggressiven und kritischen Ton angeschlagen, der B. R. entsetzte. (Vgl. B. R., »Ich bedaure nichts«, a. a. O.,
S. 267ff.)

109 *»Die Schönen der Nacht«* – Filmkomödie (Ital./Frankr. 1952, R.:
René Clair, mit Gérard Philipe, Martine Carol, Gina Lollobrigida).

110 *der alte Großvaterstuhl* – Erbstück mütterlicherseits aus der Familie
Besch.

mit zwei Briefen empfangen – Es handelte sich um einen Zusatz zum
Rohdrehbuchvertrag, Michael E[...] übernahm die Beratung.
(BRA, 866, Bl. 273.) Ein zweiter Brief ist nicht auffindbar.

6. Parteitag – VI. Parteitag der SED. (15.–21. 1. 1963). – »Die Kulturpolitik ist starrer denn je zuvor [...] Es entluden sich Gewitter
über den Häuptern der Schriftsteller [...] – als einzige lobend erwähnt – die Reimann, und Gott weiß, wie ich [mich] fühlte als
Kronzeuge wider andere, die ich schätze.« (In: B. R., »Ich bedaure
nichts«, a. a. O., S. 277.) Grund des Lobes war B. R.s Brief ans ZK
(vgl. zweite Anm. zu S. 108).

111 *meinem Michel den Vertrag gekündigt* – Michael E[...], der als Regisseur für »Ankunft im Alltag« vorgesehen war.

zum Präsidium des Nationalrats – Tagung des Präsidiums des Na-
tionalrates der Nationalen Front der DDR am 4. 2. 1963 zu den
»Aufgaben der Nationalen Front beim umfassenden Aufbau des
Sozialismus«.

eine Rede reden – »Ich sprach über unsere Schriftsteller und ihre
Enttäuschungen, weil sie auf dem Parteitag so arg behandelt worden
sind [...] Dann erzählte ich von unserer Stadt, von ihrer Tristesse,
von dem Leben der jungen Leute, die kein Kino haben, keinen Tanz-
saal, und von den Arbeitern, die 12 Stunden am Tag unterwegs sind
und nach dem Sinn des Lebens fragen: worin denn ihr Leben be-
stünde außer im Arbeiten und Schlafen?« (In: B. R., »Ich bedaure
nichts«, a. a. O., S. 288 f.)

113 *Arbeitsgruppe Literatur* – Die Mitarbeit B. R.s an einer solchen Arbeitsgruppe kann nicht nachgewiesen werden. Vgl. auch die Tage-
bucheintragung vom 21. 2. 1963 (in: Ebd., S. 296).

der liebe Roman – Der Plan zu »Franziska Linkerhand«.

Onkel Ferdi – Ferdinand Besch, der Bruder von B. R.s Mutter.

116 *ein paar Artikel* – U. a.: B. R., »... interessiert mich das Vorhaben,
mit Wissenschaftlern zusammenzuarbeiten« (in: Forum, Berlin,
Heft 6/1963, S. 23 f.).

der Chefdramaturg vom Theater Karl-Marx-Stadt – Ulf Keyn.

die Modelle für den alten Maler und den Parteifunktionär – Gemeint
sind die Figuren des Parteisekretärs Bergemann und des Malers

Ohm Heiners, in denen B. R. ihre Kontroverse mit Heinrich Ernst Siegrist verarbeitete.

117 *im ZK: große Kulturkonferenz* – Beratung des Politbüros des ZK und des Präsidium des Ministerrates mit Schriftstellern und Künstlern (25.–26. 3. 1963). Referat Kurt Hager, »Parteilichkeit und Volksverbundenheit unserer Literatur und Kunst«; Walter Ulbricht hielt eine Diskussionsrede, »Zur Durchführung der Parteibeschlüsse auf dem Gebiet der Kunst«.
Die auf dem VI. Parteitag geübte Kritik an einzelnen Künstlern wurde bekräftigt. Das betraf das Stück von Peter Hacks »Die Sorgen und die Macht« und seine Inszenierung am Deutschen Theater, das Verhalten von Stefan Hermlin beim Lyrikabend in der DAK (11. 12. 1962) – er war inzwischen als Sekretär der Sektion Dichtung und Sprachpflege der DAK abberufen worden –, die Fernsehoper »Fetzers Flucht« von Günter Kunert, die Konzeption der Zeitschrift »Sinn und Form« unter Peter Huchel, u. a. (S.: Walter Ulbricht/Kurt Hager, »Parteilichkeit und Volksverbundenheit unserer Literatur und Kunst«, Berlin 1963.)
aus einem Artikel, der nicht gedruckt werden sollte – Evtl.: »… interessiert mich das Vorhaben, mit Wissenschaftlern zusammenzuarbeiten« (s. erste Anm. zu S. 116).
Mein Buch – »Die Geschwister«.

118 *U-Schwager* – Uwe Herrmann.

119 *bei der Defa ausgestiegen* – Nachdem B. R. und die DEFA sich nicht auf einen Regisseur einigen konnten, wollte sie nur noch für den Fernsehfunk arbeiten. (Brief von B. R. an die DEFA [o. D.], BRA, 866, Bl. 324.)
Schriftsteller-Kongreß – Delegiertenkonferenz des DSV in Berlin (23.–25. 5. 1963).
Susannchen – Susanne ist die Tochter von Dorothea und Uwe Herrmann.
CSSR – ČSSR (Tschechoslowakische Sozialistische Republik).

120 *wie man sich in Berlin treffen kann* – Die Eltern von S. P. kamen aus der Bundesrepublik und mussten die Staatsgrenze in Berlin passieren.
Vopos – Vopo: Volkspolizist.
in die falsche Röhre – Einen Westkanal sehen.
den vorzeiten durchschnittenen Draht nach drüben – Da es nicht erwünscht war, dass Westfernsehen gesehen wurde, versuchte man, den Empfang zu verhindern.

121 *während man … auf dem Weg nach Prag sein sollte* – B. R. und S. P. hatten mit einer Delegation des DSV nach Prag fahren sollen. In der Begründung für die Absage der Reise heißt es: »Die augenblickliche Situation unter den Schriftstellern der ČSSR ist sehr

kompliziert. Das zeigte der letzte Kongreß der tschechoslowakischen Schriftsteller im Mai dieses Jahres. Wir befürchten, daß unsere tschechischen Kollegen sich im Augenblick kaum um Sie kümmern könnten; leider ist es ja auch so, daß unsere Literatur noch nicht die Anerkennung in der ČSSR findet, die wir uns wünschen.« (Brief Günter Görlichs als Sekretär des DSV an B.R. und S. P. vom 14. 6. 1963, in: BRA, 866, Bl. 327.)

122 *Reisen Sie, liebes Kind ...* – »Und noch etwas wünsche ich Ihnen zu Ihrer intellektuellen und künstlerischen Neugier hinzu: Eine weitere Welt! [...] Bis es möglich wird, daß Sie in Mailand [...] oder auf dem Trafalgar-Square stehen können, werden noch Jahre vergehen. Aber bis dahin steht der Osten offen. [...] Das können und das müssen Sie bald ausnützen. [...] Die Forderung an die Schriftsteller ›ihr Leben zu verändern‹, beschränkt sich nicht auf den Umzug in Schwarze Pumpe.« (Alfred Kurella an B. R. vom 29. 5. 1963, in: SVA, Alfred-Kurella-Archiv, Sign. 645.)

Namen wie Kafka vergessen – Am 27./28. 5. 1963 hatte in Liblice die Kafka-Konferenz stattgefunden, bei der es um einen neuen Zugang zum Werk Kafkas aus marxistischer Sicht ging. In Anwesenheit zahlreicher ausländischer Gäste (u. a. Roger Garaudy (Frankreich), Ernst Fischer (Österreich), Anna Seghers, Klaus Hermsdorf, Ernst Schumacher, Werner Mittenzwei (DDR)) war es zu Auseinandersetzungen über Grundfragen marxistischer Literaturtheorie gekommen. »Die Kafka-Konferenz führte konkrete und hochaktuelle politische Probleme in literarischer Übersetzung vor.« (Werner Mittenzwei, »Zur Kafka-Konferenz 1963«, in: »Kahlschlag. Das 11. Plenum des ZK der SED 1965. Studien und Dokumente«, hrsg. von Günter Agde, 2., erw. Auflage, Berlin 2000, S. 80.)

meine arme Elisabeth – Protagonistin der Erzählung »Die Geschwister«.

Toni – Toni Richter.

Humanitätsdusel – Häufiger Vorwurf, wenn man bei politischen Diskussionen nicht vom Klassen-, sondern vom »allgemein menschlichen Standpunkt« aus urteilte.

123 *Natoplane* – Scherzhafte Bezeichnung für blaue, grüne oder braune Nylonregenmäntel, die damals modern waren und die sich die meisten aus der Bundesrepublik schicken ließen.

Exquisitladen – Laden für Bekleidung des gehobenen Bedarfs zu höheren Preisen.

Exposé für den Fernsehfilm ... nach den »Geschwistern« – Der Film wurde nicht gedreht.

124 *Zeitung mit dem Bild von Anna Seghers und mir* – Nicht auffindbar.

Tag des Bergmanns – Tag des Bergmannes und Energiearbeiters: erster Sonntag im Juli.

125 *Niki* – Nikita S. Chruschtschow.
Kulturhaus in der Karl-Marx-Allee – Gemeint ist das »Haus des Lehrers« am Alexanderplatz.

127 *Burschaper* – Horst Buerschaper.

128 *in die Universitätsklinik* – Gemeint ist die Charité in Berlin – B. R. ließ sich die Brust verkleinern.
meinem Dramaturgen – Manfred Dorschan.

129 *Silberfolie ist eine neue Heilmethode* – Man nutzte die antiseptische Wirkung von Silberfolie.

130 *das Tristment* – Verballhornung von Treatment (vgl. vierte Anm. zu S. 100).
das Fernsehspiel – »Ankunft im Alltag«.

131 *Wolfgang* – Wolfgang Schreyer.

132 *Woche des Buches im November* – »Woche des Buches«: Eine Woche, in der republikweit verstärkt Lesungen und Veranstaltungen in Großbetrieben, Schulen, Buchhandlungen usw. durchgeführt wurden. Ende der sechziger Jahre auf Anfang Mai verlegt, um an die Bücherverbrennung (10. 5. 1933) zu erinnern.

133 *Anna Karenina* – Titelfigur des Romans von Lew Tolstoi (1873 bis 1877).
die »Geschwister« übersetzt – Die russische Übersetzung erschien 1965, die estnische 1966, die grusinische 1970.
»Oma von der Weltreise« – Anspielung auf die »Weltreisegeschichten« der Großmutter Franziska Besch.

134 *Meinen Übersetzer* – Kostja Bogatyrew.

135 *Tagung unserer Jugendkommission* – Walter Ulbricht strebte in der damaligen Reformphase eine Modernisierung des Systems durch gezielte systemimmanente Reformen an. In der Jugendpolitik gab es dabei interne Auseinandersetzungen mit Erich Honecker, die besonders die Arbeit, die Struktur und Zuständigkeit der FDJ betrafen. Ulbricht regte die Schaffung einer Jugendkommission beim Politbüro der SED an, in der bestimmte Probleme ressortübergreifend behandelt und Beschlüsse für das ZK vorbereitet und kontrolliert werden konnten. Daher sollte die Kommission nicht nur aus Vertretern der ZK-Abteilungen und aus dem Staatsapparat bestehen, sondern es sollten auch engagierte Künstler hinzugezogen werden. Kurt Turba hatte 1963 der Studentenzeitschrift Forum zusammen mit seinem Stellvertreter Heinz Nahke ein neues Profil gegeben, das auf das Problembewusstsein und Mitverantwortungsgefühl der Leser setzte. Der Erfolg war enorm, und Ulbricht berief ihn Anfang Juli 1963 zum Leiter der neuzuschaffenden Kommission und beauftragte ihn sofort mit dem Entwurf des »Jugendkommuniqués«, auf dessen Grundlage die Jugendarbeit verändert werden sollte. (Nach: Monika Kaiser, »Machtwechsel von Ulbricht zu

Honecker. Funktionsmechanismen der SED-Diktatur in Konflikt-
situationen 1962 bis 1972«, Berlin 1997.)

135 *4. Plenum des ZK* – 4. Tagung des ZK der SED (30. 10. – 1. 11.
1963). Albert Norden erstattete den Bericht des Politbüros, Haupt-
themen waren die Wahl, der Volkswirtschaftsplan 1964, Fragen der
Außenpolitik.
Die Diskussion um die Stadt, die ich ins Rollen gebracht habe – B. R.
hatte einen Artikel über die architektonischen und städteplaneri-
schen Mängel von Hoyerswerda-Neustadt und den Mangel an Kul-
tureinrichtungen wie Kino, Theater, Jugendklubs veröffentlicht.
(»Bemerkungen zu einer neuen Stadt«, in: Lausitzer Rundschau,
Cottbus, vom 17. 8. 1963.)
»forum« – »FORUM. Organ des Zentralrates der FDJ. Zeitung für
geistige Probleme der Jugend« (Berlin).

136 *in der »Frankfurter Allgemeinen« einen … Verriß* – Sabine Brandt,
»Annäherung an die moderne Literatur?« – »Die Geschwister« wird
zusammen mit »Der geteilte Himmel« von Christa Wolf besprochen: »[…] sowohl ›Der geteilte Himmel‹ wie ›Die Geschwister‹
sind spezifische Gewächse der DDR. Die beiden Heldinnen reflek-
tieren keine individuellen Empfindungen, sondern das kollektive
Bewußtsein eines Clans, nämlich der sowjetzonalen Funktionärs-
elite.« (In: FAZ vom 8. 10. 1963.)
mein Buch beginnen – Den Roman »Franziska Linkerhand«.

137 *für die »Revue« interviewt* – Nicht nachweisbar.
unser Maler Dieter – Dieter Dreßler.

138 *»Ole Bienkopp«* – Roman von Erwin Strittmatter (1963).

140 *Trevira* – Chemiefaser auf Polyesterbasis, entwickelt von der Frankfurter Hoechst AG. Ab 1960 für Oberbekleidung verwendet, da
pflegeleicht, elastisch, temperaturbeständig.

141 *eine Genehmigung bekommen* – Lutz Reimann wollte anlässlich des
60. Geburtstags von Willi Reimann nach Burg kommen.

142 *Postmietbehälter* – Von der Post gegen Pfand erhältlicher großer sta-
biler Karton zur Verpackung.

144 *das ärm Dier* – Köllsch für traurig, missgestimmt, depressiv.

145 *Staatsrat* – Otto Gotsche war Sekretär des Staatsrats.

147 *Dederon* – Verbandszeichen des Warenzeichenverbandes für Kunst-
stofferzeugnisse zum Kennzeichnen der in der DDR (DeDeRon)
aus Polyamid-6-Fasern hergestellten Textilien, die besonders reiß-
und scheuerfest, mottensicher, pflegeleicht und bügelfrei waren.
in Berlin zur Vorstandssitzung – Vorstandssitzung des DSV am
9./10. 4. 1964. Tagesordnung: 1. Bericht über die Verbandsarbeit
und die Vorbereitung der Bitterfelder Konferenz; 2. Diskussion
zum Referat (1. Fragen der politischen Aktivität, 2. Auseinandersetzung mit Fragen, die von der Parteilinie abweichen); 3. Diskus-

sion über Förderung der Literatur. (SVA, Mappe 1308, Vorstandssitzung 9./10. April 1964 in Berlin.)

147 *sprach ich mit Otto Gotsche* – Nach diesem Gespräch bat B. R. Otto
Gotsche in einem offiziellen Brief vom 20. 4. 1964 um eine Aufent-
haltserlaubnis für ihren Bruder Lutz anlässlich des 60. Geburtstags
des Vaters. (BRA, 867, Bl. 23.)
Bitterfeld-Vorbereitung – Am 24. und 25. 4. 1964 sollte die 2. Bitterfelder Konferenz von der Ideologischen Kommission beim Politbüro
des ZK der SED und dem Ministerium für Kultur im Kulturpalast
des Elektrochemischen Kombinates Bitterfeld veranstaltet werden.

148 *mit der »Freien Welt«* – »Freie Welt« (Berlin, Moskau), erschien ab
1954, hrsg. von der Gesellschaft für Deutsch-Sowjetische Freundschaft, ab 1956 wöchentlich; neben »NBI« und »Für Dich« die
dritte großformatige Illustrierte der DDR.
eine Untersuchung der Stadt – B. R. sollte eine Reportage über Hoyerswerda schreiben. »Es müßte für den Leser nach der Lektüre […]
die Frage entstehen, wie soll es denn für diese Einwohner dort die
nächsten Jahre weitergehen? Wie erfüllt denn die Stadt, oder das
Werk seine Aufgabe, hier den Widerspruch zwischen Arbeitsbe-
schäftigung und Freizeitbeschäftigung zu lösen?« (Lily Leder (Redakteurin) an B. R. am 16. 6. 1964, in: BRA, 867, Bl. 35.)

149 *zu den Arbeiterfestspielen* – 6. Arbeiterfestspiele im Bezirk Gera
(19.–21. 6. 1964).
die junge Malerin – Erika Stürmer-Alex hatte vom VBKD Frank-
furt/Oder einen Entwicklungsauftrag mit freier Themenwahl erhalten. Da sie B. R. bei einer Lesung erlebt hatte, wollte sie sie por-
trätieren. Skizzen und ein Ölgemälde entstanden, von dem sie eine
Kopie für B. R. anfertigte.
Artikel über die Stadt – Zwar hatte die Redakteurin den Artikel über
Hoyerswerda angenommen, aber der Chefredakteur befürchtete,
dass man sich eine so scharfe Kritik nicht leisten könne. (Vgl. B.R.,
»Alles schmeckt nach Abschied. Tagebücher 1964–1970«, hrsg. von
Angela Drescher, Berlin 1998, S. 48 f.) – Der Artikel ist wahrschein-
lich nicht erschienen.
FW – »Freie Welt«.

150 *Stresemann* – Offizieller Tagesanzug (schwarzes einreihiges Sakko,
hellgraue Weste, dezent schwarz-weiß gemusterte Krawatte und gestreifte Hose), benannt nach dem deutschen Reichskanzler und
Außenminister Gustav Stresemann.

151 *nach Sibirien fliegen* – B. R. nahm mit einer Delegation des Zentralrats der FDJ auf Einladung des Komsomol vom 11. bis 23. 7. 1964
an einer Reise nach Sibirien teil.

152 *Irkutsk* – Universitätsstadt an der Angara, dem Abfluss des Baikal-
sees.

152 *Akademiestadt von Nowosibirsk* – Akademgorodok, Zentrum der
sibirischen Abteilung der Akademie der Wissenschaften mit
14 Forschungseinrichtungen und Universitäten. Die Stadt wurde
1957 bei Nowosibirsk am Ob-Stausee errichtet.

meine Reportage – Die siebenteilige Reportage über die Sibirienreise, »Das grüne Licht der Steppen«, erschien in: »Forum« (Berlin), Nr. 14–17, 19–21/1964.

154 *Antrag für … Fahrerlaubnis* – Um sich in die Warteliste für den Besuch einer Fahrschule eintragen zu können, musste man seine ge-
sundheitliche Eignung nachweisen. B. R. erwarb keine Fahrerlaubnis.

Literaturinstitut – Das Literaturinstitut »Johannes R. Becher«
wurde 1955 in Leipzig eröffnet. Es gab kurze und mehrjährige
Lehrgänge für Schriftsteller.

im Hannoverschen Reißwolf – Der Vertrieb und Bezug von Presse-
erzeugnissen und Büchern aus der DDR war bis 1968 in der Bundesrepublik verboten. Daher wurden Postsendungen aus der DDR kontrolliert. (Vgl.: Alexander von Brünneck, »Politische Justiz gegen
Kommunisten in der Bundesrepublik Deutschland 1949–1968«,
Frankfurt/M. 1978, S. 242.)

156 *Sibirienbuch* – B. R., »Das grüne Licht der Steppen. Tagebuch einer
Sibirienreise«, Verlag Neues Leben, Berlin 1965.

159 *Anfang Dezember in Westberlin lesen* – Studenten der Selbstverwal-
tung der Studentenstadt Siegmunds Hof hatten seit Mai 1964 eine
Lesungsreihe von DDR-Autoren organisiert. Am 11. 12. 1964 las
dort B. R. aus »Franziska Linkerhand«.

Autorenkonferenz in Berlin – Autorenberatung des Verlages Neues
Leben am 4. 12. 1964. Referate von Horst Haase (»Geistige Probleme der jungen Generation – geistige Probleme der sozialistischen Gegenwartsliteratur«) und dem Leipziger Psychologen Adolf
Kossakowski (»Konflikte der Persönlichkeitsentwicklung des Ju-
gendlichen«).

160 *Jugendkommission* – Nicht nachweisbar.

Hans-Jürgen – Hans-Jürgen Olschewski.

Studenten in Siegmundshof – Vgl. erste Anm. zu S. 159 und B. R.,
»Alles schmeckt nach Abschied«, a. a. O., S. 109 ff.

bei Walter Ulbricht eingeladen – Am 14. 12. 1964 fand im Staatsratsgebäude eine Aussprache mit Schriftstellern über die »Gegenwarts-
thematik unserer Prosaliteratur« statt.

161 *euer … Telegramm* – Neujahrsgrüße.

162 *Aussprache mit Ulbricht* – Die Aussprache vom 14. 12. 1964 war am
25. 1. 1965 fortgesetzt worden. B. R. hat nur an der ersten Hälfte
teilgenommen »wegen einer Erkrankung«. (B. R. an Willi Lewin
vom 19. 2. 1965, in: BRA, 867, Bl. 95.) Es ist möglich, dass sie sich
ähnlich erregt hatte wie bei früheren Gesprächen mit Ulbricht und

deshalb die Veranstaltung früher verließ. (Vgl. B. R., »Ich bedaure nichts«, a. a. O., S. 267 ff. und S. 308–312.)

162 *fange ich … mein Buch wieder an* – »Franziska Linkerhand«.

163 *den Vertrag gefeiert* – Den Vertrag zu »Franziska Linkerhand«.
Ganymed – Bekanntes Ostberliner Weinlokal am Schiffbauerdamm.

164 *die Ansprüche steigen – … weil wir … eine Menge ausländischer Literatur … haben* – »[…] zweit- und drittrangige Bücher, die vor Jahren noch durchaus ihre Abnehmer fanden, bleiben liegen, die Maßstäbe haben sich geändert. In den letzten zwei Jahren sind sehr viele Werke ausländischer Schriftsteller herausgekommen […] – jetzt erscheinen Sartre und Camus […], Salinger, die Memoiren von Ehrenburg … Man wird wählerischer beim Bücherkaufen.« (Brief vom 5. 3. 1965, in: B. R., Irmgard Weinhofen, »Grüß Amsterdam. Briefwechsel 1956–1973«, hrsg. von Dorit Weiske und Angela Drescher, Berlin 2003, S. 78.)

165 *In Leipzig waren wir … nicht* – Gemeint ist die Buchmesse auf der Leipziger Frühjahrsmesse.
Sigrid – Sigrid Reimann.
im Schriftstellerverband ist … allerhand los, wegen Stefan Heyms Eskapaden – Stefan Heym ließ mehrere Kopien seines Romanmanuskripts »Der Tag X« (1953) über den 17. Juni 1953, das keine Druckgenehmigung erhalten hatte, in der DDR und der Bundesrepublik kursieren, wo er auch daraus gelesen hatte. Er wurde deshalb mehrfach zur Rede gestellt. Außerdem wurde ihm vorgeworfen, er stelle in seinen im Westen erscheinenden Artikeln das Leben in der DDR und der SU falsch dar. (Vgl. Stefan Heym, »Nachruf«, München 1988, S. 701 ff.)
wegen unserer … wachsenden Westkontakte – Am 9. 11. 1964 war ein Beschluss des Sekretariats des DSV zur Fortsetzung der Lesungen in Westberlin gefasst worden. Außerdem hieß es in einer »Vorlage für die Ideologische Kommission beim ZK der SED« (o. D.) »Es ist notwendig mit den weiteren Lesungen das begonnene offene deutsche Gespräch fortzuführen. Den Besuchern der Veranstaltungen soll die Möglichkeit gegeben werden, ihre oftmals falschen Vorstellungen von der DDR […] zu korrigieren. […] Die Vorstellung von Enge und Uniformiertheit unserer Literatur soll weiter […] abgebaut werden.« (ASV, Mappe 1193.) Da man aber selbst bestimmen wollte, welche Autoren auftraten, und über die Berichterstattung der Medien empört war, wurden die Lesungen ab Herbst 1965 nicht fortgesetzt.

166 *Jugendkommission* – Sitzung der Jugendkommission zu Problemen der Berufswahl, -lenkung und -ausbildung und zur politisch-ideologischen Massenarbeit unter der Jugend in Vorbereitung der 9. Tagung des ZK der SED (22. 3. 1965).

166 *Cocktail beim Aufbau-Verlag* – Eines der regelmäßigen Treffen mit Autoren im Aufbau-Verlag.

mit der Jugendkommission in Neubrandenburg – In Demmin wurde eine Untersuchung zum Freizeitverhalten Jugendlicher durchgeführt (27. 3. 1965). (Vgl. B. R., »Alles schmeckt nach Abschied«, a. a. O., S. 120 f.)

Akademie-Tagung – Eine Außerordentliche und Öffentliche Plenartagung der DAK anlässlich ihres 15. Jahrestags.

daß er … Papier für eine Nachauflage bekommt – Da die zentral zugeteilten Druck- und Papierkapazitäten begrenzt waren, konnten Nachauflagen von den Verlagen nicht bedarfsgerecht gedruckt werden.

Billis Fotos – Thomas Billhardt hatte als Fotograf an der Reise nach Sibirien teilgenommen; die Fotos waren in »Das grüne Licht der Steppen. Tagebuch einer Sibirienreise« abgedruckt.

meinen Preis – Den Heinrich-Mann-Preis (vgl. dritte Anm. zu S. 103). B. R. erhielt ihn für »Die Geschwister« zusammen mit Johannes Bobrowski (für »Lewins Mühle. 34 Sätze über meinen Großvater«).

167 *Der Mann-Preis* – Heinrich-Mann-Preis.

Verleihung … in der Akademie – Der Heinrich-Mann-Preis war am 28. 3. 1965 auf der Außerordentlichen und Öffentlichen Plenartagung der DAK verliehen worden. (Vgl. siebente Anm. zu S. 166.)

Constanze-Artikel – »Constanze«: Westdeutsche Frauen- und Modezeitschrift, 1969 mit »Brigitte« vereinigt.

durch einen Düsseldorfer Journalisten – Fritz Brzoska.

Dein großes Abenteuer – Der Besuch bei Ludwig Reimann in Hamburg.

168 *»Blindband«* – Gebundenes Buch aus unbedrucktem Papier zu Werbezwecken.

Reportage für den Aufbau-Verlag – Nicht realisiert.

169 *dann kam Berlin dazwischen* – B. R. hatte sich in Berlin mit jungen Germanisten getroffen (27. 4. 1965).

nach Muskau – Hermann Fürst von Pückler-Muskau hatte in Muskau ab 1815 eine bedeutende Landschaftsparkanlage nach englischem Vorbild geschaffen.

des … Kraftwerks Boxberg – Außer dem Kraftwerk sollte in Boxberg (Oberlausitz/Sachsen) ursprünglich auch ein Braunkohlenkombinat mit Brikettfabrik entstehen.

Ferienplatz – Ferienplätze wurden meist über Betriebe, den FDGB, den Kulturbund oder die Künstlerverbände vergeben.

Intelligenzheim – Ahrenshoop, wo sich bereits um 1900 zahlreiche Künstler niedergelassen hatten, blieb auch nach dem Zweiten Weltkrieg ein Badeort mit besonderem kulturellem Flair. Schriftsteller

und Künstler hatten dort Häuser, Künstlerverbände und Kulturbund unterhielten Heime oder Ferienunterkünfte, die vorzugs-
weise an Mitglieder vermietet wurden.

170 *Das Treffen* – Das Internationale Schriftstellertreffen Berlin und
Weimar (14.–22. 5. 1965) fand anlässlich des 20. Jahrestages der
Zerschlagung des Nationalsozialismus statt und war als Fortsetzung der Schriftstellerkongresse 1935 in Paris und 1937 in Madrid
gedacht. »Das Treffen soll eine große Anzahl von bekannten
Schriftstellern aus allen europäischen Ländern und allen Kontinen-
ten vereinen, die [...] für die Ideen des Antifaschismus, des Frie-
dens und des Humanismus eintreten, die keine Anhänger des Anti-
kommunismus sind [...].« Außerdem sollten sich die Schriftsteller
davon überzeugen können, dass in der DDR die »Wurzeln des Faschismus ausgerottet, seine Erscheinungsformen und geistigen Folgen überwunden sind [...] und unsere sozialistische Republik der
erste deutsche Friedensstaat ist.« (ASV, Mappe 359, Bd. 4, Bl. 123.)

171 *im Nationaltheater* – Die »Manifestation des Internationalen
Schriftstellertreffens Berlin und Weimar« am 19. 5. 1965 im Deutschen Nationaltheater Weimar.
stolz auf meinen Beruf – Vgl. B. R., »Alles schmeckt nach Abschied«, a. a. O., S. 140 ff.
eine tolle Geschichte über den Weg gelaufen – Der Filmjournalist
Bruno Pioch hatte B. R. die abenteuerliche Geschichte seines Lebens erzählt. (Vgl. ebd., S. 132 ff.)
meinen Minister – Den Minister für Kultur Hans Bentzien.

172 *Zugehörigkeit zur Intelligenz* – Intelligenz: »Gesamtheit der ihrer sozialen Herkunft nach verschiedenen Klassen entstammenden Menschen, die vorwiegend geistige Arbeit leisten u. i. allg. höhere Schul-
bildung besitzen (Wissenschaftler, Ärzte, Künstler, Ing., Lehrer
usw.) [...].« (»Meyers Handlexikon«. Bd. 1, Leipzig 1977, S. 523.)
ein Stück nach meiner Erzählung »Das Geständnis« – Der Fernsehfilm wurde nicht realisiert.

173 *Stragula* – Kostengünstiges Linoleum-Imitat.

174 *WK* – Wohnkomplex: Eine abgeschlossene Einheit von Wohnungen, Kindergärten, Schulen, Arztpraxen, Läden und Grünanlagen,
die von keiner verkehrsreichen Hauptstraße durchzogen wird.
Amtsgeschäfte unseres Vorsitzenden im Bezirk übernommen – B. R.
vertrat Hans Schneider, den Vorsitzenden des Bezirksverbandes
Cottbus des DSV, seit dem 13. 8. 1965.
vor den Wahlen – Am 10. 10. 1965 sollten Kommunalwahlen stattfinden.
morgen früh kommt ... Turba – Ludwig Erhard hatte u. a. auf dem
Wirtschaftstag der CDU (9. 6. 1965) westdeutsche Autoren wie
Rolf Hochhuth, die sich zu politischen Themen äußerten, als

»kleine Pinscher« bezeichnet. Das ND druckte eine Polemik dagegen (13. 7. 1965). B. R. hatte sich geweigert, eine Stellungnahme zu schreiben, weil sie sich durch das ND nicht genügend informiert fühlte. Daraufhin hatten sich die Zeitungen, die um die Stellungnahmen gebeten hatten, bei der ideologischen Kommission des ZK über sie beschwert. Kurt Turba sollte mit ihr eine Aussprache darüber führen. (Vgl. B. R., »Alles schmeckt nach Abschied«, a. a. O., S. 154, 157 f.)

175 *Empfang beim Aufbau-Verlag* – Am 1. 9. 1965 im Berliner Klub der Kulturschaffenden »Johannes R. Becher« anlässlich der Gründung des Verlages am 18. 8. 1945.

einen ganzen Band – S. P., »Kontrapunkte. Geschichten und kurze Geschichten« (Aufbau-Verlag, Berlin und Weimar 1968).

177 *die nächsten Sybillen* – »Sibylle. Zeitschrift für Mode und Kultur« (Berlin), hrsg. vom Modeinstitut Berlin, erschien ab 1956 sechsmal jährlich.

178 *Sitzung vom Schriftstellerverband* – Vorstandssitzung des DSV. Tagesordnung: 13. 10.: Bericht und Diskussion zur Arbeit nach Westdeutschland; Vorführung und Diskussion des Films »Die besten Jahre« von Günther Rücker. 14. 10.: Auswertung des Internationalen Schriftstellertreffens; Förderung literarischer Diskussionen im Verband. (SVA, Mappe 1310, Vorstandssitzung 13. u. 14. 10. 1965.) – Kein Protokoll zur Sitzung vorhanden.

Tagung der Jugendkommission – Nicht nachweisbar.

Impressionisten-Ausstellung – »Von Delacroix bis Picasso« (Eröffnung am 4. 9. 1965 in der Berliner Nationalgalerie).

Republikstag – 7. Oktober.

Thomas-Mann-Gesamtausgabe – Thomas Mann, »Gesammelte Werke in zwölf Bänden« (Berlin und Weimar 1965).

179 *als »Hamann« in mein Buch aufgenommen* – Guter und strenger Meister in der Erzählung »Ankunft im Alltag«.

bei der Wohnungskommission ist man unterrichtet – Am 1. 10. 1965 hatte B. R. ein Schreiben des Kombinats Schwarze Pumpe erhalten, weil sich seit »einiger Zeit bei uns Anfragen und Eingaben der Bevölkerung aus Hoyerswerda [häufen], in denen gefordert wird, daß Ihr Ehemann […] seine gegenwärtig von ihm genutzte 1-Zimmerwohnung aufgibt und zu Ihnen zieht.« Man bat um eine Aussprache. (In: BRA, 868, Bl. 150.)

182 *von … jenem geheimnisvollen Besucher* – Gemeint ist offenbar ein Informeller oder Hauptamtlicher Mitarbeiter des MfS. Unterlagen über einen derartigen Vorgang sind bisher nicht aufgefunden worden.

hat das Kombinat nicht solche Hintergedanken – Über eine Beobachtung des Besuches von Ludwig Reimann im Kombinat Schwarze Pumpe und in Hoyerswerda bei B. R. ist nichts bekannt.

183 *beim Zentralrat* – Zentralrat der FDJ. Der Verlag Neues Leben unterstand der FDJ.

Man wirft ihm … nur die Liebesgeschichte vor – Es gab, wie vermutet, weitere Gründe für die Ablösung: Willy Frankenberg hatte wenig Erfahrung mit Verlagsarbeit, man warf ihm Führungsschwäche vor. Hinzu kamen Auseinandersetzungen um das Manuskript einer sowjetischen Autorin, das nicht erscheinen durfte, weil sie ähnlich wie Solschenizyn über stalinistische Lager in der Sowjetunion geschrieben hatte.

184 *hoffentlich kommt ihr mit den Kohlen hin* – Jeder Mieter einer ofenbeheizten Wohnung erhielt Kohlenkarten zum Bezug eines bestimmten Kontingents verbilligter Kohlen.

185 *Ob wir … nach Leipzig fahren* – Zur Hochzeit von Sigrid und Ulrich Reimann. Es kam deswegen zum Streit mit ihrem Bruder.

Entwicklung der Kulturpolitik – B. R. spielt vor allem auf die 11. Tagung des ZK der SED (15.–18. 12. 1965) an. Auf diesem Plenum wurden kritische Künstler, besonders Filmemacher und Schriftsteller, angegriffen. Es beendete die Phase der tendenziellen Demokratisierung und innenpolitischen Öffnung nach dem Bau der Mauer. (Vgl. B. R., »Alles schmeckt nach Abschied«, a. a. O., S. 167–174.)

187 *die Hochzeit* – Die Hochzeit von Sigrid und Ulrich Reimann.

Vorstandssitzung des Schriftstellerverbandes – Sitzung des Vorstands des DSV in Dresden (12./13. 1. 1966). Tagesordnung: 1. Ideologische Probleme in Auswertung der 11. Tagung des ZK der SED; 2. Aus der Arbeit des Bezirksverbandes Dresden. (Vgl. ebd., S. 176 bis 180.)

weil ich falsche Meinungen … habe – B. R. hatte auf der Vorstandssitzung des DSV Kritik an der Tendenz des 11. Plenums des ZK der SED geübt. (Vgl. ebd.)

188 *mein lieber Cheflektor* – Walter Lewerenz.

189 *Dr. Faustus* – Thomas Mann, »Doktor Faustus. Das Leben des deutschen Tonsetzers Adrian Leverkühn, erzählt von einem Freunde« (Roman, 1947).

190 *11. Plenum* – Siehe zweite Anm. zu S. 185.

der werdenden Mama – Sigrid Reimann.

ein Schriftsteller aus Neubrandenburg – Joachim Wohlgemuth.

191 *zwei Bände mit Thomas Manns Briefen* – Thomas Mann, »Briefe 1889–1936« (2 Bde., Berlin und Weimar 1965).

192 *der ehemalige Kulturminister, Hans Bentzin* – Hans Bentzien. – Er war nach dem 11. Plenum 1965 abgesetzt worden, da »die Leitung des Ministeriums für Kultur in letzter Zeit ihren Aufgaben nicht gewachsen war und ernste Fehler zugelassen hat« (ND vom 13. 1. 1966, S. 1).

193 *mein österreichischer Freund* – Franz Kain.

193 *Die Lage ist hoffnungslos, aber nit ernst* – Gilt als Wiener Volksweisheit. Auch Verballhornung des Ausspruchs von Konrad Adenauer »Die Lage ist ernst, aber nicht hoffnungslos.«

einen ... Fernsehschinken über ... v. Brauchitsch – 1966 wurde das Buch »Ohne Kampf kein Sieg« (1964) von Manfred von Brauchitsch für den DFF in fünf Teilen verfilmt (R.: Rudi Kurz).

Vorstandssitzung vom Verband – Vorstandssitzung des DSV am 22./23. 3. 1966. Tagesordnung: 1. Vorschläge für Umbesetzungen im Sekretariat des DSV; 2. Vorbereitung der Jahreskonferenz des DSV und Aussprache über den Entwurf von Thesen, die zur öffentlichen Diskussion gestellt werden sollen (Diskussionsgrundlage: Hans Koch); 3. Bericht des Sekretariats über die Arbeit seit der letzten Vorstandssitzung.

Hotel Berolina – Interhotel »Berolina« (errichtet 1961–1963), 13geschossiges Gebäude im Neubaugebiet der westlichen Karl-Marx-Allee. Damals neben dem Interhotel »Unter den Linden« das modernste Hotel Ostberlins.

194 *Abnahme eines Wandbildes* – Dieter Dreßler hatte im Auftrag der Stadt Cottbus ein Wandbild für die 16. Polytechnische Oberschule Cottbus gestaltet. Da er bereits 1964/1965 einen Prozess gegen das Kombinat Schwarze Pumpe wegen eines Wandbildes, das aus ideologischen Gründen nicht abgenommen wurde, angestrengt hatte, war die Abnahmekommission mit hohen Funktionären besetzt (u. a. Albert Stief, 1. Sekretär der Bezirksleitung der SED, und H. Schmidt, Vorsitzender des Rates des Bezirkes Cottbus).

195 *Sigrid* – Sigrid Reimann.

U und S – Ulrich und Sigrid Reimann.

196 *Schloß Wiepersdorf* – Schloss Wiepersdorf gehörte zum Familienbesitz der Arnims. Es wurde seit 1958 als Erholungs- und Arbeitsstätte für Kunstschaffende genutzt.

197 *Soziologie-Tagung* – Tagung des Arbeitskreises Kultursoziologie am Institut für Gesellschaftswissenschaften beim ZK der SED unter Vorsitz von Hermann Henselmann, dem u. a. Architekten, ein Soziologe, ein Psychiater, ein Philosoph angehörten.

NDL – »Neue Deutsche Literatur« (Berlin), hrsg. vom DSV, gegründet 1953.

Pumpe – Schwarze Pumpe. (Vgl. zweite Anm. zu S. 7.)

198 *Zone* – Sowjetische Besatzungszone. Häufig gebrauchte abschätzige Bezeichnung der DDR.

das Buch ... von einem polnischen Schriftsteller – Wahrscheinlich »Briefe an Frau Z. Erinnerungen aus der Gegenwart 1957–1961« von Kazimierz Brandys, Berlin 1965, ein damals viel diskutiertes Buch.

199 *PGH* – Produktionsgenossenschaft des Handwerks.

200 *Imke* – Tochter von Sigrid und Ulrich Reimann.

201 *Lektor Walter* – Walter Lewerenz.

203 *den »Drachen«* – Die legendäre Inszenierung der Märchenkomödie »Der Drache« (1965), einer Parabel auf die Diktatur, von Jewgeni Schwarz am Deutschen Theater, Berlin (R.: Benno Besson).

Johann Sebastian Bach (auf Silbermann-Orgeln gespielt) – Johann Sebastian Bach, Toccata und Fuge, Triosonate Nr. 3 D-Moll, Triosonate Nr. 5 C-Dur, Präludium und Fuge H-Moll auf der Silbermannorgel zu Großhartmannsdorf, gespielt von Robert Köbler.

204 *den kleinen Bratenbengel* – Oliver Reimann.

Vaterländischen Verdienstorden – Staatliche Auszeichnung (seit 1954, Gold, Silber, Bronze) für außerordentliche Verdienste im Kampf der deutschen und internationalen Arbeiterbewegung, gegen den Faschismus und beim Aufbau und Schutz der DDR (Urkunde und jährliches Ehrengeld).

die Allee, die »meine« Erika Alex gemalt hat – Erika Stürmer-Alex hatte 1964 B. R. porträtiert. Das Bild der Allee hängt heute in der Brigitte-Reimann-Gedenkstätte in Neubrandenburg.

Kultur-Abteilungsleiter von Neubrandenburg – Horst Lubos, Leiter der Abteilung Kultur beim Rat des Bezirks Neubrandenburg.

206 *Tore bei den Weltmeisterschaften* – Das Finale der Fußballweltmeisterschaft am 30. 7. 1966 endete nach einer anfänglichen Führung der Mannschaft der Bundesrepublik nach Verlängerung mit dem Sieg der englischen Mannschaft.

207 *Spätzchen* – Susanne Herrmann.

Tilla – Tilla Durieux.

das Buch – Tilla Durieux, »Eine Tür steht offen. Erinnerungen« (1959).

Butzchen – Gabriele Besch, Tochter von Elisabeth und Ferdinand Besch, Kusine von B. R.

208 *Wohnungsamt* – Kommunale Behörde, die für die Vergabe von Wohnungen zuständig war.

209 *Martina* – Tochter von Dorothea und Uwe Herrmann.

210 *Postbestimmungen* – Gemeint sind die Zollbestimmungen. Es war untersagt, aus der BRD und dem nichtsozialistischen Ausland Schallplatten einzuführen. Bei Buchsendungen kontrollierte eine Kommission, ob die Titel wegen Kriegshetze, Nazipropaganda oder Pornographie auf dem Index standen oder politisch missliebig waren.

211 *Holland in Not* – Die Wendung bezieht sich ursprünglich möglicherweise auf die schlimme Situation der Niederländer im 2. Eroberungskrieg Ludwigs XIV., dem sog. Holländischen Krieg.

212 *Woche des Buches* – 23.–30. 10. 1966 im Bezirk Karl-Marx-Stadt; B. R. hatte am 28. 10. zwei Lesungen: in der Teppichweberei Oelsnitz/Vogtland und im Kulturhaus Bad Elster.

212 *Jahreskonferenz vom Schriftstellerverband* – 1. Jahreskonferenz des
DSV in der Berliner Kongreßhalle (2.–4. 11. 1965). Anna Seghers
hielt das Hauptreferat:»Die Aufgaben des Schriftstellers heute. Offene Fragen«; Hans Koch sprach über »Probleme unserer sozialistischen Gegenwartsliteratur«.

Vietnam-Konto – In der DDR gab es während des Vietnam-Kriegs
eine breite Solidaritätsbewegung mit dem kleinen, von den USA als
einem ungleich stärkeren Feind angegriffenen Nordvietnam. Der
DSV startete u. a. eine Aktion »1000 Fahrräder für Vietnam«, an
der sich auch B. R. beteiligte. (BRA, 868, Bl. 33.)

Jahreskongreß – Jahreskonferenz des DSV. (Vgl. zweite Anm. zu
S. 212.)

213 *»Karrenmann«* – S. P., »Wunderliche Verlobung eines Karrenmanns«
(Erzählungen, 1961).

Gargarisma – Ein Gurgelmittel.

216 *Die WOCHENPOST bringt … einen* – »Frau Hellwig«. Vorabdruck
aus »Franziska Linkerhand« (in: Wochenpost, Berlin, Nr. 1/1967).

FÜR DICH – »Für Dich. Die Illustrierte für die Frau«; erschien
seit 1962 wöchentlich.

ND bewirbt sich – »Ein Montag morgens«. Vorabdruck aus »Franziska Linkerhand« (in: ND vom 29. 7. 1967).

218 *Deutschlandsender* – Deutschlandprogramm des Staatlichen Komi-
tees für Rundfunk beim Ministerrat der DDR, 1947–1971.

219 *»Mit einer Wohnung … einen Menschen erschlagen …«* – Heinrich
Zille wird der Satz zugeschrieben:»Man kann mit einer Wohnung
einen Menschen genauso töten wie mit einer Axt.« (Albert Stude-
kum, »Großstädtisches Wohnungselend«, 1913, S. 5.)

In N. – In Neubrandenburg.

vom Ersten Sekretär – Gerhard Müller, Erster Sekretär der SED-
Kreisleitung Neubrandenburg.

221 *wer hat soviel Pinke-Pinke?* – Zeile aus dem Refrain des Schlagers
»Wer soll das bezahlen?« (1949, Text: Walter Stein, Melodie: Jupp
Schmitz).

mit … »neuesten Seiten« – »Meine neuesten Seiten« war eine Rubrik
für Vorabdrucke auf der Literaturseite des ND.

streiten wir … um einen Absatz – Noch am 4. 7. 1967 schrieb das
ND: »Es bleiben noch zwei Wünsche zum Manuskript […]. Wir
sind dabei, bestimmte, besonders aus dem Amerikanischen kom-
mende Leitbilder abzubauen, und zwar bis in die Sprache hinein.
Dem steht nun in Ihrem Manuskript das Ideal der ›Männer, Jäger,
Cowboys‹ einschließlich der Filmanspielung gegenüber. Der rigo-
roseste Vorschlag: Die Zeilen von ›Jäger‹ bis ›keine Zeit‹ streichen.
[…] Weiter unten kommt dann die ›City‹ vor; das ließe sich doch
wohl anders sagen.« (In: BRA, 868, Bl. 50.)

221 *»neue Augen« machen zu lassen* – B. R., die stark kurzsichtig war, aus
Eitelkeit aber selten eine Brille trug, wollte sich in Prag Kontaktlin-
sen anfertigen lassen, die es damals nicht in der DDR gab. Da das
Geld über das Büro für Urheberrecht in die DDR transferiert
wurde, ließ sich der Plan nicht realisieren, denn DDR-Bürger durf-
ten nur eine begrenzte Summe Kronen tauschen.
In Prag habe ich 2000 Kronen – Das Honorar für die tschechische
Ausgabe der »Geschwister« im Verlag Svobodné slova.

222 *zu Ehren des Parteitags* – VII. Parteitag der SED in Berlin (17.–22. 4.
1967). – Es war üblich, dass Werktätige anlässlich solcher Ereignisse
besondere Verpflichtungen eingingen.

223 *»Sieben Scheffel Salz«* – Hörspiel von B. R. und S. P. (1960).
Dresdener Bühne – Staatstheater Dresden.

224 *Lesung im Klub* – Klub der Intelligenz des Deutschen Kulturbundes.

225 *Irmchen Weinhofen … aus Amsterdam* – B. R. und Irmgard Weinhofen waren seit 1948 befreundet. Irmgard Weinhofen heiratete 1959
einen Niederländer und zog nach Amsterdam. Ihre Korrespondenz
ist erschienen in: B. R., Irmgard Weinhofen, »Grüß Amsterdam«,
a. a. O.
die ich als Schülerin hatte – B. R. machte nach dem Abitur einen päd-
agogischen Lehrgang und war zwei Jahre Lehrerin in einer Grund-
schule in Burg. Eine ihrer Schülerinnen war Ingeborg Herfurth.
Tauschwohnung … zu organisieren – Wohnungen wurden durch die
Wohnraumlenkung staatlich erfasst und vergeben. Da Wohnraum
knapp war und die Behörde unflexibel, suchten sich Wohnungssu-
chende oft private Tauschpartner oder schlossen sich Ringtausch-
gruppen an.

226 *Interzonenzug* – Reisezüge zwischen der Bundesrepublik und der
DDR, die im Unterschied zu Transitzügen für den DDR-Binnen-
verkehr freigegeben waren.
Schöneweide – Stadtteil von Ostberlin mit Fernbahnhof.

228 *ein Porträt geschrieben* – Nicht auffindbar.
Bändchen … anläßlich der Wahlen – Eine Broschüre mit Porträts
von Abgeordneten, hrsg. vom DSV, Bezirksleitung Cottbus. (Brief
von Dorothea Kleine vom 23. 4. 1967, BRA, 868, Bl. 56.)
sie sollen uns politisch angeschwärzt … haben – Offizielle Stellen aus
Cottbus hatten versucht, den Umzug dadurch zu verhindern, dass
man B. R. in Neubrandenburg als »asoziales Element« denunzierte.
Daraufhin setzten sich Neubrandenburger Autoren, darunter der
ehemalige Wismutkumpel Herbert Jobst, und Parteifunktionäre für
sie ein.
Arbeitsgemeinschaft Junger Autoren – AJA; von Autoren geleitete
Nachwuchszirkel des DSV.
unsere Vorsitzende – Dorothea Kleine.

229 »*Patenbrigade*« – Eine Brigade (Arbeitskollektiv), zu der man besonders intensive Kontakte pflegte und die man bei der Kulturarbeit unterstützte. – Diese Brigade ist nicht nachweisbar.
230 *in der Südstadt* – Rostocker Neubaugebiet (errichtet 1960–1968).
231 *ein Zimmer für die Frau in Rostock* – Partnerin für einen Ringtausch. (Vgl. dritte Anm. zu S. 225.)
Verbandstagung in Neubrandenburg – Obwohl B. R. noch nicht in Neubrandenburg lebte, wurde sie bereits zu den Tagungen des DSV-Bezirksverbandes eingeladen. Die Tagung fand am 27. 6. 1967 in Neustrelitz statt. U. a. las B. R. aus »Franziska Linkerhand«. – «Es ging der Autorin vor allem darum, aus der Einschätzung der Kollegen zu entnehmen, ob solche Zuhörer im Recht seien, die […] die Meinung geäußert hatten, der betreffende Abschnitt schildere das Leben auf einer Baustelle der DDR zu düster und zu pessimistisch. Dieser Eindruck bestätigte sich in der Diskussion der Kollegen nicht. Allerdings erschwerte die verschachtelte Erzählweise das Zuhören und damit das Verständnis für das Anliegen der Autorin.« (Protokoll in: DSVNA, Schriftwechsel 1966–1970, Bl. 80 VI.)
Wolfgangs – Wolfgang Schreyer.
233 *der Vorsitzende vom Schriftstellerverband* – Wahrscheinlich ist Gerhard Henniger gemeint, 1966–1990 geschäftsführender Sekretär des DSV.
234 *Papilloten* – Papillote: Hülle aus herzförmig zugeschnittenem Pergamentpapier oder Alufolie, die, mit Öl bestrichen, um kurz zu bratende oder grillende Fleisch- oder Fischstücke geschlagen wird.
235 *Stipendium vom Schriftsteller-Verband* – Der Kulturfonds bestätigte ein Stipendium von monatlich 600,– MDN, das vom DSV beantragt worden war, für ein halbes Jahr.
236 *meine »neuesten Seiten« erschienen* – »Ein Montag morgens«. (Vgl. dritte Anm. zu S. 216 und zweite Anm. zu S. 221.)
237 *Boxberg-Reportage* – Nicht realisiert.
von seinem Journalisten-Dasein – Willi Reimann war 1924–1943 in Druckerei und Verlag von August Hopfer (Burg) angestellt und dort auch journalistisch für die Zeitung des Verlags tätig.
Zwischenbelegung – Neue Wohnungen, die zeitweilig an dringend benötigte Arbeitskräfte von außerhalb (in Wohngemeinschaften) vergeben wurden.
Artikel für den SONNTAG – »Meine Straße«. Unter diesem Thema wollte man Beiträge von Schriftstellern und Künstlern anlässlich des 7. Oktober (Tag der Republik) abdrucken. Der Beitrag von B. R. erschien im Sonntag (Berlin) Nr. 33/1967.
Konferenz über Städtebau und Soziologie – Ein Kolloquium zu »Städtebau und Soziologie« mit dem Soziologen Erwin K. Scheuch aus Köln.

238 *einen Film zu schreiben* – »Martin Jalitschka heiratet nicht«. Das Exposé entstand nach dem gleichnamigen Roman von Günter Kähne. – Martin, zunächst Möbelträger, lernt die hübsche, aber oberflächliche Verkäuferin Dagmar kennen. Da er ihr mehr bieten will, wird er Stahlwerker, zieht aus dem Vorstadthäuschen seiner Großeltern, für die er sich schämt, in ein eigenes Zimmer. Als Dagmar schwanger wird, dringen ihre Eltern auf Heirat. Martin wäre dazu bereit, obwohl er Dagmar längst nicht mehr liebt, aber Dagmar, die ihn ohnehin mit dem Besitzer eines Sportkabrioletts betrogen hat, treibt ab. Martin beginnt ein Fernstudium und findet ein neues, anständiges Mädchen. (In: BRA, Mappe 88.)

zwei junge Absolventen – Roland Oehme und Lothar Warneke.

Filmhochschule – Die Hochschule für Film und Fernsehen in Babelsberg.

Pillnitz – Stadtteil im Südosten Dresdens mit barocker Schlossanlage und englischem Park am rechten Elbufer; Sommerresidenz des sächsischen Hofes.

Schloß im chinesischen Stil – »Indianisches Palais« (1720–1723 von Daniel Pöppelmann im Auftrag von August dem Starken erbaut).

Porzellansammlung im Zwinger – 1715 von August dem Starken gegr., seit 1962 im Südteil des Zwingers untergebracht.

239 *des Parteisekretärs* – Gerhard Müller, Erster Sekretär der SED-Kreisleitung Neubrandenburg.

sind die 1. Sekretäre Waffenträger – Die Ersten Sekretäre der Kreisleitungen der SED bekleideten einen militärischen Rang und besaßen eine persönliche Waffe, die in einem Safe in den Diensträumen aufbewahrt wurde. In Krisenzeiten waren sie die militärischen Oberbefehlshaber der in ihrem Territorium stationierten Truppen.

241 *Exposé für ihren Film* – Siehe erste Anm. zu S. 238.

weil … der Verlag nicht … entzückt ist – Zunächst hatte der Verlag protestiert, weil sie den Termin für die Abgabe des Romans nicht eingehalten hatte. (Hans Bentzien an B. R. vom 26. 10. 1967, in: BRA, 868, Bl. 64.)

etwa 800,– … verdienen – Der Vertrag mit der DEFA sieht ein Honorar von 1 500,– MDN für das Exposé vor. (Plötner – Dramaturg – an B. R. vom 23. 10. 1967, in: ebd., Bl. 63.)

242 *P.* – Petzow, wo Annemarie Auer mit B. R. das Werkstatt-Gespräch geführt hatte.

Literatur-Festival – IV. Literaturfestival der Berliner Jugend in der Kongreßhalle (6. 11. 1967); gemeinsame Veranstaltung des DSV und des sowjetischen Schriftstellerverbandes, mit einem Literaturball.

Dieter – Dieter Dreßler.

243 *an seinem (und unserem) Feiertag* – Jons Geburtstag war gleichzeitig ihr Hochzeitstag.

244 *daß er … fünf Jahre Theologie studiert hat* – Lothar Warneke hatte 1954–1959 Theologie in Leipzig studiert, anschließend Kirchenaustritt, 1960–1964 Regiestudium.

Der andere … war … Erzieher in einer Kadettenanstalt – Roland Oehme.

Lewerenz hat das Buch … zu Ende gebracht – Nicht Walter Lewerenz, sondern die Lektorin hatte die Fassung redaktionell zu einem Abschluss gebracht, aber keineswegs einen Schluss schreiben müssen.

245 *Wohnraumlenkung* – Erfassung und Verteilung des Wohnraums aus kommunalem, genossenschaftlichem und privatem Eigentum durch staatliche Organe.

daß die Defa … nicht so begeistert ist – »Jetzt ist mir auch klargeworden, warum das Unternehmen schiefgehen mußte: Wir haben einen Stoff gewählt, (von dem Buch haben wir uns übrigens weit entfernt), von dem man hierzulande seit vielen Jahren die Finger läßt – eine alltägliche Geschichte von ganz einfachen Leuten: […] (ohne Happy-End) […] Keine Königsebene […]« (In: »Brigitte Reimann in ihren Briefen und Tagebüchern. Eine Auswahl«, hrsg. von Elisabeth Elten-Krause und Walter Lewerenz, Berlin 1983, S. 247.)

246 *ein Interview, mit dem ich … Ärger habe* – Das Werkstatt-Gespräch mit Annemarie Auer. B. R. warf Auer u. a. vor, dass »kein Antwort-Satz von mir war« (in: B. R./Christa Wolf, »Sei gegrüßt und lebe. Eine Freundschaft in Briefen 1964–1973«, hrsg. von Angela Drescher, Berlin 1993, S. 29 f.). Es erschien später überarbeitet als: »Wenn die Wirklichkeit sich meldet. Annemarie Auer sprach mit Brigitte Reimann« (in: Sonntag, Berlin, Nr. 7/1968, S. 4 f.).

247 *Subrowka* – Żubrówka: polnischer Wodka mit einem Halm Büffelgras in der Flasche.

248 *Irmchen* – Irmgard Weinhofen.

bei Brenningmayer – Brenninkmeijer: niederländische Eigentümerfamilie der Firma C&A (gegr. 1841, benannt nach den Gründern Clemens und August Brenninkmeijer).

Frederik – Frederik Weinhofen.

»Frau am Pranger« – B. R., »Die Frau am Pranger« (Erzählung, 1956).

wenn ein Verlag anbeißt – »Die Frau am Pranger« wurde in den Niederlanden nicht veröffentlicht.

249 *Der Parteisekretär* – Gerhard Müller.

West-Grundstück – Grundstück, dass von der Kommunalen Wohnungsverwaltung verwaltet wurde, weil der Besitzer in die Bundesrepublik geflüchtet war.

250 *Dieter* – Dieter Dreßler.

B. – Boxberg.

250 *Stipendienantrag* – Der laufende Stipendienvertrag mit dem DSV von 1967 wurde verlängert. Das Stipendium betrug 600,– M. (Brief des DSV vom 1. 4. 1968, BRA, 868, Bl. 70.)

252 *Vater Hiob* – Gestalt aus dem Alten Testament: Satan erhielt von Gott die Erlaubnis, Hiobs Gottestreue zu prüfen; Hiob verlor Besitz, Familie, Gesundheit, ohne Gott zu verfluchen.

das Hinken allein reichte schon aus – B. R. hatte 1947 Kinderlähmung und hinkte seitdem.

sein Band Kurzgeschichten – S. P., »Kontrapunkte«.

254 *Treffen* – Ein Familientreffen mit Ludwig Reimann in Ostberlin.

255 *Centrum-Warenhaus* – Centrum: Warenhauskette der HO (Handelsorganisation, seit 1948).

256 *Vorstandssitzung* – Vorstandssitzung des DSV am 29. 3. 1968 in Berlin zur Förderung des literarischen Nachwuchses mit einer Lesung junger Autoren (u. a. Wulf Kirsten, Hasso Mager, Gert Neumann, Joachim Nowotny). Diskussionsgrundlage: Max Walter Schulz.

258 *Lausitz (oder Sorbei …)* – Siedlungsgebiet der Sorben (Wenden), eines westslawischen Volkes, der einzigen nationalen Minderheit in der DDR.

Kloster Rosental – Katholische Wallfahrtskirche bei einer Marienquelle in Rosenthal/Lausitz, die von zwei Mönchen betreut wurde.

259 *einem Freundeskreis* – Freundeskreis des Deutschen Kulturbundes Hoyerswerda-Neustadt.

den Bruder der Frau – Der Bruder von Helene Schmidt war Pfarrer und studierte postgradual Soziologie und Betriebswirtschaft.

Sibirienbuch – B. R., »Das grüne Licht der Steppen«.

260 *N.* – Neubrandenburg.

MfS – Ministerium für Staatssicherheit.

261 *ihr kleines Mädchen* – Katrin Schmidt.

262 *bei meinem Doktor* – B. R. musste wegen endogener Depression in die Klinik.

266 *Feierabendbrigaden* – Arbeitskräfte, die nach ihrer regulären Arbeitzeit und mit offizieller Genehmigung Leistungen für Privathaushalte erbringen durften.

267 *Bergmannsgeld* – Die in der Verordnung »Zur Verbesserung der Lage der Bergarbeiter, des ingenieurtechnischen und kaufmännischen Personals sowie der Produktionsverhältnisse im Bergbau der DDR« (10. 8. 1950) geregelte »zusätzliche Belohnung für ununterbrochene Beschäftigung«: jährliche Prämie, die nur gezahlt wurde, wenn der Beschäftigte keine Schicht unentschuldigt gefehlt hatte. Ab 1964 gab es nach einjähriger Tätigkeit 7,5 % des jährlichen Bruttoverdienstes, nach zweijähriger 17,5 %, nach dreijähriger 20 % für unter Tage Beschäftigte.

268 *neue Auflage* – »Ankunft im Alltag« (6. Auflage).

268 *Margret ..., die diese Leistung ... erbracht hat* – Die Geburt von Florian Reimann.

270 *Neub.* – Neubrandenburg.

271 *als die Paktstaaten die CSSR »betraten«* – Am 20. 8. 1968 marschierten Truppen der Warschauer-Pakt-Staaten in die ČSSR ein. (Vgl. B. R., »Alles schmeckt nach Abschied«, a. a. O., S. 214.)

272 *»Rentneradresse«* – Rentner mussten keinen Zoll für Pakete aus dem nichtsozialistischen Ausland zahlen.

Intershop – Einzelhandelskette (gegr. 1962), in der Ausländer gegen konvertierbare Währung und später auch DDR-Bürger mit eingetauschten »Forum-Schecks« vorwiegend westliche Waren kaufen konnten.

Karo – Starke filterlose Zigaretten.

Museum voller van Goghs – Bis 1972 beherbergte das Amsterdamer Stedelijk-Museum die Van-Gogh-Sammlung.

mit ihrem Travelboard Schwierigkeiten machen – Da die DDR völkerrechtlich nicht anerkannt war, konnte sie keine Visa in nichtsozialistische Länder vermitteln. Dienstreisende, Künstler usw. mussten sich in Westberlin über ein US-amerikanisches Reisebüro (Travelboard) um Visa bemühen.

»Geschwister« erschienen – Die Erzählung »Die Geschwister« erschien im Verlag Svobodné slovo (Prag) in tschechischer Sprache als Broschur in einer Auflage von 8000 Exemplaren.

283 *Umsetzung nach Lubmin* – In das Kernkraftwerk Nord in der Lubminer Heide, das in Kooperation mit der UdSSR gebaut wurde.

Korrekturen meiner Erzählungen – B. R., »Drei Erzählungen. Die Frau am Pranger. Das Geständnis. Die Geschwister«, Verlag Neues Leben, Berlin 1969.

284 *SVK* – Sozialversicherungskasse.

285 *Saporoshez* – Ukrainische Automarke.

287 *Einen Schwerbeschädigten-Ausweis ... beantragt* – B. R. war ab 31. 12. 1968 schwerbeschädigt. (ASV, Kaderakte B. R.)

288 *zum 20. Jahrestag* – Zum 20. Jahrestag der Gründung der DDR am 7. 10. 1969.

Erfolg mit seinem Fernsehspiel – Helmut Sakowski, »Wege übers Land« (fünfteiliger Fernsehroman, 1968, R.: Martin Eckermann).

289 *Violinkonzert von Brahms* – Johannes Brahms, Violinkonzert in D-Dur, op. 77 (1879).

292 *als N. zur kreisfreien Stadt ... wurde* – Die Bezirkshauptstadt Neubrandenburg wurde 1969 zur kreisfreien Stadt erklärt.

294 *R.* – Rostock.

Stadtwall – Die Wallanlagen sind die besterhaltene mittelalterliche Stadtbefestigung in Norddeutschland: Stadtmauer (14. Jh., 2,3 km langer Feldsteinmauerring) mit vier gotischen Backsteintoren (13.

bis 15. Jh.), Wallanlagen und 25 (urspr. über 50) in die Stadtmauer eingefügten Wiekhäusern.

294 *Arbeiter-Rückfahrkarte* – Verbilligte Fahrkarten für Werktätige, die nicht am Wohnort arbeiteten.

295 *die Oranienbaumer* – Die Familie von Ulrich Reimann; sie lebte in Oranienbaum bei Dessau.

296 *O.* – Oranienbaum.

noch einmal studieren – Dorothea Reimann war Lehrerin und machte ein Fernstudium in Bibliothekswissenschaften, da sie mittlerweile in der Dokumentationsabteilung des Oskar-Kellner-Instituts für Tierernährung in Rostock arbeitete, an dem auch ihr Mann tätig war.

298 *»Tante Leila« ... Onkel Leila* – Das Ehepaar Leilich, die Wirtsleute von Elisabeth und Willi Reimann.

300 *Werkstattgespräch in Neustrelitz* – Lesung aus »Franziska Linkerhand« im Kreiskulturhaus Neustrelitz im »Forum neuer Gegenwartsliteratur«.
Kultur-Chef vom Bezirk – Horst Lubos.
Schriftsteller-Verbands-Feier, das zehnjährige Jubiläum ... in N. – Festsitzung im Haus der Kultur und Bildung in Neubrandenburg, an der die Mitglieder des DSVN und führende Vertreter des Partei- und Staatsapparates teilnahmen.

301 *»Festtage«* – »Festtage des sozialistischen Frühlings«: Kunst- und Kulturtage des Bezirks Neubrandenburg, an denen Berufs- und Laienkünstler beteiligt waren.
Sammlung von drei Erzählungen – B. R., »Drei Erzählungen«.

302 *Tante Trudchen* – Gertrud Niemann.

303 *Ursel* – Ursula Niemann.

306 *Wohnung in der Bahnhofstraße* – B. R. wurde in der Bahnhofsstr. 5 in Burg geboren; ihre Tante wohnte im selben Haus.

310 *Kultur-Hochhaus* – Haus der Kultur und Bildung.
Ganz Großen Schriftstellerkongreß – VI. Deutscher Schriftstellerkongreß in Berlin (28.–30. 5. 1969).

311 *Zilla* – Eigtl. Scilla/Szilla, Blaustern, meist blau, seltener violett oder weiß blühendes Liliengewächs

312 *R.* – Rostock.
Tinchen – Martina Herrmann.

313 *die neuen Nachbarn* – Ferdinand und Elisabeth Besch.

314 *R 300* – Rechneranlage aus dem Kooperationsverband »robotron« (1968–1971).
Veranstaltung des Schriftsteller-Verbandes – Forum des DSVN am 5. 5. 1969 im Haus der Kultur und Bildung in Neubrandenburg zur Vorbereitung des VI. Deutschen Schriftstellerkongresses, auf dem Schauspieler wie Manfred Krug und Ursula Karusseit aus Werken der Neubrandenburger Autoren lasen.

314 *Durchschlag* – Mit Kohlepapier hergestellte maschinenschriftliche Kopie eines Schriftstücks.
H. – Hamburg.

315 *Konferenz* – Möglicherweise die Kreisdelegiertenkonferenz der SED in Neustrelitz, zu der der DSVN B. R. delegiert haben könnte.

316 *zu Christa Wolf … heikle Schriftsteller-Probleme* – Bereits im Vorfeld des VI. Schriftstellerkongresses wurde durch die Berichterstattung in der Presse klar, dass man einen harten Kurs gegen die Schriftsteller einschlagen würde. Außerdem hatten bereits Kampagnen gegen kritische Bücher wie »Nachdenken über Christa T.« von Christa Wolf und Autoren wie Reiner Kunze eingesetzt. (Vgl. B. R., »Alles schmeckt nach Abschied«, a. a. O., S. 251.)

317 *in den neuen Vorstand … nicht mehr gewählt* – B. R. wurde wieder in den Vorstand gewählt.
Parteiversammlung, zu der ich gehen will – Es muss sich um eine öffentliche Parteiversammlung gehandelt haben, denn B. R. war nicht Mitglied der SED.

319 *Firma Lie* – Gemeint ist Lee.

320 *mein Drehbuch* – Es sollte eine dokumentarische Filmskizze für das 2. Programm des Deutschen Fernsehfunks entstehen, das anlässlich des 20. Jahrestags der DDR am 3. 10. 1969 seinen Betrieb aufnahm. (Vgl. B. R., »Alles schmeckt nach Abschied«, a. a. O., S. 248.)
Mein Regisseur – Bernd Scharioth.
in dieser Landschaft – Ludwig Reimann hatte seine Eltern in den Urlaub nach Dänemark mitgenommen.

321 *SPEE* – Ein Vollwaschmittel.

323 *in dem berühmten »Siebenten Jahr«* – Anspielung auf den Film »Das verflixte siebente Jahr« (USA 1954, R.: Billy Wilder).

326 *bis zum berühmten »Zwanzigsten«* – Zum 20. Jahrestag der DDR am 7. 10. 1969.

327 *eine Brigade, Bauleute vom VEB Hochbau* – Seit Herbst 1969 hatte B. R. Kontakt zu einer Baubrigade in Neubrandenburg-Ost, mit der sie ein Brigadetagebuch schreiben sollte.

328 *Huckebein* – Anspielung auf den Unglücksraben Hans Huckebein in der gleichnamigen Bildergeschichte von Wilhelm Busch.

333 *an unserem Polterabend … so eine … Rede gegen die Ehe hielt* – Vgl. B. R., »Ich bedaure nichts«, a. a. O., S. 114 f.

335 *über Prof. Henselmann zu schreiben* – B. R., »Hermann Henselmann zum 65.« (in: Sonntag, Berlin, Nr. 5/1970).

336 *Presto* – Pulverkaffeemarke.

338 *Geburtstagsfeier* – Hermann Henselmann hatte am 3. 2. 65. Geburtstag.

339 *Chirupraktiker* – Chiropraktiker.

343 *Fucoresin* – Abführmittel.

344 *Vorstandssitzung* – Vorstandssitzung des DSV in Berlin am 29. 6. 1970 über »Entwicklungsprobleme der sozialistischen Lyrik«. (Vgl. B. R., »Alles schmeckt nach Abschied«, a. a. O., S. 321.)
unser Kulturchef – Horst Lubos.

345 *eurem Hochzeitstag* – Elisabeth und Willi Reimann hatten am 5. 7. 1930 geheiratet.

346 *Auto-Unglück* – Das Auto war auf einer Fahrt nach Ahrenshoop kaputtgegangen.

347 *in H.* – In Hamburg.
»*Fiesta*« – Roman von Ernest Hemingway (1926).
mit »*Blitz*« – »5 Tropfen ›Original-Blitz‹ verschließen Einmachgläser ohne Einkochapparat«. – Durch das Verbrennen einer alkoholhaltigen Flüssigkeit wurde der Deckel angesaugt und das Glas hermetisch verschlossen.

349 *die Edda* – Isländische Sammlung germanischer Götter- und Heldenlieder, älteste Handschrift aus dem 12. Jh.
Dschingis Kahn – Dschingis Khan.
Disneys »*Dornröschen*« – Zeichentrickfilm (USA 1958, R.: Clyde Geronimi) nach dem Märchen von Charles Perrault.

350 *meines ... Helden Trojanowicz* – Trojanowicz ist der Geliebte von Franziska Linkerhand.
»*Buridans Esel*« – Roman von Günter de Bruyn (1968).

355 *Wiekhaus* – Wachthäuschen in der Stadtmauer von Neubrandenburg. (Vgl. zweite Anm. zu S. 294.)

360 *Neubrandenburg-Film* – Das Filmfeuilleton »›Sonntag, den ...‹ – Briefe aus einer Stadt« (Erstsendung 20. 3. 1970, II. Programm des Fernsehens der DDR; R.: Bernd Scharioth, Sprecherin: Jessy Rameik, M.: André Asriel, Gesang: Manfred Krug).

362 *bei Frau Fritze* – Gastwirtsfrau, Bekannte von Jürgen.

367 *Frauentag* – Der Internationale Frauentag.

369 *Beide Nieren sollen ... operiert werden* – Durch die operative Entfernung der Nebennieren sollte die körpereigene Produktion von das Krebswachstum fördernden Hormonen reduziert werden.

370 *Eierstock-Op.* – Man hatte 1970 eine Geschwulst im Bauchraum festgestellt.

375 *Plumol* – Enthaarungscreme.

376 *Margarete* – Margarete Neumann.

377 *Tante Liesel* – Elisabeth Besch.

380 *Hemd mit der schwarzen Rose* – Hemden der Firma Seidensticker aus bügelfreiem Diolen Star; die erfolgreichste Hemdenmarke der Nachkriegszeit.

381 *Verbandssitzung* – Wahlberichtsveranstaltung des DSVN in Neustrelitz (4. 9. 1971). B. R. wurde für den Vorstand vorgeschlagen

und in geheimer Wahl gewählt. Das Protokoll vermerkt drei Forderungen zur Stärkung des Kollektivs der Schriftsteller: »Nichts Ungeklärtes nach draußen tragen – nicht über Abwesende reden – durch Auseinandersetzung zu einer Meinung gelangen.« (DSVNA, Schriftwechsel 1966–1970, Bl. 108 V1.)

385 *SML-Zeug* – SML: Lederersatz, aus dem u. a. Schuhe hergestellt wurden.

Wartburg – Automarke.

387 *eine freundliche kulturpolitische Strähne* – Nachdem Erich Honecker Walter Ulbricht als Staatsratsvorsitzenden und Ersten Sekretär des ZK der SED abgelöst hatte, setzte zunächst eine gewisse Liberalisierung der Kulturpolitik ein. Als symptomatisch dafür wurden seine Schlussworte auf der 4. Tagung des ZK der SED vom 16./17. 12. 1971 aufgefasst: »Wenn man von den festen Positionen des Sozialismus ausgeht, kann es […] auf dem Gebiet von Kunst und Literatur keine Tabus geben. Das betrifft sowohl die Fragen der inhaltlichen Gestaltung als auch des Stils – kurz gesagt: die Fragen dessen, was man die künstlerische Meisterschaft nennt.« (In: ND vom 18. 12. 1971.)

389 *Gerd* – Gert Neumann.

390 *einen langen Lebensbericht* – Brief vom 30. 3.–21. 4. 1972. (In: B. R., »Aber wir schaffen es, verlaß Dich drauf! Briefe an eine Freundin im Westen«, hrsg. von Ingrid Krüger, Berlin 1995.)

Veralore – Veralore Schwirtz.

Das letzte Kapitel … ist aus politischen Gründen … gestorben – Im 13. Kapitel von »Franziska Linkerhand« erzählt Ben Trojanowicz von seiner Verurteilung zu vier Jahren Zuchthaus in der Folge des Ungarn-Aufstandes von 1956. Als Vorbilder für diesen politischen Prozess dienten B. R. die Fälle der Schriftsteller Erich Loest und Reiner Kunze. – Das 13. Kapitel blieb zwar in der posthum erschienenen Ausgabe erhalten, jedoch wurden wichtige politische Aussagen gestrichen. (Vgl. Withold Bonner, »Franziska Linkerhand: Vom Typoskript zur Druckfassung«, in: B. R., »Franziska Linkerhand«, ungekürzte Neuausgabe, Berlin 1998, S. 614–619.)

396 *unsere Mittwoche* – In den Krankenhäusern gab es festgelegte Besuchszeiten am Mittwoch und am Sonntag. Da wochentags die Verkehrsverbindungen günstiger waren, fuhren die Eltern jeden Mittwoch von Burg nach Buch, um ihre Tochter zu besuchen.

446

Personenverzeichnis

Heym, Stefan (1913–2001), Schriftsteller 165
Höpcke, Klaus (geb. 1933), 1964–1973 Redakteur für Kultur, Kunst und Literatur beim ND 233

Jackson, Mahalia (1911–1972), amerikanische Gospelsängerin 211
Jäger, Frau, Rundfunkredakteurin 9
Järkel, Frau 38
Järkel, Rolf (geb. 1928), Abteilungsleiter Apparatebau im Kombinat Schwarze Pumpe 38
Jürgen (geb. 1943), Journalist 320 329 340 343 f. 346 f. 352 355 389–393

K[...], Dr. 389
K[...], Herr 255 260 263 f.
K[...], Ehefrau von Jon K[...] 60 f.
K[...], Jon (1932–1995), dritter Ehemann von B. R. 54 58 f. 60 f. 64–72 85 113 127 137 139 141–144 146 148 150 f. 154–166 168 ff. 172 f. 175–187 189–200 202 ff. 206–235 237–250 253–269 271 f. 274–280 282 ff. 288 f. 291–297 299 f. 304 f. 307 f. 311 f. 314 317 f. 322–329 332 f. 335 337 341 346 348 350 352 363
Kafka, Franz (1883–1924), Schriftsteller 122
Kähne, Günter (1930–1967), Schriftsteller 244
Kain, Franz (1922–1997), österreichischer Schriftsteller 193
Kaemmel, Hanna, Referentin für Sozialfragen im DSV 104
Karusseit, Ursula (geb. 1939), Schauspielerin, Regisseurin 314
Keyn, Ulf, Chefdramaturg vom Theater Karl-Marx-Stadt 116
Kiesling, Gerhard, Fotograf 39
Klein, Eduard (1923–1999), Schriftsteller, ab 1959 Sekretär, von 1960 bis 1961 geschäftsführender Sekretär, 1962–1963 Leiter der Nachwuchskommission des DSV 33
Kleine, Dorothea (geb. 1928), Schriftstellerin 222 228
Kleine, Polizeichef von Cottbus 222 226
Koch, Hans (1927–1986), 1956–1963 Lehrstuhlleiter für marxistische Kultur- und Kunstwissenschaft am Institut für Gesellschaftswissenschaften beim ZK der SED, 1963–1966 Erster Sekretär des Deutschen Schriftstellerverbandes 126
Krause, Dr., Arzt 14 178
Krauß, Herbert, Kochbuchautor 16
Krug, Manfred (geb. 1937), Schauspieler 314 316
Krupper, Kulturfunktionär im Industriekreisvorstand des FDGB 11
Kühn, Kombinatsdirektor Schwarze Pumpe 52
Kurella, Alfred (1895–1975), Publizist, 1954 Mitbegründer und bis 1957 erster Direktor des Literaturinstituts »Johannes R. Becher«, 1957 bis 1963 Leiter der Kulturkommission beim Politbüro des ZK der SED, 1958–1975 Mitglied des ZK der SED 122 125 135 165 167

L[...], Arzt 89

L[...], Frau 318

Lehmann, Funktionär 9

Leilich, Herr und Frau 298

Lewerenz, Walter (geb. 1931), seit 1954 Lektor, 1964–1990 Cheflektor für Belletristik im Verlag Neues Leben 19 24 27 48 54 56 146 174 180 184 188 ff. 192 196 201 f. 208 211 218 226 244 278 289 301 343 345 f. 377 392

Lewin, Willi (geb. 1920), 1954–1963 Instrukteur für Literatur in der Kulturabteilung des ZK der SED, 1963–1966 Mitglied des Sekretariats und des Vorstands des DSV 73 83 108

Ley, Hermann (1911–1990), Philosoph, 1956–1962 Vorsitzender des Staatlichen Rundfunkkomitees 27

Lindemann, Gitta (geb. 1939), Journalistin, 1969–1974 Kulturredakteurin beim Sender Neubrandenburg 392

Lubos, Horst, Leiter der Abteilung Kultur beim Rat des Bezirks Neubrandenburg 204 f. 300 344

Lukian (um 120–nach 180), griechischer Schriftsteller 38

Maetzig, Kurt (geb. 1911), Regisseur 146 338

Mann, Thomas (1875–1955), Schriftsteller 33 92 178 187 189 191

Marchlewska, Sonja (1898–1983), Tochter von Julian Marchlewski, zweite Frau von Heinrich Vogeler 32 f. 46 50 333

Marquardt, Dr., Arzt 268 270 275 278

Matthes, Marie-Louise (gest.), Ärztin 376

Maurer, Georg (1907–1971), Schriftsteller, 1955–1961 Dozent, 1961 bis 1970 Professor am Literaturinstitut »Johannes R. Becher«, Leipzig 86

Mozart, Wolfgang Amadeus (1756–1791) 143

Mr Acker Bilk, eigtl. Bernard Stanley Bilk (geb. 1929), englischer Jazzklarinettist 165

Mückenberger, Jochen (geb. 1926), 1961–1966 Generaldirektor des DEFA-Studios für Spielfilme 111

Müller, Gerhard (geb. 1928), 1965–1974 Erster Sekretär der SED-Kreisleitung Neubrandenburg, Mitglied des Sekretariats der SED-Bezirksleitung Neubrandenburg 219 239 249 255 266 291 294

Nachbar, Herbert (1930–1980), Schriftsteller 62

Neumann, Arbeiter aus Schwarze Pumpe 125

Neumann, Gert (geb. 1942), Schriftsteller 388 f. 391

Neumann, Margarete (1917–2002), Schriftstellerin 307 312 332 346 355 376

Niemann, Gertrud/Trudchen, geb. Reimann (1900–1969), Tante von B. R. 302 f. 306

454

Lebensdaten Brigitte Reimann

1933 Brigitte Reimann wird am 21. Juli als Tochter des Bankkaufmanns
Willi Reimann und seiner Frau Elisabeth in Burg bei Magdeburg
als ältestes von vier Geschwistern geboren.

1934 Geburt des Bruders Ludwig (Lutz).

1939 Einschulung.

1941 Geburt des Bruders Ulrich (Uli).

1943 Geburt der Schwester Dorothea (Dorli). Der Vater wird eingezogen und kommt an die Ostfront.

1947 Konfirmation. Eintritt in die Oberschule. Rückkehr des Vaters
aus der Kriegsgefangenschaft. Brigitte Reimann erkrankt schwer
an Kinderlähmung.

1951 Abitur. Veröffentlichung erster Laienspiele. Bis Herbst 1953
Grundschullehrerin.

1953 Aufnahme in die Arbeitsgemeinschaft Junger Autoren des Deutschen Schriftstellerverbandes (DSV) in Magdeburg.
Heirat mit Günter Domnik.

1954 Fehlgeburt.
Selbstmordversuch.

1955 »Der Tod der schönen Helena« (Erzählung), Verlag des Ministeriums des Innern, Berlin.

1956 »Die Frau am Pranger« (Erzählung), Verlag Neues Leben, Berlin.
»Kinder von Hellas« (Erzählung), Verlag des Ministeriums für
Nationale Verteidigung, Berlin.
Aufnahme in den DSV.

1958 Scheidung von Günter Domnik.

1959 Im Februar Heirat mit dem Schriftsteller Siegfried Pitschmann.

1960 Im Januar Umzug nach Hoyerswerda. Im Kombinat Schwarze
Pumpe arbeitet B. R. in einer Brigade mit und leitet mit Siegfried
Pitschmann einen Zirkel schreibender Arbeiter.
Nachdem in den Jahren zuvor zwei Romanprojekte von Verlagen
abgelehnt wurden, erscheint die Erzählung »Das Geständnis« im
Aufbau-Verlag, Berlin.
»Ein Mann steht vor der Tür« und »Sieben Scheffel Salz« (Hör-
spiele, gemeinsam mit Siegfried Pitschmann).

1961 »Ankunft im Alltag« (Erzählung), Verlag Neues Leben.

1961 Literaturpreis des Freien Deutschen Gewerkschaftsbundes (FDGB) für die Hörspiele »Ein Mann steht vor der Tür« und »Sieben Scheffel Salz« (gemeinsam mit Siegfried Pitschmann).

Im September Reise nach Prag.

1962 »Die Frau am Pranger« (Fernsehspiel).

Literaturpreis des FDGB für »Ankunft im Alltag«.

1963 »Die Geschwister« (Erzählung), Aufbau-Verlag. Beginn der Arbeit an dem Roman »Franziska Linkerhand«.

Wahl in den Vorstand des DSV. Seit Oktober Mitglied der Jugendkommission beim Politbüro des ZK der SED, die Kommission wird 1966 aufgelöst.

Im Oktober auf Einladung des Sowjetischen Schriftstellerverbandes mit Christa Wolf Reise nach Moskau.

1964 Im April Teilnahme an der II. Bitterfelder Konferenz.

Im Juli Sibirienreise als Mitglied einer Delegation des Zentralrats der FDJ.

Nach der Scheidung von Siegfried Pitschmann im Oktober Heirat mit Jon K[…].

1965 »Das grüne Licht der Steppen. Tagebuch einer Sibirienreise« (Reportage), Verlag Neues Leben.

Heinrich-Mann-Preis der Deutschen Akademie der Künste für »Die Geschwister«, außerdem Carl-Blechen-Preis des Rates des Bezirkes Cottbus.

Im Mai Teilnahme am Internationalen Schriftstellertreffen Berlin und Weimar.

1967 Filmdrehbuch mit Roland Oehme und Lothar Warneke nach Günter Kähnes Roman «Martin Jalitschka heiratet nicht«; der Film wird nicht realisiert.

1968 Im Juni unterzeichnet B. R. mit 32 anderen Mitgliedern des Kulturbundes Hoyerswerda eine Beschwerde an den Staatsrat wegen fehlender kultureller Einrichtungen in Hoyerswerda-Neustadt.

Am 20. August Einmarsch von Truppen der Warschauer-Pakt-Staaten in die ČSSR. Weigerung, die zustimmende Erklärung des DSV zu unterschreiben.

Im Sommer erste Krebserkrankung und Operation.

Im November Umzug nach Neubrandenburg.

1969 Fernsehessay »Sonntag, den …‹ – Briefe aus einer Stadt«.

1970 Im April Scheidung von Jon K[…].

1971 Erneute Krankenhausaufenthalte und schwere Operationen.

Im Mai Heirat mit dem Arzt Dr. Rudolf B[…].

1973 Brigitte Reimann stirbt am 20. Februar in Berlin. Ihr Urnen-Grab befindet sich in Oranienbaum bei Dessau.

1974 »Franziska Linkerhand« (Roman, unvollendet), Verlag Neues Leben.

Zu dieser Ausgabe

Die vorliegende Sammlung beruht auf den 426 Briefen, Postkarten und Telegrammen, die dem Brigitte-Reimann-Archiv von Elisabeth und Willi Reimann übergeben wurden. Bis Brigitte Reimann im Januar 1960 das Elternhaus verließ und nach Hoyerswerda zog, schrieb sie den Eltern nur, wenn sie auf Reisen war. Unsere Ausgabe setzt daher im Jahr 1960 ein, als die regelmäßig nach Burg geschickten, oft mehrseitigen Briefe ein anschauliches Bild der Lebensumstände der Autorin vermittelten.

Da die Korrespondenz sehr umfangreich ist, musste eine Auswahl getroffen werden. Die ausgewählten Briefe und Postkarten werden im Prinzip vollständig und originalgetreu wiedergegeben bis auf Auslassungen aus Gründen des Persönlichkeitsschutzes oder vielfacher Wiederholungen, die durch eckige Klammern kenntlich gemacht sind. Offensichtliche Tippfehler wurden berichtigt; Interpunktionseigenheiten, falsche Namensschreibungen, syntaktische oder grammatische Fehler wurden nicht korrigiert. Unterstrichene oder hervorgehobene Textstellen erscheinen kursiv, Zusätze von Siegfried Pitschmann werden in Grotesk gedruckt. Ergänzungen sind durch eckige Klammern gekennzeichnet. Briefanfänge und Grußformeln wurden typographisch vereinheitlicht. Brigitte Reimann hat mitunter statt der realen Vornamen andere gewählt; im Falle von Jon K[...] wurde dieser Name durchgehend eingesetzt.

Zuvörderst ist es natürlich Elisabeth und Willi Reimann zu verdanken, dass diese Auswahl erscheinen kann. Sie unterstützten großzügig den Aufbau der Brigitte-Reimann-

Sammlung, für die Tom Crepon und Elisabeth Elten-Krause bereits in den siebziger Jahren den Grundstein legten, und wurden nicht müde, Fragen zu beantworten.

Wir danken allen, die letztendlich das Zustandekommen dieser Ausgabe ermöglichten, besonders Dr. Rudolf Burgartz, Ludwig und Margarete Reimann, Ulrich und Sigrid Reimann, Dorothea und Uwe Herrmann, außerdem Nora und Thomas Pitschmann sowie Irmgard Weinhofen, die den abschließenden Brief von Elisabeth Reimann zur Verfügung stellte. Unser Dank gilt der Geschäftsführerin des Brigitte-Reimann-Literaturhauses/Neubrandenburg, Erika Becker, und ihren Mitarbeiterinnen Petra Cienskowski und Heike Hinz, die eine Nutzung der Bestände des Brigitte-Reimann-Archivs in ehrenamtlicher Arbeit gewährleisten müssen. Für die Möglichkeiten, die Archive zu nutzen und Materialien zitieren zu dürfen, danken wir weiterhin den Literaturarchiven der Akademie der Künste, Berlin, der Stiftung Archiv der Parteien und Massenorganisationen der DDR im Bundesarchiv, Berlin, und der Staatsbibliothek zu Berlin – Preußischer Kulturbesitz. Zahlreiche Freunde, Bekannte und Zeitgenossen von Brigitte Reimann, Wissenschaftler und Kollegen halfen uns bei der Recherche oder stellten Material zur Verfügung, es seien nur genannt Margrid Bircken, Withold Bonner, Gotthard Bretschneider, Elisabeth Elten-Krause, Doris Haupt, Walter Lewerenz, Heidemarie Mielke, Jürgen Tremper, Christa und Gerhard Wolf. Schließlich möchten wir Bianka Franze, Heidrun Solzin, Beate Kleeßen, Thomas Koriat und Christian Löser für ihre Unterstützung danken. Diese Ausgabe könnte nicht erscheinen, wenn nicht die darin vorkommenden Familienmitglieder und Personen, die Brigitte Reimann nahestanden, großzügig ihr Einverständnis zum Abdruck der sie betreffenden Passagen gegeben hätten.

Die Herausgeberinnen

Inhalt

Anna Seghers
Briefe 1924–1952
Werkausgabe V/1
Herausgegeben von Helen Fehervary
und Bernhard Spies
Bandherausgeberinnen: Christiane Zehl Romero
und Almut Giesecke
747 Seiten. Gebunden
ISBN 978-3-351-03473-3

Unbekannte Zeugnisse eines bewegten Lebens

Die erste umfassende Edition der Briefe von Anna Seghers an H. H. Jahnn, H. Hesse, L. Feuchtwanger, I. Ehrenburg, B. Reimann u. v. a. gibt unerwartete Einblicke in das Leben der Jahrhundertautorin. Sie sind zugleich berührende Dokumente der Zeitgeschichte. Anna Seghers schrieb ihre Briefe spontan, ganz auf den Moment und den Empfänger eingestellt. So unterschiedlich die Adressaten sind, so unverkennbar und eigentümlich ist die Stimme der Schreiberin. Nur durch diese Briefe aus Paris, Pamiers, Mexiko-Stadt und dem Nachkriegsberlin wissen wir heute von ihrem persönlichen Befinden, ihren Existenzsorgen im Exil, den Differenzen unter den Emigranten, der Sorge um die Familie und das Werk.

»Neue zum Teil überraschende Funde und Veröffentlichungen aus ihrem Nachlaß – Briefe und Tagebuchaufzeichnungen – vertiefen die Kenntnisse über sie, die es vermieden hat, viel über sich preiszugeben. Das Werk sollte wirken, nicht die Person. Heute gelesen, offenbaren nun bestimmte Passagen bisher kaum gesehene Zusammenhänge mit ihrer Biografie.« CHRISTA WOLF

Mehr Informationen erhalten Sie unter
www.aufbauverlagsgruppe.de oder in Ihrer Buchhandlung

AUFBAU VERLAGSGRUPPE

Werner Bräunig
Rummelplatz
Roman
Herausgegeben von Angela Drescher
768 Seiten. Gebunden
ISBN 978-3-351-03210-4

Die literarische Sensation

Schlimmer als die Ruinen sind kurz nach Kriegsende die Entwurzelung und der desolate Zustand der Menschen. In der »Wismut«, dem riesigen Abbaugebiet für Uranerz, treffen sie aufeinander, Heimkehrer und Glücksritter, deutsche Bergleute und sowjetische Schachtleitung. Dieser Staat im Staate spiegelt die Situation in der einen deutschen Republik, den verbissenen Aufbauwillen ebenso wie sich abzeichnende Fehlentwicklungen, die im 17. Juni 1953 kulminieren. Dieses großartige Panorama des Nachkriegsdeutschlands vermittelt ein so ungeschminktes Bild, dass der Roman unter Ulbricht und Honecker nicht veröffentlicht werden konnte. Nun ist er erstmals vollständig publiziert.

»Ein literaturhistorisches Ereignis – und ein Hammer von Roman.« Der Spiegel

»Es ist einer der ganz großen Deutschlandromane.« Christoph Hein

»Dieser Autor bolzt Sätze raus, die so kraftvoll sind, dass man sich wundert, dass es sie zwischen Buchdeckeln hält.« Berliner Zeitung

Mehr von Werner Bräunig:
Gewöhnliche Leute. Erzählungen. ISBN 978-3-351-03230-2
Als Lesung mit Götz Schubert. DAV 978-3-89813-762-1
Rummelplatz. Lesung mit Jörg Gudzuhn. DAV 978-3-89813-674-7

Mehr Informationen erhalten Sie unter
www.aufbauverlagsgruppe.de oder in Ihrer Buchhandlung